U0142975

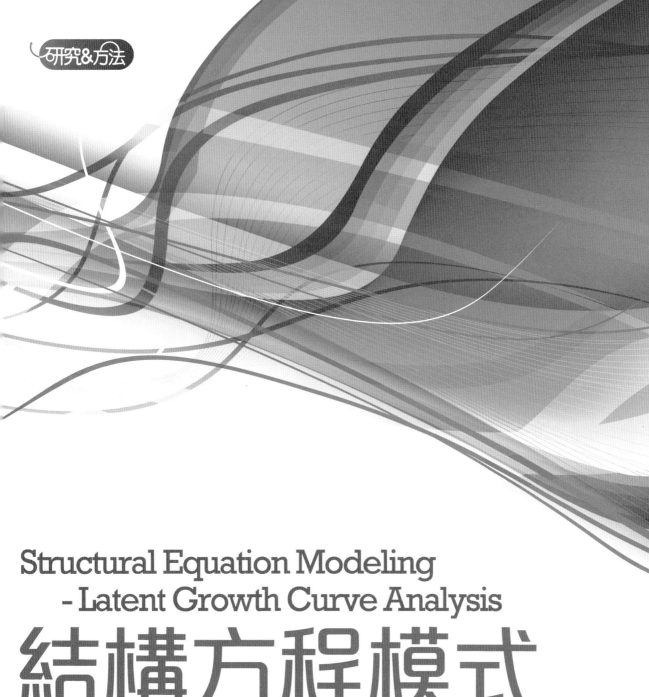

研究&方法

Structural Equation Modeling
- Latent Growth Curve Analysis

結構方程模式
潛在成長曲線分析

吳明隆 著

五南圖書出版公司 印行

　　傳統縱貫性資料或重複量測資料的統計分析，常用者為變異數分析 (ANOVA)、共變數分析 (ANCOVA)、多變量共變數分析 (MANCOVA) 及自我迴歸法等，這些方法都偏向於總體性資料的分析，統計分析的程序有其基本統計假定的限制。另一個可以處理縱貫性資料或重複量測資料的統計方法，稱為「潛在成長曲線分析」法 (Latent Growth Curve Analysis；簡稱 LGM 或 LGC)，藉由成長曲線模式的檢定可以瞭解，受試者潛在特質成長變化的軌跡為何種型態，發展型態是線性模式或非線性模式。

　　潛在成長曲線分析可以探究潛在特質的起始狀態行為，以及跨時間點軌跡發展的成長變化率，此層次為總體層次的分析，類似於階層迴歸分析層次 1 的分析模型。此外，潛在成長曲線分析也可進行個體層次的探究（層次 2 的分析模型），探究的問題為受試者在起始狀態 (initial status/initial level)，是否具有顯著的個體間差異存在，跨時間點軌跡發展的成長變化率 (rate of growth change) 是否也有顯著的個體間差異存在。傳統的變異數分析法或迴歸分析只能比較群組層次的差異，即只能進行總體結果的分析（描述個體整體發展軌跡），無法進行個體層次改變差異的分析（個體間跨時間發展變化的差異），如果研究者改用潛在成長模式，則可以克服以上的困境。

　　雖然階層線性模式 (HLM) 與結構方程模式都可以處理縱貫性資料，但 HLM 資料結構本身通常都有巢套 (nested) 關係，如學生巢套於班級群之中、病患巢套於醫院群之中、教師巢套於學校組織之中、員工巢套於企業組織之中，從實務資料分析的觀點而言，HLM 程序與 SEM 程序都可以處理複雜縱貫性資料，但二種分析程序法不能互相取代，二者分析程序都有最適用的資料結構。

　　潛在成長曲線分析也可納入預測變項（或共變項），預測變項可以為時間不變性的外因變項（如受試者性別、智力等），或時間變動性的外因變項（如壓力、焦慮等），外因變項可以為外因觀察變項或外因潛在變項。由於潛在成長曲線分析為結構方程模式的一個特例，因而也可進行多群組分析，所以對於縱貫性的資料而言，如果研究者要探究的是潛在特質成長變化的情況，採用潛在成長曲線分析甚為適合。

　　本書從使用者觀察出發，從實務的角度論述，循序漸進，配合圖表及文字解析，兼顧理論與實務操作方法，以各種範例詳細說明潛在成長曲線分析的原理、並完整的解釋報表結果，對於閱讀者而言，是一本「看得懂、學得會、易上手、能使用」的書籍。

　　本書的撰寫過程雖然十分用心，但恐有能力不及或論述未周詳之處，這些疏漏或錯誤的內容，盼請讀者、各方先進或專家學者不吝斧正。

吳明隆 謹識

于高雄師大

重複量數與
趨勢分析

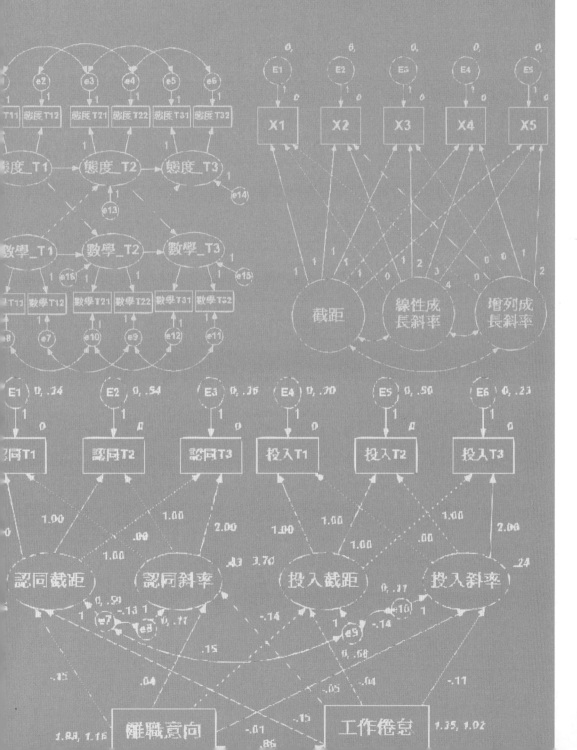

　　重複量數的平均數差異檢定一般可採用相依樣本變異數分析，SPSS 統計軟體可用「一般線性模式」進行平均數的差異檢定，也可進行數據資料趨勢分析的顯著性考驗。

一　直線趨勢

　　直線趨勢（linear trend）指的數值的變化呈直線式發展，發展的軌跡可能為「／」或「＼」，二種圖示不同的變化的情形，前者是增加或上升的發展，後者是減少或下降的發展，如果成長發展趨勢變化不大，軌跡圖示可能為水平直線「－」。變化的趨勢若是呈現非直線的關係，可能的發展趨勢為二次趨勢（quadratic trend）、三次趨勢（cubic trend），四次以上趨勢。

　　十位受試者的在五個不同時間點重複量測的數據如下：

受試者	Y1	Y2	Y3	Y4	Y5
S01	1	5	8	6	15
S02	2	5	7	9	15
S03	3	4	11	14	17
S04	1	10	8	12	14
S05	1	9	10	15	15
S06	3	4	11	10	16
S07	4	10	11	13	13
S08	5	9	10	14	11
S09	3	2	8	13	15
S10	3	2	8	15	20

　　相依樣本變異數分析執行步驟為：執行功能列「一般線性模式（G）」／「重複量數（R）」程序，再設定因子的水準數（範例中因子的水準數有五個）。

受試者內效應項的檢定：測量 MEASURE_1

來源		型 III 平方和	自由度	平均平方和	F 檢定	顯著性
TIME	假設為球形	968.200	4	242.050	42.673	.000
	Greenhouse-Geisser	968.200	2.313	418.588	42.673	.000
	Huynh-Feldt 值	968.200	3.160	306.403	42.673	.000
	下限	968.200	1.000	968.200	42.673	.000

　　重複量數（相依樣本）單因子變異數分析結果，資料結構符合球面性假定的 F 值統計量為 42.673（$p < .001$），達統計顯著水準；違反球面性假定的 F 值校正統計量為 42.673（$p < .001$），達統計顯著水準，表示重複量數五個時間點測得的平均數間有顯著不同，至少有一個配對組平均數的差異值不等於 0。表中資料結構若違反球面性假定，提供三種校正 F 值統計量：Greenhouse–Geisser 檢定統計量、Huynh–Feldt 檢定統計量、下限值檢定統計量，就多數資料結構而言，這三種校正統計量的數據差異不大。

受試者內對比的檢定：測量 MEASURE_1

來源	TIME	型 III 平方和	自由度	平均平方和	F 檢定	顯著性
TIME	線性	967.210	1	967.210	135.823	.000
	二次方	.864	1	.864	.156	.702
	三次方	.090	1	.090	.016	.901
	階數 4	.036	1	.036	.008	.931

　　五個時間點測得平均數的趨勢發展，線性趨勢的 F 值統計量為 135.823，顯著性 $p < .001$，達統計顯著水準，表示五個時間點平均數的趨勢發展顯著呈線性關係，二次方趨勢發展的 F 值統計量為 .156（$p = .702 > .05$）、三次方趨勢發展的 F 值統計量為 .016（$p = .901 > .05$）、四次方趨勢發展的 F 值統計量為 .008（$p = .931 > .05$），均未達統計顯著水準，表示五個時間點測得的平均數趨勢發展顯著不為二次方趨勢、三次方趨勢、四次方趨勢。

估計的邊際平均數：測量 MEASURE_1

TIME	平均數	標準誤	95% 信賴區間 下限	95% 信賴區間 上限
1	2.600	.427	1.634	3.566
2	6.000	1.011	3.713	8.287
3	9.200	.490	8.092	10.308
4	12.100	.924	10.009	14.191
5	15.100	.752	13.399	16.801

　　五個時間點測得的平均數分別為 2.60、6.00、9.20、12.10、15.10，將五次重複的數值繪製成圖示如下。

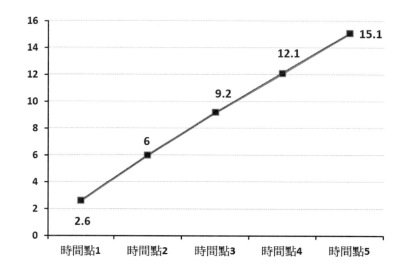

　　從五次時間點測得的數據圖示可以看出，重複量測趨勢發展成直線趨勢（linear trend），平均值的高低隨著時間點而逐一增加，若以心理學的練習次數及學習成就的關係而言，學習成就隨著練習次數的增多而增加，變化比率是上升的。

　　二十位受試者在五個時間點測得的數據如下：

受試者	Y1	Y2	Y3	Y4	Y5	受試者	Y1	Y2	Y3	Y4	Y5
S01	27	20	17	9	7	S11	50	44	36	20	17
S02	37	38	31	22	23	S12	31	26	16	11	5
S03	45	41	26	17	13	S13	43	34	29	22	17
S04	31	29	22	13	11	S14	36	32	25	17	4
S05	38	37	28	21	16	S15	37	32	26	25	23
S06	29	22	16	12	7	S16	41	33	26	22	20
S07	43	37	30	26	22	S17	26	24	17	11	7
S08	48	41	32	22	26	S18	19	13	7	4	0
S09	47	42	27	20	12	S19	33	26	20	17	14
S10	33	28	21	17	11	S20	32	28	15	8	5

受試者內效應項的檢定：測量 MEASURE_1

來源		型 III 平方和	自由度	平均平方和	F 檢定	顯著性
TIEM	假設為球形	7568.940	4	1892.235	197.146	.000
	Greenhouse-Geisser	7568.940	1.886	4012.945	197.146	.000
	Huynh-Feldt 值	7568.940	2.087	3626.101	197.146	.000
	下限	7568.940	1.000	7568.940	197.146	.000

　　重複量數（相依樣本）單因子變異數分析結果，資料結構符合球面性假定的 F 值統計量為 197.146（$p < .001$），達統計顯著水準；違反球面性假定的 F 值校正統計量為 197.146（$p < .01$），達統計顯著水準，表示重複量數五個時間點測得的平均數間有顯著不同，至少有一個配對組平均數的差異值不等於 0，至於是那幾對配對組平均數差異值顯著不為 0，要進一步進行事後比較，相對的，相依樣本整體檢定的變異數 F 值如果未達 .05 顯著水準，表示所有配對組平均數的差異值均顯著等於 0，此時，不用再進行事後比較。

受試者內對比的檢定：測量 MEASURE_1

來源	TIEM	型 III 平方和	自由度	平均平方和	F 檢定	顯著性
TIEM	線性	7478.645	1	7478.645	291.862	.000
	二次方	20.089	1	20.089	3.947	.062
	三次方	67.280	1	67.280	13.217	.002
	階數 4	2.926	1	2.926	1.130	.301

　　五個時間點測得平均數的趨勢發展，線性趨勢的 F 值統計量為 291.862，顯著性 $p < .001$；三次方趨勢發展的 F 值統計量為 13.217（$p = .002 < .01$），均達統計顯著水準，表示五個時間點平均數的趨勢發展顯著呈線性關係，但也呈顯著的三次方趨勢。二次方趨勢發展檢定的 F 值統計量為 3.947（$p = .062 > .05$）、四次方趨勢發展檢定的 F 值統計量為 1.130（$p = .301 > .05$），均未達統計顯著水準，表示五個時間點測得的平均數趨勢發展顯著不為二次方趨勢、四次方趨勢。

估計的邊際平均數：測量 MEASURE_1

TIEM	平均數	標準誤	95% 信賴區間	
			下限	上限
1	36.300	1.830	32.470	40.130
2	31.350	1.829	27.523	35.177
3	23.350	1.600	20.002	26.698
4	16.800	1.362	13.949	19.651
5	13.000	1.651	9.544	16.456

　　五個時間點測得的平均數分別為 36.30、31.35、23.35、16.80、13.00，將五次重複量測的數值以圖示繪製如下，若以線性趨勢及三次方趨勢的軌跡圖來看，範例資料較符合線性發展軌跡。

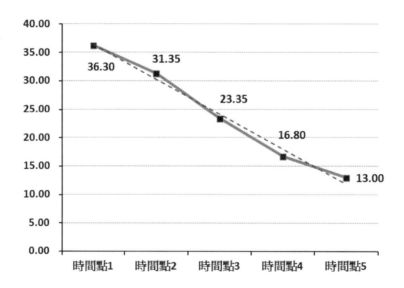

　　從趨勢發展圖來看，整個發展變化雖有二個明顯的折點（彎曲點），二個折彎點在時間點 2 與時間點 4，但彎曲幅度的情況很小，從趨勢發展的檢定統計量 F 值而言，平均數值的變化情況可以適用直線趨勢及三次趨勢，但從直線圖的變化來看，五個時間點測得的數值變化較接近直線趨勢。此直線趨勢顯示的測量值隨時間點而下降或減少，以學生電腦焦慮的感受而言，若是時間點的間距為一星期，表示學生的電腦焦慮感受每星期均在下降，下降的趨勢變化接近線性關係。

另一種常見的趨勢變化是重複量測的數值彼此間的差異值均顯著等於 0，即二個時間點測得的數據是相同的，此種重複量測的數值可以下列圖示表示：

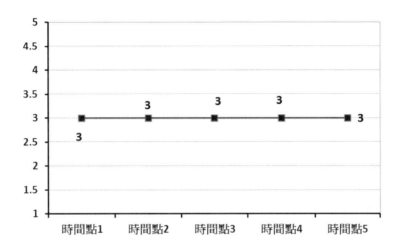

上列圖示的變化雖然也為一條直線，但直線並沒有上升或下降（其斜率係數為 0），此種變化發展並沒有任何軌跡，所以是一種「無趨勢」（no trend）的類型，此種成長變化的變化率的參數值為 0。

二 │ 二次趨勢

二次趨勢（quadratic trend）指的重複量測的發展趨勢有一個彎曲點，常見的標準圖示如「U」型或「倒 U」型，二次趨勢的圖示稱為二次曲線發展變化。十位受試者在五次時間點測得的數據如下：

受試者	Y1	Y2	Y3	Y4	Y5	受試者	Y1	Y2	Y3	Y4	Y5
S01	4	11	9	8	4	S06	3	12	9	6	8
S02	5	8	11	7	5	S07	2	10	12	8	9
S03	5	9	7	4	4	S08	1	11	9	9	10
S04	4	15	11	10	5	S09	4	15	8	11	9
S05	5	12	10	7	5	S10	7	14	14	13	7

受試者內效應項的檢定：測量 MEASURE_1

來源		型 III 平方和	自由度	平均平方和	F 檢定	顯著性
TIEM	假設為球形	356.680	4	89.170	24.371	.000
	Greenhouse-Geisser	356.680	2.973	119.988	24.371	.000
	Huynh-Feldt 值	356.680	4.000	89.170	24.371	.000
	下限	356.680	1.000	356.680	24.371	.001

　　重複量數（相依樣本）單因子變異數分析結果，資料結構符合球面性假定的 F 值統計量為 24.371（顯著性 $p < .001$），達統計顯著水準；違反球面性假定的 F 值校正統計量為 24.371（顯著性 $p < .01$），達統計顯著水準，表示重複量數五個時間點測得的平均數間有顯著不同，至少有一個配對組平均數的差異值不等於 0，至於是那幾個時間點間的平均數有顯著差異，須進行事後比較方能得知。

受試者內對比的檢定：測量 MEASURE_1

來源	TIEM	型 III 平方和	自由度	平均平方和	F 檢定	顯著性
TIEM	線性	3.240	1	3.240	.568	.470
	二次方	252.457	1	252.457	100.791	.000
	三次方	88.360	1	88.360	37.797	.000
	階數 4	12.623	1	12.623	3.089	.113

　　五個時間點測得平均數的趨勢發展，線性趨勢的 F 值統計量為 .568（顯著性 $p = .470 > .05$），四次方趨勢發展的 F 值統計量為 3.089（$p = .113 > .05$），均未達統計顯著水準，表示五個時間點測得的平均數趨勢發展顯著不是直線趨勢、四次方趨勢軌跡。二次方趨勢發展檢定的 F 值統計量為 100.791（$p < .001$）、三次方趨勢發展檢定的 F 值統計量為 37.797（$p < .001$），均達統計顯著水準，表示五個時間點平均數的趨勢發展顯著為二次方趨勢、三次方趨勢。

估計的邊際平均數：測量 MEASURE_1

TIEM	平均數	標準誤	95% 信賴區間	
			下限	上限
1	4.000	.537	2.784	5.216
2	11.700	.761	9.979	13.421
3	10.000	.650	8.530	11.470
4	8.300	.817	6.451	10.149
5	6.600	.718	4.976	8.224

　　五個時間點測得的平均數分別為 4.0、11.7、10.0、8.3、6.6，將五次重複測得的數值以圖示繪製如下。

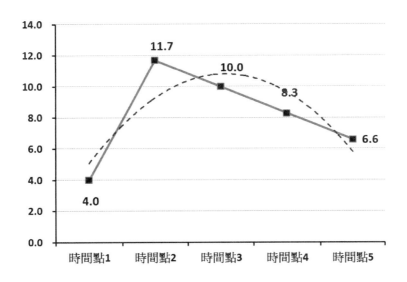

　　從趨勢發展圖來看，整個發展變化有一個明顯的折點（彎曲點），從趨勢發展的檢定統計量 F 值而言，平均數值的變化情況可以適用二次趨勢及三次趨勢，但從直線圖的變化來看，五個時間點測得的數值變化較接近二次趨勢。二次曲線發展中，以時間點 1 測得的數值最低，時間點 2 測得的數值最高，從時間點 3（第三次測量）後，測量的數值再依次遞減。

成對比較摘要表

測量：MEASURE_1

(I) TIME	(J) TIME	平均差異 (I−J)	標準誤差	顯著性[a]	差異的 95% 信賴區間[a]	
					下界	上界
1	2	−7.700*	.857	.000	−9.639	−5.761
	3	−6.000*	.699	.000	−7.582	−4.418
	4	−4.300*	.883	.001	−6.296	−2.304
	5	−2.600*	1.127	.047	−5.150	−.050
2	1	7.700*	.857	.000	5.761	9.639
	3	1.700	.907	.094	−.353	3.753
	4	3.400*	.581	.000	2.085	4.715
	5	5.100*	.912	.000	3.036	7.164
3	1	6.000*	.699	.000	4.418	7.582
	2	−1.700	.907	.094	−3.753	.353
	4	1.700*	.684	.035	.153	3.247
	5	3.400*	.921	.005	1.316	5.484
4	1	4.300*	.883	.001	2.304	6.296
	2	−3.400*	.581	.000	−4.715	−2.085
	3	−1.700*	.684	.035	−3.247	−.153
	5	1.700	.857	.079	−.239	3.639
5	1	2.600*	1.127	.047	.050	5.150
	2	−5.100*	.912	.000	−7.164	−3.036
	3	−3.400*	.921	.005	−5.484	−1.316
	4	−1.700	.857	.079	−3.639	.239

根據估計的邊緣平均數而定；*. 平均差異在 .05 水準是顯著的。a. 調整多重比較：最低顯著差異（等於未調整值）。

從成對比較摘要表可以得知那二個時間點測得數據的平均數間有顯著差異：

1. 「時間點 2 測量的平均數」均顯著高於「時間點 1 測量的平均數」、「時間點 4 測量的平均數」、「時間點 5 測量的平均數」。

2. 「時間點 3 測量的平均數」均顯著高於「時間點 4 測量的平均數」及「時間點 5 測量的平均數」。

3. 「時間點 4 測量的平均數」、「時間點 5 測量的平均數」分別高於「時間點 1 測量的平均數」。

以二十位受試者的範例資料為例，重複量測五個時間點測得數據的相關矩陣如下表：

	Y1	Y2	Y3	Y4	Y5
Y1	1				
Y2	.954***	1			
Y3	.906***	.925***	1		
Y4	.796***	.785***	.887***	1	
Y5	.710***	.702***	.822***	.893***	1
平均數	36.30	31.35	23.35	16.80	13.00
標準差	8.183	8.177	7.154	6.092	7.384

從相關係數摘要表可以看出，相鄰時間點測得的數據彼此間皆有顯著高度正相關。

重複量數也可採用「簡單自我迴歸模式」（simple auto-regression model）來解釋各時間點的變化，簡單自我迴歸模式圖如下，從模式圖可以得知，簡單自我迴歸模型乃是以時間點 t 的觀察變項為解釋變項（自變項），而以時間點 t + 1 測得觀察變項為結果變項（依變項）。

上述簡單自我迴歸模型只考慮二個相鄰時間點間變項間的關係。

五個時間點測得的數據，簡單自我迴歸考驗模型圖如下：

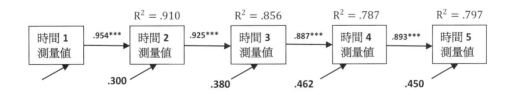

重複量數的縱貫性資料採用相依樣本變異數分析，可以進行受試者在各時間點測得之平均數間的差異檢定，整體檢定的 F 值統計量如果達到統計顯著水準，

表示至少有二個時間點測得的平均數間的差異值顯著不等於 0；從成對事後比較可以進一步知道是那幾對平均數間的差異達到統計顯著水準。進行平均數整體檢定時，即使違反球面性假定，統計軟體也會提供相對應的校正統計量。

三 ┃ 自我迴歸模式

　　二個潛在特質的自我迴歸模式，均以前一個潛在變項為自變項，而以下一個時間點的潛在特質為依變項，以探究時間點延緩／落後的效果（lagged effects），「延緩」指的是二個時間點的差異，一般均以時間點 t 測得的潛在特質為外因變項，而以時間點 $t + 1$ 測得的潛在特質為內因變項，至於同一時間點測得的潛在特質間的因果關係則不加以探討。以三個時間點（四年級、五年級、六年級）測得的學生數學態度及數學成就二個潛在特質而言，延緩一個時間點或一階的迴歸效果圖如下，以上一時間點或上一期的觀察變項為解釋變項，而以次一期或次時間點的觀察變項為效標變項或結果變項的自我迴歸分析稱為「一階自我迴歸模式」（first−order autoregressive model），一階自我迴歸模式方程為 $y_t = \beta_0 + \beta_1 y_{t-1} + \varepsilon_t$。

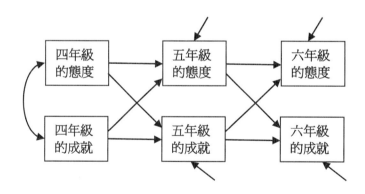

　　上述潛在變項跨延緩時距的模型圖，主要在於探討前一個時間點潛在特質變項對次一時間點潛在特質變項的影響，如四年級數學態度對五年級數學成就有直接影響作用，五年級數學成就對六年級的數學態度有直接影響作用；四年級數學成就對五年級數學態度有直接影響作用，五年級數學態度對六年級的數學成就有直接影響作用，如果研究者要探究二階效果或高階效果（一個時間點以上的影響），可增列前一個時間點的潛在特質變項對後一個時間點或後二個時間點的潛

在特質變項的影響路徑，如下圖中四年級的學習態度對五年級的數學成就有直接影響路徑，對六年級的數學成就也有直接影響路徑，前者相差一個時間點，變項間延緩一個時間距（時間落後一個時間距），變項間的關係為落後一個效果；後者相差二個時間點，變項間延緩二個時間距（時間落後二個時間距），變項間的關係為落後二個效果或高階效果。

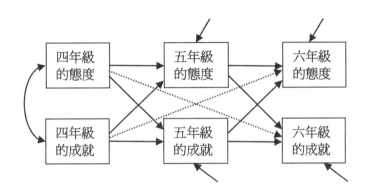

多指標潛在變項跨落後時間距的圖示如下，每個時間點測得的指標變項有二個，數學態度三個時間點的潛在變項分別為「態度_T1」、「態度_T2」、「態度_T3」，其觀察變項分別為「態度_T11」、「態度_T12」、「態度_T21」、「態度_T22」、「態度_T31」、「態度_T32」；對應三個時間點的數學成就潛在變項分別為「數學_T1」、「數學_T2」、「數學_T3」，其指標變項分別為「數學_T11」、「數學_T12」、「數學_T21」、「數學_T22」、「數學_T31」、「數學_T32」。

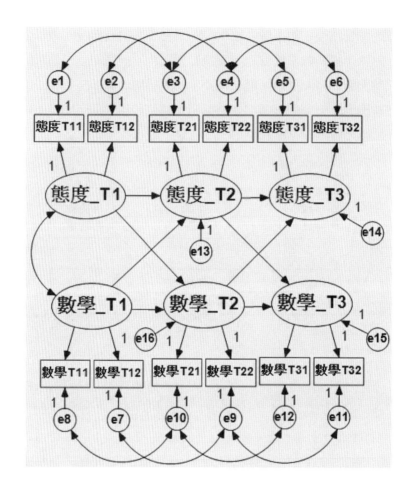

　　自我迴歸模式屬時間系列模型範疇之一，一般用於時間系列的探究中。範例的自我迴歸路徑包含二種型態：一為同一潛在特質變項二個時間點間的直接路徑，如「態度_T1」→「態度_T2」、「態度_T2」→「態度_T3」，同一潛在特質的成長變化一般較為穩定，因而此路徑又稱為「穩定路徑」（stability path）；二為跨落後時間點間變項的直接路徑，如「態度_T1」→「數學_T2」、「數學_T2」→「態度_T3」，此路徑由於是前一個時間點的潛在特質影響後一個時間點的另一個潛在特質，其路徑又稱為「跨落後路徑」（cross-lagged paths）。假設模型圖中，各時間點對應之指標變項的獨特性（隨機測量誤差項）均假定有共變關係，此種假定表示從一時間點到另一時間點之獨特性是「穩定的」（Hoyle, 2011）。

（一）單一潛在特質自我迴歸模式

縱貫性資料為學生於四個時間點的數學能力變化。

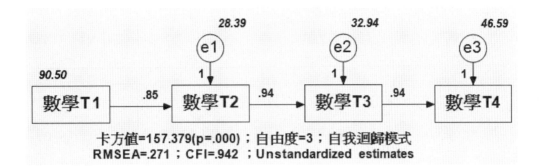

模式整體適配度的卡方值 $\chi^2 = 157.379$，自由度等於 3，RMSEA 值等於 .271、CFI 值等於 .942。非標準化估計值模式圖顯示，測量誤差項變異數均為正數，表示沒有不合理的解值。

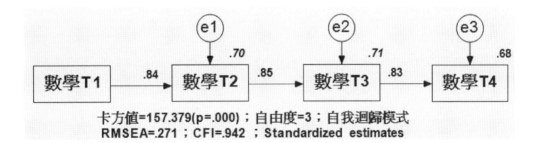

時間點 1 數學成就對時間點 2 數學成就的標準化迴歸係數 β 值為 .84，$R^2 =$ .70；時間點 2「數學成就 _T2」對時間點 3「數學成就 _T3」預測的標準化迴歸係數 β 值為 .85，$R^2 = $ .71；時間點 3「數學成就 _T3」對時間點 4「數學成就 _T4」預測的標準化迴歸係數 β 值為 .83，$R^2 = $ .68。至於解釋變異量 R^2 或 β 值是否達統計顯著水準，必須根據路徑係數的臨界比值及顯著性 p 值加以判別。

（二）跨落後時間距一階自我迴歸模型

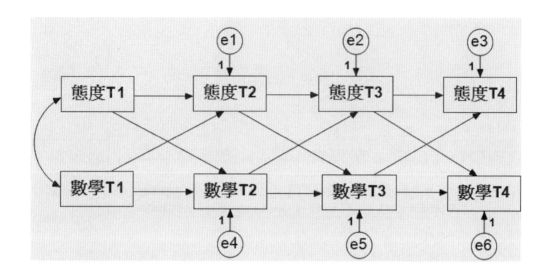

　　二個潛在特質變項為「數學態度」及「數學成就」，二個潛在特質均以前一期的觀察變項為解釋變項（外因變項），而以次一期的觀察變項為結果變項（內因變項），解釋變項的時間點如為「t」，則結果變項的時間點為「$t+1$」。

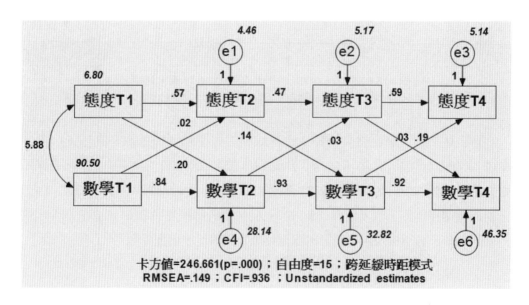

　　模式整體適配度的卡方值 $\chi^2 = 246.661$，自由度等於 15，RMSEA 值等於 .149、

CFI 值等於 .936。非標準化估計值模式圖顯示，測量誤差項變異數均為正數，表示沒有不合理的解值。

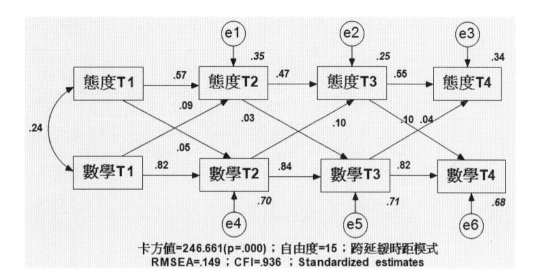

從標準化估計值模式圖可以看出，以數學態度為解釋變項時，其影響次一時間點的數學態度高於數學成就，相似的，以數學成就為解釋變項時，其影響次一時間點的數學成就高於數學態度，即同一領域的潛在特質變項間的簡單自我迴歸係數均大於跨領域潛在特質變項的迴歸係數。

（三）跨落後時間距二階自我迴歸模型

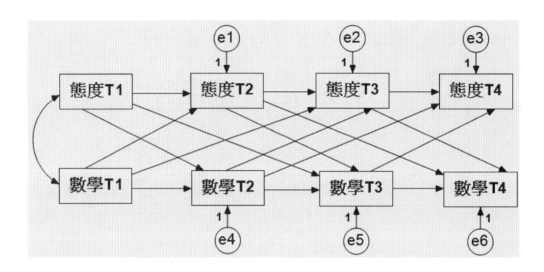

　　跨落後時間距二階自我迴歸模型為跨落後時間距一階自我迴歸模型的延伸，時間點 t 的潛在特質為解釋變項時，除探究對時間點 $t + 1$ 另一潛在變項的直接影響路徑外，同時探討對時間點 $t + 2$ 另一潛在變項的直接影響路徑，如「數學態度_T1」為解釋變項，跨領域不同時間距的結果變項為「數學成就_T2」、「數學成就_T3」；以「數學成就_T2」為解釋變項時，同時探討其對時間點 3「數學態度_T3」、對時間點 4「數學態度_T4」的影響，如果研究者要簡化模式，可直接探討跨落後二個時間距變項間的影響路徑，如以「數學態度_T1」為解釋變項時，只探究其對「數學成就_T3」的影響。

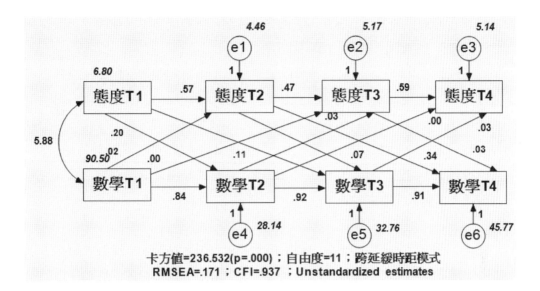

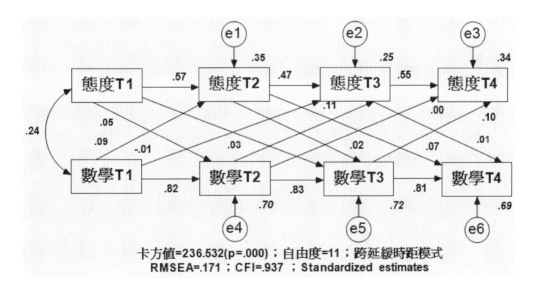

模式整體適配度的卡方值 $\chi^2 = 236.532$，自由度等於 11，RMSEA 值等於 .171、CFI 值等於 .937。非標準化估計值模式圖顯示，測量誤差項變異數均為正數，表示沒有不合理的解值。

標準化迴歸係數模式圖顯示，落後時間距的跨領域的直接效果值均很小，但同領域潛在變項自我迴歸的 β 值則較大，三個不同時間距「數學態度」觀察變項

間的標準化迴歸係數分別為 .57、.47、.55；三個不同時間距「數學成就」觀察變項間的標準化迴歸係數分別為 .82、.83、.81。

重複量測的資料，採用自我迴歸模式時，模型檢定的整體適配度一般較不易達到標準，另外，可以得到支持的假設模型，內部適配度的參數估計值較易出現不合理解值，此時，如改用潛在特質成長變化模式加以探究，則不僅可以知悉縱貫性資料的成長變化軌跡，也可進一步分析成長變化軌跡的個體間差異情況。

採用相依樣本變異數分析，雖然可以進行各時間點測量值間差異之統計性顯著性檢定，但無法得知：

1. 受試者跨時間點在標的變項的詳細變化情況，配合趨勢分析摘要表雖然可以得知縱貫性資料結構是線性趨勢、二次趨勢或是三次趨勢，但無法知悉受試者在成長變化的「總體變化率」的參數值（斜率估計值）。

2. 趨勢分析只能得知受試者總體的變化情況，此種變化情況是否有個體間的差異存在無法知悉，是否所有受試者都朝同一個趨勢發展方向變化。

3. 受試者剛開始的起始狀態（第一次測量的數據）或起始行為測量值的高低是否與之後受試者在標的變數的變化有顯著關聯。

四 │ 線性函數的截距與斜率

線性函數的方程式：$Y = AX + B$（或表示為 $Y = B_1 X + B_0$），其中 Y 為依變項（效標變項或結果變項），X 為自變項（預測變項或解釋變項），常數 A 為斜率、常數 B 為截距。截距項指的是當自變項的數值為 0 時，直線與 Y 軸的交叉點位置，就潛在成長模式而言，自變項 X 的數值為 0 代表的是起始點或起始狀態行為；斜率指的直線傾斜的幅度，如果其數值為正，表示 X 變項對 Y 變項的影響為正向；相對的，若是斜率數值為負值，表示 X 變項對 Y 變項的影響為負向，斜率的絕對值愈大，X 每改變一個單位值對 Y 變項的影響也愈大。以直線 $Y = 3X + 2$ 而言，其直線的圖示如下，X 每增加一個單位值，Y 的平均改變增加率為 3，直線的截距為 2，斜率為 3，斜率的絕對值愈大，直線愈陡峭。

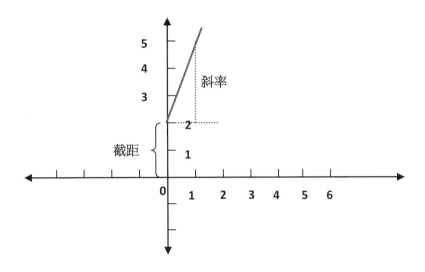

　　$Y = 0.5X + 3$ 而言，如果 X 的數值為 0，依變項 Y 的數值為 0.5，X 的數值為 1，依變項 Y 的數值為 3.5、X 的數值為 2，依變項 Y 的數值為 4，X 每改變一個單位，Y 的變化值為 0.5，線性函數的截距為 3，斜率為 0.5，斜率的絕對值愈小，直線愈平緩。

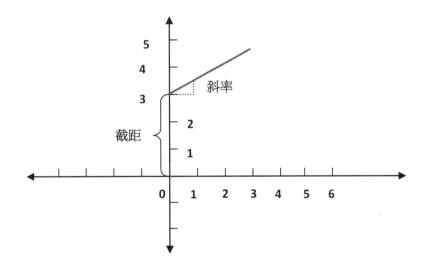

　　如果斜率的數值為負值，表示 X 每增加一個單位，結果變項 Y 的數值會遞減，如 $Y = -2X + 3$，X 的數值為 0，Y 的數值為 3（截距），X 的數值為 1，Y 的數值

變為 1；X 的數值為 2，Y 的數值變為 -1，斜率為負值，表示 Y 的測量值隨 X 測量單位的增加而減少，如果 X 的單位為月，Y 測量值表示的學生的學習壓力，則線性函數顯示的是學生的學習壓力逐月減少，平均每月減少 2 的平均量，起始點行為狀態的學習壓力測量值為 3。

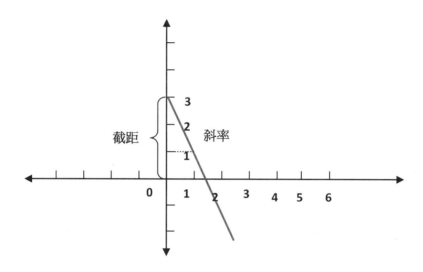

　　以跨四個月的測量數據為例，以開學為起始點（$X = 0$），之後三個測量時間點為開學後一個月（$X = 1$）、開學後二個月（$X = 2$）、開學後三個月（$X = 3$），迴歸方程假定為：$Y = -2X + 20$，則樣本學習壓力的分數分別為 20 分、18 分、16 分、14 分，樣本每個月的學習壓力平均減少 2 分，開學學習壓力分數 20 分為樣本的起始狀態行為，樣本每個月平均減少 2 分，減少 2 分為樣本跨時間點的平均變化率，此數值為潛在特質成長變化模式之「斜率因子」潛在變項的平均數估計值，樣本開學測得的學習壓力分數 20 分，20 分為學生起始狀態的學習壓力感受，此數值為潛在特質成長變化模式之「截距因子」潛在變項的平均數估計值。

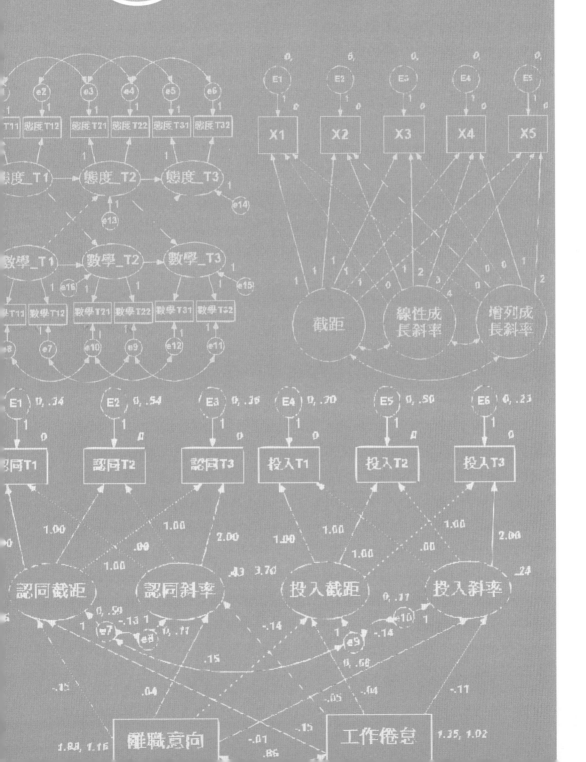

　　潛在成長曲線模式（latent growth curve modeling;[LGM]/[LGC]）適用於縱貫性資料的分析，藉由成長曲線模式可以瞭解受試者成長變化的軌跡是線性模式或非線性模式（可能為二次曲線模式或指數模式），也可探究受試者在起始狀態（initial status/initial level）是否具有個體間的差異，成長軌跡的變化率（rate of growth change）是否也有個體間差異的存在，受試者整體變化率的情況是逐漸增加或減少。重複量測之縱貫性資料分析程序的潛在曲線模式，又稱潛在變化分析、潛在成長曲線模式分析、成長曲線模式分析、潛在曲線分析等。

　　行為及社會科學領域中，有些研究者感興趣的是個體跨時間點行為改變的情況，他們關注的結果變數如行為、表現、價值，或某些特定方面的特質，如酗酒、沮喪程度、溝通技能、偏差行為、態度知能、學業表現等。跨時間點的研究並不是橫斷性的探究，而是一種縱貫性的探究，此種縱貫性探究主要在於瞭解結果變項如何改變、改變程度多少、改變歷程的個體差異情況。傳統縱貫性資料的統計分析常用者為變異數分析（ANOVA）、共變數分析（ANCOVA）、多變量共變數分析（MANCOVA）、自我迴歸及跨延緩多元迴歸法，這些方法都有其優點與限制，如重複量測變異數分析法程序假定為球面性假設，非實驗研究分析的方法一般是採用多元迴歸分析，如自我迴歸模型可探究從一時間點到下一時間點的模型如何改變、改變的分數及殘差化的改變為何。在社會科學領域中重複量測程序所得的資料，有些無法符合球面性的假定，傳統的變異數分析法或迴歸分析只能比較群組層次的差異，即只能進行總體結果的分析（描述個體整體發展軌跡），無法進行個體層次改變差異的分析（個體間跨時間發展變化的差異），如果研究者改用潛在成長模式則可以克服以上的困境。潛在成長模式可以根據參照水準（一般為起始量）來描述個體行為，也可以從各水準的變化（線性、二次曲線）瞭解樣本的發展軌跡，此外，也可以決定個體層次在參照水準及變化軌跡的差異情況，根據變項及潛在構念平均數及變異數的檢定可以深入瞭解參照水準及發展軌跡的特性（Byrne, Lam, & Fielding, 2008; Hancock & Mueller, 2006; Stull, 2008）。根據結構方程模式（SEM）延伸應用的潛在成長模式（latent growth modeling[LGM]）應用於縱貫性資料的解釋分析，其探究的領域與使用者愈來愈多，潛在成長因子的彈性化使用配合測量誤差結構，LGM 也可用於不同競爭模式適配度的比較（Shin, 2007）。

一 ┃ 潛在成長曲線模式

對於探究如何改變，潛在特質之變項的測量次數需要三次以上（縱貫性資料要重複測量三次以上），如果測量次數只有二次是無法判斷測量值的變化情況，因為任何二點可以繪製一條直線，重複測量的次數若只有二次，則成長變化都是直線，變化成長軌跡沒有線性或非線性模式。傳統統計程序用於成長曲線分析（不論成長曲線的變化是增加或下降）的方法有二種：一為潛在成長分析的結構方程模式、二為階層模式（或稱多層次模式），縱貫性資料時間點時間距（兩次測量間隔多久）可以根據研究所需由研究者自訂，研究分析的焦點：跨時間點結果變項的變化情況模式是呈何種類型，是線性模式或非線性模式；成長變化發展軌跡是上升或下降，上升或下降的平均幅度多大；起始狀態（第一次時間點測得的結果）行為是否所有受試者都相同？成長變化發展軌跡是否有顯著的個別差異存在；影響成長發展變化的預測變項（共變項）有那些等。以小五（11 歲）、小六（12 歲）、國一（13 歲階段、七年級）、國二（14 歲階段、八年級）學生偏差行為的成長變化情況的探究而言，研究者可能想要瞭解：

1. 學生於四個年段的成長變化是否為完全線性模式、片段線性模式或非線性模式？潛在特質成長曲線的形狀（shape）是線性或非線性，如果線性的成長模式可以適配於樣本資料，表示四個年段學生偏差行為（結果變數）的成長變化是每年（一個單位時間）朝一定比率上升或下降。每年曲線成長變化多少就是「形狀」（shape）的參數平均值，此數值可能是正值或負值，形狀即是潛在構念「斜率」。

2. 小五（11 歲）學生的偏差行為程度為何？以小五為起始點，探究的是所有受試者總體起始水準（initial level）的平均值為何？水準即是潛在構念的「截距」。如考量到性別、家庭社經地位因素，會進一步探究男女生在起始水準（起始狀態）的偏差行為是否有顯著不同（相當於變異數分析中考驗不同五年級男女學生的偏差行為是否有顯著差異存在），如男學生的偏差行為是否顯著高於女學生；不同社經地位的學生在起始水準（起始狀態）的偏差行為是否有顯著不同，如高社經地位學生的偏差行為是否顯著低於低社經地位的學生。

3. 小五（11 歲）起始狀態的偏差行為表現是否有個體間的差異存在，如果個體

間的差異達到統計顯著水準，表示學生在小五（11歲）階段的偏差行為表現起始行為有明顯不同，學生在截距項潛在構念（level）的變異數顯著不為0，結果顯示某些學生於偏差行為的測量值得分很低、某些學生於偏差行為的測量值得分較高（個體間的截距顯著不一樣）。

4. 成長變化的形狀是否有個體間的差異存在，如果形狀變異數參數達到統計顯著水準，表示學生個體間偏差行為測量值於四個年段的變化率有顯著不同（個體間的斜率顯著不一樣）。

　　每個時間點觀察的資料為實際的測量值，但每個觀察值或測量都有測量誤差存在，LGM模型圖繪製中，於每個觀察變項（方形物件）中會增列測量誤差項，內定的模式的線性發展模式，二個潛在構念為研究歷程的起始水準（截距項）及變化率（斜率），如果曲線成長模式為非線性，則要自行增列第三個潛在構念變化率變項（AMOS的假設模型圖為增列一個橢圓形的物件，物件表示的是第二個「形狀」變項）。

　　五年級、六年級、七年級、八年級四個教育階段的學生偏差行為次數（學生自我評定近一個月偏差行為的次數）的發展軌跡而言可能的變化模式範例：

（一）成長變化範例一

	女生	男生	全部
五年級	1.52	2.98	2.25
六年級	2.21	4.28	3.25
七年級	2.88	5.65	4.27
八年級	3.55	7.05	5.30

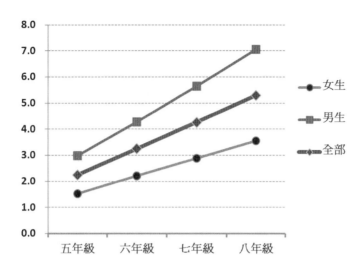

上述 LGM 發展模式圖為線性模型，男生群體與女生群體在五年級的起始水準（截距）有顯著不同，男生偏差行為的次數顯著高於女生，男生群體偏差行為逐年增加變化率也大於女生（男生的斜率顯著大於女生），男生跨四個年級的線條陡峭程度較女生明顯。

（二）成長變化範例二

	女生	男生	全部
五年級	1.52	1.52	1.52
六年級	1.72	3.87	2.80
七年級	2.10	5.94	4.02
八年級	2.45	7.94	5.20

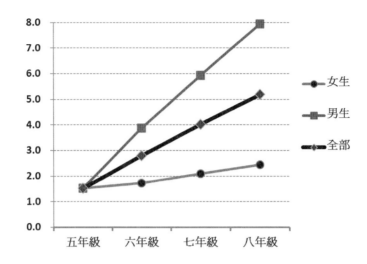

　　上述 LGM 發展模式圖為線性模型，男生群體與女生群體在五年級的起始水準
的狀態並沒有不同（起始狀態的測量值均為 1.52），顯示二個群體的截距因子平
均數相同，但之後二個群體跨年段之偏差行為次數的變化率有顯著不同，女生群
體的變化率較小，男生群體偏差行為逐年增加變化率較大，到了八年級時男生群
體、女生群體的偏差行為次數的差距程度較七年級、六年級時還大。從四個年段
的變化率來看，男生群體偏差行為的成長發展軌跡圖較為陡峭，女生群體偏差行
為的成長發展軌跡圖接近水平線，表示女生跨四個年段的偏差行為變化情況甚小，
整體學生跨四個年段之偏差行為的變化率則呈一定的比率值上升。

（三）成長變化範例三

	女生	男生	全部
五年級	1.00	3.00	2.00
六年級	2.00	4.00	3.00
七年級	3.00	5.00	4.00
八年級	4.00	6.00	5.00

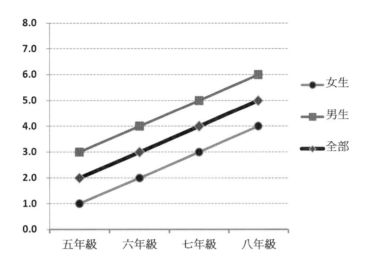

上述 LGM 發展模式圖為線性模型，男生群體與女生群體在五年級的起始水準的狀態有顯著不同，男生群體偏差行為的次數顯著多於女生群體，之後二個群體偏差行為的增加變化率相同。男生跨四個年段偏差行為的成長變化圖與女生跨四個年段偏差行為的成長變化圖幾乎是平行，表示二個群體的斜率是相同的。

（四）成長變化範例四

	女生	男生	全部
五年級	1.52	2.98	2.25
六年級	2.21	3.68	2.95
七年級	3.25	6.89	5.07
八年級	6.04	7.89	6.97

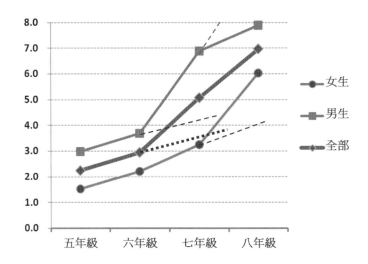

　　上述 LGM 發展模式圖為並非單一線性模型,而是「片段線性成長模式」
(piecewise linear growth modeling),所謂片段線性成長變化表示的是整體成長變
化軌跡圖是可以劃分為二條以上的直線,從切割點劃分後,部分時間點的成長變化
軌跡都是線性關係。就範例圖示而言,整體樣本四個年段偏差行為的成長軌跡並不
是呈一直線,而是分隔為二階段的線性關係,第一階段的線性成長變化為五年級至
六年級偏差行為的發展,第二階段的線性成長為六年級、七年級、八年級偏差行為
的發展,就學生偏差行為的成長發展而言,六年級階段是一個轉折點,五年級至六
年級的增加變化率較六年級至八年級的增加變化率還小;就女生群體而言,片段線
性成長模式的轉折點為七年級,七年級至八年級女生偏差行為成長增加變化率大於
五年級至七年級偏差行為成長增加變化。就男生群體偏差行為成長變化發展可以切
割為三個線性軌跡,一為五年級至六年級、二為六年級至七年級、三為七年級至八
年級,其中最為陡峭的線段為六年級至七年級偏差行為的改變。

(五)成長變化範例五

	女生	男生	全部
五年級	0.53	1.57	1.05
六年級	1.05	2.45	1.75
七年級	2.87	4.65	3.76
八年級	6.21	7.99	7.10

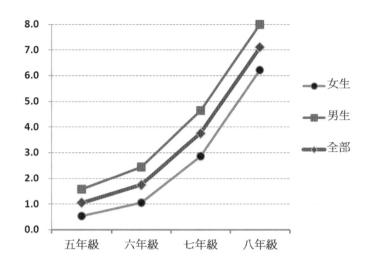

上述 LGM 發展模式圖為並非線性模型而是近似二次曲線模式，此種模式的成長發展是一種曲線，年段與年段間偏差行為的增加變化是呈二次多項式的關係。

雖然階層線性模式（HLM）與結構方程模式都可以處理縱貫性資料，但 HLM 資料結構本身通常都有巢套（nested）關係，如學生巢套於班級群之中、病患巢套於醫院群之中、教師巢套於學校組織之中、員工巢套於企業組織之中，從實務資料分析的觀點而言，HLM 程序與 SEM 程序都可以處理複雜縱貫性資料，但二種分析程序法不能互相取代，二者分析程序都有最適用的資料結構，在某些特定情境下，二個分析程序所得的結果雖然近似，但在某些情境下，HLM 及 SEM 對於縱貫資料結構分析所得的結果並不完全相同（Byrne, Lam, & Fielding, 2008）。Shin（2007）以 1244 位學生二年級至五年級數學成就的縱貫性資料，進行潛在成長模式及階層線性模式統計程序結果的比較，結果發現二種方法估計的參數值並不相同，部分結果的統計顯著性也並非一致，其研究結論之一為研究者應根據研究問題及研究情境選擇合適的成長模式程序，如果樣本數較大且跨時間之誤差變異數異質，採用結構方程模式之潛在成長模式程序較適宜。

由於 SEM 可以直接使用潛在變項（latent variables）進行個體內及個體間的參數估計，其分析程序也可稱為潛在曲線分析（latent curve analysis;[LCA]），潛在曲線分析也有學者將之稱為潛在改變分析（latent change analysis;[LCA]）、潛在成長曲線模式（latent growth curve models）、成長曲線模式（growth curve models）、潛在成長模式（latent growth modeling;[LGM]）、潛在曲線模式（latent curve modeling;[LCM]）。此種分析程序關注的是所有個體跨時間點的改變，個體的變化可能是成長（上升）或衰退（下降）（Heck & Thomas, 2009）。成長變化例子如經由學習時間的增加，問題解決能力提升、閱讀能力提升；衰退或下降變化範例如經由學習週數的增加，學習不適應的情況愈來愈少、隨著月次的增加，學習焦慮的感受愈來愈低。LGM 程序是 SEM 一種特殊的形態，特別適用於分析縱貫性資料，此種分析程序可以同時探究個體內及個體間差異變化的情況。採用 LGM 分析時，資料結構至少須符合以下三個情境：1. 評量施測受試者的人數須一樣、各時間點之時間間距不能差異太大；2. 研究者關注的焦點如果是個體變化，每位受試者被搜集的標的變數至少要有三個時間點以上的數據，跨時間點的次數愈多，個體發展軌跡估計愈正確、變化測量有更高的可靠度；3. 資料結構除符合多變量常態性外，每次時間點的有效樣本數最好有 200 人以上（Byrne, Lam, & Fielding, 2008）。

潛在變化分析關注的是跨時間點潛在向度的變化，它的分析程序同時考量到變項的平均數，因而是平均數結構的分析（mean structure analysis;[MSA]），MSA 的分析程序中不僅要考量到重測量測值的共變異數矩陣，也要考量顯性變項的平均數，模型的適配度要進行共變數／平均數矩陣（covariance/mean matrix）的比較，而非只是共變異數矩陣的比較，實際量測值的平均數通常會於傳統共變異數矩陣的最後一列或最後一行。對於重複量測資料而言，傳統型態的統計方法如變異數模型可視為是 LGM 模型中的一個特例，LGM 模型與驗證性因素分析的模式非常類似，將觀察變項視為跨因素效度的指標變項，可以增列每個因素構面對指標變項的路徑，此型態的 CFA 模式與截距因子及斜率因子對所有指標變項均有影響的路徑模型相似（Raykov & Marcoulides, 2006），潛在成長模式的目標在於探究潛在變項的變化軌跡模型及探討解釋影響變化軌跡變動的變因（Hoyle, 2011）。

LGM 分析程序定要納入觀察變項的平均數，如果省略觀察平均數，模型適配度的考驗只考量到樣本共變異數矩陣與隱含共變異數矩陣間的差異情況，無法看出重複量測平均數動態變化的軌跡，因而計算個數資料點的個數時必須加上觀察變項的平均數個數，如重複量測有四次，4 個觀察變項（$k = 4$），原先資料點的個數為 $k(k + 1) \div 2 = 4(4 + 1) \div 2 = 10$，共變異數矩陣的元素有 10 個，加上 4 個觀察變項平均數，資料點的個數為 14，平均數結構方程資料點計算

公式為：$q = \dfrac{k(K+1)}{2} + k = \dfrac{4(4+1)}{2} + 4 = 14$，如果重複量測觀察的時間點有 5 次，每次有一個觀察變項（$k = 5$），平均數結構方程模式的資料點個數 $= q = \dfrac{k(K+1)}{2} + k = \dfrac{5(5+1)}{2} + 5 = 20$，資料點的個數減掉 LGM 模式中待估計的自由參數個數可得模式的自由度（Raykov & Marcoulides, 2006）。

　　LGM 或 LCA 程序中，個體成長被視為是一種潛在變項（觀察變項被重複測量的因子），個體成長可以簡化為一種「水準因子」（level factor）或「截距因子」，成長趨勢或成長變化情況可以被簡化為一個或多個因子，此因子稱為「形狀」（shape），形狀因子的發展趨勢可能是線性、二次曲線或不同的非線性軌跡，因子及形狀模式，在 SEM 分析程序即為「截距」與「斜率」模型，截距與斜率模型假定個體的改變定要有某種特定的軌跡型態，如跨年段點的線性成長模式可以用二因子模型表示，一個因子為「截距」（水準因子），截距因子為起始狀態或起點行為，一個因子為「斜率」（形狀因子），斜率因子為每年的成長比例（可能為正、可能為負，假設時間點單位為年），此二個基本因子外，研究者也可增列第三個、第四個因子或因素（factor），第三個因子可能為二次曲線、第四個因子可能為三次曲線型態，LGM 分析程序之模型假定，要明確假定個體變化是何種型態（如線性、二次曲線、片段線性等），才能確定斜率因子個數（Heck & Thomas, 2009）。多數實務應用中，成長變化的因子個數一般為二個，其中斜率因子對觀察變項的因素負荷量的設定可根據模式適配情況加以調整，如完全線性模式或自由型式模式等。

　　單因子 LGM 或 LCA 模型中，潛在變項只有「level」（水準）一個，雙因子 LGM 或 LCA 模型有二個潛在變項「level」（水準）與「shape」（形狀），因而一般稱為「水準與形狀模式」（level and shape model;[LS]），在縱貫性資料的探究中一般皆採用 LS 模式，LS 模式在潛在變化程序有二個重要內涵：1. 研究起始點的起始真實狀態可以用「水準因素」（level factor）表示；2. 重複測量潛在構念的變化（增加或減少，上升或下降）情況可以用「形狀因子」（shape factor）表示，自由形式模式（第一次測量結果的路徑係數固定為 0、最後一次測量結果的路徑係數固定為 1，中間時段測量結果的路徑係數設為待估計的自由參數），「形狀因素」潛在變項可以描述第一次測量與之後每次時段測量結果二個時段間的整體真實變

化情況，LS 模型對於縱貫性資料的解釋較單因子 LGM 模式更為完整，因為雙因子的 LGM 或 LCA 模式除了可看出個體總體成長變化情況外，也可得知受試者的變化比率是否有個體間的差異存在，LS 模式的應用有時又稱為「截距與斜率」模式（intercept-and-slope;[IS]）（Raykov & Marcoulides, 2006）。如果成長變化是非線性曲線模式，斜率因子對觀察變項的設定中，第一個觀察變項的路徑係數設定為 0，以估計截距因子，第二個觀察變項的路徑係數設定為 1，以進行斜率因子對其餘觀察變項的參數估計，至於第三個觀察變項至最後一個觀察變項的路徑係數則設為待估計的自由參數。

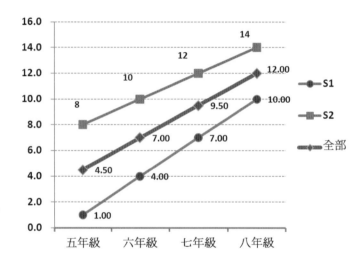

上述個體成長軌跡圖可以看出，總體偏差行為的成長發展是逐年段上升的線性趨勢，四個年段的平均數分別為 4.50、7.00、9.50、12.00，就學生 S1（●）而言，其起始狀態行為的平均值較小（M = 1），但之後跨年段的變化率增加較快；就學生 S2（■）而言，其起始狀態行為的平均值較大（M = 8），但之後跨年段的變化率增加較慢，學生 S1 跨四個年段的增加值為 9，學生 S2 跨四個年段的增加值為 6，學生 S1 每年的平均增加率為 2.25，學生 S2 每年的平均增加率為 1.50，學生 S1 跨四個年段偏差行為的成長軌跡為線性，學生 S2 跨四個年段偏差行為的成長軌跡也為線性，且多逐年段增加或上升，二位學生整體偏差行為的成長軌跡是逐年段增加，其成長軌跡圖也可以用一條最佳適配迴歸線表示。二位學生成長發展軌跡的迴歸線可分別表示如下：

$Y_{1_t} = \alpha_1 + b_1 \lambda_t + \varepsilon_{1t}$（S1 學生）、$Y_{2t} = \alpha_2 + b_2 \lambda_t + \varepsilon_{2t}$（S2 學生）

α_1、α_2 是二位學生在五年級的起始測量值（起始狀態）；b_1、b_2 是學生跨年段的變化率，λ_t 是測量時間，表示的四個年段，若以五年級為基準點，以年為單位，時距均為一年，其數值分別為 0、1、2、3，每個學生的最適迴歸線包含三個個體模式參數：一為起始狀態的截距 α_1、α_2，二為線性成長斜率 b_1、b_2，三為於各時間點測量結果的隨機殘差項 ε_{1t}、ε_{2t}。就任何一個學生，個別線性成長的方程可以用下列表示：$Y_{it} = \alpha_i + b_i \lambda_t + \varepsilon_{it}$（方程式 1），這個模式即是個體內模型（within-person model），個體內模式的參數 α_i、b_i 被視為一種隨機變項，是群組（組織、總體）參數的函數，群組方程為：

$\alpha_i = \mu_\alpha + \zeta_{ai}$、$b_i = \mu_b + \zeta_{bi}$（方程式 2）；$\zeta_{ai}$、$\zeta_{bi}$ 是隨機個體變異估計值（變異數），方程式 2 表示的是個體間模式（between-person model），個體成長參數（截距 α_i、斜率 b_i）是母群成長參數隨機係數的變動模型，成長模式表示的不僅是群組（組織）成長軌跡參數（全部受試者變化成長情況），也是成長軌跡參數的個體變異程度，在多層次分析模式中它屬於「隨機係數模型」（random coefficients models），個體成長軌跡參數的個體間模式是母群成長軌跡參數加上隨機個體變異，因而可以看出個體間的變化率是否有顯著的不同，或是個別受試的成長軌跡發展是否相同（Teo & Khine, 2009）。

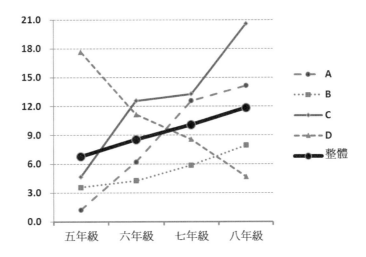

範例圖為受試者 A、B、C、D 在四個年段偏差行為的成長變化軌跡圖，就「shape」潛在因素而言，四位受試者在五年級、六年級、七年級、八年級之偏差

行為四個年段的總體成長變化呈線性發展（●標記），學生於四個年段偏差行為的成長變化軌跡是一種線性模式，學生的偏差行為隨年段增加而逐次上升（形狀潛在構念的平均數為正值），此種發展變化是一種線性關係，表示就整體學生而言，學生偏差行為出現的次數隨著年段的增加而平均變化，此變化改變是遞增的；但就個別學生的偏差行為變化而言，四個學生偏差行為的變化軌跡有很大的個別差異存在，個別學生偏差行為的成長變化並未完全一致，此時形狀潛在構念的變異數估計值會達到統計顯著水準，表示個體間的「形狀」成長變化有顯著不同。

$y_{it} = v_t + \Lambda\eta_i + K_{\chi i} + \varepsilon_{it}$，$y_{it}$ 是個體 i 在時間點 $(y_{i1}, y_{i2}, \cdots\cdots, y_{iT})'$ 的結果向量，v_t 是個體水準測量截距項設定為 0 的向量，Λ_t 為 $p \times m$ 設計矩陣，表示的是改變歷程，η_i 是潛在變項的 m 個構面向量，K 為有關 χ_i $(\chi_{1t}, \chi_{2t}, \cdots\cdots, \chi_{pt})'$ 與潛在因素間迴歸斜率的 $p \times q$ 參數矩陣，ε_{it} 表示的為時間界定的誤差項。潛在因素 $(\eta_{0t}$ & $\eta_{1t})$ 的因素負荷量矩陣一般為：$\Lambda_t = \begin{bmatrix} 1 & 0 \\ 1 & 1 \\ 1 & 2 \\ 1 & 3 \end{bmatrix}$，第一個潛在因素 (η_{0t}) 的四個路徑係數均固定為 1，以確定其為真實（誤差自由化）起始狀態因素，表示為潛在發展歷程的基準點（截距項的路徑係數均設為固定參數，參數值為 1）。由於模型為重複量測設計，研究者必須假定成長趨勢為某種形狀（shape）或組態，如果是連線漸進的線性模式，漸進時間點可設定為 0、1、2、3，此種斜率參數設定的起始值通常為 0，路徑係數均為固定參數；若是假定模式線性改變的增加量為 0.333，Λ_t 矩陣為：

$\Lambda_t = \begin{bmatrix} 1 & 0 \\ 1 & .333 \\ 1 & .667 \\ 1 & 1 \end{bmatrix}$，如果研究者想探究最後一次時間點與第一次時間點間變化的差異量及比較各時間點間之成長發展比率情況，第二次時間點與第三次時間點中的分數須設為自由參數，Λ_t 矩陣為：$\Lambda_t = \begin{bmatrix} 1 & 0 \\ 1 & * \\ 1 & * \\ 1 & 1 \end{bmatrix}$（* 符號表示參數為待估計的自由參數），此外，研究者也可設定最後一次時間點分數，或最後二次時間點分數為待估計的自由參數：[（0, 1, 2 , *）]、[（0, 1, * , *）]（非線性曲線模式），成長軌跡的改變如為加速變化或減速變化，固定參數可分別設定為 [（0, 1 , 3, 6）]、[（0, 1, 1.5, 1.75）]。成長模式如假定為二次曲線模式，潛在因素就有三個：截距因素（路

徑係數為 1、1、1、1）、線性斜率因素（路徑係數為 0、1、2、3）、二次曲線斜率因素（路徑係數為 0、1、4、9），二次曲線斜率因子對指標變項的路徑係數為線性斜率因子路徑係數的平方值，Λ_t 矩陣為：

$$\Lambda_t = \begin{bmatrix} 1 & 0 & 0 \\ 1 & 1 & 1 \\ 1 & 2 & 4 \\ 1 & 3 & 9 \end{bmatrix}$$（Heck & Thomas, 2009），五個時間點觀察變項之二次曲線

成長模式的 Λ_t 矩陣為：$\Lambda_t = \begin{bmatrix} 1 & 0 & 0 \\ 1 & 1 & 1 \\ 1 & 2 & 4 \\ 1 & 3 & 9 \\ 1 & 4 & 16 \end{bmatrix}$，線性成長變化模式為：$\Lambda_t = \begin{bmatrix} 1 & 0 \\ 1 & 1 \\ 1 & 2 \\ 1 & 3 \\ 1 & 4 \end{bmatrix}$

，自由形式成長模式為：$\Lambda_t = \begin{bmatrix} 1 & 0 \\ 1 & * \\ 1 & * \\ 1 & * \\ 1 & 1 \end{bmatrix}$。測量模式用於評定起始狀態及成長比率

因子之漸進觀察測量值，結構模式表示有關一個或更多時間不變性共變量之隨機效果（如起始狀態及成長趨勢因素），個體變項 i 的結構模式如下：

　　LGM 模型中的結構模式可以用下列方程表示：$\eta_i = \mu + B_{\eta i} + \Gamma_{\chi i} + \zeta_i$，其中 μ 是測量截距的向量，B 是潛在變項間迴歸斜率的 $m \times m$ 參數矩陣，Γ 是潛在變項共變數之 $m \times q$ 斜率參數矩陣，ζ_i 是共變量矩陣 Ψ 殘差的向量，從多層次觀點而言，η_i 包含截距項 η_{0i} 及斜率 η_{1i} 因子，層次 2 的方程式可表示如下：$\eta_{0i} = \alpha_0 + \gamma_0 x_i + \zeta_{0i}$、$\eta_{1i} = \alpha_1 + \gamma_1 x_i + \zeta_{1i}$，$\alpha_0$、$\alpha_1$ 是測量截距項，γ_0、γ_1 為結構參數，表示的是潛在變項的迴歸係數，每個成份都其自己的殘差 ζ_{0i} 及 ζ_{1i}，此方程允許個體成長軌跡可與其他個體成長軌跡或變化情形有所不同。

　　斜率因子的係數若設定為 [(−3, −2, −1, 0)]，則截距項因子的平均數表示的是時間點 4 的測量值，非時間點 1（起始狀態）的測量值，截距因子被定義為結束狀態因子，若將固定值 0 設定為時間點 1 的路徑係數，截距因子被定義為起始狀態因子，斜率是每個漸進時距的成長，如果成長是正向的，則標的變項的測量值會隨時間點而增加，此時將截距因子定義為結束狀態因子，即以負的時距變化取代原先正的時距變化，但斜率因子的平均數還是正值，如果研究者關注的最後一個時間點的狀態，並將路徑係數改為 [(3, 2, 1, 0)]，則斜率的平均數會由正值變負

值（如果原先斜率因子的平均數負值，此時會改為正值），至於斜率因子的變異數則相同。斜率因子的係數若設定為 $[(-1.5, -0.5, 0.5, 1.5)]$，截距項因子表示的是時間點 2 與時間點 3 時距的中間，此種設定較難解釋，於 LGM 模式中較少使用（Hancock & Mueller, 2006; Heck & Thomas, 2009），如果研究者是以年段為一單位，施測時間為小一、小三、小五三個年段，因為時距均間隔二年（單位為二年），斜率因子對觀察變項的因素負荷量可以設定為 $[(0, 2, 4)]$。

隱含平均數摘要表顯示：四個時間點的期望值分別為：1.617、2.079、2.541、3.002。

Implied Means：（Group number 1 - 線性模式）

Y4	Y3	Y2	Y1
3.002	2.541	2.079	1.617

根據觀察變項的期望值（平均數）繪製成曲線圖，可以看出潛在特質成長變化的軌跡情形。

斜率因子因素負荷量不同設定結果舉例：

1. 斜率因子的因素負荷量設定為 0、1、2、3

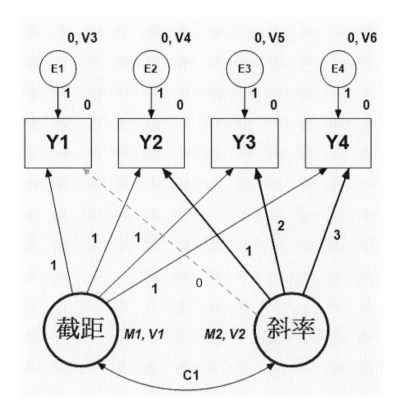

　　假設模型圖中，由於斜率因子對觀察變項 Y1 的因素負荷量限定為 0，表示觀察變項 Y1 為基準點，斜率因子對觀察變項 Y1 的路徑也可以刪除，截距因子對四個觀察變項的路徑係數均為 1，斜率因子對四個觀察變項的路徑係數分別為 0、1、2、3，簡化的假設模型圖如下：

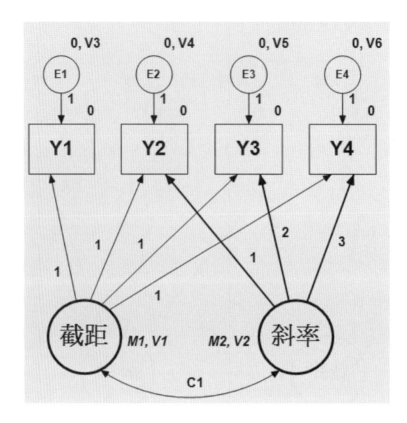

　　上述 LGM 成長模式圖中，截距因子對四個觀察變項的路徑係數均為 1，斜率因子對第二個至第四個觀察變項的路徑係數分別為 1、2、3，截距因子的平均數與變異數估計值參數分別為 M1、V1，斜率因子的平均數與變異數估計值參數分別為 M2、V2，截距因子（LEVEL）與斜率因子（SHAPE）間的共變估計值參數為 C1。截距因子的平均數 M1 為整體受試者時間點 1 的平均值，表示的是起始狀態行為，斜率因子的平均數 M2 為縱貫性資料整體成長變化率，如果數值為正，表示縱貫性資料的成長變化測量值是逐時間點上升；若是數值為負，表示縱貫性資料的成長變化測量值是逐時間點下降。截距因子的變異數 V1 如果達到統計顯著水準，表示時間點 1 平均值有顯著的個體間差異；斜率因子的變異數 V2 如果達到統計顯著水準，表示整體成長變化率也有顯著的個體間差異。

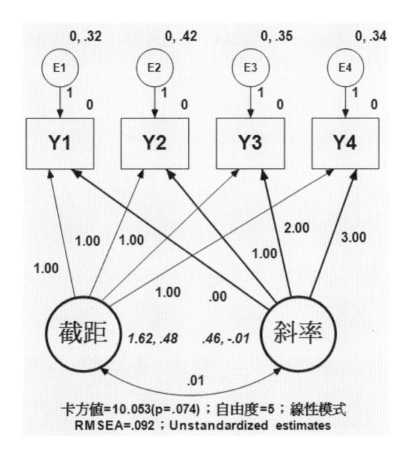

卡方值=10.053(p=.074)；自由度=5；線性模式
RMSEA=.092；Unstandardized estimates

　　第一種基本 LGM 線性模式中，斜率因子（SHAPE）對四個時間點觀察變項的
路徑係數分別設定為 0、1、2、3，截距因子（LEVEL）平均數表示的是起始狀態
因子，截距的平均數與變異數分別為 1.62（第一次時間點測得的平均數據）、.48；
斜率因子的平均數與變異數分別為 .46（成長變化軌跡是逐年增加）、−.01。模式
適配度的卡方值統計量為 $\chi^2_{(df=5)}$ = 10.053、顯著性 p = .074，大於 .05 顯著水準，
接受虛無假設，表示線性模式的軌跡形狀與樣本資料適配度良好。

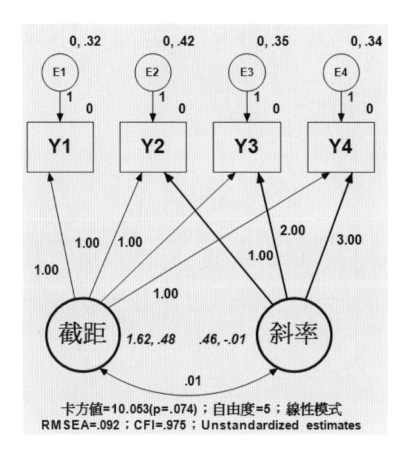

卡方值=10.053(p=.074)；自由度=5；線性模式
RMSEA=.092；CFI=.975；Unstandardized estimates

簡化的 LGM 成長模型圖，模式估計所得的參數及適配度統計量均與未簡化的 LGM 成長模型圖相同，模式適配度的卡方值統計量為 $\chi^2_{(df=5)}$ = 10.053、顯著性 p = .074，截距因子潛在變項的平均數與變異數估計值分別為 1.62、0.48，斜率因子潛在變項的平均數與變異數估計值分別為 0.46、−0.01，截距因子與斜率因子間的共變數估計值為 0.01。

2. 斜率因子的因素負荷量設定為 -3、-2、-1、0

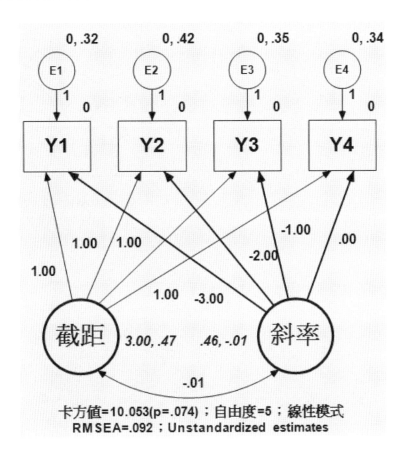

卡方值=10.053(p=.074)；自由度=5；線性模式
RMSEA=.092；Unstandardized estimates

　　第二種 LGM 模式中，斜率因子（SHAPE）對四個時間點觀察變項的路徑係數分別設定為 −3、−2、−1、0，截距因子（LEVEL）表示的是「結束狀態」因子（最後一次的狀態行為），截距的平均數與變異數分別為 3.00（第四次時間點測得的平均數據）、.47；斜率因子的平均數與變異數分別為 .46（成長變化軌跡是逐年增加或上升）、−.01。模式適配度的卡方值統計量為 $\chi^2_{(df=5)}$ = 10.053、顯著性 p = .074，表示線性模式的軌跡形狀與樣本資料適配度良好。上述中斜率因子的平均數及變異數與第一種 LGM 模式設定相同，平均數估計值均為 .46，表示成長變化是逐年增加，變異數估計值 −.01（$p > .05$），表示個體間逐年增加的變化率並沒有個體間差異存在。

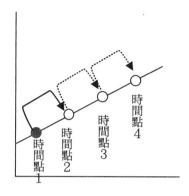

第一種 LGM 線性模式截距因子
表示的時間點 **1** 的起始狀態行為

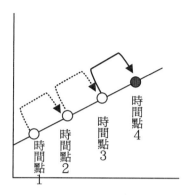

第二種 LGM 線性模式截距因子
表示的時間點 **4** 的最後狀態行為

3. 斜率因子的因素負荷量設定為 3、2、1、0

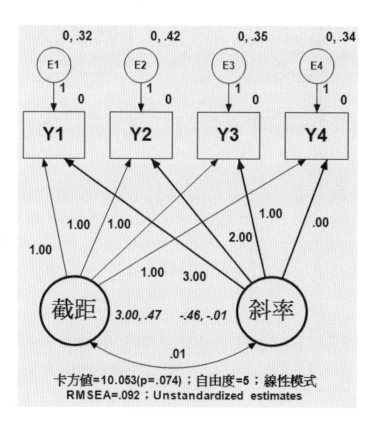

卡方值=10.053(p=.074)；自由度=5；線性模式
RMSEA=.092；Unstandardized estimates

第三種 LGM 模式中，斜率因子（SHAPE）對四個時間點觀察變項的路徑係數分別設定為 3、2、1、0，截距因子（LEVEL）表示的是「結束狀態」因子（最後一次的狀態行為），截距的平均數與變異數分別為 3.00（第四次時間點測得的平均數據）、.47（結束狀態行為的個體間差異指標值），截距因子的二個參數估計值與第二種 LGM 模式估計結果相同；斜率因子的平均數與變異數分別為 −.46（成長變化軌跡是逐年減少或下降）、−.01。模式適配度的卡方值統計量為 $\chi^2_{(df\,=\,5)}$ = 10.053、顯著性 p = .074，表示線性模式的軌跡形狀與樣本資料適配度良好。上述中斜率因子的平均數及變異數絕對值與第二種 LGM 模式設定相同，但斜率因子的平均數估計值由正值 .46 變為負值 −.46，表示成長變化是以最後一次為基準點進行比較，變異數估計值 −.01（p > .05），表示個體間逐年下降的變化率並沒有個體間差異存在。

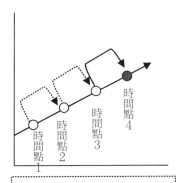

第二種 LGM 線性模式截距因子表示的時間點 4 的最後狀態行為，比較的時距是時間點 3 與時間點 4 的比較；時間點 2 與時間點 3 的比較，時間點 1 與時間點 2 的比較，變化率是逐年增加或上升

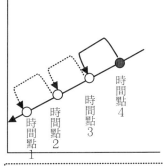

第二種 LGM 線性模式截距因子表示的時間點 4 的最後狀態行為，比較的時距是時間點 4 與時間點 3 的比較；時間點 3 與時間點 2 的比較，時間點 2 與時間點 1 的比較，變化率是逐年減少或下降

4. 斜率因子的因素負荷量設定為 −1、0、1、2

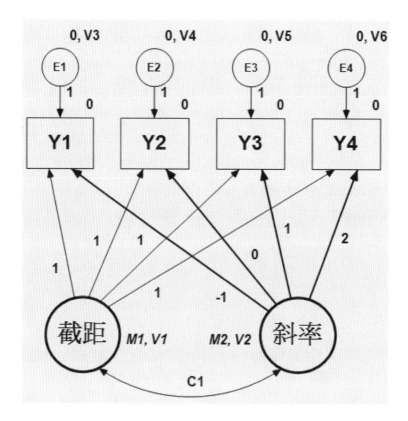

　　第四種 LGM 模式中，斜率因子（SHAPE）對四個時間點觀察變項的路徑係數分別設定為 −1、0、1、2，比較基準點為第二次測量的觀察變項 Y2。

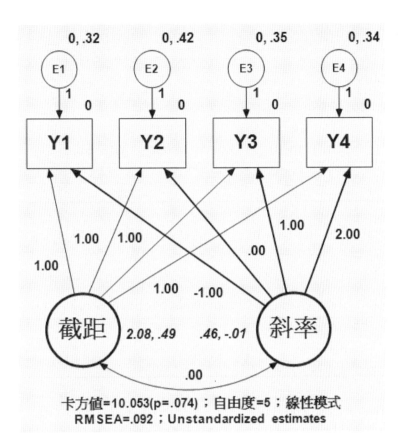

卡方值=10.053(p=.074)；自由度=5；線性模式
RMSEA=.092；Unstandardized estimates

　　模式適配度的卡方值統計量為 $\chi^2_{(df=5)} = 10.053$、顯著性 $p = .074$，表示線性模式的軌跡形狀與樣本資料適配度良好。整體模式適配度統計量與將斜率因子的因素負荷量分別設為 0、1、2、3 時相同，斜率因子的平均數與變異數估計值也相同，但截距因子的平均數與變異數估計值則不一樣。截距因子的平均數為 2.08，變異數為 .49，表示的是第二次測量觀察變項 Y2 的總體平均值，變異數估計值為第二次測量值之個體間差異的統計量數。

Means：（Group number 1 - 線性模式）

	Estimate	S.E.	C.R.	P	Label
截距	2.079	.071	29.382	***	M1
斜率	.462	.022	20.708	***	M2

　　截距因子的平均數估計值為 2.079（$p < .001$），達到統計顯著水準，表示此

平均數估計值顯著大於 0，由於斜率因子對四個觀察變項的因素負荷量分別設定為 −1、0、1、2，基準點為第二次測量結果（時間點 2 測得的數值），截距項因子平均數 2.079，為第二次測量結果的總平均數值。斜率因子的平均數為 .462（p < .001），達統計顯著水準，表示成長變化軌跡是逐年增加或上升。

Covariances：（Group number 1 - 線性模式）

	Estimate	S.E.	C.R.	P	Label
截距 < − − > 斜率	.003	.020	.130	.897	C1

共變數估計值為 .003（p > .05），表示截距項因子與斜率因子二個潛在變項間沒有顯著相關。

Variances：（Group number 1 − 線性模式）

	Estimate	S.E.	C.R.	P	Label
截距	.491	.079	6.246	***	V1
斜率	−.008	.014	−.565	.572	V2

截距項因子的變異數估計值為 .491（p < .001），表示受試者在第二次測量結果時的「個體間差異」達到顯著。至於斜率因子的變異數估計值為 −.008，則未達統計顯著水準（p = .572 > .05），表示所有個體在跨時間點的變化比率情形是相同的，變化率之個體間差異不明顯。

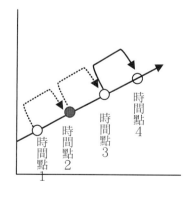

第四種LGM線性模式截距因子表示的是以時間點 2 的狀態行為為基準點，比較的時距是時間點 2 與時間點 3 的比較；時間點 3 與時間點 4 的比較，時間點 1 與時間點 2 的比較，變化率是逐年增加或上升，變化率的個別間差異不明顯。

假定模型為跨時間點的線性型態，通常以第一次時間點的分數或測量值作為起始點，起始點是發展參照點，以中學生四次問題解決能力而言，第一次時間點測得的數據為參照分數（基準點或起始狀態行為），基本方程式為：

時間點 t 的分數 = 起始分數 + （單位時間點改變的分數）×（時間消逝）+ 誤差

起始分數為截距項參數，單位時間點分數的改變率為斜率，每個個體在四次時間點問題解決能力的分數為：

時間 1：V1 = 截距 + （斜率）×（0）+ E1（誤差項）

時間 2：V2 = 截距 + （斜率）×（1）+ E2（誤差項）

時間 3：V3 = 截距 + （斜率）×（2）+ E3（誤差項）

時間 4：V4 = 截距 + （斜率）×（3）+ E4（誤差項）

學生個體在任一時間點問題解決能力分數是其自己截距、斜率與誤差項的函數，截距與斜率項的內涵與簡單迴歸模型中的截距與斜率項相同，截距表示預測變項為 0 時，結果變項數值在時間點的期望值，範例中當時間消逝（時間變化）為 0 時，V1 數值的期望值，第一個方程將時間消逝設定為 0，截距項為最初位置，個體變動時，線性 LGM 中的截距與斜率項被視為潛在變項或因子，截距與斜率因子對觀察變項的路徑係數均為固定參數，二個潛在因子的變異數與因子間的共變數為待估計的自由參數，截距因子的變異數提供的是最初問題解決能力分數的差異程度，變異數較小者表示學生開始的問題解決能力間的變異程度較小（問題解決能力較相似），變異數較大者表示學生開始的問題解決能力間的變異程度較大（問題解決能力間的差異較大）；斜率因子變異數表示的是跨學年間學生問題解決能力變化的比例，當斜率變異數較小時，表示學生跨學年間問題解決能力間的變化程度不大；當斜率變異數較大時，表示學生跨學年間問題解決能力間有很大的變異程度比例，因子間共變數參數表示最初問題解決能力程度與問題解決能力成長變化率間的關聯情況，正的共變數參數表示起始問題解決能力較佳者，之後的問題解決能力成長較多；起始時問題解決能力較差者之後的問題解決能力成長變化較少；相對的，負的共變數參數表示起始問題解決能力較佳者，之後的問題解決能力成長較少；起始時問題解決能力較差者，之後的問題解決能力成長變化

較多。潛在成長模式的共變結構提供的資訊為個體在成長特質的差異，平均結構部分提供的訊息為總體水準的成長（Hancock & Mueller, 2006）。

如果研究之個別間的時間距不同，斜率的路徑係數可以設定為 0、1、1.5、1.75（每個時間點的改變為之前時間點的一半）；若是結果成長趨勢的變化為時間的平方根，斜率的路徑係數可以設定為 0、1（$=\sqrt{1}$）、1.414（$=\sqrt{2}$）、1.732（$=\sqrt{3}$）。就變異數分析程序而言，縱貫性資料也可以採用趨勢分析方法，以探究資料結構是否為呈線性發展或非線性發展，常見的幾種縱貫性資料的發展趨勢圖如下（Stevens, 2009, p.432），下面範例圖示中，縱貫性資料 A、B 的發展趨勢為線性模式，縱貫性資料 C、D 的發展趨勢為二次曲線模式，縱貫性資料 E 的發展趨勢為三次曲線模式（或三階多項式模式）。

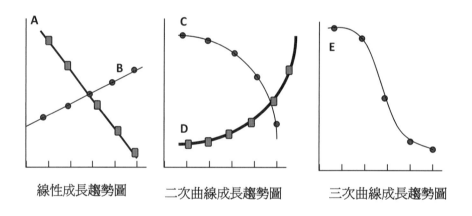

線性成長趨勢圖　　二次曲線成長趨勢圖　　三次曲線成長趨勢圖

成長變化模式之截距因子的變異數表示的是個體間起始狀態的差異情形，若是變異數達到統計顯著水準（$p < .05$）且數值愈大，表示個體在時間點 1 起始狀態行為有顯著的個別差異，有些個體在起始狀態的測量值顯著較高、有些個體在起始狀態的測量值顯著較低；斜率因子的變異數表示個體成長變化率的差異情況，如果變異數達到統計顯著水準（$p < .05$）且數值愈大，表示個體間成長變化率有顯著不同，雖然整體成長變化率是增加（或減少），但個體的成長變化率可能有些增加、有些減少，或有些增加幅度較大，有些增加幅度緩慢。

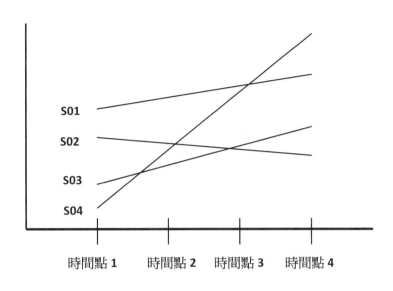

四個個體在四個等距時間點線性成長圖

　　上圖為四個受試者在四個等距時間點的成長型態比較,從圖中可以看出:四位受試者的成長發展軌跡都是線性,但四位受試者的成長軌跡並不完全一致,也沒有依照相同的比例發展,如 S04 在起始狀態最低(時間點 1 的平均數最低),但至時間點 4 的平均數最高,表示 S04 在問題解決能力的成長比率最快,S02 個體的成長趨勢是負向的,四個個體在時間點 1 的平均數明顯不同(起始狀態不同),成長比率也不同。實務現況中每位個體的成長軌跡定是不同的,典型 LGM 方法假定所有個體成長依據某種相同函數形式發展,由於起始狀態不同,LGM 的截距項變異便可能存在(截距項變異數顯著不等於 0);由於發展比率不同,LGM 的斜率項變異也可能存在(斜率項變異數顯著不為 0),個體截距項描述的為起始測量點,斜率項為從起始測量點開始,個體跨等距時間點的成長改變情形,從截距與斜率參數的數值可以得知受試者差異與變化程度(Hancock & Mueller, 2006)。

　　SEM 模式的估計中,如果模式識別為剛好識別模型(自由度等於 0)或為低度識別模式(自由度為負),模型估計的卡方值顯著性無法檢定或無法計算出,如此模型是否適配便無法考驗,為了使 LGM 可達過度識別模式(自由度為正),重複測量的次數至少要三次,即觀察變項的個數至少要有三個,對於 LGM 估計程序的最小資料需求,Boolen 與 Curran(2006)提出以下法則:如果要檢定線性模

式的適配，最少的重複量測次數為 3，若是研究者要檢定更複雜的成長形狀或變化軌跡（如二次曲線或三次曲線），重複量測的次數至少要有四次或五次以上，一般而言，重複量測的次數愈多，參數改變估計值的信度愈佳，至於重複量測的指標變項（如題項）要相同，或是類似以複本的測量工具搜集資料，時間點的間隔也應一樣，否則成長軌跡發展搜集的資料效度會下降。就樣本大小而言，LGM 的分析也需要足夠的樣本數，因為樣本數會影響 LGM 的統計考驗力，Muthen 與 Muthen（2002）提供以下準則：沒有條件的模式，小樣本數（$n = 40$）也可以有 .80 以上的統計考驗力，有預測變項之條件式 LGM 模式中，最小的樣本數要在 150 位以上，多數研究顯示樣本數在 100 以上，模式估計才可順利辨識收斂，並出現適當解值，樣本數少於 100，出現不適當解值的機率會很高 （Serva, Kher, & Laurenceau, 2011）。

　　LGM 模式變項函數形式的檢定，可以是探索式程序，也可是驗證性程序，變項函數的形式指的是平均數的發展形狀或發展軌跡，可能是線性、二次曲線或指數形狀，就驗證性程序而言，LGM 模式的假定須有理論文獻為基礎，瞭解標的變數的變化本質，以作為函數形式建構的基準，此種程序以使用驗證性因素分析檢定先前界定的特定構念與指標變項間關係相似；而當先前研究不足，或沒有相關的理論文獻時，LGM 模式就可採用探索性程序，以發現最佳的成長軌跡，並進行模式適配度的檢定（Serva, Kher, & Laurenceau, 2011）。

　　進行 LGM 分析，調查程序或資料須符合以下條件：1. 研究者探究或感興趣的結果變項必須是計量變數，如從連續尺度得到的測量分數。2. 時間間隔測量方式不論是定時（固定時距）或不定時（不固定時距），縱貫測量所評量或施測的對象為相同的一群個體，評量工具必須相同（測量工具的選項詞個數若是不同，可以進行加權轉換），如此才能測出態度或能力的改變。3. 個體改變的焦點是一種結構化的型態才可以使用 LGM 模式，進而採用 SEM 統計分析程序，每位個體搜集的資料至少要三次以上（LGM 模式中的觀察變項至少要有三個以上）。4. 有效樣本的大小夠大，以有效偵察個體層次效果，一般最少的樣本數需求為 200 以上。5. 各時間點間之時間間距最好相同，如此結果變數的比較較為可靠（如果是非等距的 LGM 模型，斜率對指標變數的路徑係數設定會有所不同）（Byrne, 2010）。LGM 像 SEM 一樣，分析程序需要大樣本，就 SEM 分析而言，變項與樣本數的比至少為 1：5，或 1：10，若是待估計的自由參數與樣本數比為 1：20 以上，則參

數估計值會更為穩定，非常態的連續資料，採用 LGM 或 SEM 程序所得的標準誤及校正卡方值在大樣本的情況下（500 或 1000 以上）也會有很高的強韌性（Stull, 2008）。

　　LGM 模型包含二個潛在的次模式：層次 1 模式、層次 2 模式。層次 1 模式可視為是個體內的迴歸模型（within-person regression），表示的是個體跨時間的改變，如數學能力、學科能力、創造能力、問題解決能力、學習焦慮等；層次 2 模式是個體間模式（between-person model），關注的是個體間在結果變項改變的差異情形。SEM 界定的 LGM 模式包含二種成長參數，一為截距參數（intercept parameter）、一為斜率參數（slope parameters），截距參數表示的是個體在結果變項第一次時間點的分數或測量值，斜率參數表示的是個體在結果變項跨時間點改變的比例，縱貫性資料之個體改變的二個元素：一為起始狀態為何、二為變化的斜率或軌跡為何。以結構方程模式檢定個體在縱貫時間的改變，其重要性有二：一為 SEM 的分析基於平均數與共變數結構矩陣，因而可以明確區別是群組平均數間的效果或是個體共變數間的效果；二為可以在界定假設模型中區分觀察變項及潛在變項（無法觀察變項），模型界定中每個觀察變項皆有「隨機測量誤差項」（random measurement error term，在 LGM 模式界定中，隨機測量誤差項以 E1、E2……表示，截距潛在變項以「ICEPT」表示，斜率潛在變項以「SLOPE」表示），一般的 LGM 假設模型之測量誤差的變異數不要界定相同，因為界定等同的誤差變異數，常與實際現況不符合（Byrne, 2010）。

　　每個個體的成長發展趨勢，如以多項式表示為：$y_{it} = \pi_{0i} + \pi_{1i} \alpha_{it} + \pi_{2i} \alpha_{it}^2 + \cdots + \pi_{ip} \alpha_{it}^p + \varepsilon_{it}$，其中 π_{0i} 為截距項參數（個體在一系列測量情境中的真實狀態分數），α_{it} 為跨時間變異的變項（個體 i 在時間點 t 的變異），π_{ip} 受試在 i 在成長軌跡的參數。上述多項式可以表示不同的成長發展變化，，如線性（$\pi_{1i} \alpha_{it}$）、二次曲線（$\pi_{2i} \alpha_{it}^2$）（二次曲線方程一般表示為 $y_{it} = \pi_{0i} + \pi_{1i} \alpha_{it} + \pi_{2i} \alpha_{it}^2 + \varepsilon_{it}$）、三次曲線（$\pi_{3i} \alpha_{it}^3$），從多層次分析的觀點而言，上述的發展軌跡方程為層次 1 的模式，層次 1 界定的是總體變化軌跡，但此種變化趨勢並不代表每個個體有相同的發展軌跡或變化率，每個個體都有其個別的參數值（截距與斜率），誤差項可以表示為：$\varepsilon_{it} \sim N(0, \sigma_{\varepsilon}^2)$，殘差變異量參數值為每個個體真實變化發展的變異殘差。層次 1（個體內）誤差項假定符合獨立性、常態性，若有四個時間點，則參數矩陣為：

$$\Theta_\varepsilon = \begin{bmatrix} \sigma_{\varepsilon 1}^2 & 0 & 0 & 0 \\ 0 & \sigma_{\varepsilon 2}^2 & 0 & 0 \\ 0 & 0 & \sigma_{\varepsilon 3}^2 & 0 \\ 0 & 0 & 0 & \sigma_{\varepsilon 4}^2 \end{bmatrix} \circ$$

　　將多項式成長軌跡簡化為線性成長模式，方程式變為：$y_{it} = \pi_{0i} + \pi_{1i} \alpha_{it} + \varepsilon_{it}$，其中 y_{it} 為第 i 個受試者於時間點 t 的測量值，π_{0i} 為截距項、π_{1i} 為個體 i（或組織、群體單位）跨時間點的變化率（固定單位時間的變化比率），ε_{it} 為隨機誤差效果，第 i 個受試者於時間點 t 的真實測量值與理論期望值間的差異，誤差項為一種未知的變異來源，被假定為自變項、平均數為 0 的常態分配，共同的變異數為 σ_ε^2，上述方程為多層次分析模式中層次 1 的模式（Heck ＆Thomas, 2009）。如果沒有預測變項，是一種隨機係數成長模式（random－coefficient growth modeiling），此種模式是無條件成長模式（沒有預測變項或共變項），個體層次（層次 2）的起始狀態及斜率（成長）係數可以再表示為：$\pi_{0i} = \beta_{00} + \gamma_{0i}$、$\pi_{1i} = \beta_{10} + \gamma_{1i}$，二個隨機係數 π_{0i} 與 π_{1i} 都有其自己的截距平均數（β_{00}、β_{10}）來表示機構或群體的總體平均（平均數估計值），誤差項（γ_{0i}、γ_{1i}）變異係數表示機構或群體間的差異情形（變異數估計值），成長變化模式由於是一種重複量測的歷程，多層次分析模式中的層次 1 為個體內的比較（原為所有受試者個體整體比較），層次 2 為個體間的比較（原為組織或群體間差異的比較），γ_{1i} 為所有受試者起始狀態模式，π_{1i} 為所有受試者成長變化模式，LGM 模式的程序分析不僅可以瞭解所有受試者平均改變情況，也可瞭解成長變化的個體變異或差異情形。

　　假設研究者探究的是小五（11 歲）、小六（12 歲）、國一（13 歲）、國二（14 歲）學生偏差行為的成長變化情況，四個時間點為 11 歲、12 歲、13 歲、14 歲，對於個體學生 i 而言，每個學生於結果變項的量測值方程式分別為：$y_{i1} = \pi_{0i} + \pi_{1i} t_1 + \varepsilon_{i1}$（第 i 個受試者於時間點 1 五年級時測得的數據，ε_{i1} 為其測量的隨機誤差項）；$y_{i2} = \pi_{0i} + \pi_{1i} t_2 + \varepsilon_{i2}$（第 i 個受試者於時間點 2 六年級時測得的數據，ε_{i2} 為其測量的隨機誤差項）；$y_{i3} = \pi_{0i} + \pi_{1i} t_3 + \varepsilon_{i3}$；$y_{i4} = \pi_{0i} + \pi_{1i} t_4 + \varepsilon_{i4}$。（第 i 個受試者於時間點 4 國二時測得的數據，ε_{i4} 為其測量的隨機誤差項），上述方程式以矩陣表示為：

$$\begin{bmatrix} y_{i1} \\ y_{i2} \\ y_{i3} \\ y_{i4} \end{bmatrix} = \begin{bmatrix} 0 \\ 0 \\ 0 \\ 0 \end{bmatrix} + \begin{bmatrix} 1 & t_1 \\ 1 & t_2 \\ 1 & t_3 \\ 1 & t_4 \end{bmatrix} \begin{bmatrix} \pi_{0i} \\ \pi_{1i} \end{bmatrix} + \begin{bmatrix} \varepsilon_{i1} \\ \varepsilon_{i2} \\ \varepsilon_{i3} \\ \varepsilon_{i4} \end{bmatrix}$$，π_{0i} 為起始狀態「level」（水準）、π_{1i} 為成

長發展變化的「形狀」（shape），「水準」因子為成長軌跡的截距、「形狀」因子為成長軌跡的斜率，因而方程式矩陣可以改為：

$$\begin{bmatrix} y_{i1} \\ y_{i2} \\ y_{i3} \\ y_{i4} \end{bmatrix} = \begin{bmatrix} 0 \\ 0 \\ 0 \\ 0 \end{bmatrix} + \begin{bmatrix} 1 & t_1 \\ 1 & t_2 \\ 1 & t_3 \\ 1 & t_4 \end{bmatrix} \begin{bmatrix} 截距 \\ 斜率 \end{bmatrix} + \begin{bmatrix} \varepsilon_{i1} \\ \varepsilon_{i2} \\ \varepsilon_{i3} \\ \varepsilon_{i4} \end{bmatrix}$$，截距因子對四個觀察變項的路徑係數分

別為 1、1、1、1；t_1、t_2、t_3、t_4 分別為斜率因子對四個觀察變項的因素負荷量，如果四個時間點變化軌跡為線性，則方程式矩陣為：

$$\begin{bmatrix} y_{i1} \\ y_{i2} \\ y_{i3} \\ y_{i4} \end{bmatrix} = \begin{bmatrix} 0 \\ 0 \\ 0 \\ 0 \end{bmatrix} + \begin{bmatrix} 1 & 0 \\ 1 & 1 \\ 1 & 2 \\ 1 & 3 \end{bmatrix} \begin{bmatrix} 截距 \\ 斜率 \end{bmatrix} + \begin{bmatrix} \varepsilon_{i1} \\ \varepsilon_{i2} \\ \varepsilon_{i3} \\ \varepsilon_{i4} \end{bmatrix}$$。以範例偏差行為的成長變化而言，如

果潛在成長曲線是一種線性關係，截距項對四個測量變項的路徑係數被固定為常數數值 1，四個數值設定為相同的數值，表示的是受試者於五年級偏差行為的起始狀態、偏差行為的水準（level）數值；以五年級為起始點或基準點時，t_1 的數值被設定為 0，因為測量變項被設為起始水準，如果之後時間點的間距都相同（如間隔一星期、一個月、一學期、一年），t_1、t_2、t_3、t_4 的數值可以設定為 0、1、2、3，以表示成長發展是線性成長，每個年段相差 1（ = 1-0 = 2-1 = 3-2），表示間隔均為一個單位年，t_1 若為五年級（11 歲）、則 t_2、t_3、t_4 分別為六年級（12 歲）、七年級（13 歲）、八年級（14 歲），單位時間點為一年；如果縱貫研究的時間點為五年級（11 歲）、六年級（12 歲）、七年級（13 歲）、九年級（15 歲），則 t_2、t_3、t_4 分別為 1、2、4，此種參數設定是 LGM 線性模式中最常見的斜率因子設定值。以五年級（11 歲）的偏差行為為的起始點或基準線，斜率因素負荷量設定為 0，如果時段的單位是「年」，則各年段的因素負荷量設定數值的圖示如下：

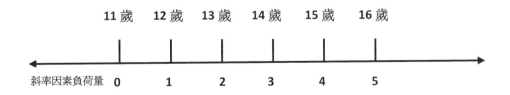

如果縱貫性資料搜集的時距為一個月，以一個月為單位，以第一次測量結果為基準點，斜率因素負荷量的設定數值的圖示如下：

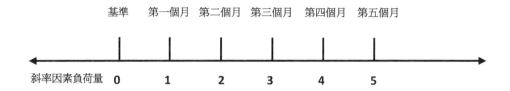

如果基準點之後時段分別為第一個月、一個半月、第二個月、第三個月,則斜率因素負荷量的設定值分別為 0、1、1.5、2、3。

若是四個時間點分別為受試者開刀後一個月、四個月、八個月、十個月,以開刀後一個月為基準點,時間間距為三個月,則斜率因素負荷量的設定值分別為 0、1、2.33、3。其中第三個時間點的因素負荷量數值設定為 2.33,因為時間間距的單位為間隔三個月,若是資料於受試者開刀後一個月、四個月、七個月、十個月搜集,以開刀後一個月為起始點(基準點),則斜率因素負荷量分別為 0、1、2、3,時間點八個月與基準點的時間差距為七個月,以三個月為一個單位,路徑係數設定值等於 7÷3 = 2.33。

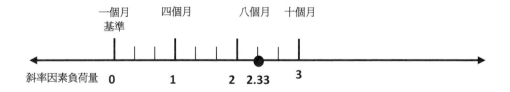

以 LISREL 標準符號表示共變結構分析(covariance structure analysis)的測量模式為:$Y = \tau_y + \Lambda_y \eta + \varepsilon$,其中 Y 是觀察分數的向量、τ_y 為包含 Y 母群平均數的向量、Λ_y 是因素負荷量矩陣,η 是內因潛在構念的向量,Y 測量模式中觀察及潛在分數向量分別為:

$$Y = \begin{bmatrix} y_{i1} \\ y_{i2} \\ y_{i3} \\ y_{i4} \end{bmatrix}、\ \eta = \begin{bmatrix} \pi_{0i} \\ \pi_{1i} \end{bmatrix}、\ \varepsilon = \begin{bmatrix} \varepsilon_{i1} \\ \varepsilon_{i2} \\ \varepsilon_{i3} \\ \varepsilon_{i4} \end{bmatrix}、\ \tau_y = \begin{bmatrix} 0 \\ 0 \\ 0 \\ 0 \end{bmatrix}、\ \Lambda_y = \begin{bmatrix} 1 & t_1 \\ 1 & t_2 \\ 1 & t_3 \\ 1 & t_4 \end{bmatrix} \text{（偏差行為範例的設定}$$

為 $\Lambda_y = \begin{bmatrix} 1 & 0 \\ 1 & 1 \\ 1 & 2 \\ 1 & 3 \end{bmatrix}$，此矩陣為 Λ_t 矩陣）

　　三個時間點（重複量測的次數為 3），時間與個體成長參數的函數以向量及矩陣表示如下：

$$\begin{bmatrix} y_{i1} \\ y_{i2} \\ y_{i3} \end{bmatrix} = \begin{bmatrix} 0 \\ 0 \\ 0 \end{bmatrix} + \begin{bmatrix} 1 & t_1 \\ 1 & t_2 \\ 1 & t_3 \end{bmatrix} \begin{bmatrix} \pi_{0i} \\ \pi_{1i} \end{bmatrix} + \begin{bmatrix} \varepsilon_{i1} \\ \varepsilon_{i2} \\ \varepsilon_{i3} \end{bmatrix},\ \text{其中} Y = \begin{bmatrix} y_{i1} \\ y_{i2} \\ y_{i3} \end{bmatrix}、\ \eta = \begin{bmatrix} \pi_{0i} \\ \pi_{1i} \end{bmatrix}、\ \varepsilon = \begin{bmatrix} \varepsilon_{i1} \\ \varepsilon_{i2} \\ \varepsilon_{i3} \end{bmatrix}、$$

$$\tau_y = \begin{bmatrix} 0 \\ 0 \\ 0 \end{bmatrix}、\ \Lambda_y = \begin{bmatrix} 1 & t_1 \\ 1 & t_2 \\ 1 & t_3 \end{bmatrix},\ \begin{bmatrix} \varepsilon_{i1} \\ \varepsilon_{i2} \\ \varepsilon_{i3} \end{bmatrix} \sim N(\begin{bmatrix} 0 \\ 0 \\ 0 \end{bmatrix}, \begin{bmatrix} \sigma_{\varepsilon 1}^2 & 0 & 0 \\ 0 & \sigma_{\varepsilon 2}^2 & 0 \\ 0 & 0 & \sigma_{\varepsilon 3}^2 \end{bmatrix})，\text{如果成長變化為線性，}$$

方程式為：

$$\begin{bmatrix} y_{i1} \\ y_{i2} \\ y_{i3} \end{bmatrix} = \begin{bmatrix} 0 \\ 0 \\ 0 \end{bmatrix} + \begin{bmatrix} 1 & 0 \\ 1 & 1 \\ 1 & 2 \end{bmatrix} \begin{bmatrix} \text{截距因子} \\ \text{斜率因子} \end{bmatrix} + \begin{bmatrix} \varepsilon_{i1} \\ \varepsilon_{i2} \\ \varepsilon_{i3} \end{bmatrix},\ \text{或}\ \begin{bmatrix} y_{i1} \\ y_{i2} \\ y_{i3} \end{bmatrix} = \begin{bmatrix} 0 \\ 0 \\ 0 \end{bmatrix} + \begin{bmatrix} 1 & 0 \\ 1 & 1 \\ 1 & 2 \end{bmatrix} \begin{bmatrix} \text{level} \\ \text{shape} \end{bmatrix} + \begin{bmatrix} \varepsilon_{i1} \\ \varepsilon_{i2} \\ \varepsilon_{i3} \end{bmatrix}。$$

　　個體間差異（層次 2）的結構模式以 LISREL 符號可以簡化如下：

$$\eta = \alpha + B\eta + \xi,\ \text{其中}\ \alpha = \begin{bmatrix} \mu_{\pi 1} \\ \mu_{\pi 2} \end{bmatrix},\ \text{為潛在構念平均數向量、}\ B = \begin{bmatrix} 0 & 0 \\ 0 & 0 \end{bmatrix}$$

$$\begin{bmatrix} \pi_{0i} \\ \pi_{1i} \end{bmatrix} = \begin{bmatrix} \mu_{\pi 1} \\ \mu_{\pi 2} \end{bmatrix} + \begin{bmatrix} 0 & 0 \\ 0 & 0 \end{bmatrix} \begin{bmatrix} \pi_{0i} \\ \pi_{1i} \end{bmatrix} + \begin{bmatrix} \zeta_{0i} \\ \zeta_{1i} \end{bmatrix}、\ \begin{bmatrix} \pi_{0i} \\ \pi_{1i} \end{bmatrix} \sim N(\begin{bmatrix} \mu_{\pi 1} \\ \mu_{\pi 2} \end{bmatrix}, \begin{bmatrix} \sigma_{\pi 1}^2 & \sigma_{\pi 1 \pi 2} \\ \sigma_{\pi 1 \pi 2} & \sigma_{\pi 2}^2 \end{bmatrix})$$

　　$\mu_{\pi 1}$：學生於五年級偏差行為的起始狀態平均值。

　　$\mu_{\pi 2}$：學生於三個年段（小五、小六、國一）偏差行為的變化率，即真實變化的平均值（每個年段平均變化比率）。

　　$\sigma_{\pi 1}^2$：學生於五年級偏差行為起始狀態的變異數（個體間真實起始狀態行為的差異情形）。

　　$\sigma_{\pi 2}^2$：學生於三個年段（小五、小六、國一）偏差行為變化率的變異數（個體間變化率的差異情形）。

$\sigma_{\pi 1 \pi 2}$：起始狀態與偏差行為變化率的共變數（學生起始狀態與之後偏差行為變化比率的關聯）。如果數值為正，且達統計顯著水準，表示起始狀態測量值與之後偏差行為變化率為正向關聯。

上述方程式中的二個平均數參數 $\mu_{\pi 1}$、$\mu_{\pi 2}$ 描述的是整體母群體的截距與斜率，小五（11 歲）、小六（12 歲）、國一（13 歲）三個年段學生偏差行為之真實改變的母群軌跡為何，是隨年段增加或減少；二個變異數參數 $\sigma_{\pi 1}^2$、$\sigma_{\pi 2}^2$ 描述的是小五（11 歲）起始狀態之母群個體間差異情況及跨時間（三個年段）個體間偏差行為變化率的差異情形，母群中學生偏差行為的成長軌跡是否有異質性（變化率有個別差異存在）；共變數參數 $\sigma_{\pi 1 \pi 2}$ 表示的小五（11 歲）起始狀態之偏差行為與之後偏差

行為的變化率間是否有顯著相關。$\begin{bmatrix} \sigma_{\pi 1}^2 & \sigma_{\pi 1 \pi 2} \\ \sigma_{\pi 1 \pi 2} & \sigma_{\pi 2}^2 \end{bmatrix} = \mathrm{cov}(\xi) = \varPsi$，表示的個體間變化

率差異的共變異數矩陣。以多層次模式觀點而言，矩陣向量架構的層次 1 為個體內模式，層次 2 為個體間差異的模式（相當於階層分析的組織或群體的差異）。

有條件的 LGM 模式表示加入一個以上的外因變項或預測變項，如研究者認為男、女生在偏差行為的起始狀態及偏差行為跨年的變化率上可能有差異，因而將性別納入 LGM 模式，層次 2 個體間差異的矩陣形式變為：

$$\begin{bmatrix} \pi_{0i} \\ \pi_{1i} \end{bmatrix} = \begin{bmatrix} \mu_{\pi 1} \\ \mu_{\pi 2} \end{bmatrix} + \begin{bmatrix} \mu_{\pi 1} \\ \mu_{\pi 2} \end{bmatrix}[\mathrm{SEX}] + \begin{bmatrix} 0 & 0 \\ 0 & 0 \end{bmatrix}\begin{bmatrix} \pi_{0i} \\ \pi_{1i} \end{bmatrix} + \begin{bmatrix} \zeta_{0i} \\ \zeta_{1i} \end{bmatrix}，或$$

$$\begin{bmatrix} \pi_{0i} \\ \pi_{1i} \end{bmatrix} = \begin{bmatrix} \gamma_{00} \\ \gamma_{10} \end{bmatrix} + \begin{bmatrix} \gamma_{01} \\ \gamma_{11} \end{bmatrix}[\mathrm{SEX}] + \begin{bmatrix} 0 & 0 \\ 0 & 0 \end{bmatrix}\begin{bmatrix} \pi_{0i} \\ \pi_{1i} \end{bmatrix} + \begin{bmatrix} \zeta_{0i} \\ \zeta_{1i} \end{bmatrix}，如果男生群體的水準編碼為$$

1，女生群體的水準編碼為 0，則 γ_{00}、γ_{10} 二個固定效果參數分別表示男生母群體的截距與成長發展變化的斜率，γ_{01}、γ_{11} 二個固定效果參數分別表示女生母群體的截距與成長發展變化的斜率，這四個參數都是固定效果（fixed-effects）。

若是有二個預測變項，一個為性別（SEX），一個為社經地位（SES），結構模型方程式為：

$$\begin{bmatrix} \pi_{0i} \\ \pi_{1i} \end{bmatrix} = \begin{bmatrix} \gamma_{00} \\ \gamma_{10} \end{bmatrix} + \begin{bmatrix} \gamma_{01} & \gamma_{02} \\ \gamma_{11} & \gamma_{12} \end{bmatrix}[\mathrm{SEX}] + \begin{bmatrix} 0 & 0 \\ 0 & 0 \end{bmatrix}\begin{bmatrix} \pi_{0i} \\ \pi_{1i} \end{bmatrix} + \begin{bmatrix} \zeta_{0i} \\ \zeta_{1i} \end{bmatrix}，簡化為：$$

$$\begin{bmatrix} \pi_{0i} \\ \pi_{1i} \end{bmatrix} = \begin{bmatrix} \gamma_{00} \\ \gamma_{10} \end{bmatrix} + \begin{bmatrix} \gamma_{01} & \gamma_{02} \\ \gamma_{11} & \gamma_{12} \end{bmatrix}[\mathrm{SEX}] + \begin{bmatrix} \zeta_{0i} \\ \zeta_{1i} \end{bmatrix}。$$

　　截距因子與斜率因子的變異數估計值是否達到顯著的意涵，可以下列不同圖
例表示：

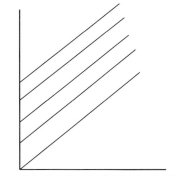

截距項變異數顯著＆斜率變異數不顯著

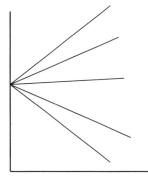

截距項變異數不顯著＆斜率變異數顯著

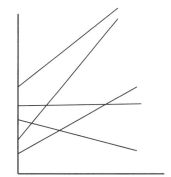

截距項變異數顯著＆斜率變異數顯著

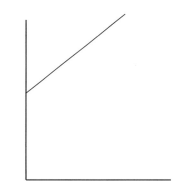

截距項變異數不顯著＆斜率變異數不顯著

　　個體間的成長模式的差異為層次 2 的模式，總體層次的變化率而言，受試者
可能是逐年增加或逐年上升（假設時間點間距為一年），此時，斜率的平均數估
計值為正值，受試者的成長發展曲線軌跡會呈現二種情況：一為所有個體變化成
長率沒有顯著不同，所有樣本逐年增加率大致一樣；二為個體間潛在特質變化率
間有顯著不同，並非所有個體樣本的變化率都一樣，有些個體樣本的成長變化率
較快（逐年增加較多）、有些個體樣本的成長變化率較慢（逐年增加較少），有
些個體樣本的的成長變化率可能呈現逐年下降的情況，因而斜率因子的變異數（標
準差的平方）估計值可用來判別個體間成長變化率的差異情形。

二 | 潛在成長曲線的應用

　　將單一指標的潛在特質成長模式擴充，即為多重指標（multiple indicators）的潛在特質成長模式，單一指標指的是每次時間點的指標變項只有一個（可能是量表的整體得分，或是總體表現，或是單一向度的態度知能等），如果每個時間點的指標變項有二個以上，表示跨時間點獲得的觀察變項是多向度。Peterson 等人（2011）探究心理資本與員工表現的關係時，不僅採用潛在成長模式程序，心理資本變項採用的向度即為多重指標，三個跨時間點的量測中，受試者每次測量的心理資本包括四個指標：效能、希望、復原力、樂觀，其研究所提的假設模型圖如下（修改 Peterson et al., 2011, p.438）：受試者心理資本三次測量結果的起始狀態及變化軌跡的二個潛在因素，分別為「心理資本截距」項、「心理資本斜率」，行為表現三次測量結果的起始狀態及變化軌跡的二個潛在構念，分別為「表現截距」、「表現斜率」，行為表現採單一向度的分數，只有一個指標變項，三次測量結果有三個行為表現觀察變項，如果研究者採用多向度的指標變項，便是雙領域的多指標變項之 LGM 完全模型。

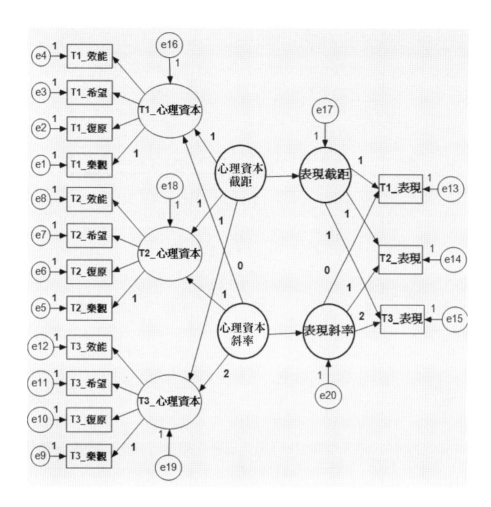

　　Stull（2008）從臨床試驗的面向，採用雙領域的 LGM 模型，探究肌酸酐生理指標值、病患個人自我評定的總體生理健康（self-rated overall physical health;[SOPH]）對住院治療的成效，雙領域的 LGM 模式之時間點共有四次，潛在成長曲線應用的假設模型圖如下（修改 Stull, 2008, p.51）。其研究結果發現：採用 LGM 程序比傳統迴歸取向方法更能獲得較佳的參數估計值，對於結果變項有更高的解釋變異量，且參數估計結果與真實情況十分接近。

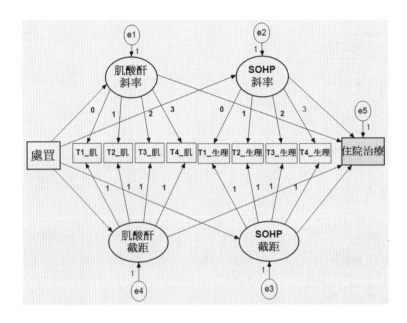

（註：若於 AMOS 圖形視窗界面中，四次時間測得的指標變項均要增列隨機誤差項變數）

　　Bub（2009）將 LGM 方法應用於早期孩童班級經驗對其社交技巧與問題行為影響的探究，搜集的縱貫性資料時間點為學前、幼稚園、小一、小三四個年段，班級經驗包括情緒支持及學業教學，班級經驗區隔為學前階段的班級經驗、小一階段的班級經驗、小三階段的班級經驗。兒童社交技巧採用的測量工具為「社交技巧評定系統」（Social Skills Rating System;[SSRS]），用於評定受試者於學前、幼稚園、小一、小三知覺的社交技巧，38 個測量題項的標準化組合分數表示受試兒童與同儕、大人合作的行為及對衝突情境的解決態度；問題行為採用的測量工具為「兒童行為檢核表」（The Child Behavior Checklist），由兒童母親加以判斷勾選。情緒支持量表的選項根據各階段孩童的知能差異，學前階段兒童採用四個選項的李克特量表，小一、小三階段的兒童採用七個選項的李克特量表，之後將小一、小三階段兒童的分數加權轉換，將原始分數乘於 4/7，以讓比較基準相同。

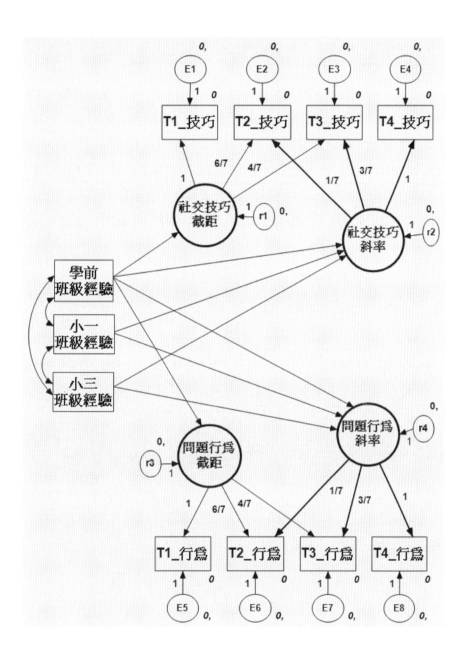

　　雙領域的測量模型表示兒童的社交技巧與問題行為跨時間點同步發展，潛在
構念兒童真實的起始狀態與真實的最終狀態（分別為學前階段、小三階段的社交
技巧、問題行為），截距項對前三次時間點指標變項的路徑係數分別為 1、6/7、
4/7；斜率潛在因子對後三次時間點指標變項的路徑係數分別為 1/7、3/7、1，兒童
於社交技巧及問題行為跨時間的變化發展為線性成長軌跡，每個被估計的變項都

有一個起始及最終的截距,此種程序與一般常使用的截距與線性斜率參數有些不同（Bub, 2009）。

　　Byrne、Lam 及 Fielding 以 405 位香港華裔的乳癌開刀病患為對象,探討其開刀後一個月、四個月、八個月之「社會調整」與「住院率」的關係,二個共變項為年齡及處置情況,社會調整採用中國社會調整量表（Chinese Social Adjustment Scale;[CSAS]）為測量工具,此工具是一種自我評定量表,共有 33 個題項,包含五大因素構念:家庭關係、肢體意象、朋友關係、社交活動及性行為活動,研究者採用的分析方法為潛在成長曲線模式,無條件的雙領域假設潛在成長曲線模式圖如下:

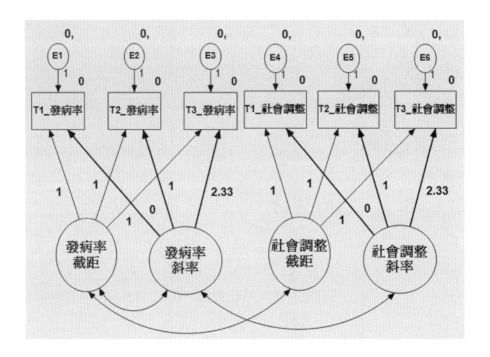

　　縱貫性資料搜集的時間點為患者外科手術後的一個月、四個月、八個月,由於搜集時間點間的間距並非等距,所以斜率潛在因子對三個指標變項的路徑係數採用加權,若以三個月為一個時程,斜率潛在因子對三個指標變項的路徑係數為 0（手術後一個月）、1（手術後四個月）、2（手術後七個月）（假設個體變化的線性軌跡）,第三個時間點為手術後八個月,與手術後七個月相比,成長變化增加為 0.33,因而斜率潛在因子對三個指標變項的路徑係數分別設定為 0、1、2.33。

研究者之所以採用 LGM 進行縱貫資料的分析，乃基於二個重要的論點：1. LGM 的分析程序是根據資料的平均數與共變數，此分析程序可以明確區隔界定模式中的觀察變項與潛在變項（截距與斜率因子）；2. 可以進行模式殘差項及測量誤差項參數的估計。

增列年齡及處置二個共變項的雙領域 LGM 模型，即為有條件的潛在成長曲線模式或雙領域具預測變項的潛在成長曲線模式，其研究假定的模型圖如下：

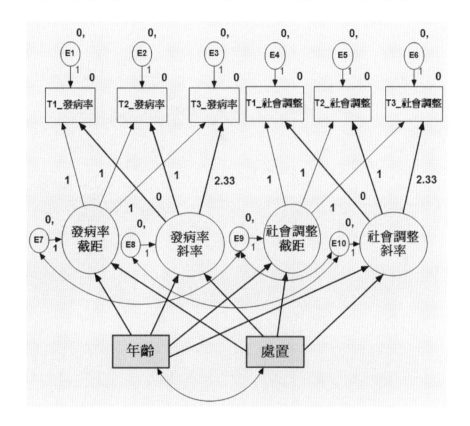

Willett 與 Keiley（2000）以潛在成長模式從事青少年喝酒行為之探究，縱貫性資料的樣本共有 1122 位，調查時間為七年級學年開始（7 年）、七年級學年結束（7.75 年）、八年級學年結束（8.75 年），調查量表採用李克特的六點量表，由受試者根據個人的經驗加以回答，喝酒行為為受試者填答問卷時近一個月的行為，潛在成長變化模式同時納入二個預測變項：1. 時間不變性共變項——青少年的性別；2. 時間變動性共變項——同儕壓力。研究者以「7 年」為起始點，個體變

化模式中的斜率因子對三個指標變項（喝酒行為）的因素負荷量分別設為 0、0.75、1.75，並假定青少年喝酒行為的變化發展為線性軌跡，研究者分為三個程序加以探討：1. 青少年喝酒行為線性成長模式的適配度為何？青少年喝酒行為成長變化模式之起始狀態與成長變化率的參數改變為何？成長變化模式的個體間差異為何？2. 時間不變性之「性別變項」對青少年喝酒行為成長變化模式潛在因子的影響作用為何？3. 時間變動性之「同儕壓力」對青少年喝酒行為成長變化模式潛在因子的影響作用為何？潛在成長模式 3 的路徑模型如下：

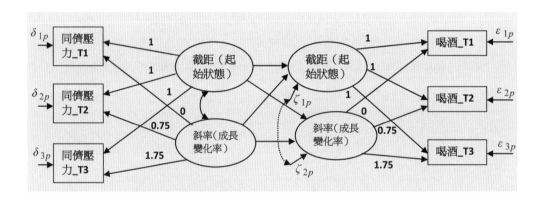

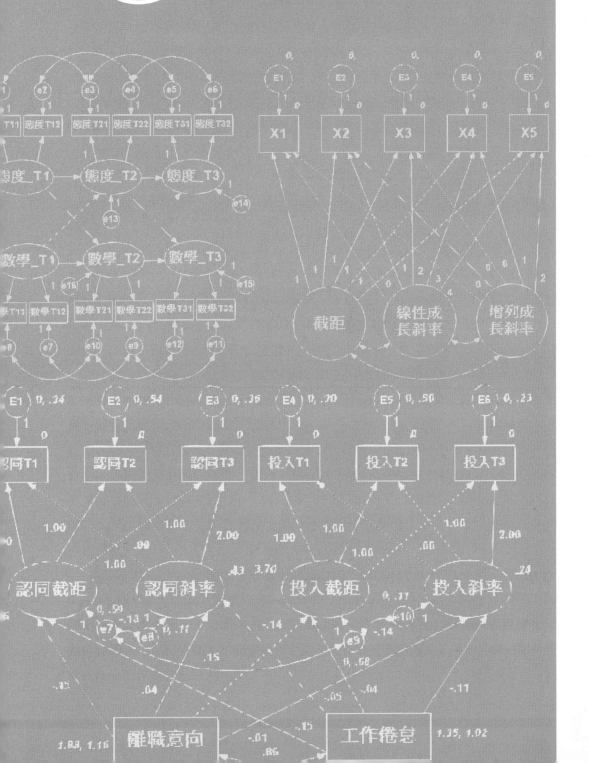

　　AMOS 內定的成長曲線模式為線性模式，觀察變項為 X1、X2、……，截距因子的變項名稱為「ICEPT」、斜率因子的變項名稱為「SLOPE」。如果研究者利用左邊工具圖示鈕自行繪製，繪製的程序及操作與繪製驗證性因素分析構念模型圖或潛在變項路徑模型圖一樣，主要差別在於潛在成長曲線模式的模式估計要增列平均數與截距項的參數估計：按「Analysis Properties」（分析屬性）工具圖示鈕，開啟「Analysis Properties」對話視窗，按「Estimation」（估計）標籤鈕，勾選「Estimate means and intercepts」（估計平均數與截距項）選項，再進行參數的設定即可。

一 | AMOS 繪製及編輯的程序

（一）線性發展之 LGM 模式

1.　執行功能列「Plugins」（增列）／「Growth Curve Model」（成長曲線模式）程序，開啟「Growth Curve Model」（成長曲線模式）對話視窗。

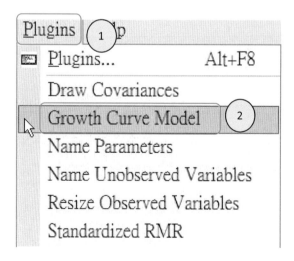

2.　在「Growth Curve Model」（成長曲線模式）對話視窗中輸入或調整重複量測觀察的次數（多少個時間點觀察分數），內定的最小數值為 3，如果重複量測的時間點有 4，則將數值調整為 4。

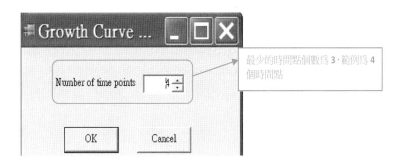

以三次重複量測為例，於「Growth Curve Model」（成長曲線模式）對話視窗中，按「OK」鈕後，AMOS 會自動繪製有三個觀察變項及二個潛在因子變數的圖示，觀察變項內定的變數名稱為 X1、X2、X3，對應的隨機測量誤差項為 E1、E2、E3，二個潛在因子變數名稱內定為「ICEPT」、「SLOPE」，潛在因子變項「ICEPT」為模式的「截距項」（intercept），「SLOPE」為模式的「斜率項」（slope）。

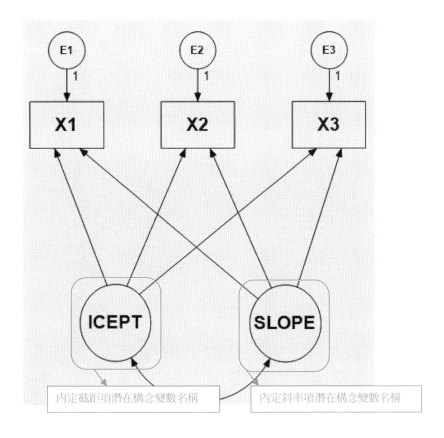

潛在特質成長變化的初始模式圖除可執行功能列「Plugins」（增列）／「Growth Curve Model」（成長曲線模式）程序繪製外，也可利用 AMOS 左圖的圖示工具鈕直接繪製，如繪製驗證性因素模式圖或潛在變項的路徑分析圖一樣。

3. 按「Analysis Properties」（分析屬性）工具圖示鈕，開啟「Analysis Properties」對話視窗，按「Estimation」（估計）標籤鈕，勾選「☑Estimate means and intercepts」（估計平均數與截距項）選項。AMOS 圖示中內定外因潛在變數的平均數為固定參數，其數值為 0，變異數為自由參數、內因觀察變項的截距項為自由參數。

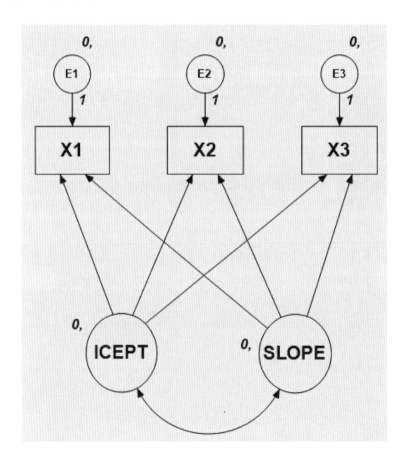

因素（截距項及斜率）平均數表示的是母群起始點的平均數值，截距項「ICEPT」的平均數表示的是時間點 1 母群在結果變數的整體平均數值、斜率「SLOPE」的平均數表示的是跨時間點的整體變化率情況（平均數值為正值，

變化率為上升或增加；平均數值為負值，變化率為下降或減少），平均數參
數估計值回答的問題是：「受試者於結果變項上跨時間點之平均起始狀態及
平均變化率情況為何？」因素變異數表示的是母體個體間的差異情形，截距
項變異數表示個體在起始點（時間點 1）分數的差異情況，斜率變異數表示個
體間跨時間之變化率情況的差異情形。變異數參數估計值回答的問題是：「受
試者於結果變項上之起始狀態的個別差異及個體間變化率差異情況為何？」
LGM 模型在於說明個體內（intraindividual）變化及個體間（interindividual）
變化的軌跡（Byrne, 2010）。

4. LGM 分析模型圖的假定中，所有觀察變項的截距項必須設為固定參數，
其數值為 0。點選 X1 方形物件，按右鍵出現快顯功能表，選取「Object
Properties」（物件屬性），按「Parameters」（參數）標籤鈕，於「Intercept」
（截距）參數的下方空格鍵入數值「0」（表示將內因觀察變項 X1 的截距固
定為 1）。

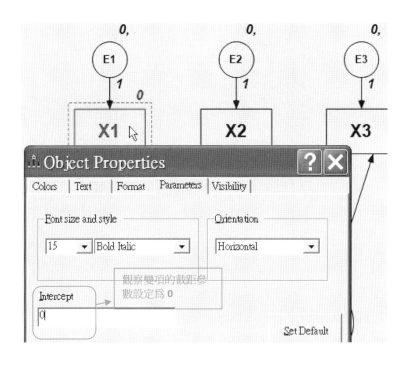

內因觀察變項 X2、X3 除可依上述方式設定截距項參數外，也可藉由「Drag

properties from object to object」（複製物件屬性）工具圖示鈕複製變項的參數
數值，於「Drag properties from object to object」對話視窗中，勾選「☑Parameter
constraints」（參數限制）、「☑Parameter position」（參數位置）二個選項，
滑鼠從觀察變項 X1 拉曳至觀察變項 X2，再拉曳至觀察變項 X3，如此可將觀
察變項設定的參數數值及屬性複製到標的物件上。

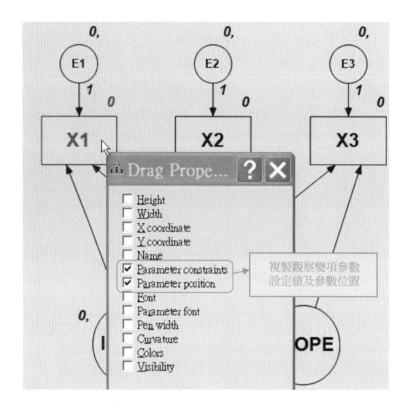

LGM 模式中，潛在因子截距變數及斜率變數的平均數必須設定為自由參數，
原先勾選「☑Estimate means and intercepts」（估計平均數與截距項）選項後，
潛在因子截距變數（ICEPT）及斜率變數（SLOPE）的平均數均內定為固定因
子，其數值為 0，開啟「Object Properties」（物件屬性）對話視窗，將「Mean」
（平均數）下方格中的參數數值 0 刪除，將潛在變項的平均數估計值由固定
參數變為自由參數。

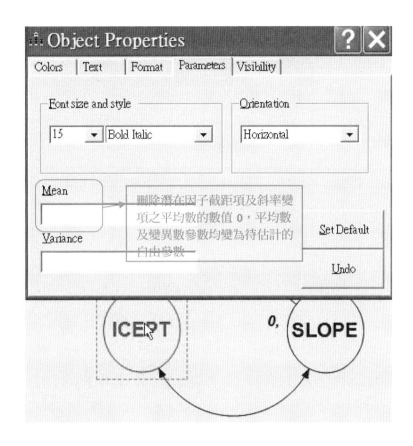

開啟「Object Properties」（物件屬性）對話視窗，切換到「Parameters」（參數）標籤視窗，逐一設定路徑係數，範例中的「Regression weight」（迴歸加權係數）下的路徑參數設定為 1。

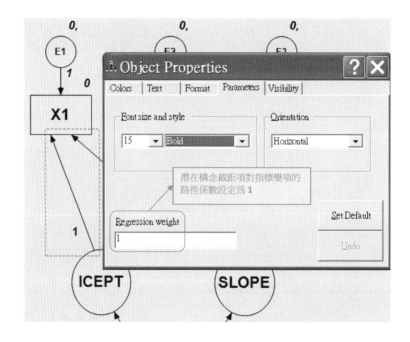

設定完成 LGM 線性模式圖示如下（時間點有三個，重複量測的次數有三次），內定各時間點之觀察變項名稱為 X1、 X2、X3，資料檔可以為原始資料檔或共變異數矩陣、相關矩陣，按「選取資料檔案」（Select data files）工具圖示鈕選取標的資料檔，再按「呈現資料集的變項」（List variables in data set）工具圖示鈕，將各時間點的觀察變項拉曳至方形觀察變項的物件中（觀察變項的變項名稱必須是 SPSS 資料檔中已經存在的變數，至於潛在變項名稱則不能與 SPSS 資料檔中的變數名稱相同，否則會將變數視為觀察變項）。

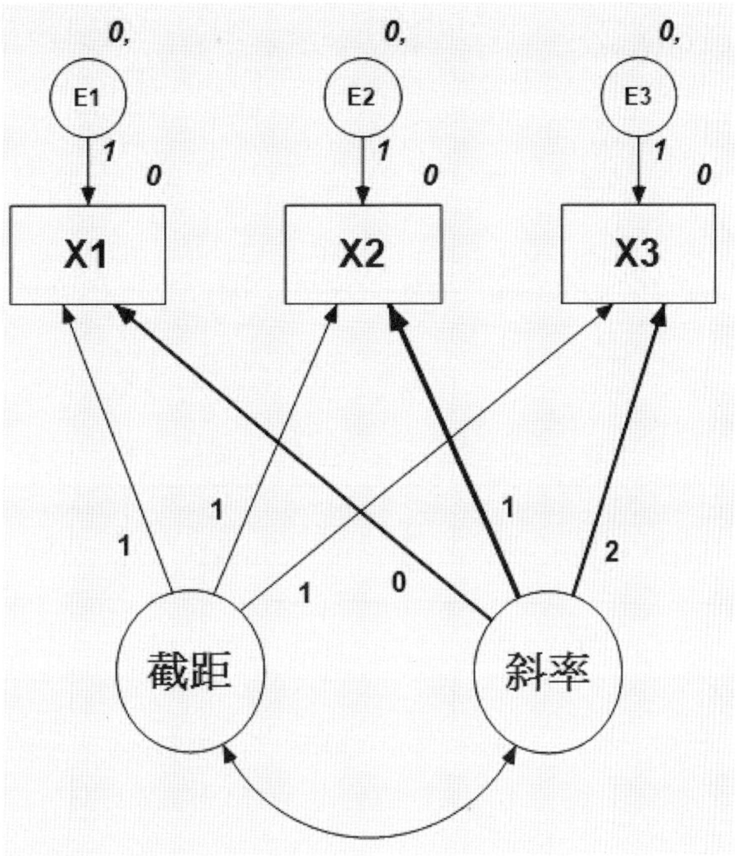

　　「Growth Curve Modeling」（成長曲線模式）對話視窗中，「Number of time point」（時間點的個數）設定為 4 的 LGM 原始模型圖如下。AMOS 自動繪製的 LGM 模型圖中，內定觀察變項（指標變項）的變數名稱為 X1、X2、X3、X4，內定「Level」因子（水準因子）潛在變項的名稱為「ICEPT」，內定「Shape」因子（形狀因子）潛在變項的名稱為「SLOPE」。成長曲線模式的設定中，要增列估計平均數與變異數，其中觀察變項各誤差項的平均數估計值要限定為 0、誤差項的變異數設定為待估計的自由參數，各觀察變項的截距要設定為 0。參數設定完成的基本 LGM 模型圖（沒有預測變項）如下，右側的 LGM 為簡化模型圖，由於潛在成長變化模式的斜率因子「SLOPE」對觀察變項「X1」的因素負荷量設定為 0，表示此路徑的直接效果值為 0。

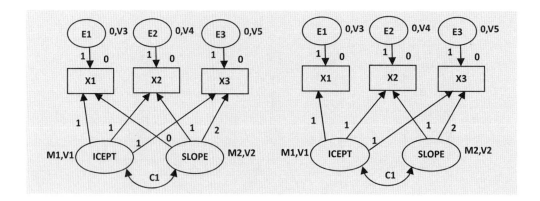

Parameter summary （Group number 1）

	Weights	Covariances	Variances	Means	Intercepts	Total
Fixed	9	0	0	0	0	9
Labeled	0	1	5	2	0	8
Unlabeled	0	0	0	0	0	0
Total	9	1	5	2	0	17

　　模式中固定參數有 9 個，9 個均為路徑係數，自由參數有 8 個，包括 1 個共變數參數、5 個變異數參數、2 個平均數參數，全部的參數共有 17 個。

Computation of degrees of freedom （線性模式）

Number of distinct sample moments: 　　9

Number of distinct parameters to be estimated: 　　8

Degrees of freedom (9−8): 　　1

　　觀察變項有 3 個，增列平均數參數，樣本點的個數共有 $\dfrac{3 \times (3 + 1)}{2} + 3 = 9$，待估計的自由參數有 8 個，模式的自由度 = 9−8 = 1。

　　四個觀察變項簡化的線性成長變化模式如下：

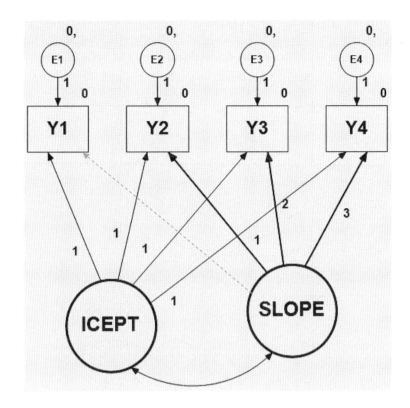

　　線性 LGM 模型中，觀察變項各誤差項的平均數估計值要限定為 0、誤差項的變異數設定為待估計的自由參數，各觀察變項的截距要設定為 0，二個潛在變項「ICEPT」（level）與「SLOPE」（shape）的平均數與變異數估計值要設定為待估計的自由參數。潛在變項「SLOPE」（shape）對觀察變項 Y1 的路徑係數未繪製，表示潛在變項「SLOPE」（shape）對觀察變項 Y1 的路徑係數限定為固定參數，參數數值為 0（潛在變項「SLOPE」（shape）對觀察變項 Y1 沒有直接影響路徑）。

　　增訂參數標記的完整潛在成長變化模式圖如下：

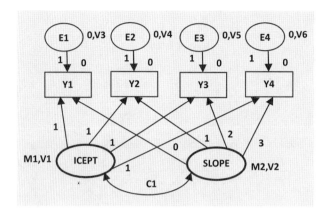

由於斜率因子「SLOPE」對指標變項「Y1」的路徑係數設定為 0，表示
「SLOPE」對指標變項「Y1」沒有直接效果，此條路徑也可以省略，簡化的圖示
如下：

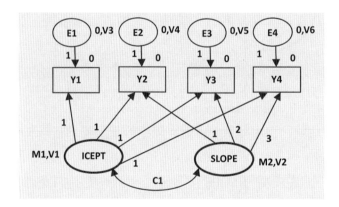

Parameter summary （Group number 1）

	Weights	Covariances	Variances	Means	Intercepts	Total
Fixed	12	0	0	0	0	12
Labeled	0	1	6	2	0	9
Unlabeled	0	0	0	0	0	0
Total	12	1	6	2	0	21

模式中固定參數有 12 個，12 個均為路徑係數，待估計的自由參數有 9 個，包
括 1 個共變數參數、6 個變異數參數、2 個平均數參數，全部的參數共有 21 個。

Computation of degrees of freedom （線性模式）

Number of distinct sample moments: 14

Number of distinct parameters to be estimated: 9

Degrees of freedom (14−9): 5

觀察變項有 3 個，增列平均數參數，樣本點的個數共有 $\dfrac{4 \times (4 + 1)}{2} + 4 = 14$，待估計的自由參數有 9 個，模式的自由度 = 14−9 = 5。

潛在成長變化模式圖中之各時間點觀察變項的截距項參數如果未限定為 0，改為待估計的自由參數，則自由參數的總數變為 9 + 4 = 13（有四個觀察變項，觀察變項的截距項參數有 4 個）。

Notes for Model （線性模式）

Computation of degrees of freedom （線性模式）

Number of distinct sample moments: 14

Number of distinct parameters to be estimated: 13

Degrees of freedom (14−13): 1

Result （線性模式）

The model is probably unidentified. In order to achieve identifiability, it will probably be necessary to impose 2 additional constraints.

模式註解中的自由度等於 14−13 = 1，雖然自由度為正，但潛在成長變化模式無法識別，範例模型如要能識別必須要再增列 2 個參數限制。

「Growth Curve Modeling」（成長曲線模式）對話視窗中，「Number of time point」（時間點的個數）設定為 5 的 LGM 原始模型圖如下。AMOS 自動繪製的 LGM 模型圖中，內定觀察變項（指標變項）的變數名稱為 X1、X2、X3、X4、X5，內定「level」因子（水準因子）潛在變項的名稱為「ICEPT」，內定「shape」因子（形狀因子）潛在變項的名稱為「SLOPE」，水準因子與形狀因子對觀察變項的因素負荷量參數要由研究者自行加以設定（如果是待估計的自由參數可以不用設定）。

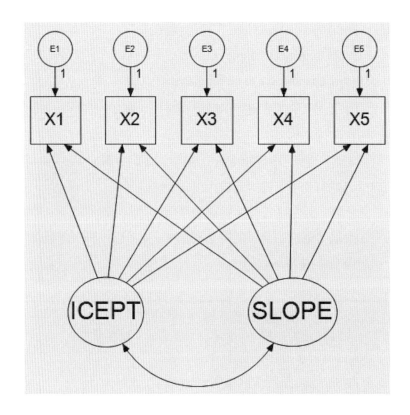

增列參數標記及限定固定參數後，完整的潛在成長變化模式圖如下：

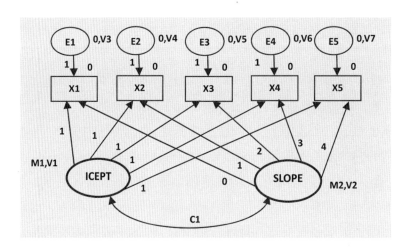

簡化的線性 LGM 模型圖為：

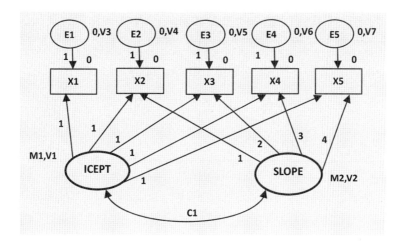

　　潛在成長變化模式圖中，二個潛在變項：截距因子（ICEPT）與斜率因子（SLOPE）的平均數估計值與變異數估計值均設為待估計的自由參數，各指標變項（觀察變項）的截距項參數限定為 0（固定參數），指標變項的隨機測量誤差項之平均數限定為 0（固定參數）、變異數估計值設為待估計的自由參數。

　　將潛在成長變化模式結合自我迴歸模式，結合變成較複雜的自我迴歸潛在成長變化模式，圖示如下：

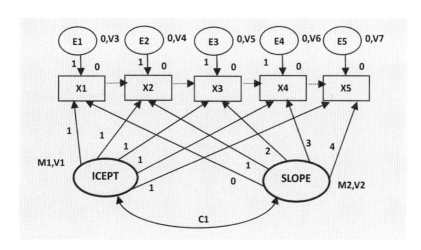

　　自我迴歸潛在成長變化模式／自我迴歸潛在成長曲線模式由於增列觀察變項間的迴歸路徑，模式的識別與解釋較為不易，一般縱貫性資料的探究中較少使用。

潛在成長曲線模式圖內定為線性發展軌跡，因而只有二個潛在構念變項，一為截距項潛在變項，內定的變數名稱為「ICEPT」（截距項為因子水準——level）、一為斜率潛在變項，內定的變數名稱為「SLOPE」（斜率即變化的形狀——shape）。

（二）二次潛在特質曲線模式

如果變化軌跡或發展並非線性關係，而是二次曲線成長，則應再增列第三個潛在因子以表示為個體非線性的變化。非線性發展之二次曲線 LGM 徑路圖如下：

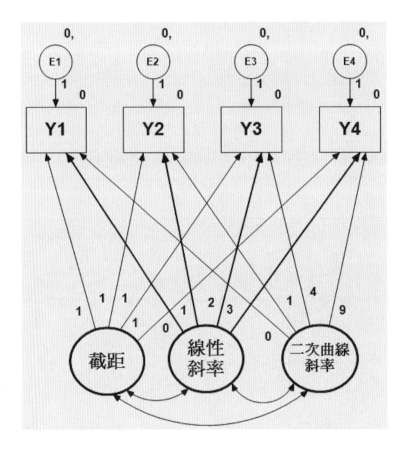

二次曲線 LGM 模式圖中的設定中，截距項對觀察變項的路徑係數均固定為 1，潛在因子線性斜率變項對四個觀察變項的路徑係數分為 0、1、2、3，潛在因子二次曲線斜率變項對四個觀察變項的路徑係數分為 0、1、4、9。如果是五個觀察變

項，成長曲線變化模式為二次曲線，則線性斜率因子的路徑係數分別為 0、1、2、3、4，二次曲線模式的路徑係數分別為 0、1、4、9、16。

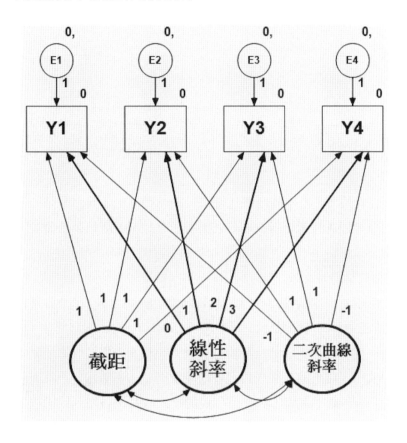

（資料來源：Hancock & Muller, 2006, p.184）

二次曲線 LGM 模式圖中的設定中，截距項對觀察變項的路徑係數均固定為 1，潛在因子線性斜率變項對四個觀察變項的路徑係數分別為 0、1、2、3，潛在因子二次曲線斜率變項對四個觀察變項的路徑係數分別為 −1、1、1、−1。

（三）片段線性 LGM 模式

縱貫性資料之線性發展軌跡分為二種，一為完全線性軌跡、一為片段線性軌跡。片段線性軌跡圖有二種，以五個時間點測得的數據，測量值的變化如下圖：

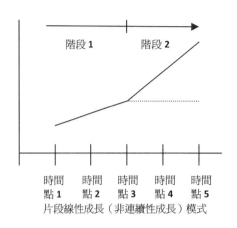

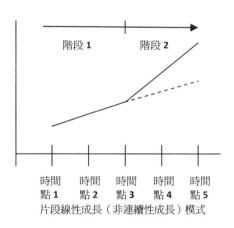

片段線性成長（非連續性成長）模式　　　　片段線性成長（非連續性成長）模式

　　片段線性成長模式表示的個體在時間點的成長變化並非完全呈一直線式的線性關係，而是整個成長變化可以切割成不同的直線，因而稱為片段線性成長模式（piecewise growth model）。上述左圖中受試者在測量變項的發展可以切割成二條直線，即整個成長發展可以分為二個階段，第一個階段為時間點 1 發展至時間點 3，時間點 1、時間點 2、時間點 3 的發展軌跡為線性關係；第二個成長階段為時間點 3 至時間點 5 三個等距時間點，線性斜率一表示的時間點 1 至時間點 3 成長發展的變動情形，線性斜率二表示的是時間點 3 至時間點 5 成長發展的變動情形。片段線性成長模式中，如果第二個成長發展階段架構無法明確認定，研究者可以以第一階段的成長發展作為基準，第二個階段的模式成長改以增列或附加的發展模式呈現。

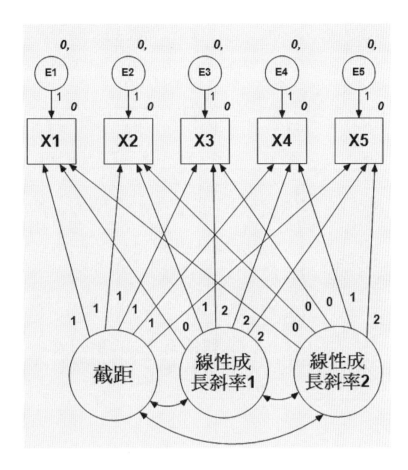

　　上圖為非連續性成長發展之片段成長模式（piecewise growth model）圖，截距項對觀察變項的路徑係數均固定為 1，潛在因子線性斜率一變項對五個觀察變項的路徑係數分別為 0、1、2、2、2（假定前三個時間點的成長率有不同），潛在因子線性斜率二變項對五個觀察變項的路徑係數分別為 0、0、0、1、2（假定後三個時間點的成長率有不同），二個斜率潛在因子變項均為完全線性成長趨勢（Hancock & Mueller, 2006）。

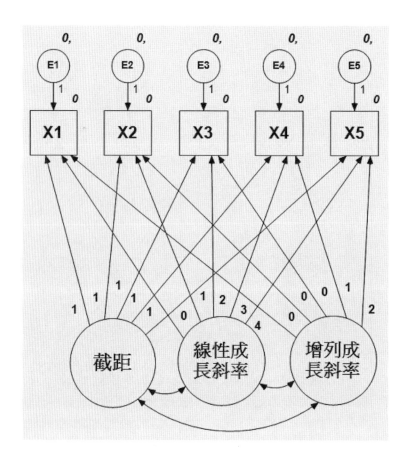

　　附加成長模式也屬於片段線性成長模式的一種，第二個潛在因子為線性成長斜率，其路徑係數分別設定為 0、1、2、3、4，相對於第一個階段之連續成長軌跡而言，第三個潛在因子為附加歷程斜率，其路徑係數分別設定為 0、0、0、1、2。

　　無條件的成長模式（unconditional growth model）最佳適配模型的選擇一般會進行三種成長軌跡形式的比較：非成長模式、自由形式模式、線性模式。非成長模式的潛在構念只有截距項因子，截距項潛在因子指向時間點之觀察變項的路徑係數均固定為 1，模式如果適配於樣本資料，表示測量變項具跨時間點的穩定性，自由形式模式與線性模式，潛在構念有二個，分別為成長軌跡的截距參數與斜率

參數，自由形式模式的路徑係數設定中 Λ_t 矩陣為：$\Lambda_t = \begin{bmatrix} 1 & 0 \\ 1 & * \\ 1 & * \\ 1 & 1 \end{bmatrix}$，表示截距構念

指向所有指標變項的路徑係數均固定為 1，斜率構念指向第一個時間點測量變項的

路徑係數為 0，指向最後一個時間點測量變項的路徑係數為 1，其餘時間點的路徑係數均為待估計的自由參數（矩陣中的自由參數為時間點 2 與時間點 3 的路徑係數），此種設定允許改變形狀可為非線性的發展，第二次與第三次時間點路徑係數反映的是該階段的成長百分比，如模式估計結果第二次與第三次的路徑係數分別為 .30、.70，研究者可以解釋第一次測量結果與第二次測量結果約有 30% 的變化，第二次測量結果與第三次測量結果約有 40% 的變化（Serve, Kher, & Laurenceau, 2011）。

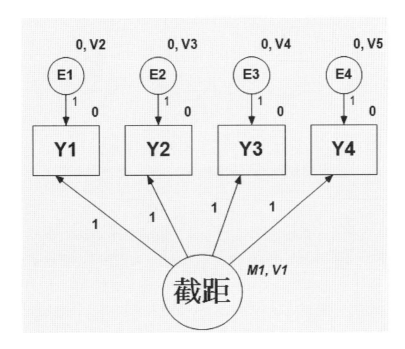

　　非成長模式的潛在構念只有截距項，潛在構念對指標變項的路徑係數均固定為 1（因為是非成長模式，所以沒有斜率項潛在變項）。

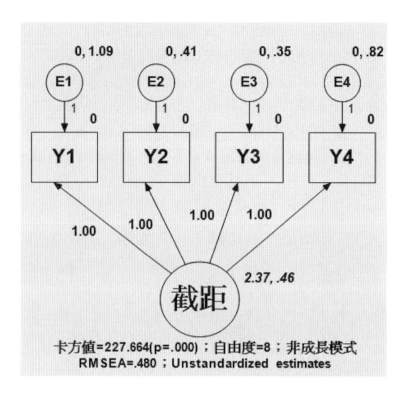

模式適配度的卡方值統計量等於 227.664，自由度為 8，顯著性機率值 $p < .001$，RMSEA 值等於 .480（>.080 適配門檻值），只有「截距因子」潛在變項的非成長模式與樣本資料無法適配，四個時間點測得的平均數的數值並非是等同的。

與非成長潛在曲線模式接近的是單因子潛在特質模式，此模式的潛在構念也只有截距項，不過截距因子對指標變項的路徑係數並非都是固定參數，除了時間點 1 的路徑係數（起始狀態）為固定參數，其餘路徑係數都是待估計的自由參數。只有截距項的單因子潛在特質分析範例圖如下：

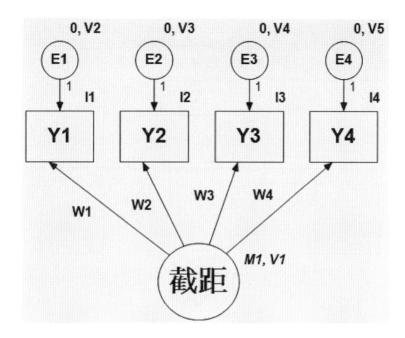

　　上述模式圖中由於增列參數名稱，參數沒有設定數值均為待估計的自由參數，LGM 模式圖中觀察變項的截距項要設定為 0，成長模式中以時間點 1（第一次測量）的分數為基準點，因而須把其路徑係數設定為 1（固定參數）。

　　執行功能表列「Analyze」（分析）／「Manage Models」（管理模式）程序，開啟「Manage Models」（管理模式）對話視窗，或在「Models」（模式）方盒中連按滑鼠左鍵二下，也可開啟「Manage Models」（管理模式）對話視窗。

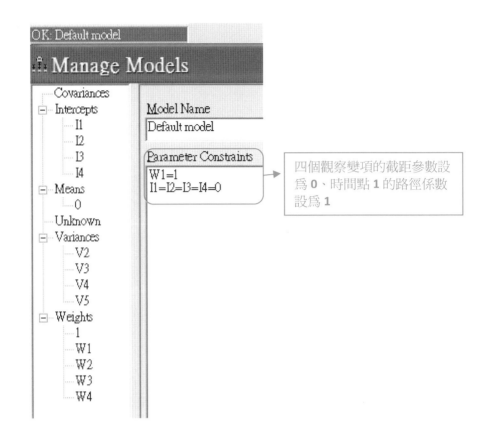

參數限制欄的設定為「W1 = 1」、「I1 = I2 = I3 = I4 = 0」。單因子潛在變化模式中,以時間點 1 測量值為起始點,時間點 1 的路徑係數設定為固定參數,時間點 2、時間點 3、時間點 4 的路徑係數均為待估計的自由參數。

LGM 線性的測量模式為:

時間點 1:Y1 = (截距)×(1)+(誤差項)

時間點 2:Y2 = (截距)×(W2)+E2(誤差項)

時間點 3:Y3 = (截距)×(W3)+E3(誤差項)

時間點 4:Y4 = (截距)×(W4)+E4(誤差項)

對於一個隨機變數 X,二個隨機變數間的共變數為 Cov,變異數與共變數運算的四個法則為:

1. $Cov(X, X) = Var(X)$,法則 1 為變數與變數本身的共變數為其變異數。

2. 假設 X、Y、Z、U 是四個隨機變數（如為壓力、社會支持、智力、憂鬱構念），a、b、c、d 為四個常數，則：$Cov(aX + bY, cZ + dU) = ac\ Cov(X,Z) + ad\ Cov(X,U) + bc\ Cov(Y, Z) + bd\ Cov(Y, U)$。如果變數間沒有相關，則變數間的共變數為 0，$Cov(X, Y) = Cov(Y, X)$，二個變數間的共變數與其順序排列沒有關係。

3. $Var(aX + bY) = Cov(aX + bY, aX + bY)$

   $= a^2Cov(X,X) + b^2Cov(Y,Y) + abCov(X,Y) + abCov(X,Y)$

   $= a^2Cov(X,X) + b^2Cov(Y,Y) + 2abCov(X,Y)$

4. 如果 X 變數與 Y 變數間沒有相關，則 $Cov(X,Y) = 0$，則

   $Var(aX + bY) = a^2Var(X) + b^2Var(Y)$

對於二個隨機變數 X、Y，二個常數項 a、b，隨機變數的平均數法則為：$Mean(aX \pm bY) = aMean(X) \pm bMean(Y)$（Raykov & Marcoulides, 2006）。

平均數運算公式中：平均數 $(aX \pm bY) = a$ 平均數 $(X) \pm b$ 平均數 (Y)，其中 a、b 為常數項，利用此公式推導時間點 1 的迴歸模式，觀察變項的期望值為：$Mean(Y1) = Mean($ 截距 $\times 1) + Mean\ (E1)$，由於誤差項的期望值設定為 0，式子簡化為：$Mean(Y1) = 1 \times Mean($ 截距 $) \rightarrow Mean(Y1) = Mean($ 截距 $)$，截距項的平均數即為時間點 1 觀察變項 Y1 的平均數

$Mean(Y2) = Mean($ 截距 $\times W2) + Mean(E2) \rightarrow Mean(Y2) = W2 \times Mean($ 截距 $) + 0 \rightarrow Mean(Y2) \div Mean($ 截距 $) = Mean(Y2) \div Mean(Y1)$，時間點 2 觀察變項平均數與時間點 1 觀察變項平均數的比值即為時間點 2 的路徑係數估計值（非標準化的路徑係數）。

$Mean(Y3) = Mean($ 截距 $\times W3) + Mean(E3) \rightarrow Mean(Y3) = W3 \times Mean($ 截距 $) + 0 \rightarrow Mean(Y3) \div Mean($ 截距 $) = Mean(Y3) \div Mean(Y1)$，時間點 3 觀察變項平均數與時間點 1 觀察變項平均數的比值即為時間點 3 的路徑係數估計值（非標準化的路徑係數）。

$Mean(Y4) = Mean($ 截距 $\times W4) + Mean(E4) \rightarrow Mean(Y4) = W4 \times Mean($ 截距 $) + 0 \rightarrow Mean(Y4) \div Mean($ 截距 $) = Mean(Y4) \div Mean(Y1)$，時間點 4 觀察變項平均數與時間點 1 觀察變項平均數的比值即為時間點 4 的路徑係數估計值（非標準化的路徑係數）。以時間點 1 的觀察變項為起始點，路徑係數設定為 1，其餘三個待估計自由參數路徑係數分別為：

$$W2 = \frac{平均數\ (Y2)}{平均數\ (Y1)}、W3 = \frac{平均數\ (Y3)}{平均數\ (Y1)}、W4 = \frac{平均數\ (Y4)}{平均數\ (Y1)}，分母「平$$

均數 (Y1)」為潛在特質構念的基準點；如果假設模式中固定參數為 W4（其數值

固定為 1），其餘三個待估計自由參數路徑係數分別為：$W1 = \dfrac{平均數\ (Y1)}{平均數\ (Y4)}$、

$$W2 = \frac{平均數\ (Y2)}{平均數\ (Y4)}、W3 = \frac{平均數\ (Y3)}{平均數\ (Y4)}。$$

三個觀察變項的單因子 LGM 模式圖如下：

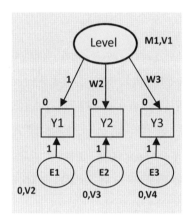

五個觀察變項的單因子 LGM 模式圖如下：

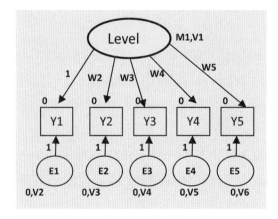

上述單因子潛在變化分析模式均以第一次測量結果為起點狀態，潛在變項是

一個時間因素，表示的個體內潛在變化歷程或發展曲線，時間因素是潛在能力的起始真實狀態，之後重複測量的數值可與起點狀態進行比較，以探究改變成長的結果是增加或減少，如果待估計自由參數的估計值大於 1.00，表示成長變化是逐次增加；相對的，待估計自由參數的估計值若小於 1.00，表示成長變化是逐次下降或減少的。模型中任何一個觀察變項的因素負荷量是二個平均數的比值，此比值的分母是第一次測量結果的平均數，分子是該次測量結果的平均數。

二 | 常見的 LGM 型態

常見的潛在成長模式的基本模型有以下二種：

(一) 無條件潛在成長模式

無條件潛在成長模式（unconditional latent growth model）並未納入共變項，模式並未探討影響成長參數變動的預測變項，模式主要在探究潛在變項的成長變化軌跡，成長變化可能是線性、曲線或是其它組態的軌跡，假定是線性成長變化，模式的適配度反映的是平均數組態適配線性軌跡的程度。

縱貫性資料假定探究的是高職進修部學生跨三個年段抽菸行為，每次時間點之抽菸行為為學生近一個月抽菸的次數。

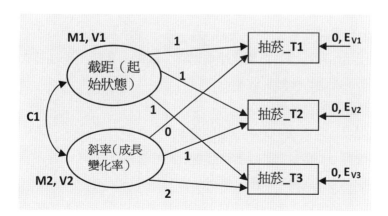

潛在成長模式參數估計，高職進修部學生每月抽菸次數（調查時近一個月的

抽菸次數）的縱貫性資料中，受試者總體的起始狀態稱為截距因子，跨三年的成長變化率稱為斜率因子，LGM 模型相關估計值參數的意涵如下（Willett & Keiley, 2000）：

1. **母群體抽菸真正平均數軌跡**

M1：起始狀態，高職一年級平均抽菸次數，如果參數達統計顯著水準，表示平均數估計值顯著不為 0，如 M1 平均數估計值為 .325（$p < .05$），表示高職一年級學生平均一個月抽菸次數為 .325 次。

M2：變化率，每年級平均抽菸的真正變化，如果參數估計值達統計顯著水準，且數值為正，表示成長變化率是逐年增加或上升，相對的，若參數估計值達統計顯著水準（$p < .05$），且數值為負，表示成長變化率是逐年遞減或下降，如 M2 平均數估計值為 .126（$p < .05$），表示受試者平均每年抽菸的增加變化值為每月 .096 次，約以 10% 的幅度增加。

2. **母群體抽菸真正殘差變異數與共變數**

V1：真正起始狀態，高職一年級真正抽菸行為的變異數。

V2：真正變化率，每年級平均抽菸行為真正變化的變異數。

V1 與 V2 分別為二個真正截距因子與斜率因子的變異數，表示的是母群體真正變化的個體間異質性程度，如果 V1 變異數估計值達到統計顯著水準（$p < .05$），指的是高職一年級學生的每月抽菸次數有顯著的個體間的差異存在；V2 變異數估計值達到統計顯著水準（$p < .05$），指的是高職進修部學生跨三個年級每月抽菸成長變化增加率也有顯著的個體間的差異存在，總體的成長變化軌跡發展並不適用於所有受試者。

C1：真正起始狀態與真正變化率的關係，高職一年級平均抽菸次數與每年級平均抽菸的真正變化的共變異數。

3. **階層 1 測量誤差變異數**

E_{V1}：時間點 1（高職一年級上學期期末）。

E_{V2}：時間點 2（高職二年級上學期期末）。

E_{V3}：時間點 3（高職三年級上學期期末）。

潛在特質成長模式，每一時間點測得的數據均以單一觀察變項表示，此觀察變項可能是量表多個向度的分數加總，或是單一潛在特質行為，各時間點的測量指標是單一觀察變項，如果各時間點的潛在特質是二個以上的指標變項，則 LGM

模式為多重指標 LGM 模型，範例圖示如下，每一個時間點的觀察變項有二個：

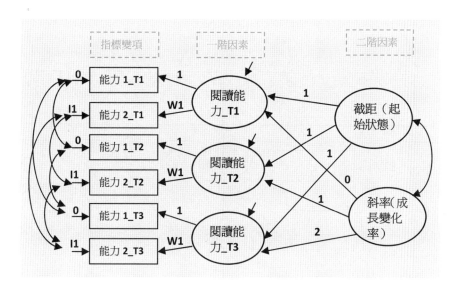

　　多指標潛在特質成長模式的參數設定方面，參數限定要點如下：1. 一階因素中各潛在變項相對應的指標變項的路徑係數值要設為相等，其中一個為參照指標，因素負荷量設定為 1，其餘對應路徑的因素負荷量參數要設為一樣，如 W1，以符合測量不變性的基本假定。2. 不同時間點觀察變項之隨機測量誤差對應指標的誤差項要設定有共變關係。3. 各時間點潛在變項第一個觀察變項的截距項要設定為 0，其餘對應的觀察變項的截距項參數要設為相同（如 I1）。4. 成長變化模式的截距因子與斜率因子要設為有共變關係（李茂能，2009）。如果假定 LGM 的成長變化為線性軌跡，斜率因子對三個時間點潛在變項的因素負荷量分別為 0、1、2，若是研究者設定為自由形式的成長變化模式，斜率因子對三個時間點潛在變項的因素負荷量分別為 0、*、1。

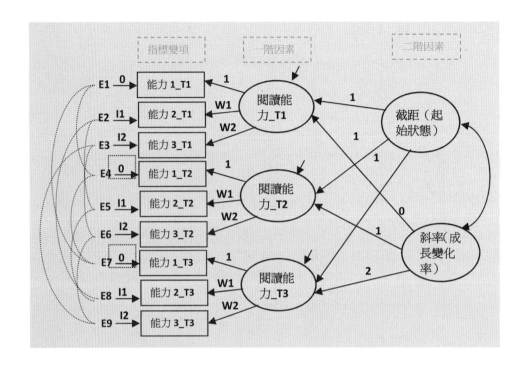

　　多指標潛在特質成長模式中，時間點 1 潛在變項「閱讀能力 _T1」對三個指標變項（能力 1_T1、能力 2_T1、能力 3_T1）的因素負荷量數值及參數分別 1、W1、W2，時間點 2 潛在變項「閱讀能力 _T2」對三個指標變項（能力 1_T2、能力 2_T2、能力 3_T2）的因素負荷量數值及參數分別 1、W1、W2，時間點 3 潛在變項「閱讀能力 _T3」對三個指標變項（能力 1_T3、能力 2_T3、能力 3_T3）的因素負荷量數值及參數分別 1、W1、W2。時間點 1、時間點 2、時間點 3 三個對應指標變項的截距項數值及參數分別為 0、I1、I2，測量誤差項 E1、E4、E7 對應之觀察變項的截距項限定為固定參數，其數值 0。不同時間點對應指標變項之隨機誤差項有共變關係，設定誤差項有相關的配對組共有九對：E1&E4、E1&E7、E2&E5 、E2&E8、E3&E6、E3&E9、E4&E7、E5&E8、E6&E9。

（二）有條件潛在成長模式

　　有條件潛在成長模式（conditional latent growth model）表示於 LGM 模式中納入可能影響截距因子與線性斜率因子的潛在變項（或觀察變項）。

1. 預測變項／共變項為單一觀察變項

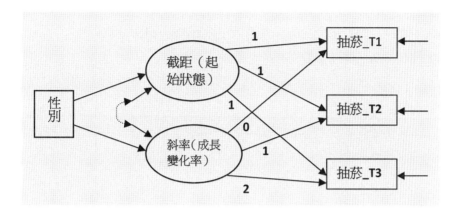

LGM 模式圖納入的預測變項為學生性別，學生性別為外因觀察變項。

2. 預測變項／共變項為潛在變項

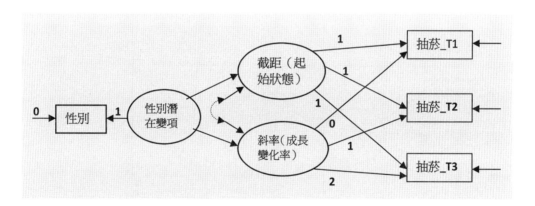

LGM模式圖納入的預測變項為學生性別潛在變項，性別變項為外因潛在變項，由於外因潛在變項只有一個指標變項，也稱為單指標潛在變項，如果外因潛在變項有二個以上指標變項，則共變項為多指標潛在變項。

1. 控制性別變項後，母群抽菸行為真正殘差變異數與殘差共變數參數有以下三個：

$\sigma^2_{v1|sex}$：真正起始狀態，高職一年級真正抽菸行為的淨變異數（partial variance）。

$\sigma^2_{v2|\text{sex}}$：真正變化率，每年級平均抽菸行為真正變化的淨變異數。

$\sigma^2_{v3|\text{sex}}$：真正起始狀態與真正變化率的關係，高職一年級平均抽菸行為數與每年級平均抽菸的真正變化的淨共變數（partial covariance）。

2. 學生抽菸行為在性別個體變化的母群迴歸係數：

$\gamma_{1\text{sex}}$：真正起始狀態在性別的迴歸，高職一年級男學生與女學生在真正抽菸行為的母群差異程度。

$\gamma_{2\text{sex}}$：真正變化率於性別的迴歸，高職男學生與女學生在真正抽菸年級變化率的母群差異情況。

共變項為多指標潛在變項的預測變項之 LGM 模式圖如下，共變項潛在變項「社會壓力」有三個指標變項：「家人壓力」、「同學壓力」、「老師壓力」，「社會壓力」變項假定是一個時間不變性預測變項，若是研究者認為此變項為時間變動的共變項，資料搜集也要跟抽菸行為一樣搜集學生三年的成長變化資料。

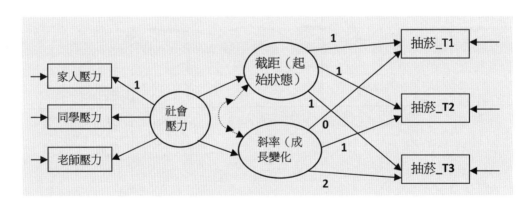

3. 預測變項／共變項為二個觀察變項

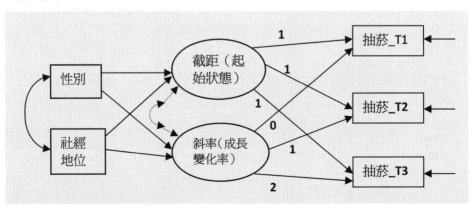

LGM 潛在成長模式中的共變項為學生「性別」與學生家庭「社經地位」二個。

4. 預測變項／共變項為三個觀察變項

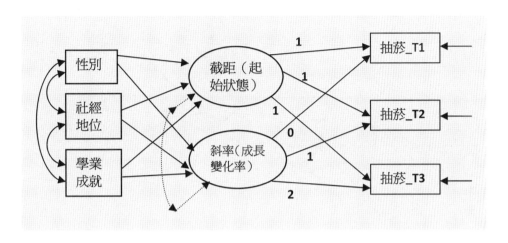

　　LGM 潛在成長模式中的共變項為學生「性別」、學生家庭「社經地位」、學生個人的「學業成就」三個。如果無條件的潛在成長線性模式可以得到支持，納入的三個共變項，增列的研究問題為：

1. 不同性別的學生在一年級（起始狀態）抽菸行為是否有顯著不同？
2. 不同性別的學生在跨三個年級抽菸行為的成長變化率是否有顯著不同？
3. 不同社經地位的學生在一年級（起始狀態）抽菸行為是否有顯著不同？
4. 不同社經地位的學生在跨三個年級抽菸行為的成長變化率是否有顯著不同？
5. 不同學業成就的學生在一年級（起始狀態）抽菸行為是否有顯著不同？
6. 不同學業成就的學生在跨三個年級抽菸行為的成長變化率是否有顯著不同？

（三）雙領域的潛在成長模式

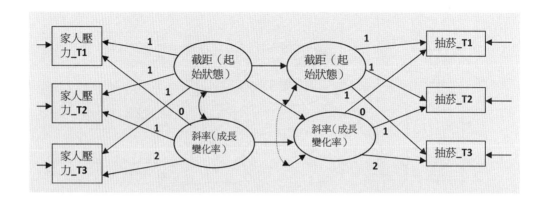

　　雙領域的潛在成長變化模式為二個獨立的線性 LGM 的組合，範例中原先的 LGM 模型為學生抽菸行為的成長變化，此成長變化是一種時間變動變項（time-varying variables）的改變，時間變動變項表示此潛在變項會隨時間的增加而改變，當學生抽菸行為隨年級時間點而變化時，家人給予學生的壓力也會有所變化，因而共變項「家人壓力」潛在變項也是一種成長變化模式，假定「家人壓力」潛在變項的變化軌跡也是線性，則「家人壓力」共變項是一種時間變動性預測變項（time-varying predictor）。

　　雙領域潛在成長模式增列的研究問題為：

1. 學生自我評定的一年級（起始狀態）「家人壓力」是否對學生「起始狀態抽菸行為」有顯著的影響作用？
2. 學生自我評定的一年級（起始狀態）「家人壓力」是否對學生跨三個年級抽菸行為的成長變化率有顯著的影響作用？
3. 學生自我評定的跨三個年級的「家人壓力」成長變化率是否對其跨三個年級抽菸行為的成長變化率有顯著的影響作用？

　　雙領域潛在特質成長變化因果模式在於探究二個成長變化模式之潛在因子間的因果關係，如果研究者只在探究二個雙領域潛在特質成長變化潛在變項間的共變關係，則假設模型圖為：

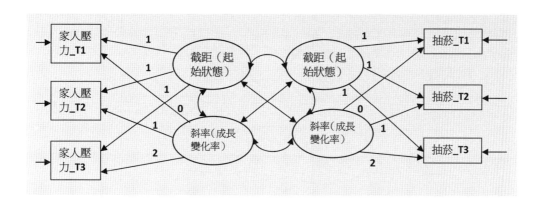

假設模型圖主要探究的問題有六個：

1.　家人壓力成長變化之「截距因子」與樣本抽菸行為之「截距因子」間是否有顯著的相關？
2.　家人壓力成長變化之「截距因子」與樣本抽菸行為之「斜率因子」間是否有顯著的相關？
3.　家人壓力成長變化之「斜率因子」與樣本抽菸行為之「截距因子」間是否有顯著的相關？
4.　家人壓力成長變化之「斜率因子」與樣本抽菸行為之「斜率因子」間是否有顯著的相關？
5.　家人壓力成長變化之「斜率因子」與家人壓力成長變化之「截距因子」間是否有顯著的相關？
6.　抽菸行為成長變化之「斜率因子」與抽菸行為成長變化之「截距因子」間是否有顯著的相關？

雙領域成長變化的因果模型，如果理論文獻假定一個潛在特質的觀察變項對另一潛在特質變項有直接影響作用，則模型圖為：

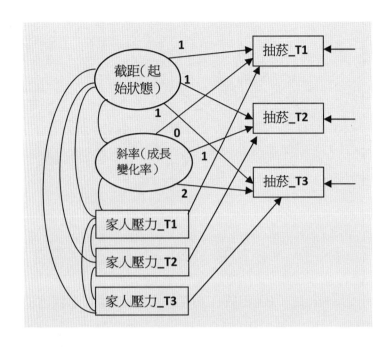

假設模型圖探究的主要問題為：

1. 時間點 1「家人壓力 _T1」外因觀察變項對受試者抽菸行為「抽菸 _T1」是否有顯著的直接影響作用？

2. 時間點 2「家人壓力 _T2」外因觀察變項對受試者抽菸行為「抽菸 _T2」是否有顯著的直接影響作用？

3. 時間點 3「家人壓力 _T3」外因觀察變項對受試者抽菸行為「抽菸 _T3」是否有顯著的直接影響作用？

4. 各時間點之「家人壓力」外因觀察變項與抽菸行為線性成長軌跡的截距因子及斜率因子間是否有顯著相關？

潛在成長模式擴充稱為「成長混合模式」（growth mixture modeling），成長混合模式是因素混合模式與潛在成長模式的統合，基本的因素混合模式型態為從一個異質性樣本中，估計潛在類別變項以產生同質性的群組，就潛在成長模式而言，比較潛在類別變項群組之測量模式的參數，潛在變項平均數的比較可以看出群組成長參數變動屬性的差異，如一個群組於潛在變項的成長特徵可能是線性軌

跡，另一個群組於潛在變項的成長特徵可能是負向加速的曲線軌跡，將結構方程
模式之多群組的參數比較應用於潛在成長模式之中，可就多個群組之成長變化軌
跡加以比較，此種潛在成長變化模式稱為成長變化混合模式（Hoyel, 2011）。

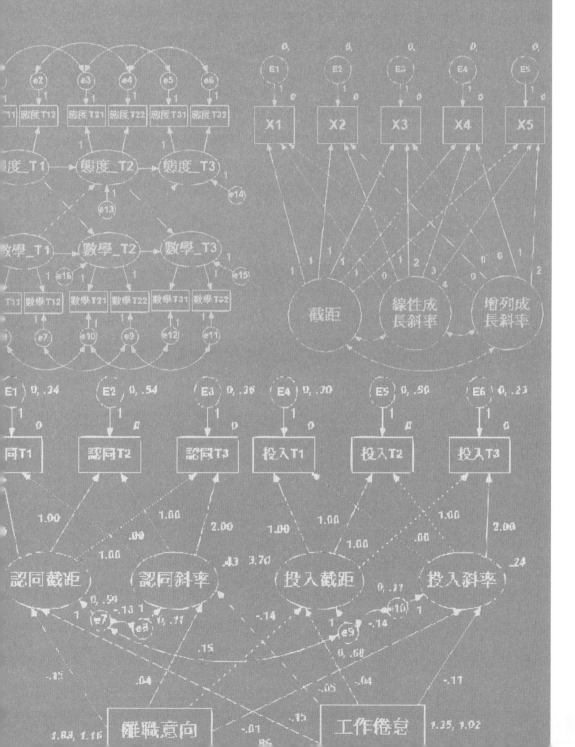

LGM 線性模式
的型態

4

　　LGM 線性模式的型態常見的有線性模式與自由形式模式二種，以三個時間點測得的觀察為例，線性模式「斜率因子」對指標變項因素負荷量的設定為 [(0, 1, 2)]，自由形式模式「斜率因子」對指標變項因素負荷量的設定為 [(0, *, 1)]；若有五個時間點，每個時間點有一觀察，線性模式「斜率因子」對指標變項因素負荷量的設定為 [(0, 1, 2, 3,4)]，自由形式模式「斜率因子」對指標變項因素負荷量的設定為 [(0, *, *,*,1)]，其中「*」表示的是待估計的自由參數。線性模式的設定型態中，「斜率因子」的平均數表示的是二個時間點間的平均變化值；自由形式模式的設定型態中，「斜率因子」的平均數表示的是最後時間點與起始時間點間的總變化值。線性 LGM 模式與自由形式 LGM 模式都是二因子 LGM 模型（two-factor LGM model），二個因子為水準（截距）與形狀（斜率）。

　　以四個時間點之觀察變項 Y1、Y2、Y3、Y4 而言，一般線性 LGM 假設模型為：

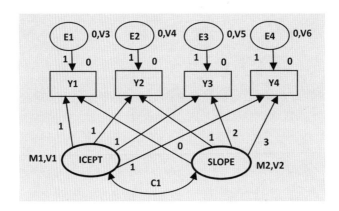

自由形式 LGM 假設模型為：

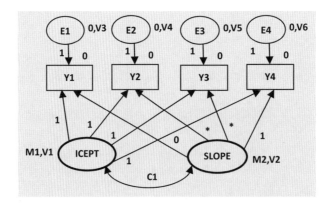

五個時間點之觀察變項 Y1、Y2、Y3、Y4、Y5 簡化的 LGM 線性模式圖為：

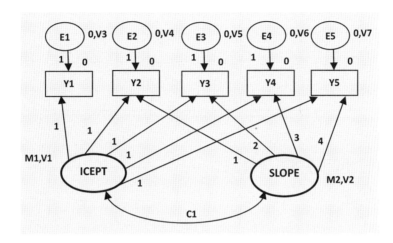

簡化的自由形式雙因子 LGM 模型圖為：

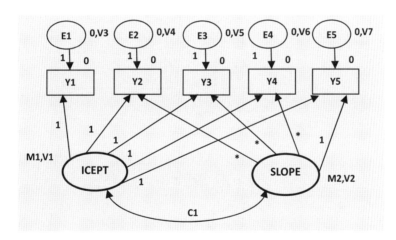

範例中為明星高中 120 位一年級學生四次時間點（四次段考）物理焦慮測量分數的相關矩陣如下表，平均數愈高，表示受試者感受的物理焦慮愈高。

rowtype_	varname_	Y1	Y2	Y3	Y4
N		120	120	120	120
COV	Y1	0.821			
COV	Y2	0.487	0.853		
COV	Y3	0.499	0.516	0.867	
COV	Y4	0.545	0.426	0.511	0.817
Mean		1.566	2.187	2.528	2.981

一 只有截距因子的成長模式

　　潛在成長變化模式只有潛在變項「截距因子」的模型，是一種單因子的 LGM 模式，此種模式一般在實徵研究上較少被研究者使用，只用於理論詮釋說明。

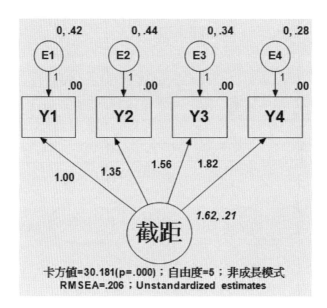

卡方值=30.181(p=.000)；自由度=5；非成長模式
RMSEA=.206；Unstandardized estimates

　　只有截距因子的 LGM 模式圖中，截距項潛在因子對第一個觀察變項的路徑係數為固定參數，其數值設定為 1，其餘三個路徑係數 W2、W3、W4 均為待估計的自由參數，觀察變項的截距項與誤差項的平均數均設為固定參數，其數值為 0。誤差項平均數或誤差項期望值均固定為 0：Mean(E1) = 0、Mean(E2) = 0 、Mean(E3) = 0、 Mean(E4) = 0，觀察變項誤差項的變異數為待估計的自由參數。四個時間點的測量值的平均值分別如下：

Implied Means：（全體樣本 - 非成長模式）

	Y4	Y3	Y2	Y1
	2.954	2.531	2.193	1.625

隱含平均數為觀察變項母群體的平均數（假定模型是正確的情況下）。觀察變項的期望值是 Y1、Y2、Y3、Y4 的平均數估計值，如果是飽和模式，模式隱含平均數就等於樣本平均數，若是過度識別模式（自由度為正值），測量變項隱含平均數與樣本平均數就有所不同，二者之差異值為殘差值，如果假設模型是正確的，隱含平均數與樣本平均數相較之下，更適合作為母群平均數的估計值。根據假設模式導出的四個觀察變項的期望值分別為 1.625、2.193、2.531、2.954。

Regression Weights：（全體樣本 - 非成長模式）

	Estimate	S.E.	C.R.	P	Label
Y1 <--- 截距	1.000				
Y2 <--- 截距	1.350	.060	22.529	***	W2
Y3 <--- 截距	1.558	.064	24.467	***	W3
Y4 <--- 截距	1.818	.071	25.750	***	W4

截距因子對指標變項 Y1、Y2、Y3、Y4 的路徑係數估計值分別為 1.000（固定參數）、1.350（自由參數）、1.558（自由參數）、1.818（自由參數）。

截距因子的平均數等於 1.625：Mean(截距因子) = 1.625，截距因子潛在變項的平均數為第一次施測觀察變項的平均測量值，此數值為受試者整體的起始狀態或起始點（成長變化的基準點）。

時間點 1：Y1 = (截距) × (1) + E1(誤差項) = 1.625 × 1.00 + 0 = 1.625。
時間點 2：Y2 = (截距) × (W2) + E2(誤差項) = 1.625 × 1.35 + 0 = 2.194。
時間點 3：Y3 = (截距) × (W3) + E3(誤差項) = 1.625 × 1.56 + 0 = 2.532。
時間點 4：Y4 = (截距) × (W4) + E4(誤差項) = 1.625 × 1.82 + 0 = 2.954。

由於觀察變項 Y1 的路徑係數固定為 1，潛在變數截距項的平均數等於觀察變項 Y1 的平均數： Mean(截距) = Mean(Y1)，此平均數的量測值為 1.625，即為受試者第一次時間點的分數，平均數 1.625 為受試者的起點行為或初始狀態（第一次

段考物理焦慮的平均感受分數）。截距項的變異數為 0.209(*p*<.001)，時間點 2、時間點 3、時間點 4 物理焦慮測量值與時間點 1 測量值（以第一次測量值為基準比較）的成長變化率分別為 1.350、1.558、1.818，表示高一學生的物理焦慮感受隨時間增加而增大。

時間點	期望值	增加值	基準點的倍數	變化率
Y1（第一次段考）	1.625	起始狀態	基準點	基準點
Y2（第二次段考）	2.193	0.568	1.350	42.7%
Y3（第三次段考）	2.531	0.338	1.558	25.4%
Y4（第四次段考）	2.954	0.423	1.818	31.8%
		1.329		100.0%

　　表中基準點的倍數欄為第二次以後段考物理焦慮測量值與第一次段考物理焦慮測量值的比值，如 2.193÷1.625 = 1.350、2.531÷1.625 = 1.558、2.954÷1.625 = 1.818，此數值即為觀察變項 Y2、Y3、Y4 的路徑係數估計值。

二 │ 線性成長模式

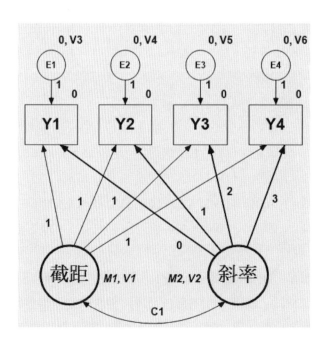

四次重複量測（四個等距時間點）之線性 LGM 模式圖，增列參數名稱中，V1、V2 為潛在斜率因子的變異數估計值、C1 為「截距因子」與「斜率因子」間的共變數（這些參數均為自由參數），觀察變項的截距項為固定參數其數值設定為 0，隨機測量誤差項的平均數為固定參數，其數值為 0，變異數為待估計的自由參數，截距因子與斜率潛在因子的平均數與變異數也均為待估計的自由參數。斜率因子對四個觀察變項的路徑係數均為固定參數，其數值分別為 0、1、2、3（時間間隔單位為段考，間隔約 1 個月時間）。

　　LGM 模式中待估計的自由參數有 1 個共變數 (C1)、2 個平均數 (M1、M2)，6 個變異數（V1、V2、V3、V4、V5、V6），自由參數共有 9 個（$q = 9$），資料點的個數有 4（$p = 4$），自由度為：$df = \dfrac{p \times (p + 1)}{2} - q + N_{Mean}$ $= \dfrac{4 \times (4 + 1)}{2} - 9 + 4 = 5$。

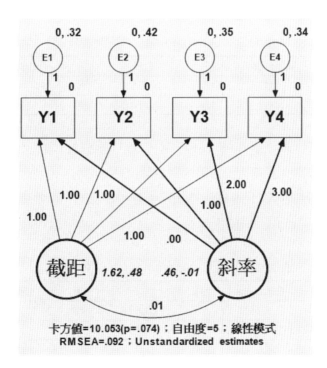

　　線性 LGM 模式估計結果，模型可以收斂，整體模式適配度統計量 $\chi^2_{(df = 5)} = 10.053$，顯著性機率值 $p = .074 > .05$，表示線性模式與樣本資料可以適配。截距因子的平均數為 1.617($p < .001$)，達統計顯著水準，表示個體間在起始點

（初始狀態）的差異值顯著不等於 0，時間點 1 測量值分數變異數估計值為 .478(p < .001），達統計顯著水準，表示起始狀態行為之個體間的差異達到顯著（母群體的標準差為 $\sqrt{.478}$ = .691，標準差的數值顯著不等於 0）；斜率因子平均數估計值為 .462(p < .001），達統計顯著水準，表示在四個時間點物理焦慮的成長軌跡是上升的，每次段考前約上升 0.462 分，斜率因子變異數估計值為 −.008(p = .572 > .05)，未達統計顯著水準，表示個別成員間成長變化的差異值顯著等於 0（母群體的標準差為 0 或接近 0）。二因子線性模式可以考驗個體間（inter-individual）差異是否顯著的情況，從截距因子的平均數與變異數可以看出，受試者在第一次段考時物理焦慮的平均值為 1.617，全部受試者在起點行為的物理焦慮分數有顯著不同，學生在四次段考時的物理焦慮變化狀態呈顯著上升情況，物理焦慮的變化率對所有學生而言差不多，表示個別間的改變成長軌跡大致相同，成長變化情況適用於所有學生。

Means：（Group number 1 - 線性模式）

	Estimate	S.E.	C.R.	P	Label
截距	1.617	.078	20.852	***	M1
斜率	.462	.022	20.708	***	M2

截距因子的平均數估計值為 1.617(p < .001），達到統計顯著水準，表示起點行為平均值顯著大於 0；斜率因子的平均數估計值為 .462(p < .001），達到統計顯著水準，表示潛在特質總體變化率逐次增加或上升，學生的物理焦慮感受隨段考次數而上升，平均每次上升約 0.462 分。

Variances：（Group number 1 - 線性模式）

	Estimate	S.E.	C.R.	P	Label
截距	.478	.102	4.676	***	V1
斜率	−.008	.014	-.565	.572	V2

截距因子的變異數為 .478(p < .001），變異數（標準差統計量數的平方，標準差為 .691）估計值達統計顯著水準，表示個體間第一次測量的分數間的差異達到顯著，學生在第一次段考時的物理焦慮感受有顯著的個體差異存在；斜率因子的變異數估計值為 −.008(p > .05)，未達統計顯著水準，表示斜率因子的變異數估計

值顯著為 0，所有學生物理焦慮感受的變化率沒有個體差異存在。

Covariances：（Group number 1 - 線性模式）

	Estimate	S.E.	C.R.	P	Label
截距 < -- > 斜率	.010	.028	.366	.714	C1

「截距因子」與「斜率因子」潛在變項間的共變數為 .010(p = .714 > .05)，相關未達顯著，母群體的相關係數顯著等於 0，時間點 1（起始狀態）物理焦慮的高低與之後物理焦慮變化率沒有關係。如果共變數為正值，且達顯著水準 (p < .05)，表示起始狀態有較高物理焦慮者，物理焦慮的成長變化率會隨跨時間點而上升或變化較快，相對的，共變數為負值，且達顯著水準 (p < .05)，表示起始狀態有較高物理焦慮者，物理焦慮的成長變化率會隨跨時間點而下降或變化率較慢，起始狀態物理焦慮較低者，物理焦慮的成長變化率會隨跨時間點而上升或變化率較多。

Implied Means：（Group number 1 - 線性模式）

	Y4	Y3	Y2	Y1
	3.002	2.541	2.079	1.617

根據假設模式導出的四個觀察變項的期望值分別為 1.617、2.079、2.541、3.002。

時間點	期望值	增加值	基準點的倍數	變化率
Y1（第一次段考）	1.617	起始狀態	基準點	基準點
Y2（第二次段考）	2.079	0.462	1.286	33.3%
Y3（第三次段考）	2.541	0.462	1.571	33.3%
Y4（第四次段考）	3.002	0.461	1.857	33.3%
	總和	1.385		100.0%
	平均	0.462		

起始狀態 1.617 為第一次段考觀察變項 Y1 的平均數（截距因子的平均數），增加值平均為 0.462，即四次段考受試者物理焦慮的平均變化值，每次段考約增加 0.462 分，此數值為斜率因子的平均數估計值，由於數值為正，表示受試者物理焦慮是隨段考次數而逐次上升，跨四個時間點的總變化成長數值為 1.385，即第一次

段考至第四段考時，學生物理焦慮分數的成長變化約增加 1.385 分。

三 ┃ 自由形式模式

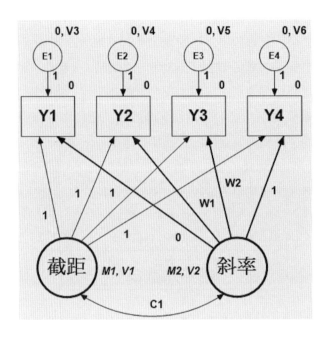

　　自由形式模式的斜率潛在變數對所有指標變項的路徑係數設定中，將第一次時間點的路徑係數固定為 0，以最後一次時間點的路徑係數固定為 1，中間時間點的路徑係數均設為自由參數，以探究最後一次時間點與第一次時間點之變化的差異量，及比較各時間點間的成長變化比率。此種設定的自由形式模式的成長變化也是一種線性發展軌跡。斜率因子的平均數 M2 估計值並不是二次段考間測量值的平均變化量，而是四次段考間整體測量值的變化量，即時間點 1 至時間點 4 間學生物理焦慮感受的「總體變化量」（如為正值，表示測量值分數是增加，若為負值，表示測量值分數是下降）。

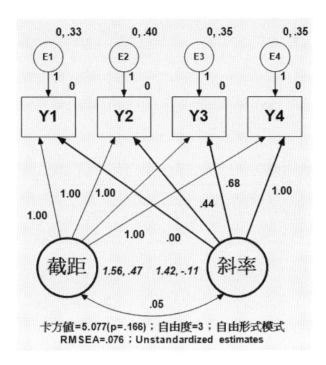

卡方值=5.077(p=.166)；自由度=3；自由形式模式
RMSEA=.076；Unstandardized estimates

　　自由形式 LGM 模式圖估計結果模型可以收斂，整體適配度統計量卡方值 $\chi^2_{(df=3)} = 5.077$，顯著性機率值 $p = .166 > .05$，表示自由形式模式與樣本資料可以適配。斜率潛在變項指向四個指標變項的路徑係數分別為 .00、.44、.68、1.00，反映學生的物理焦慮感受與段考時間點之線性關係，學生的物理焦慮感受隨段考的次數增多而增加。斜率因子平均數參數估計值為 1.417($p < .001$)、達到統計顯著水準，斜率變異數參數估計值為 $-.107$($p = .466 > .05$)，未達統計顯著水準，表示學生的物理焦慮分數隨時間點而有顯著變化，變化率是上升的，此種上升變化軌跡情況所有的學生大致相同。

Means：（Group number 1 - 自由形式模式）

	Estimate	S.E.	C.R.	P	Label
截距	1.565	.082	19.050	***	M1
斜率	1.417	.070	20.277	***	M2

　　成長模式之潛在構念截距因子及斜率因子的平均數估計值分別為 1.565($p <$ .001)、1.417($p < .001$)，均達統計顯著水準，且參數估計值為正，表示二個平均數

參數估計值均顯著大於 0，受試者跨時間點的總體層次變化軌跡呈上升發展，學生物理焦慮感受從第一次段考至第四次段考的焦慮測量值全部增加 1.417 分，時間點 1 至時間點 4 有三個時間距，平均二個時間點間物理焦慮分數增加 1.417÷3 = 0.472 分（之前線性模式的 LGM 模型，斜率因子的平均數估計值為 0.462，二個時間點間學生物理焦慮分數平均增加 0.462 分）。

Variances：（Group number 1 - 自由形式模式）

	Estimate	S.E.	C.R.	P	Label
截距	.469	.112	4.194	***	V1
斜率	−.107	.146	-.729	.466	V2

成長模式之截距因子的變異數估計值為 .469(p < .001)，斜率因子估計的變異數估計值為 −.107(p > .05)，就個體層次的個別差異而言，受試者在時間點 1（起始狀態）的平均數有顯著不同，即有顯著的個別差異存在；跨時間點的總變化率而言，所有受試者均相同，變化率的個別差異不明顯，學生跨四個時間點物理焦慮的整體變化軌跡大致一樣。

Implied Means：（Group number 1 - 自由形式模式）

Y4	Y3	Y2	Y1
2.982	2.523	2.193	1.565

根據假設模式導出的四個觀察變項的期望值分別為 1.565、2.193、2.523、2.982。

時間點	期望值	增加值	基準點的倍數	變化率
Y1（第一次段考）	1.565	起始狀態	基準點	起始狀態
Y2（第二次段考）	2.193	0.628	1.401	44.3%
Y3（第三次段考）	2.523	0.330	1.612	23.3%
Y4（第四次段考）	2.982	0.459	1.905	32.4%
	總和	1.417		100.0%
	平均	0.472		

起始狀態 1.565 為第一次段考觀察變項 Y1 的平均數（截距因子的平均數），

增加值總和 1.417，為跨四個時間點受試者物理焦慮的總體變化值，以第一次段考為基準點，至第四次段考時，學生物理焦慮分數全部增加 1.417 分，平均每次段考約增加 0.472 分（線性模式之 LGM 模型估計中，斜率因子的平均數估計值為 0.462，二者模式估計所得段考平均成長變化值差不多），數值 1.417 為斜率因子的平均數估計值，由於數值為正，表示受試者物理焦慮是隨時間點增加的。

　　自由形式二因子 LGM 模型的測量模式方程式矩陣為：

$$\begin{bmatrix} y_{i1} \\ y_{i2} \\ y_{i3} \\ y_{i4} \end{bmatrix} = \begin{bmatrix} 0 \\ 0 \\ 0 \\ 0 \end{bmatrix} + \begin{bmatrix} 1 & 0 \\ 1 & W_2 \\ 1 & W_3 \\ 1 & 1 \end{bmatrix} \begin{bmatrix} 截距 \\ 斜率 \end{bmatrix} + \begin{bmatrix} \varepsilon_{i1} \\ \varepsilon_{i2} \\ \varepsilon_{i3} \\ \varepsilon_{i4} \end{bmatrix}$$ ，各觀察變項可以表示為：

Y1 = 1× 截距 + 0× 斜率 + E1

Y2 = 1× 截距 + W2× 斜率 + E2，W2 為待估計自由參數路徑係數

Y3 = 1× 截距 + W3× 斜率 + E3，W3 為待估計自由參數路徑係數

Y4 = 1× 截距 + 1× 斜率 + E4

　　利用隨機變數平均數法則：平均數 $(aX + bY) = a$ 平均數 $(X) + b$ 平均數 (Y) 可以推得（李茂能，2009）：

1. 平均數 (Y1) = 平均數 (1× 截距 + 0× 斜率 + E1)

   = 平均數 (1× 截距) + 平均數 (0× 斜率) + 平均數 (E1)，由於隨機誤差項 E1 的期望值為 0，式子簡化為：

   = 平均數 (1× 截距) + 平均數 (0× 斜率)

   = 1× 平均數 (截距) + 0× 平均數 (斜率)

   = 平均數 (截距)，截距項構念的平均數為觀察變項 Y1（時間點 1 起始狀態）的平均數。

2. 平均數 (Y4) = 平均數 (1× 截距) + 平均數 (1× 斜率) + 平均數 (E4)，由於隨機誤差項 E4 的期望值為 0，式子簡化為：

   平均數 (Y4)

   = 平均數 (1× 截距) + 平均數 (1× 斜率)

   = 1× 平均數 (截距) + 1× 平均數 (斜率) →

   平均數 (斜率) = 平均數 (Y4)− 平均數 (截距) = 平均數 (Y4)− 平均數 (Y1)，斜率因子的平均數為觀察變項 Y4（最後一次測量值）的平均數與觀察變項 Y1 的

平均數（第一次測量值）的差異值。

3. 平均數 $(Y2)$ ＝平均數 $(1\times$ 截距 $)$ ＋平均數 $(W2\times$ 斜率 $)$ ＋平均數 $(E2)$，由於隨機誤差項 $E2$ 的期望值為 0，式子簡化為：

    平均數 $(Y2)$

    ＝平均數 $(1\times$ 截距 $)$ ＋平均數 $(W2\times$ 斜率 $)$

    ＝ $1\times$ 平均數 $($ 截距 $)$ ＋ $W2\times$ 平均數 $($ 斜率 $)$ →

    $W2\times$ 平均數 $($ 斜率 $)$ ＝平均數 $(Y2)-$ 平均數 $($ 截距 $)$ ＝平均數 $(Y2)-$ 平均數 $(Y1)$ →

    $W2$ ＝ $[$ 平均數 $(Y2)-$ 平均數 $(Y1)]\div$ 平均數 $($ 斜率 $)$，因為平均數 $($ 斜率 $)$ ＝平均數 $(Y4)-$ 平均數 $(Y1)$ → $W2$ ＝ $[$ 平均數 $(Y2)-$ 平均數 $(Y1)]\div[$ 平均數 $(Y4)-$ 平均數 $(Y1)]$

4. 平均數 $(Y3)$ ＝平均數 $(1\times$ 截距 $)$ ＋平均數 $(W3\times$ 斜率 $)$ ＋平均數 $(E3)$，由於隨機誤差項 $E3$ 的期望值為 0，式子簡化為：

    平均數 $(Y3)$

    ＝平均數 $(1\times$ 截距 $)$ ＋平均數 $(W3\times$ 斜率 $)$

    ＝ $1\times$ 平均數 $($ 截距 $)$ ＋ $W3\times$ 平均數 $($ 斜率 $)$ →

    $W3\times$ 平均數 $($ 斜率 $)$ ＝平均數 $(Y3)-$ 平均數 $($ 截距 $)$ ＝平均數 $(Y3)-$ 平均數 $(Y1)$ →

    $W3$ ＝ $[$ 平均數 $(Y3-$ 平均數 $(Y1)]\div$ 平均數 $($ 斜率 $)$，因為平均數 $($ 斜率 $)$ ＝平均數 $(Y4)-$ 平均數 $(Y1)$ → $W3$ ＝ $[$ 平均數 $(Y3)-$ 平均數 $(Y1)]\div[$ 平均數 $(Y4)-$ 平均數 $(Y1)]$

從上述公式可以歸納：

1. 平均數 $($ 斜率 $)$ ＝平均數 $(Y4)-$ 平均數 $(Y1)$

2. $W2=\dfrac{平均數\ (Y2\ )-平均數\ (Y1\ )}{平均數\ (Y4\ )-平均數\ (Y1\ )}$

3. $W3=\dfrac{平均數\ (Y3\ )-平均數\ (Y1\ )}{平均數\ (Y4\ )-平均數\ (Y1\ )}$

自由形式 LGM 模式表示以第一次測量結果為起始狀態（起始點），以最後一次測量結果為終點狀態，起始狀態平均值與終點狀態平均數間的差異量為成長變化率的總平均值。範例中起始狀態的平均數為 1.565、終點狀態的平均數為 2.982，平均數 (Y4)－平均數 (Y1) = 2.982－1.565 = 1.417 ≒ 1.42，1.42 為斜率因子的平均數，成長變化軌跡是跨時間點而增加，學生物理焦慮測量值平均每月增加 0.472。

Regression Weights：（Group number 1 - 自由形式模式）

	Estimate	S.E.	C.R.	P	Label
Y1 < --- 斜率	.000				
Y2 < --- 斜率	.443	.049	9.099	***	W1
Y3 < --- 斜率	.676	.048	14.173	***	W2
Y3 < --- 斜率	1.000				

W2、W3 二個待估計自由參數之路徑係數的求法為：

$$W2 = \frac{平均數\ (Y2)-平均數\ (Y1)}{平均數\ (Y4)-平均數\ (Y1)} = \frac{2.193-1.565}{2.982-1.565} = \frac{0.628}{1.417} = 0.443$$

$$W3 = \frac{平均數\ (Y3)-平均數\ (Y1)}{平均數\ (Y4)-平均數\ (Y1)} = \frac{2.523-1.565}{2.982-1.565} = \frac{0.958}{1.417} = 0.676$$

成長曲線
模式

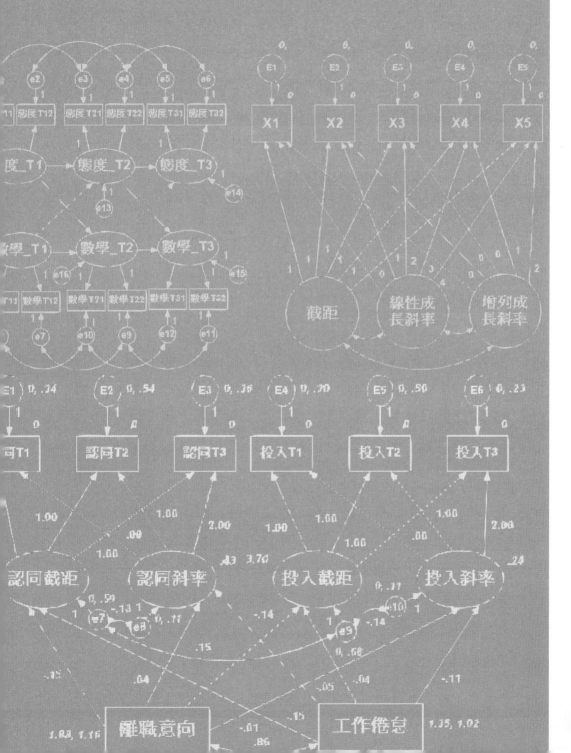

　　自由形式 LGM 模式除可能為線性模型外,潛在構念的成長變化也可能是單一曲線模型(spline model)。以四個年段(國小三年級、四年級、五年級、六年級)學生的數學知能的成長變化而言,自由形式模式的設定一般有以下二種成長型態。

一 ┃ 成長曲線模式型態

(一)斜率因子的負荷量為 [0, *, * ,3]

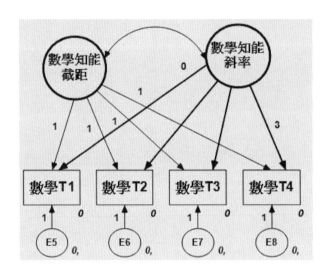

　　四個年段之數學知能的改變假定為非線性的成長變化型態,以三年級測得的數據為基準點,時間距單位為年,斜率因子對四個觀察變項的因素負荷量設定如下:$\lambda_{t1} = 0$、$\lambda_{t4} = 3$、$\lambda_{t2} = *$、$\lambda_{t3} = *$(* 為待估計的自由參數),四個觀察變項只限定第一個及最後一個為固定參數,中間時間點均設為待估計的自由參數,跨時間點有三個年的時間距,因而最後一個時間點的因素負荷量設定為 3,此種設定稱為「潛在基本」(latent basic)成長變化,對多數成長型態而言是一種較有彈性的函數形式,樣本資料較易適配線性曲線模式(Teo & Khine, 2009)。

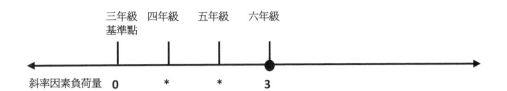

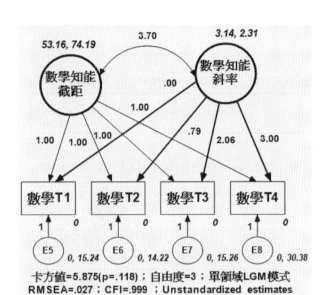

卡方值=5.875(p=.118)；自由度=3；單領域LGM模式
RMSEA=.027；CFI=.999 ；Unstandardized estimates

　　「線性曲線模式」（linear spline model）模型估計結果，模式可以收斂，模式之整體適配度統計量 $\chi^2_{(df=3)}$ = 5.875，顯著性機率值 p = .118 > .05，表示成長變化型態模型的適配度良好。RMSEA 值等於 .027（<.080 門檻值）、CFI 值 = .999（> .950 嚴格適配門檻值），表示學生跨四個年段之數學知能之曲線成長模式可以得到支持。非標準化估計值模型圖中斜率因子的平均數 3.141，表示的是每個年段數學知能平均增加值。

Regression Weights：（Group number 1 - 單領域 LGM 模式）

	Estimate	S.E.	C.R.	P	Label
數學 T4<--- 數學知能 _ 斜率	3.000				
數學 T3<--- 數學知能 _ 斜率	2.055	.048	42.760	***	
數學 T2<--- 數學知能 _ 斜率	.792	.042	18.860	***	
數學 T1<--- 數學知能 _ 斜率	.000				

　　斜率因子對四個觀察變項的路徑係數分別為 0.000、0.792、2.055、3.000，中間的路徑係數為待估計的自由參數，第一次測量結果（三年級）的路徑係數設定為 0，表示以三年級為基準線，最後一次測量結果（六年級）的路徑係數設定為 3，表示時間距相差三年（以一年為單位），這二個路徑係數均為固定參數。斜率因子對第二個觀察變項的路徑係數估計值為 0.792、斜率因子對第三個觀察變項的路徑係數估計值為 2.055。

Implied Means：（Group number 1 - 單領域 LGM 模式）

數學 T4	數學 T3	數學 T2	數學 T1
62.582	59.615	55.645	53.158

　　根據假設模式導出的四個觀察變項的期望值分別為 53.158、55.645、59.615、62.582，如果假設模型正確，則觀察變項的期望值會等於母群體的平均數。

時間點	觀察變項	期望值	變化值	變化率	累積變化率	累積變化率 ×3
三年級	數學 T1	53.158	基準點	0.0%	0.0%	0.000
四年級	數學 T2	55.645	2.487	26.4%	26.4%	0.792
五年級	數學 T3	59.615	3.970	42.1%	68.5%	2.055
六年級	數學 T4	62.582	2.967	31.5%	100.0%	3.000
		總變化值	9.424	100.0%		
		平均變化值	3.141			

　　根據觀察變項的期望值可以算出平均變化值 3.141，3.141 為數學知能「斜率因子」的平均數估計值，數學知能跨四個年段的總變化值為 9.424，每年約以 3.141 的分數遞增，表中最後一欄為數學知能斜率因子對四個觀察變項的路徑係數估計值，以三年級為起始狀態行為，至六年級時學生數學知能的分數增加值為 9.424 分，學生數學知能的變化成長是逐年增加或上升的。

Means：（Group number 1 - 單領域 LGM 模式）

	Estimate	S.E.	C.R.	P	Label
數學知能 _ 截距	53.158	.260	204.315	***	
數學知能 _ 斜率	3.141	.075	42.114	***	

　　數學知能「截距因子」的平均數估計值為 53.158(p < .001)，「斜率因子」的平均數估計值為 3.141(p < .001)，均達統計顯著水準，表示二個潛在因子的平均數估計值均顯著不等於 0。

　　三年級至六年級學生數學知能的整體平均變化率為 3×3.141 = 9.423，各年的成長變化率如下：

1.　第一年：三年級至四年級學生數學知能的平均成長變化率為 [(0.792-0)×3.141 = 2.488]，第一年的成長變化率佔整體成長變化的 26.4%(= 2.488÷9.423)。

2.　第二年：四年級至五年級學生數學知能的平均成長變化率為 [(2.055-0.792) ×3.141 = 3.967]，第二年的成長變化率佔整體成長變化的 42.1%(= 3.967÷9.423)。

3.　第三年：五年級至六年級學生數學知能的平均成長變化率為 [(3.000-2.055)×3.141 = 2.968]，第三年的成長變化率佔整體成長變化的 31.5%(= 2.968÷9.423)。

　　以三年級的數學知能為基準點時，數學知能在三個年段的變化率（正向改變比率）分別占總變化率的 26.4%、42.1%、31.5%，在後面二年的變化率較大。

Covariances：（Group number 1 - 單領域 LGM 模式）

	Estimate	S.E.	C.R.	P	Label
數學知能 _ 斜率 < -- > 數學知能 _ 截距	3.695	.674	5.482	***	

Correlations：（Group number 1 - 單領域 LGM 模式）

	Estimate
數學知能 _ 斜率 < -- > 數學知能 _ 截距	.283

　　潛在成長曲線模式的「截距因子」與「斜率因子」的共變數估計值為 3.695(p < .001)，相關係數為 .283，達統計顯著水準。三年級學生數學知能的高低與之後數學知能成長變化率有正向關係，三年級數學知能較佳的學生，跨年段數學知能增加變化率較快或較多；三年級數學知能數學知能較差的學生，跨年段數學知能

增加變化率較慢或較少。

Variances：（Group number 1 - 單領域 LGM 模式）

	Estimate	S.E.	C.R.	P	Label
數學知能 _ 斜率	2.306	.288	7.996	***	
數學知能 _ 截距	74.191	3.322	22.330	***	
E5	15.239	1.095	13.913	***	
E6	14.222	.804	17.679	***	
E7	15.257	.951	16.051	***	
E8	30.377	1.854	16.383	***	

　　潛在成長曲線模式之「截距因子」與「斜率因子」的變異數估計值分別 74.191(p < .001)、2.306(p < .001)，均達統計顯著水準，四個觀察變項的誤差項變異數估計值均為正值，且達統計顯著水準。

（二）斜率因子的負荷量為 [0, *, * ,1]

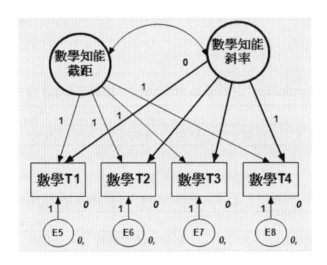

　　第二種模式型態的設定中，斜率因子對四個觀察變項的因素負荷量設定如下： $\lambda_{t1} = 0$、$\lambda_{t4} = 1$、$\lambda_{t2} = *$、$\lambda_{t3} = *$，四個觀察變項只限定第一個及最後一個為固定參數，中間時間點均設為待估計的自由參數，將最後一個時間點的因素負荷量設定為 1，表示求出的斜率因子平均數估計值為整體的成長變化率。

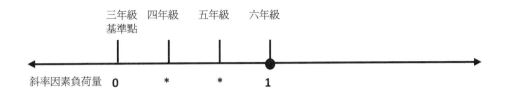

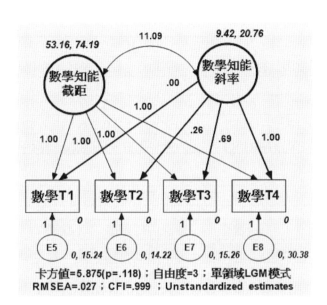

「線性曲線模式」（linear spline model）模型估計結果，模式可以收斂，模式之整體適配度統計量 $\chi^2_{(df=3)} = 5.875$，顯著性機率值 $p = .118 > .05$，表示潛在成長變化型態模型的適配度良好。卡方值統計量、顯著性機率值 p、RMSEA 值 (= .027)、CFI 值 (= .999) 等適配度統計量數均與第一種模式設定相同。

Regression Weights：（Group number 1 - 單領域 LGM 模式）

	Estimate	S.E.	C.R.	P	Label
數學 T4 < --- 數學知能 _ 斜率	1.000				
數學 T3 < --- 數學知能 _ 斜率	.685	.016	42.760	***	
數學 T2 < --- 數學知能 _ 斜率	.264	.014	18.860	***	
數學 T1 < --- 數學知能 _ 斜率	.000				

潛在變項「斜率因子」對四個觀察變項（指標變項）的路徑係數分別為 0.000、

0.264、0.685、1.000，中間的路徑係數為待估計的自由參數，第一次測量結果（三年級）的路徑係數設定為 0，表示以三年級為基準線，最後一次測量結果（六年級）的路徑係數設定為 1，表示時間距相差三年（以一年為單位），但將整體成長變化率固定為 1，這二個路徑係數均為固定參數。最後一年的路徑係數設為 3 與設為 1 的二種 LGM 自由形式之路徑係數對應結果如下：

| 時間點 | | [(0, *, *, 3)] | [(0, *, *, 1)] | | | |
年級	觀察變項	路徑係數	轉換	路徑係數	變化率	累積變化率
三年級	數學 T1	0.000	0.000÷3	0.000	0.000	0.000
四年級	數學 T2	0.792	0.792÷3	0.264	0.264	0.264
五年級	數學 T3	2.055	2.055÷3	0.685	0.421	0.685
六年級	數學 T4	3.000	3.000÷3	1.000	0.315	1.000

Implied Means：（Group number 1 - 單領域 LGM 模式）

	數學 T4	數學 T3	數學 T2	數學 T1
	62.582	59.615	55.645	53.158

根據假設模式導出的四個觀察變項的期望值分別為 53.158、55.645、59.615、62.582，如果假設模型正確，則觀察變項的期望值會等於母群體的平均數。斜率因子對四個觀察變項的因素負荷量分別設為 [(0,*, *, 1)] 與 [(0,*, *, 3)] 時，二種假設模式的設定，根據 LGM 模型導出的觀察變項之期望值（平均數）相同。

時間點	觀察變項	期望值	變化值	變化率	累積變化率
三年級	數學 T1	53.158	基準點	0.0%	0.0%
四年級	數學 T2	55.645	2.487	26.4%	26.4%
五年級	數學 T3	59.615	3.970	42.1%	68.5%
六年級	數學 T4	62.582	2.967	31.5%	100.0%
		總變化值	9.424	100.0%	
		平均變化值	3.141		

根據觀察變項的期望值可以算出平均變化值 3.141，總變化值 9.424 為數學知能「斜率因子」潛在變項的平均數估計值，數學知能跨四個年段的總變化值為

9.424，表示以三年級測得的數據為基準點時，至六年級數學知能的成長變化共增加 9.424 分，每年約以 3.141 的分數遞增，累積變化率欄的數值 0.00、.264、.685、1.00 為斜率因子對四個觀察變項的路徑係數估計值。

Means：（Group number 1 - 單領域 LGM 模式）

	Estimate	S.E.	C.R.	P	Label
數學知能 _ 截距	53.158	.260	204.315	***	
數學知能 _ 斜率	9.424	.224	42.114	***	

　　「截距因子」的平均數估計值為 53.158($p < .001$)，「斜率因子」的平均數估計值為 9.424($p < .001$)，均達統計顯著水準，表示二個潛在因子的平均數估計值均顯著不等於 0。其中截距因子的平均數估計值與第一個 LGM 模式相同，表示三年級（起始狀態行為）學生的數學知能平均值為 53.158 分，學生數學知能整體成長變化率為 9.424×1 = 9.424，也與第一個 LGM 模式相同，以三年級為起始狀態時，四年級、五年級、六年級的數學知能共增加 9.424 分，平均每個年段以 3.141 分增加。第一年（四年級）成長變化率為 0.264、第二年（五年級）成長變化率為 0.421、、第三年（六年級）成長變化率為 0.315，學生數學知能在後二年的正向變化率較多。

Covariances：（Group number 1 - 單領域 LGM 模式）

	Estimate	S.E.	C.R.	P	Label
數學知能 _ 斜率 < -- > 數學知能 _ 截距	11.086	2.022	5.482	***	

Correlations：（Group number 1 - 單領域 LGM 模式）

	Estimate
數學知能 _ 斜率 < -- > 數學知能 _ 截距	.283

　　潛在成長曲線模式之「截距因子」與「斜率因子」間的共變數估計值為 11.086($p < .001$)，相關係數為 .283，達統計顯著水準，表示學生三年級數學知能的高低與之後數學知能的成長變化有顯著正相關。將二個 LGM 自由形式模型的共變參數估計值關係整理如下表：

參數	[(0, *, *, 1)]	[(0, *, *, 3)]	關係
共變數估計值	11.083	3.695	11.083 = 3.695×3
估計標準誤	2.022	0.674	2.022 = 0.674×3
臨界比值 (C.R.)	5.482	5.482	參數相同
顯著性	< .001	< .001	參數相同
相關係數	.283	.283	參數相同

Variances：（Group number 1 - 單領域 LGM 模式）

	Estimate	S.E.	C.R.	P	Label
數學知能 _ 斜率	20.756	2.596	7.996	***	
數學知能 _ 截距	74.191	3.322	22.330	***	
E5	15.239	1.095	13.913	***	
E6	14.222	.804	17.679	***	
E7	15.257	.951	16.051	***	
E8	30.377	1.854	16.383	***	

　　截距因子與斜率因子的變異數估計值分別 74.191($p <$ .001)、20.756($p <$ .001)，均達統計顯著水準，四個觀察變項的誤差項變異數估計值均為正值，且達統計顯著水準，誤差項變異數估計值與第一個 LGM 模式參數值均相同。

　　二個自由形式之斜率因子與截距因子的變異數估計值比較結果如下表：

變異數參數	[(0, *, *, 1)]	[(0, *, *, 3)]	關係
斜率估計值	20.756	2.306	20.756 = 2.306×9
估計標準誤	2.596	0.288	2.596 = 0.288×9
臨界比值 (C.R.)	7.996	7.996	參數相同
顯著性	p < .001	p < .001	
截距變異數估計值	74.191	74.191	參數相同
估計標準誤	3.322	3.322	參數相同
臨界比值 (C.R.)	22.330	22.330	參數相同
顯著性	p < .001	p < .001	

二 ┃ 以原始數據進行 LGM 分析

四個時間點之觀察變項的描述性統計量摘要表（N = 317）

變項名稱	範圍	最小值	最大值	平均數	標準差	變異數	偏態		峰度	
	統計量	統計量	統計量	統計量	統計量	統計量	統計量	標準誤	統計量	標準誤
T1_Y	4	1	5	1.29	.600	.360	2.521	.137	8.013	.273
T2_Y	4	1	5	2.15	.718	.515	.698	.137	1.671	.273
T3_Y	4	1	5	3.54	.667	.445	.337	.137	.101	.273
T4_Y	4	1	5	4.53	.608	.370	-1.444	.137	3.936	.273

　　四個時間點測得的樣本平均數統計量分別為 1.29、2.15、3.54、4.53，標準差統計量分別為 .600、.718、.667、.608。各時間點測得數據的全距為 4，最小值為 1、最大值為 5。

四個時間點之觀察變項的相關矩陣摘要表（N = 317）

變項名稱	T1_Y	T2_Y	T3_Y	T4_Y
T1_Y	1			
T2_Y	.573***			
T3_Y	.157**	.179**	1	
T4_Y	−.066ns	.068ns	.389***	1

ns p > .05　** p < .01　*** p < .001

　　時間點 1 與時間點 2 測得的數據間呈顯著中度正相關 (r = .573，p < .001)，時間點 2 與時間點 3 測得的數據間呈顯著低度正相關 (r = .179，p < .01)，時間點 3 與時間點 4 測得的數據間呈顯著低度正相關 (r = .389，p < .001)，時間點 1 與時間點 4 測得的數據間沒有顯著相關存在。

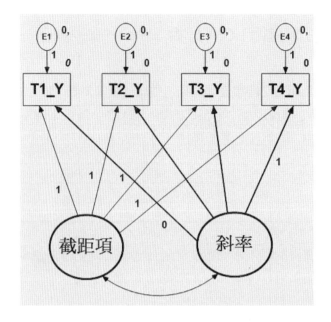

　　線性分析中研究者如欲探究最後一個時間點與第一次時間點之變化差異量及比較各時間點間之變化發展比率，採用自由形式的線性成長模型較為適宜，自由形式的 LGM 模式中，斜率潛在因子對各指標變項的路徑係數只設定第一次時間點及最後一次時間點參數，第一次時間點的路徑係數設定為 0、最後一次時間點的路徑係數設定為 1，中間時間點的路徑係數設為待估計的自由參數，從估計所得的各時間點路徑係數參數，可以得知時間點間的變化率情況，將時間點 1 的路徑係數設定為 0，乃以時間點 1 的量測值為基準點，斜率因子的平均數表示的是跨時間點的整體變化率情況，如果平均數為正值，表示測量值變化率是增加或上升的；平均數為負值，表示測量值變化率是減少或下降的。

　　LGM 線性模型的整體適配度檢定中，如果線性模式無法與樣本資料適配良好，接下來的分析程序可以採用較高階的成長變化軌跡多項式模型（二次曲線模式或三次曲線模式）來進行模式適配度的考驗，但採用較高階的軌跡多項式模型愈難詮釋「截距因子」潛在變項，更無法適切回應研究者搜集資料的發展軌跡實況。LGM 線性模式中，研究者對於跨時間點成長的實際形狀（斜率）可能知道較少，此時，研究者可以採用「水準＆形狀」（Level-and-Shape）的研究程序，此種探究線性發展趨勢的方法在界定形狀（Shape）因子之因素負荷量方面較有彈性，此種界定不用探究二次曲線因素構念或三次曲線因素構念，並且可以兼顧到不同線

性軌跡形狀的發展變化,「水準＆形狀」研究程序法,在於形狀因子的路徑係數
設定中只設定第一個時間點與最後一個時間點的參數,二個參數均為固定參數,
時間點 1 設定為 0、時間點 4(最後一次測量結果)設定為 1,跨時間點四年的形
狀因子路徑係數參數設定為 [(0, *, * , 1)] 或 [(0, W2, W3 , 1)],其中「*」表示待估
計的自由參數。此種模式型態所表示的成長率因子代表的跨四個時間點(或四年)
資料的總體變化(並非是逐年的變化),允許中間時間點的測量值較有彈性改變,
其變化情況可能是增加或減少,將時間點 1(第一次測量)形狀因子的路徑係數設
定為 0、時間點 4(最後一次測量)形狀因子的路徑係數設定為 1,可以使得第二次、
第三次的路徑係數作為自由參數而非固定參數,此種模式設定通常多數與社會科
學實際資料結構較符合,因素負荷量數值反映的是總累積變化量的比值(總累積
變化量為第一次時間點到最後一次時間點的總體變化率),水準與形狀因素間的
相關反映的是二個變項重疊的程度(Heck & Thomas, 2009)。

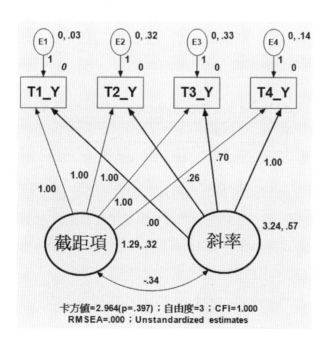

自由形式 LGM 模式中,潛在構念斜率對四個觀察變項的路徑係數分別
為 .00、.26、.70、1.00,表示時間點 2 與時間點 1 的變化率為 .26、時間點 3 與時
間 1 變化率為 .70、時間點 4 與時間點 1 的變化率為 1.00,時間點 2 與時間點 1 間
平均數的增加比率為 26%、時間點 3 與時間點 2 間平均數的增加比率為 44%(＝

.70-.26）、時間點 4 與時間點 3 間平均數的增加比率為 30%（= 1.00-.70），跨時間點間的間距增加變化率約為 33%，跨時間點間之平均數呈現線性關係。

從模式適配度統計量而言，$\chi^2_{(df=3)}$ = 2.964，顯著性機率值 p = .397 > .05，表示自由形式模式與樣本資料可以適配；CFI 值為 1.000、RMSEA 值為 .000，無條件的自由形式 LGM 模型可以得到支持。

Means：（Group number 1 - Default model）

	Estimate	S.E.	C.R.	P	Label
截距項	1.294	.034	38.385	***	
斜率	3.243	.049	66.689	***	

潛在成長線性模式之「截距項因子」的平均數估計值為 1.294，此數值為時間點 1 測得的平均數（受試者的起始狀態平均值），顯著性 p < .001，達統計顯著水準，表示時間點 1 的平均數顯著的大於 0。「斜率因子」潛在構念的平均數估計值為 3.243，顯著性 p < .001，表示斜率估計值顯著不等於 0，由於平均數估計值為正，表示跨時間的變化是逐漸增加。

Implied Means：（Group number 1 - Default model）

	T4_Y	T3_Y	T2_Y	T1_Y
	4.536	3.548	2.146	1.294

LGM 假設模型推導的隱含平均數為四個時間點之期望值，其數值分別為 1.294、2.146、3.548、4.536，描述性統計量呈現的實際量測值分別為 1.29、2.15、3.54、4.53，線性模式導出的期望值與實際平均數差異甚小。如果假定模型正確，則觀察變項之隱含期望值會等於母群體的平均數。

二因子 LGM 模型的測量迴歸模式：

T1_Y = 1× 截距項 +0× 斜率 +E1

T2_Y = 1× 截距項 +.263× 斜率 +E2

T3_Y = 1× 截距項 +.695× 斜率 +E3

T4_Y = 1× 截距項 +1× 斜率 +E4

由於時間點 2 與時間點 3 的路徑係數為待估計的自由參數，若分別以 W2、

W3 表示其參數估計值，上述測量迴歸模式可以表示為：

$$\begin{bmatrix} T1\_Y \\ T2\_Y \\ T3\_Y \\ T4\_Y \end{bmatrix} = \begin{bmatrix} 0 \\ 0 \\ 0 \\ 0 \end{bmatrix} + \begin{bmatrix} 1 & 0 \\ 1 & W2 \\ 1 & W3 \\ 1 & 1 \end{bmatrix} \begin{bmatrix} 截距 \\ 斜率 \end{bmatrix} + \begin{bmatrix} E1 \\ E2 \\ E3 \\ E4 \end{bmatrix}$$

其中誤差項的平均數（期望值）為 0，即 E(E1) = 0、E(E2) = 0、E(E3) = 0、E(E4) = 0。

各觀察變項期望值的計算公式為

E(T1_Y) = 1×E(平均數 $_{截距項}$)+0×E(平均數 $_{斜率}$) = 1×1.294+0×3.243 = 1.294。

E(T2_Y) = 1×E(平均數 $_{截距項}$)+.263×E(平均數 $_{斜率}$) = 1×1.294+.263×3.243 = 2.146。

E(T3_Y) = 1×E(平均數 $_{截距項}$)+.695×E(平均數 $_{斜率}$) = 1×1.294+.695×3.243 = 3.548。

E(T4_Y) = 1×E(平均數 $_{截距項}$)+1×E(平均數 $_{斜率}$) = 1×1.294+1×3.243 = 4.536。

觀察變項	期望值	變化值	累積變化值	變化率
T1_Y	1.294			
T2_Y	2.146	0.852	0.852	0.263
T3_Y	3.548	1.402	2.254	0.695
T4_Y	4.536	0.988	3.242	1.000
	整體變化值	3.242		
	平均變化值	1.081		

表中累積變化值 3.242 為斜率因子的平均數估計值，時間點 1 至時間點 4 觀察變項的整體變化值為 3.242，以時間點 1 為基準點，受試者每年約以 1.081 的分數（或次數）增加。

Regression Weights：（Group number 1 - Default model）

	Estimate	S.E.	C.R.	P	Label
T2_Y < --- 斜率	.263	.010	25.915	***	
T3_Y < --- 斜率	.695	.011	64.349	***	
T4_Y < --- 斜率	1.000				
T1_Y < --- 斜率	.000				

以第一次施測結果為基準點，以第四次施測結果為最終點，時間點 2 的路徑係數估計值為 .263，時間點 4 與時間點 1 變化的增加值為 T4_Y（平均數）−T1_Y

（平均數）= 4.536－1.294 = 3.242，時間點 2 與時間點 1 變化的增加值為 T2_Y（平均數）－T1_Y（平均數）= 2.146－1.294 = 0.852，時間點 2 與時間點 1 的增加值佔整體跨時間點增加值的 .263（= 0.852÷3.242），.263 為斜率潛在變項對時間點 2

觀察變項的路徑係數：$\dfrac{T2_Y - T1_Y}{T4_Y - T1_Y} = \dfrac{2.146 - 1.294}{4.536 - 1.294} = .263$；時間點 3 與時間點 1

變化的增加值為 T3_Y（平均數）－T1_Y（平均數）= 3.548－1.294 = 2.254，時間點 3 與時間點 1 的增加值佔整體跨時間點增加值的 .695（= 2.254÷3.242），.695

為斜率潛在變項對時間點 3 觀察變項的路徑係數：$\dfrac{T3_Y - T1_Y}{T4_Y - T1_Y} = \dfrac{3.548 - 1.294}{4.536 - 1.294}$

= .695。

Covariances：（Group number 1 - Default model）

	Estimate	S.E.	C.R.	P	Label
截距項 < -- > 斜率	-.342	.044	-7.740	***	

Correlations：（Group number 1 - Default model）

	Estimate
截距項 < -- > 斜率	-.794

　　截距項因子與斜率因子二個潛在構念間的共變數估計值為 −.342($p < .001$)，相關係數值為 −.794，達到統計顯著水準，由於相關係數為負值，表示起始狀態的測量值與之後成長變化率呈負向關係，起始狀態的測量值愈高的受試者，跨時間點的變化率較慢或較小；相對的，起始狀態的測量值愈低的受試者，跨時間點的變化率較快或較大。

Variances：（Group number 1 - Default model）

	Estimate	S.E.	C.R.	P	Label
截距項	.325	.036	8.922	***	
斜率	.571	.068	8.391	***	

　　截距項因子的變異數估計值為 .325(p < .001)、斜率潛在變項的變異數估計值
為 .571(p < .001)，均達統計顯著水準，表示母群體截距項的標準差為 0.570（變異
數估計值 .325 的平方根）、母群體斜率潛在因子的標準差為 0.756（變異數估計
值 .571 的平方根），二個標準差估計值均顯著不等於 0。截距項為時間點 1 的整
體平均數參數，起始狀態的標準差參數顯著不為 0（達到統計水準），顯示受試者
在時間點 1 的測量分數有顯著的個別差異存在；斜率潛在因子的標準差也達到統
計水準，顯示受試者在四個時間點的變化率或增加比率有顯著不同，成長的變化
軌跡間有顯著的個別差異存在，受試者潛在特質的成長變化軌跡並非人人相同。

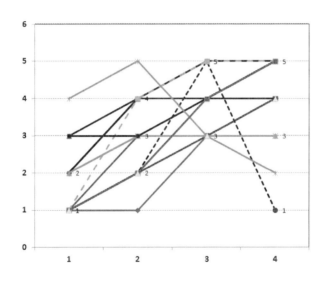

　　個體間起點狀態有顯著差異，表示時間點 1 的起點行為有顯著不同；斜率變
異數估計值達到統計顯著水準，表示個體間的成長變化率並非完全相同，從上圖
隨機抽取的樣本數在四個時間點的成長變化軌跡圖可以發現：個體間在時間點 1
的起始狀態有顯著不同，個體間在四個時間點的上升或下降情況也有顯著不同。

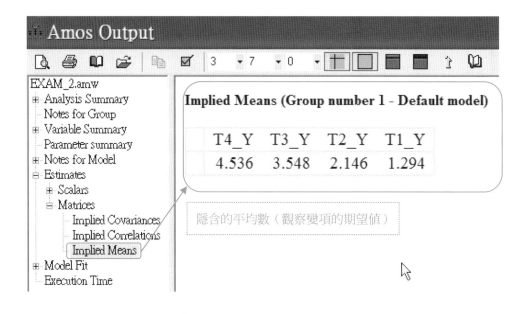

按下「Analysis properties」（分析屬性）工具圖示鈕，於「Analysis properties」對話視窗中按「Output」（輸出）對話盒，勾選「☑Implied moments」（隱含動差）選項，可以出現 LGM 假設模型導出的隱含平均數（Implied Means）。

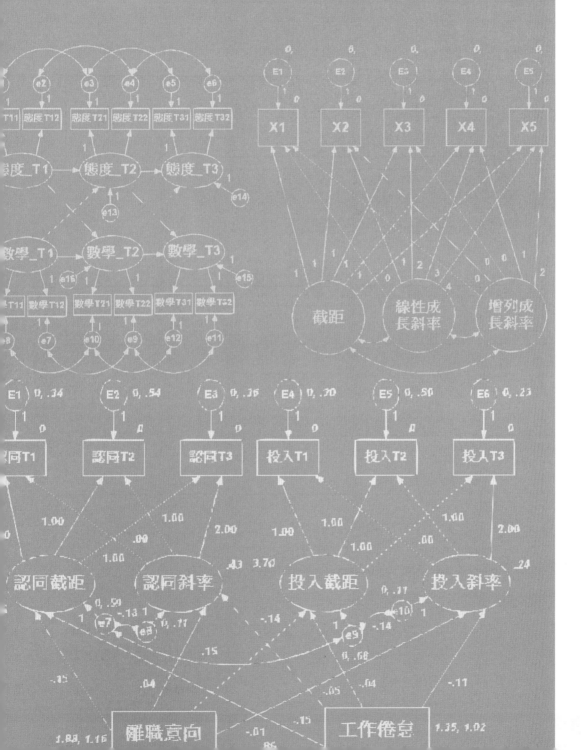

1000 位高中學生第一學期至第四學期測得的問題解決能力之縱貫性資料如下：

高中學生四次時間點測得之問題解決能力與性別變項間之共變異數矩陣摘要表

rowtype_	varname_	T1_ 能力	T2_ 能力	T3_ 能力	T4_ 能力	性別
n		1000	1000	1000	1000	
COV	T1_ 能力	204.110				
COV	T2_ 能力	139.200	190.500			
COV	T3_ 能力	136.640	135.190	166.530		
COV	T4_ 能力	124.860	130.200	134.780	159.870	
COV	性別	10.254	15.364	20.458	25.680	32.458
Mean		32.970	36.140	40.420	43.750	0.540

（資料來源：修改自 Hancock & Mueller, 2006, p.179）

一 ┃ 無條件的 LGM 模式（沒有外因變項）

（一）週期性的 LGM 成長變化模式

　　無條件的 LGM 成長變化模式只探究標的變數的成長變化軌跡，模式中沒有納入任何的預測變項或共變項。

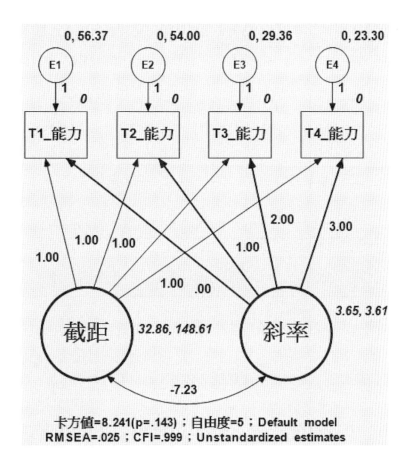

卡方值=8.241(p=.143)；自由度=5；Default model
RMSEA=.025；CFI=.999；Unstandardized estimates

整體模型適配度統計量的卡方值為 $\chi^2_{(df=5)}$ = 8.241，顯著性機率值 p = .143 > .05，假設模型與樣本資料可以適配，CFI 值為 .999（> .950 嚴格適配門檻）、RMSEA 值為 .026，90% 的信賴區間為〔.000，.055〕（< .080 適配門檻），SRMR 值為 .004（< .050 適配門檻），表示問題解決能力跨時間點（學期）的線性成長模式可以得到支持。

Means：（Group number 1 - Default model）

	Estimate	S.E.	C.R.	P	Label
截距	32.865	.430	76.377	***	
斜率	3.654	.106	34.480	***	

潛在成長曲線模式之「截距因子」平均數的參數估計值為 32.865（p <

.001），達到統計顯著水準，表示受試者起始狀態之問題解決能力分數顯著大於 0，所有受試者於第一學期測得的問題解決能力總平均值為 32.865。潛在斜率因子平均數的參數估計值為 3.654（$p < .001$），達到統計顯著水準，表示學生問題解決能力的發展是朝正向發展，隨著學期（跨時間點）而提升或增加。截距因子與斜率因子參數估計值傳遞的是線性模式的平均成長訊息，如果斜率參數估計值為負數，表示受試者在結果變項的分數是逐次下降或減少的，這二個參數是所有受試者的平均變化情況，屬於總體層次的階次（層次 1 模式參數）。

Variances：（Group number 1 - Default model）

	Estimate	S.E.	C.R.	P	Label
截距	148.614	8.505	17.473	***	
斜率	3.615	.728	4.968	***	

　　個體間的差異，或是個體間是否具有顯著不同的發展起始狀態或變化軌跡，可以從二個潛在變項（截距因子與斜率因子）的變異數估計值來判別。潛在成長曲線模式「截距因子」的變異數參數估計值為 148.614（$p < .001$），達到統計顯著水準，表示受試者問題解決能力的起始水準並未相同，就個體層次而言（層次 2 模式），受試者在第一學期的（時間點 1）問題解決能力分數有顯著的個體間差異存在。潛在變項「斜率因子」的變異數參數估計值為 3.615（$p < .001$），達到統計顯著水準，表示估計值數值顯著大於 0，學生在四個學期或四次測量點問題解決能力的變化率或改變情況並未相同，學生成長變化軌跡的個別差異的確存在。

　　截距因子的平均數參數估計值為 32.865，變異數參數估計值為 148.614，截距因子因素的標準差（standard deviation）為 $\sqrt{148.614} = 12.191$，如果時間點 1 受試者潛在問題解決能力為常態分配，潛在截距項的平均數及標準差可以代表一般的常態分配的數值，以截距項平均數 32.865 為中心點（標準差為 0），一個單位標準差的上下區間值為〔45.056，20.674〕、二個單位標準差的上下區間值為〔57.246，8.484〕、三個單位標準差的上下區間值為〔69.437，−3.707〕。

　　潛在斜率因素的平均數參數估計值為 3.654，變異數參數估計值為 3.615，斜率因素的標準差（standard deviation）為 $\sqrt{3.615} = 1.901$，以斜率因子平均數 3.654 為中心點（標準差為 0），一個單位標準差的上下區間值為〔5.555，1.753〕、二個單位標準差的上下區間值為〔7.457，−0.149〕、三個單位標準差的上下區間值

為〔9.358，−2.050〕。

自由形式二因子 LGM 模型中斜率（Shape）平均值可以知道跨時間點潛在構念或行為變化是上升或下降，如果假設模型的適配度佳，也是一種線性關係，但如果要探究潛在構念或行為態度跨時間點的平均改變情形，斜率因子（形狀潛在變項）的因素負荷量傳統會設為 [(0, 1, 2, 3)]，四個觀察變項的測量模式方程式矩陣為：

$$\begin{bmatrix} y_{i1} \\ y_{i2} \\ y_{i3} \\ y_{i4} \end{bmatrix} = \begin{bmatrix} 0 \\ 0 \\ 0 \\ 0 \end{bmatrix} + \begin{bmatrix} 1 & 0 \\ 1 & 1 \\ 1 & 2 \\ 1 & 3 \end{bmatrix} \begin{bmatrix} 截距 \\ 斜率 \end{bmatrix} + \begin{bmatrix} \varepsilon_{i1} \\ \varepsilon_{i2} \\ \varepsilon_{i3} \\ \varepsilon_{i4} \end{bmatrix}$$，各觀察變項可以表示為：

Y1 = 1× 截距 +0× 斜率 +E1

Y2 = 1× 截距 +1× 斜率 +E2

Y3 = 1× 截距 +2× 斜率 +E3

Y4 = 1× 截距 +3× 斜率 +E4

利用隨機變數平均數法則：平均數（$aX+bY$）$= a$ 平均數（X）$+b$ 平均數（Y）可以推得：

1. 平均數（Y1）= 平均數（1× 截距 +0× 斜率 +E1）

   = 平均數（1× 截距）+ 平均數（0× 斜率）+ 平均數（E1），由於隨機誤差項 E1 的期望值為 0，式子簡化為：

   = 平均數（1× 截距）+ 平均數（0× 斜率）

   = 1× 平均數（截距）+0× 平均數（斜率）

   = 平均數（截距），截距項構念的平均數為觀察變項 Y1（時間點 1 起始狀態）的平均數。

2. 平均數（Y2）= 平均數（1× 截距）+ 平均數（1× 斜率）+ 平均數（E2），由於隨機誤差項 E2 的期望值為 0，式子簡化為：

   平均數（Y2）

   = 平均數（1× 截距）+ 平均數（1× 斜率）

   = 1× 平均數（截距）+ 1× 平均數（斜率）→

   1× 平均數（斜率）= 平均數（Y2）− 平均數（截距）= [平均數（Y2）− 平均數（Y1）] ÷ 1，斜率因子（shape）的平均數為觀察變項 Y2（第二次測量值）

的平均數與觀察變項 Y1 的平均數（第一次測量值）的差異值。

3. 平均數（Y3）= 平均數（1× 截距）+ 平均數（2× 斜率）+ 平均數（E3），
   由於隨機誤差項 E3 的期望值為 0，式子簡化為：
   平均數（Y3）
   = 平均數（1× 截距）+ 平均數（2× 斜率）
   = 1× 平均數（截距）+ 2× 平均數（斜率）→
   2× 平均數（斜率）= 平均數（Y3）− 1× 平均數（截距）→
   平均數（斜率）= [平均數（Y3）− 平均數（Y1）] ÷ 2，斜率因子（shape）的
   平均數為觀察變項 Y3（第三次測量值）的平均數與觀察變項 Y1 的平均數（第
   一次測量值）的差異值除以 2（2 為觀察變項 Y3 斜率因子的路徑係數）。

4. 平均數（Y4）= 平均數（1× 截距）+ 平均數（3× 斜率）+ 平均數（E4），
   由於隨機誤差項 E4 的期望值為 0，式子簡化為：
   平均數（Y4）
   = 平均數（1× 截距）+ 平均數（3× 斜率）
   = 1× 平均數（截距）+ 3× 平均數（斜率）→
   3× 平均數（斜率）= 平均數（Y4）− 1× 平均數（截距）→
   平均數（斜率）= [平均數（Y4）− 平均數（Y1）] ÷ 3，斜率因子（shape）的
   平均數為觀察變項 Y4（第四次測量值）的平均數與觀察變項 Y1 的平均數（第
   一次測量值）的差異值除以 3（3 為觀察變項 Y3 斜率因子的路徑係數）。

從上述公式可以歸納：

1. 平均數（截距）= 平均數（Y1），表示截距因子的平均值等於第一次測量觀
   察變項 Y1 的平均值（起始狀態的行為或起始點的行為）

2. 平均數（斜率）= [平均數（Y2）− 平均數（Y1）] ÷ 1
   　　　　　　　 = [平均數（Y3）− 平均數（Y1）] ÷ 2
   　　　　　　　 = [平均數（Y4）− 平均數（Y1）] ÷ 3

潛在成長曲線模式之「斜率因子」（形狀潛在變項）的平均數為各時間點測
量的觀察變項與第一次測量的觀察變項差異除以時間距（時間距為斜率因子對觀

察變項的路徑係數），因而斜率因子的平均數為潛在變項成長變化的平均改變量或平均變化情況。下面範例中四個時間點問題解決能力觀察變項隱含的期望值分別為 32.865、36.519、40.173、43.826，根據觀察變項的期望值，可以求得「斜率因子」潛在變項的平均數為 3.654。

觀察變項	期望值	增加值	累積增加值	斜率因子的因素負荷量	斜率因子平均數
T1_ 能力	32.865	-------	-------	0	基準點
T2_ 能力	36.519	3.654	3.654	1	3.654
T3_ 能力	40.173	3.654	7.308	2	3.654
T4_ 能力	43.826	3.653	10.961	3	3.654
		10.961			

表中斜率因子平均數等於累積加值欄數值除以斜率因子的因素負荷量欄的數值，如：

1.（36.519−32.865）÷1 = 3.654 ÷1 = 3.654。
2.（40.173−32.865）÷2 = 7.308 ÷2 = 3.654。
3.（43.826−32.865）÷3 = 10.961 ÷3 = 3.654。

以第一學期為基準點（起始狀態行為），高中學生問題解決能力每學期平均以 3.654 的分數增加，四個學期問題解決能力總共增加 10.961 分。

Covariances：（Group number 1 - Default model）

	Estimate	S.E.	C.R.	P	Label
截距 < − − > 斜率	−7.234	1.828	−3.957	***	

Correlations：（Group number 1 - Default model）

	Estimate
截距 < − − > 斜率	−.312

潛在成長曲線模式之「截距因子」與「斜率因子」二個潛在構念間相關的共

變數參數估計值為 −7.234（p < .001）、相關參數估計值為 −.312（p < .001），截距項與斜率間的相關達統計顯著水準，二者的相關係數為負值，表示學生起始點有較高問題解決能力分數者，之後的成長變化率較低或較小，即時間點 1 問題解決能力較佳的學生，之後問題解決能力增加的幅度較少或較慢；相對的，學生起始點有較低問題解決能力分數者，之後的成長變化率較高，即時間點 1 問題解決能力較差的學生，之後問題解決能力增加的幅度較快或較多。

Implied Means：（Group number 1 - Default model）

	T4_ 能力	T3_ 能力	T2_ 能力	T1_ 能力
	43.826	40.173	36.519	32.865

　　隱含平均數為根據 LGM 假設模型導出的各觀察變項的期望值，四個時間點問題解決能力的期望值分別為 32.865、36.519、40.173、43.826。將四個時間點測得的問題解決能力平均值繪成下列圖形，可以明顯看出學生問題解決能力在四個時段是呈線性關係。

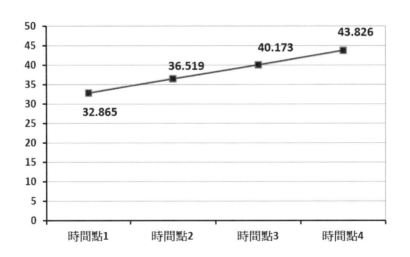

（二）半單位時間週期的成長變化模式

　　上述範例中斜率因子對四個指標變項的成長因素負荷量分別為 0、1、2、3，此種 LGM 線性模式的設定最為普遍，各時間點之時間距是一個週期，此週期可能

是一個月、六個月、一個學期、一個年級等。如果四個時間點分別為四個年段時間（單位為年），相對的半週期時間為六個月；若是四個時間點分別為四個半年段時間（單位為六個月），相對的半週期時間為三個月，與週期成長變化相較之下，半週期成長模式之斜率因子對四個指標變項的成長因素負荷量分別為 0、2、4、6。

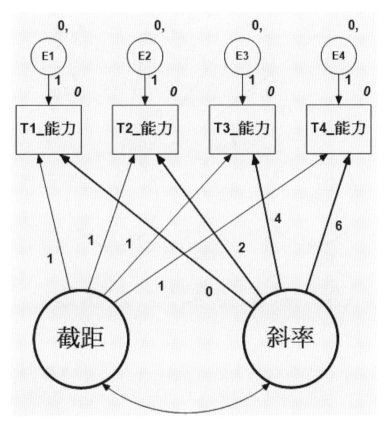

　　潛在成長曲線模式之斜率因子對四個指標變項的成長因素負荷量分別為 0、2、4、6，表示是半週期成長模式（semi-annual growth model）。 截距因子對四個指標變項的成長因素負荷量均限定為 1，二個潛在變項因子對四個指標變項的路徑係數均設為固定參數。

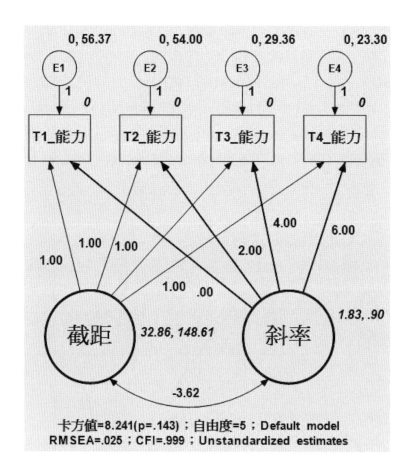

　　整體模型適配度統計量的卡方值為 $\chi^2_{(df=5)} = 8.241$，顯著性機率值 $p = .143 >$ .05，假設模型與樣本資料可以適配，CFI 值為 .999（> .950 嚴格適配門檻）、RMSEA 值 為 .025，90% 的 信 賴 區 間 為〔.000，.055〕（< .080 適 配 門 檻），SRMR 值為 .004（< .050 適配門檻），表示問題解決能力跨時間點（學期）的線性成長模式可以得到支持。無條件的 LGM 週期成長變化模式與無條件的 LGM 半週期成長變化模式模型估計所得的適配度統計量卡方值，及其餘適配度統計量的數值均相同。

Means：（Group number 1 - Default model）

	Estimate	S.E.	C.R.	P	Label
截距	32.865	.430	76.371	***	
斜率	1.827	.053	34.463	***	

　　半週期 LGM 線性模式之潛在因子截距因子的平均數估計值為 32.865、斜率因子的平均數估計值為 1.827（$p < .001$），以原先間隔時間為一單位（一週期），二個時間點的中間為半週期，一週期斜率因子的平均數估計值為 3.654，半週期 LGM 模式之斜率因子的平均數估計值為其二分之一，即 $\dfrac{3.654}{2} = 1.827$，以第一學期為基準點行為時，學生每個學期問題解決能力約以 3.654 分增加，半個學期增加值約為 1.827 分，截距因子平均數估計值則沒有改變，二個 LGM 線性模式的截距因子平均數估計值相同，均為 32.865。

Variances：（Group number 1 - Default model）

	Estimate	S.E.	C.R.	P	Label
截距	148.614	8.505	17.473	***	
斜率	.904	.182	4.968	***	

　　半週期 LGM 線性模式之潛在變項「截距因子」的變異數估計值為 148.614（$p < .001$）、「斜率因子」的變異數估計值為 0.904（$p < .001$），均達統計顯著水準，表示二個變異數估計顯著不等於 0。以原先間隔時間為一單位（一週期），二個時間的中間為半週期，一週期斜率因子的變異數估計值為 3.615，半週期 LGM 模式之斜率因子的變異數估計值為其四分之一，即 $\dfrac{3.615}{4} = 0.904$，截距因子變異數估計值則沒有改變，二個 LGM 線性模式的截距因子變異數估計值相同，均為 148.614（截距因子潛在變項的標準差參數相同）。由於「截距因子」變異數估計值達到統計顯著水準，表示高中生第一學期的問題解決能力有顯著的個體間差異存在（母群體的標準差顯著不等於 0），而變異數估計值也達到統計顯著水準，表示四個學期學生問題解決能力的成長變化軌跡也有顯著的個體間差異存在。

Covariances：（Group number 1 - Default model）

	Estimate	S.E.	C.R.	P	Label
截距 < -- > 斜率	−3.617	.914	−3.957	***	

Correlations：（Group number 1 - Default model）

	Estimate
截距 < -- > 斜率	−.312

　　半週期 LGM 模式中的「截距因子」與「斜率因子」二個潛在變項間相關的共變數參數估計值為 −3.617（$p < .001$），一週期性 LGM 模式中的截距因子與斜率因子二個潛在變項相關的共變數參數估計值為 −7.234（$p < .001$），半週期 LGM 模式中二個潛在因子共變數估計值為一週期性 LGM 模式中二個潛在因子共變數估計值的二分之一，即 $\dfrac{-7.234}{2} = -3.617$，二個潛在因子間相關參數估計值均為 −.312（$p < .001$），截距因子與斜率因子間的相關為顯著負相關。

　　上述週期性成長變化模式與半週期性成長變化模式模型估計結果所得的參數比較如下表：

參數設定與估計值	週期成長變化模式	半週期成長變化模式	關係
斜率因子的路徑係數設定	0、1、2、3	0、2、4、6	
模式估計卡方值	$\chi^2_{(df=5)} = 8.241$	$\chi^2_{(df=5)} = 8.241$	參數值相同
RMSEA 值	.025	.025	參數值相同
CFI 值	.999	.999	參數值相同
總體層次			
截距平均數	32.865***	32.865***	參數值相同
斜率平均數	3.654***	1.827***	1.827×2 = 3.654
個體層次			
截距變異數	148.614***	148.614***	參數值相同
斜率變異數	3.615***	0.904***	0.904×4 = 3.615
截距與斜率共變數	−7.234***	−3.617***	−3.617×2 = −7.234
截距與斜率的相關係數	−.312***	−.312***	參數值相同

　　因為半週期成長變化發展（學期中）的時間距只有週期性成長變化發展（學期末）的一半，假定 LGM 成長變化模型正確，且都以第一次測得的數據為起始狀態行為，則二種模式估計所得的適配度統計量參數均相同，估計參數不同的數值

為斜率因子的平均數與變異數估計值、截距因子與斜率因子的共變數估計值（相關係數則是一樣），最後結果的解釋也是相同。如果研究者採用半週期性 LGM 成長變化模式，最後結果的解釋，要將斜率因子的平均數估計值乘於 2、斜率因子的變異數估計值乘於 4、截距因子與斜率因子的共變數估計值乘於 2 才能得到與採用週期性 LGM 成長變化模式估計所得的參數。

（三）斜率因子設定為 [(-3, -2. -1, 0)]

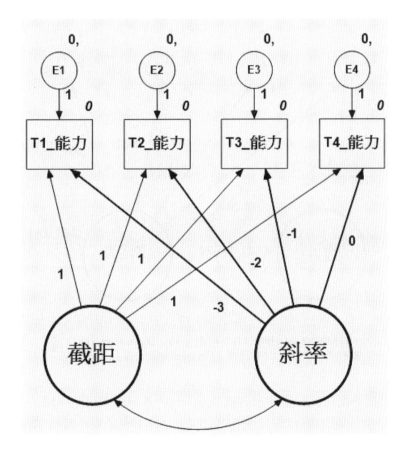

　　LGM 線性模式假設模型中，斜率潛在構念對四個觀察變項的成長因素負荷量分別改為 -3、-2、-1、0，表示截距因子中的時間點 4（最後一次測量的觀察變項）為參照基準點，如果四個時間點表示的是國一、國二、國三、高一四個年段，則成長變化的基準點為「高一年段」。截距因子潛在變項的平均數為高一年段的總

結構方程模式
潛在成長曲線分析

平均值，斜率成長變化比較為：時間點 3& 時間點 4、時間點 2& 時間點 3、時間點 1& 時間點 2，原先斜率成長變化比較為時間點 1& 時間點 2、時間點 2& 時間點 3、時間點 3& 時間點 4，成長變化率都是時間點 1 至時間點 4 的變化趨勢，因而斜率因子的平均數與變異數估計值不會改變。此種 LGM 成長變化模式也是一種週期性的成長變化。

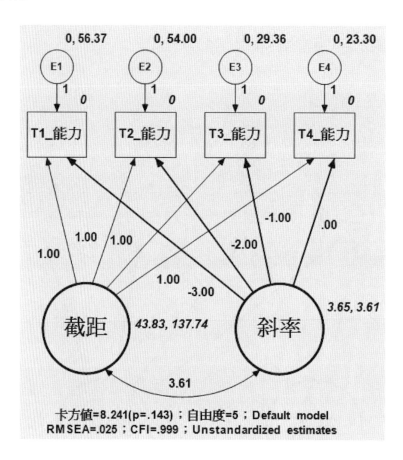

卡方值=8.241(p=.143)；自由度=5；Default model
RMSEA=.025；CFI=.999；Unstandardized estimates

整體模型適配度統計量的卡方值為 $\chi^2_{(df=5)}$ = 8.241，顯著性機率值 p = .143 > .05，假設模型與樣本資料可以適配，CFI 值為 .999（> .950 嚴格適配門檻）、RMSEA 值為 .026，90% 的信賴區間為〔.000，.055〕（< .080 適配門檻），SRMR 值為 .004（< .050 適配門檻），表示問題解決能力跨時間點（學期）的線性成長模式可以得到支持。潛在成長曲線模式的卡方值統計量如果未達 .05 顯著水準，表示假設模型與樣本資料的契合度良好，此時，其餘適配度統計量估計值可以不用理會。

Means：（Group number 1 - Default model）

	Estimate	S.E.	C.R.	P	Label
截距	43.826	.395	110.996	***	
斜率	3.654	.106	34.463	***	

　　隱含平均數為根據 LGM 假設模型導出的各觀察變項的期望值，四個時間點問題解決能力的期望值分別為 32.865、36.519、40.173、43.826。

　　模式估計結果「截距因子」平均數為 43.826、「斜率因子」潛在構念變項的平均數為 3.654，截距因子變項平均數估計值表示的時間點 4 測得的問題解決能力的平均值，斜率因子潛在構念變項的平均數估計值與一般週期性 LGM 設定的成長變化模式相同，學生跨四個學期的成長變化是正向的，高中學生問題解決能力，從第二學期至第四學期每學期的增加變化值平均約為 3.654。

Variances：（Group number 1 - Default model）

	Estimate	S.E.	C.R.	P	Label
截距	137.741	7.148	19.271	***	
斜率	3.615	.728	4.968	***	

　　「截距因子」潛在變項變異數估計值為 137.741（$p < .001$），達統計顯著水準，表示樣本在時間點 4（第四學期）的問題解決能力有顯著的個別差異存在，斜率因子潛在變項變異數估計值為 3.615（$p < .001$）與之前以時間點 1 為基準點的成長變化模式之估計值相同，變異數估計值顯著不為 0，表示學生的跨學期的成長變化軌跡有顯著的個別差異存在，高中學生問題解決能力的成長變化軌跡並非人人相同。

Covariances：（Group number 1 - Default model）

	Estimate	S.E.	C.R.	P	Label
截距 < -- > 斜率	3.610	1.597	2.260	.024	

Correlations：（Group number 1 - Default model）

	Estimate
截距 < -- > 斜率	.162

　　截距因子與斜率因子二個潛在變項間相關的共變數參數估計值為 3.610（$p <$
.05）、相關參數估計值為 .162，截距因子與斜率因子的相關係數達統計顯著水準；
之前以第一次測量值為基準點之 LGM 模式，截距因子與斜率因子間相關的共變數
參數估計值為 −7.234（$p < .001$）、相關參數估計值為 −.312（$p < .001$），因為二
個模式的起點行為時間點不同（截距因子平均數估計值不同），共變參數估計值
也不同，在線性或非線性 LGM 模式中，一般皆以第一次測量結果為起點行為，此
種起點行為的設定解釋較為容易也較能使讀者明白，多數的 LGM 實徵研究皆以重
複量測之第一次測量的觀察變項數值作為起點狀態或起始點，再探討之後第二次、
第三次、第四次等測量值的變化率，以判定變化率是增加或減少。

（四）斜率因子設定為 [(3, 2.1, 0)]

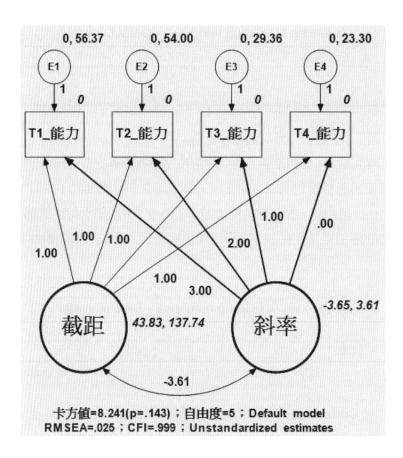

　　LGM 模型圖中，如果研究者關注的最後狀態行為，會以第四個時間點為基準點，斜率因子對觀察變項的路徑係數分別為 3、2、1、0，潛在特質成長變化的比較為時間點 4 與時間點 3、時間點 3 與時間點 2、時間點 2 與時間點 1，整體模型適配度統計量的卡方值為 $\chi^2_{(df=5)} = 8.241$，顯著性機率值 $p = .143 > .05$，假設模型與樣本資料可以適配，CFI 值為 .999（> .950 適配門檻）、RMSEA 值為 .025，SRMR 值為 .004（< .050 適配門檻），表示問題解決能力跨時間點（學期）的線性成長模式可以得到支持。

Means：（Group number 1 - Default model）

	Estimate	S.E.	C.R.	P	Label
截距	43.826	.395	110.996	***	
斜率	−3.654	.106	−34.463	***	

　　「截距因子」與「斜率因子」潛在變項的平均數估計值分別為 43.826（p < .001）、−3.654（p < .001），截距因子潛在變項平均數估計值表示的是時間點 4 測得的問題解決能力之平均值，斜率因子潛在構念變項的平均數估計值由正值 3.654 變為 −3.654，由於此估計值顯著不等於 0，表示以時間點 1 的起始狀態為基準點，學生問題解決能力的變化隨時間點而增加或上升；但若以時間點 4 的終點狀態行為為基準點，學生問題解決能力的變化率是下降或減少的。總體層次之斜率的平均為負值，表示從時間點 4、時間點 3、時間點 2、時間點 1 等歷程潛在特質成長變化的發展是負向的，即變化率呈現逐次下降或減少的情況，以直線圖表示如下：

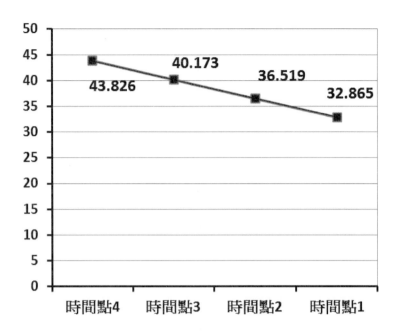

　　以第四學期為起始參照行為時，高中生的問題解決能力是逐學期下降或遞減的；相對的，若以第一學期為起始參照行為時，高中生的問題解決能力是逐學期上升或遞增的。

Variances：（Group number 1 - Default model）

	Estimate	S.E.	C.R.	P	Label
截距	137.741	7.148	19.271	***	
斜率	3.615	.728	4.968	***	

　　「截距因子」潛在變項變異數估計值為 137.741（$p < .001$），達統計顯著水準，表示樣本在時間點 4 的問題解決能力有顯著的個體差異存在，「斜率因子」潛在變項變異數估計值為 3.615（$p < .001$），達統計顯著水準，跨時間點的問題解決能力的變化率（增加或下降程度）有顯著的個體間差異存在。

Covariances：（Group number 1 - Default model）

	Estimate	S.E.	C.R.	P	Label
截距 < －－ > 斜率	−3.610	1.597	−2.260	.024	

Correlations：（Group number 1 - Default model）

	Estimate
截距 < -- > 斜率	−.162

　　「截距因子」與「斜率因子」二個潛在變項間相關的共變數參數估計值為 −3.610（$p < .001$）、相關參數估計值為 −.162（$p < .001$），截距因子與斜率間的相關達統計顯著水準，表示母群體在時間點 4 的測量值高低與前四個學期測量值變化率間有顯著相關。

　　將上述三種不同斜率因子路徑係數設定模式圖加以比較，估計所得的主要統計量如下：

參數設定與估計值	起始狀態為基準點（週期成長變化）	終點狀態為基準點（週期成長變化）	終點狀態為參照點（週期成長變化）
斜率因子的路徑係數設定	0、1、2、3（遞增）	−3、−2、−1、0（遞增）	3、2、1、0（遞減）
模式估計卡方值	$\chi^2_{(df=5)} = 8.241$	$\chi^2_{(df=5)} = 8.241$	$\chi^2_{(df=5)} = 8.241$
總體層次			
截距平均數	32.865***	43.826***	43.826***
斜率平均數	3.654***	3.654***	−3.654***
個體層次			
截距變異數	148.614***	137.41***	137.41***
斜率變異數	3.615***	3.615***	3.615***
截距與斜率共變數	−7.234***	3.610*	−3.610*
截距與斜率的相關係數	−.312***	.162*	−.162*

二 │ 有條件化的 LGM 模式（納入預測變項）

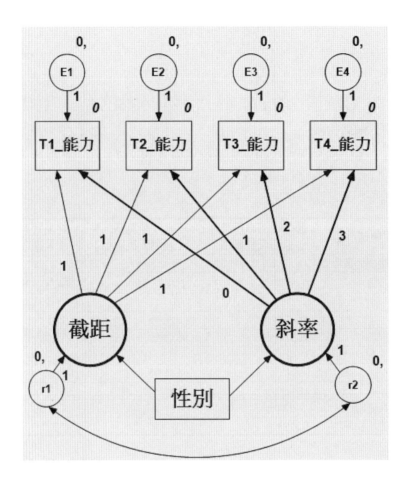

　　原先潛在成長模式只探討受試者在總體層次的成長變化及個別層次間成長變化的差異情況，此種模式並沒有考量到預測變項／共變項（外因變項）對潛在成長模式的影響，此種模式一般稱為無條件的 LGM 模型，如果於 LGM 模型中納入預測變項，以探究潛在發展軌跡中，外因變項對個體成長變化的影響，此模式就稱為有條件的 LGM 模型或有情境的 LGM 模式。外因變項必須為計量變數，如果是間斷變項必須轉換為虛擬變項，以符合 SEM 的假定。

（一）外因變項為間斷變項

有條件的潛在變化模式中，外因變項「性別」又稱為共變項，共變項與各時間點測得的指標變項間沒有直接效果路徑，性別變項可以解釋截距因子的變異量部分為 $1-\beta^2_{(性別\to截距)}$（1 減掉性別變項對截距因子標準化路徑係數值的平方），性別變項可以解釋潛在構念斜率因子的變異量部分為 $1-\beta^2_{(性別\to斜率)}$（1 減掉性別變項對斜率標準化路徑係數值的平方）。共變項／預測變項有二種，第一種是隨時間點的變動而改變的變數，如壓力、態度、知能、焦慮、處置策略等；第二種是不會隨時間點的變動而改變，或變動緩慢的變數，如性別、智力等，第二種的共變項稱為時間不變性的預測變項。以性別變項（分為男生群體、女生群體）而言，學生的性別是不會隨學期而變動的，因而在四個學期期間，性別是一種時間不變性之共變項。

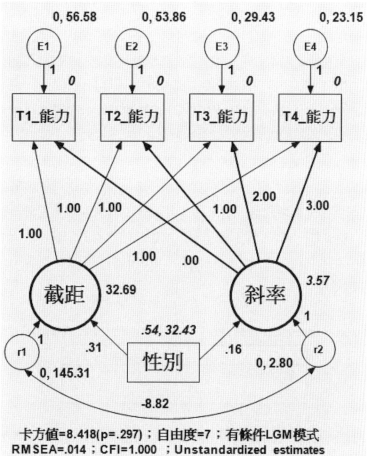

卡方值=8.418(p=.297)；自由度=7；有條件LGM模式
RMSEA=.014；CFI=1.000 ；Unstandardized estimates

結構方程模式
潛在成長曲線分析

　　整體模型適配度統計量的卡方值為 $\chi^2_{(df=7)} = 8.418$，顯著性機率值 $p = .297 > .05$，假設模型與樣本資料可以適配，CFI 值為 1.000（> .900 適配門檻）、RMSEA 值為 .014（< .080 適配門檻），SRMR 值為 .004（< .050 適配門檻），表示問題解決能力跨時間點（學期）之有條件的線性成長模式可以得到支持。研究者提出的二個假設：

　　假設一：性別變項對學生起始狀態的問題解決能力有顯著的影響作用（不同性別的學生群體在起始狀態的問題解決能力有顯著不同）。

　　假設二：性別變項對學生問題解決能力的成長變化率有顯著的影響作用。

Regression Weights：（Group number 1 - 有條件 LGM 模式）

	Estimate	S.E.	C.R.	P	Label
截距 < − − − 性別	.315	.075	4.204	***	
斜率 < − − − 性別	.158	.018	8.843	***	

　　性別對潛在截距因素的路徑係數估計值為 .315（$p < .001$），達統計顯著水準，表示男生與女生在時間點 1（第一次測量之起始點──第一學期測得的分數）的問題解決能力有顯著差異，性別因子變數的編碼中，水準數值 1 為男生、0 為女生，由於路徑係數值為正，顯示男學生在第一次測量起始點的問題解決能力顯著的優於女生；外因變項性別對斜率潛在變數的路徑係數估計值為 .158（$p < .001$），也達統計顯著水準，男女生的問題解決能力變化上升率也有顯著不同，男生的改變量顯著的高於女生，四個學期問題解決能力的變化成長男生群體顯著比女生群體增加較快或較多。從標準化估計值來看，外因變項性別對潛在因素截距及斜率的 β 係數值分別為 .147、.474，性別變項對男女生起始狀態的問題解決能力有顯著影響，對之後男女生問題解決能力的變化量改變情形也有顯著的影響，此部分差異的影響作用更大。

Standardized Regression Weights：（Group number 1 - 有條件 LGM 模式）

	Estimate
截距 < − − − 性別	.147
斜率 < − − − 性別	.474

　　外因變項性別對潛在因子截距項的標準化路徑係數 β 為 .147、外因變項性別

對潛在因子斜率的標準化路徑係數 β 為 .474，性別共變項對斜率潛在因子的影響程度顯著大於截距潛在因子。

（二）外因變項為計量變項

有條件潛在特質的共變分析，共變項可以為間斷變數或計量變數，下述範例中的共變項（外因變項）為學生的「數理知能」，測量值愈高，表示學生的數理知能愈佳，模式中假定高中學生的「數理知能」跨四個學期的變動緩慢，共變項為時間不變性預測變項。

高中學生四次時間點測得之問題解決能力與數理知能變項間之共變異數矩陣摘要表

rowtype_	varname_	T1_ 能力	T2_ 能力	T3_ 能力	T4_ 能力	數理知能
n		1000	1000	1000	1000	1000
COV	T1_ 能力	204.110				
COV	T2_ 能力	139.200	190.500			
COV	T3_ 能力	136.640	135.190	166.530		
COV	T4_ 能力	124.860	130.320	134.780	159.870	
COV	數理知能	120.350	141.250	143.640	160.950	205.240
Mean		32.970	36.140	40.420	43.750	50.640

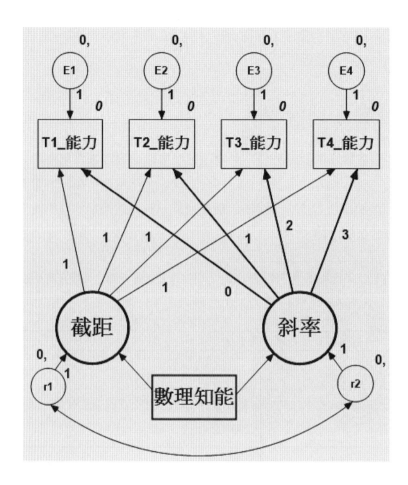

　　有條件的 LGM 模型圖中，外因觀察變項「數理知能」為計量變數，測量值愈高，表示受試者的數理知能愈好，測量時間為時間點 1 測得的數據（第一學期於標準化成就測驗測得的分數）。預測變項數理知能假定對起始狀態（截距）有顯著影響作用，對成長軌跡也有顯著影響作用（如加速或減緩成長變化，使成長變化形狀更為陡峭或平緩）。

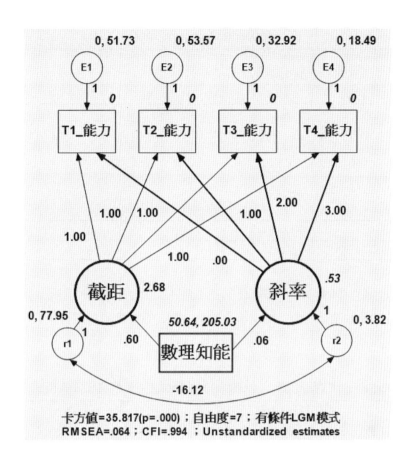

卡方值=35.817(p=.000)；自由度=7；有條件LGM模式
RMSEA=.064；CFI=.994；Unstandardized estimates

　　模式估計結果所有參數都可以聚斂估計，整體模型適配度統計量的卡方值
為 $\chi^2_{(df=7)}= 35.817$，顯著性機率值 $p < .001$，CFI 值為 .994（ > .950 適配門檻）、
RMSEA 值為 .064 （ < .080 適配門檻） ，SRMR 值為 .0124（ < .050 適配門檻） ，
表示問題解決能力跨時間點（學期）之有條件的線性成長模式可以得到支持。預
測變項「數理知能」的平均數與變異數估計值分別為 50.64、205.03。

　　研究所提的二個假設如下：

假設一：「數理知能」變項對學生起始狀態的問題解決能力有顯著的影響作用（不
　　　　同數理知能的學生在起始狀態的問題解決能力有顯著不同）。

假設二：「數理知能」變項對學生問題解決能力的成長變化率有顯著的影響作用。

Baseline Comparisons

Model	NFI Delta1	RFI rho1	IFI Delta2	TLI rho2	CFI
有條件 LGM 模式	.992	.989	.994	.991	.994

　　五個基線比較適配度統計量均大於 .950，NFI 值為 .992、RFI 值為 .989、IFI 值為 .994、TLI 值為 .991、CFI 值為 .994，均達到模式適配門檻值。

RMSEA

Model	RMSEA	LO 90	HI 90	PCLOSE
有條件 LGM 模式	.064	.044	.086	.114

　　RMSEA 值為 .064，90% 信賴區間為〔.044，.086〕，適配度統計量達到模式適配門檻值。以數理知能作為 LGM 成長變化模式的共變項，整體假設模型可以得到支持。

Regression Weights：（Group number 1 - 有條件 LGM 模式）

	Estimate	S.E.	C.R.	P	Label
截距 < − − − 數理知能	.596	.023	25.481	***	
斜率 < − − − 數理知能	.061	.007	8.593	***	

　　共變項「數理知能」對截距因子與斜率因子的路徑係數臨界比值分別為 25.481、8.593，均達統計顯著水準。

Standardized Regression Weights：（Group number 1 - 有條件 LGM 模式）

	Estimate
截距 < − − − 數理知能	.695
斜率 < − − − 數理知能	.411

　　預測變項「數理知能」對截距潛在變項的路徑係數估計值為 .596，標準化路徑係數為 .695，達統計顯著水準（$p < .001$），表示學生數理知能愈佳，起始問題解決能力愈好（時間點 1 測得的問題解決能力測量值愈高）。預測變項「數理知能」對斜率潛在變項的路徑係數估計值為 .061（$p < .001$），標準化路徑係數為 .411，

達統計顯著水準（$p < .001$），由於 β 係數值為正，表示學生數理知能愈佳，之後問題解決能力的增加變化成長率愈快或愈多；相對的，學生數理知能愈差，學生跨時間點（四個學期）問題解決能力的增加變化成長率愈慢或愈少。學生數理知能的優劣與其問題解決能力的起始狀態及問題解決能力的成長變化率有正向影響。假設一：「數理知能變項對學生起始狀態的問題解決能力有顯著的影響作用」、假設二：「數理知能變項對學生問題解決能力的成長變化率有顯著的影響作用」均得到支持。從標準化迴歸係數 β 值而言，共變項數理知能對高中生起始狀態（第一學期測得的分數）問題解決能力的影響大於跨四個學期問題解決能力的成長變化率。

Means：（Group number 1 - 有條件 LGM 模式）

	Estimate	S.E.	C.R.	P	Label
數理知能	50.640	.453	111.780	***	

預測變項數理知能的平均數為 50.640（$p < .001$），達統計顯著水準，表示學生的數理知能測量值顯著大於 0。

Variances：（Group number 1 - 有條件 LGM 模式）

	Estimate	S.E.	C.R.	P	Label
數理知能	205.035	9.174	22.349	***	

預測變項的數理知能的變異數估計值為 205.035，達統計顯著水準（$p < .001$），學生的數理知能有顯著的個別差異存在。

一般而言，無條件的 LGM 模型（沒有預測變項）與有條件的 LGM 模型（有預測變項）的截距因子變異數相較之下會變小，其中的差異值為預測變項／共變項影響的效果。如假定無條件的 LGM 模型之截距因子變異數為 50.96、有條件的 LGM 模型之截距因子變異數為 38.95，就成長模式的截距而言，預測變項可以解釋個體變異約 24% 的變異量 [(50.96−38.95)÷50.96 = 0.24]；再如假定無條件的 LGM 模型之斜率因子變異數為 0.90、有條件的 LGM 模型之斜率因子變異數為 0.74，就成長模式的斜率而言，預測變項可以解釋個體變異約 18% 的變異量 [(0.90−0.74)÷0.90 = 0.18]，預測變項的效果作用即差異檢定中的效果量測值的大小。

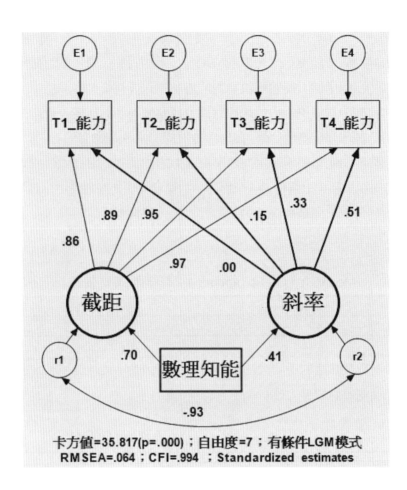

卡方值=35.817(p=.000)；自由度=7；有條件LGM模式
RMSEA=.064；CFI=.994；Standardized estimates

　　標準化估計模型圖如上：預測變項「數理知能」對截距潛在變項、斜率潛在
變項的標準化迴歸係數 β 分別為 .70、.41，二個 β 係數均達統計顯著水準，表示參
數估計值的確是預測變項的影響效果而非是抽樣誤差造成的。數理知能共變項對
學生起始狀態之問題解決能力的直接影響效果值為 .70，數理知能共變項對學生跨
四個學期之問題解決能力的成長變化率影響的直接效果值為 .41。

（三）單指標觀察變項的共變項

　　上述有條件的 LGM 模型中的共變項「數理知能」也可改為外因潛在變項的圖
示，其假設模型圖如下：

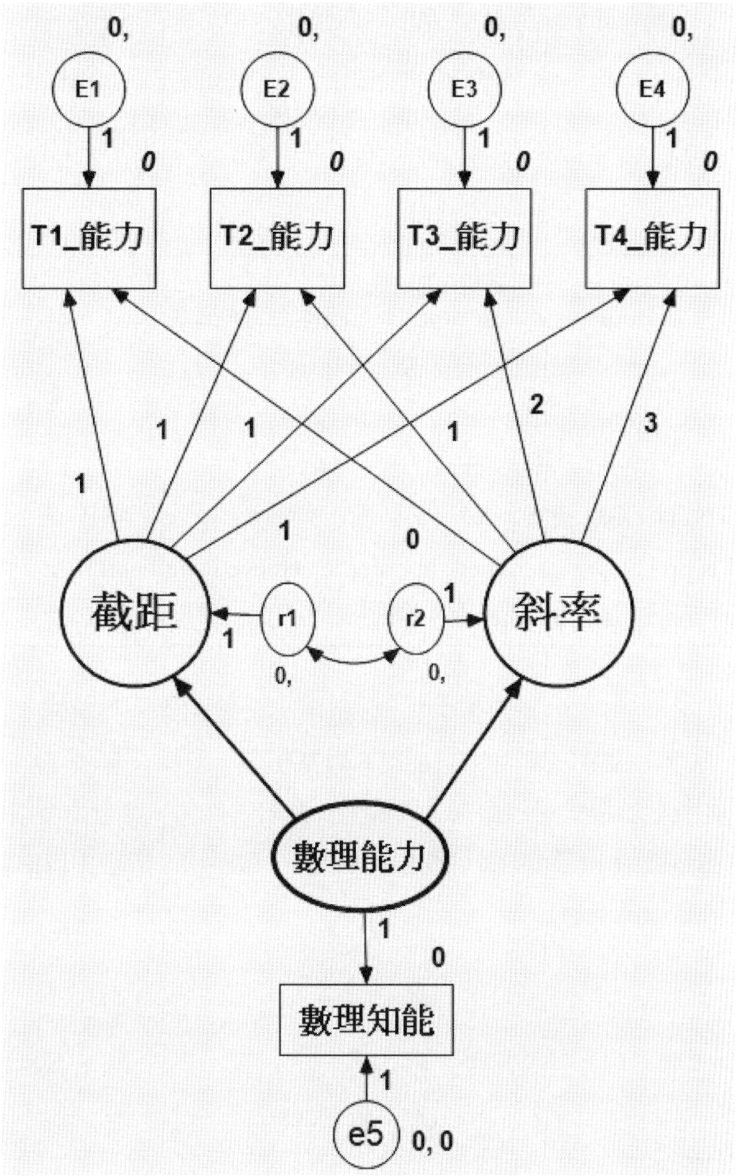

　　LGM 假設模型圖中，外因潛在變項為「數理能力」，其指標變項為「數理知能」，潛在變項只有一個觀察變項，稱為單指標潛在變項，觀察變項若多於二個以上，則變為多指標的潛在變項，多指標的潛在變項表示有多個觀察變項。單指標潛在變項由於只有一個觀察變項，指標變項完全反映潛在變項，潛在變項的平均數會等於指標變項的平均數，觀察變項的誤差項變異數為 0，增列平均數與變異

數估計值後，「數理知能」觀察變項的「截距項」參數限定為 0 外，觀察變項「數理知能」的誤差項「e5」之平均數與變異數參數均需設為 0，二個參數均為固定參數。「數理知能」觀察變項的「截距項」參數如果未限定為 0，模式估計結果自由度雖為正，但模式無法識別：

Notes for Model （有條件 LGM 模式）

Computation of degrees of freedom （有條件 LGM 模式）

Number of distinct sample moments:	20
Number of distinct parameters to be estimated:	14
Degrees of freedom （20 − 14）:	6

Result （有條件 LGM 模式）

The model is probably unidentified. In order to achieve identifiability, it will probably be necessary to impose 1 additional constraint.

　　預測變項／共變項的指標變項之「截距項」參數如果未限制為 0，有條件的 LGM 模式一般無法識別，範例中自由度 6 雖為正值，但模式無法識別，因而參數無法估計，如果要讓模式可以識別，要增列一個限制條件，讓自由度由 6 變成 7，待估計的自由參數由 14 降為 13（將指標變項之「截距項」參數由自由參數變為固定參數，其參數值為 0）。

卡方值=35.817(p=.000)；自由度=7；有條件LGM模式
RMSEA=.064；CFI=.994；Unstandardized estimates

　　模式估計結果所有參數都可以聚斂估計，整體模型適配度統計量的卡方值為 $\chi^2_{(df=7)} = 35.817$，顯著性機率值 $p < .001$，CFI 值為 .994（> .900 適配門檻）、RMSEA 值為 .064（< .080 適配門檻），SRMR 值為 .0124（< .050 適配門檻）等統計量均與上述增列外因觀察變項作為預測變項的成長變化模式圖相同。外因潛在變項「數理能力」對截距潛在變項、斜率潛在變項的非標準化路徑係數值分

別為 .60、.06。潛在變項「數理能力」的平均數與變異數估計值分別為 50.64、205.03。

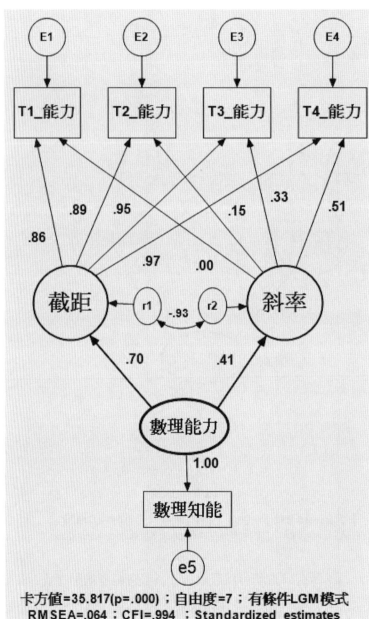

　　標準化估計值模型圖中，外因潛在變項「數理能力」對截距潛在變項、斜率
潛在變項的標準化路徑係數 β 值分別為 .70、.41，均達統計顯著水準，預測變項「數
理能力」對學生起始狀態的問題解決能力與問題解決能力的成長變化發展均有正
向的影響。

Baseline Comparisons

Model	NFI Delta1	RFI rho1	IFI Delta2	TLI rho2	CFI
有條件 LGM 模式	.992	.989	.994	.991	.994
Saturated model	1.000		1.000		1.000
Independence model	.000	.000	.000	.000	.000

　　基線比較統計量：NFI 值等於 .992、RFI 值等於 .989、IFI 值等於 .994、TLI
值等於 .991、CFI 值等於 .994，均高於 .950 模式嚴格適配標準值。

RMSEA

Model	RMSEA	LO 90	HI 90	PCLOSE
有條件 LGM 模式	.064	.044	.086	.114
Independence model	.684	.667	.700	.000

　　RMSEA 值為 .064，90% 的信賴區間為〔.044，.086〕達到適配門檻。

Regression Weights：（Group number 1 - 有條件 LGM 模式）

	Estimate	S.E.	C.R.	P	Label
截距 < --- 數理能力	.596	.023	25.481	***	
斜率 < --- 數理能力	.061	.007	8.593	***	

　　外因變項數理能力對潛在截距因素的路徑係數估計值為 .596（$p < .001$），達
統計顯著水準，由於估計值為正，表示數理能力愈好的學生於時間點 1（第一次測
量之起始點）的問題解決能力愈佳；外因變項數理能力對斜率潛在變數的路徑係
數估計值為 .061（$p < .001$），也達統計顯著水準，由於其估計值為正，表示數學
知能愈好的學生，之後問題解決能力變化成長的增加量較多。潛在外因變項「數
理能力」由於只有一個觀察變項「數理知能」，表示「數理知能」指標變項 100%

可以反映潛在變項「數理能力」，「數理能力」潛在變項的平均數、變異數會等於觀察變項「數理知能」的平均數、變異數。

Standardized Regression Weights：（Group number 1 - 有條件 LGM 模式）

	Estimate
截距 < − − − 數理能力	.695
斜率 < − − − 數理能力	.411

外因變項數理能力對潛在截距因素、斜率的標準化估計值 β 分別為 .695、.411，表示數理能力的高低對起始問題解決能力及之後問題解決能力的增加都有正向的影響。高中學生的數理能力愈好，起始狀態（第一學期）之問題解決能力也愈好；此外，高中學生的數理能力愈佳，四個學期問題解決能力的增加成長變化愈多。

Means：（Group number 1 - 有條件 LGM 模式）

	Estimate	S.E.	C.R.	P	Label
數理能力	50.640	.453	111.780	***	

預測變項數理能力的平均數為 50.640（$p < .001$），達統計顯著水準，表示學生的數理能力測量值顯著不為 0。

Variances：（Group number 1 - 有條件 LGM 模式）

	Estimate	S.E.	C.R.	P	Label
數理能力	205.035	9.174	22.349	***	

預測變項的數理能力的變異數估計值為 205.035，達統計顯著水準（$p < .001$），學生的數理能力有顯著的個別差異存在。

（四）雙指標觀察變項的共變項

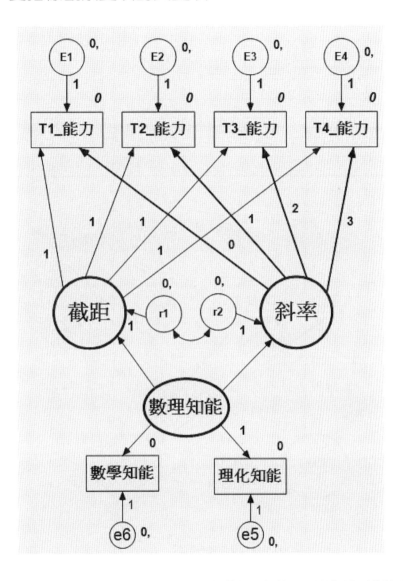

有條件的 LGM 假設模型圖中，共變項為「數理知能」，潛在變項「數理知能」有二個指標變項，一為數學知能、一為理化知能，二個觀察變項的測量值愈高，表示學生的數學知能／理化知能愈佳。LGM 模式的估計程序，要將潛在外因變項之所有指標變項的截距參數設定為 0、指標變項之隨機誤差變項的平均數設定為 0：截距項（數學知能）＝0、截距項（理化知能）＝0、平均數（e6）＝0、平均數（e5）＝0，指標變項誤差變項之變異數為待估計的自由參數。

分析數據的共變異數矩陣如下（N = 1000）

rowtype_	varname_	T1_能力	T2_能力	T3_能力	T4_能力	數學知能	理化知能
n		1000	1000	1000	1000	1000	1000
COV	T1_能力	204.110					
COV	T2_能力	139.200	190.500				
COV	T3_能力	136.640	135.190	166.530			
COV	T4_能力	124.860	130.320	134.780	159.870		
COV	數學知能	120.350	141.250	143.640	160.950	205.240	
COV	理化知能	126.432	130.452	154.251	149.243	130.241	345.548
Mean		32.970	36.140	40.420	43.750	50.640	42.567

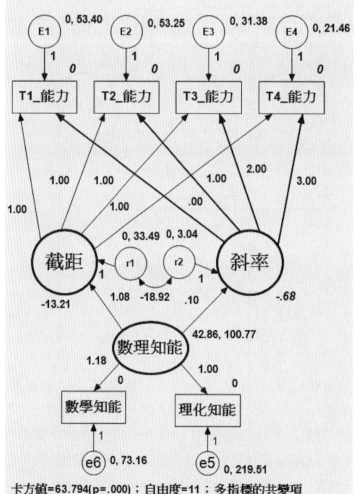

卡方值=63.794(p=.000)；自由度=11；多指標的共變項
RMSEA=.069；CFI=.990；Unstandardized estimates

　　具二個指標變項的共變項之有條件 LGM 模型，模式估計結果所有參數都可以聚斂估計，整體模型適配度統計量的卡方值為 $\chi^2_{(df=11)} = 63.794$，顯著性機率值 $p <$ .001，CFI 值為 .990（> .950 嚴格適配門檻）、RMSEA 值為 .069（< .080 適配門檻），SRMR 值為 .0266（< .050 適配門檻）等主要適配度統計量均達到模式適配標準，表示假設模型與樣本資料的契合度佳，潛在共變項「數理知能」的平均數與變異數估計值分別為 42.86、100.77。

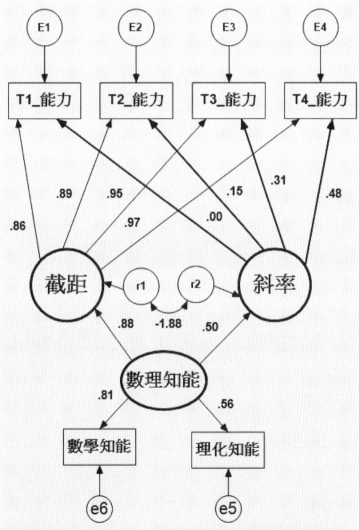

卡方值=63.794(p=.000)；自由度=11；多指標的共變項
RMSEA=.069；CFI=.990；Standardized estimates

標準化估計模式圖顯示，共變項「數理知能」二個指標變數的因素負荷量分別為 .81、.56，「數理知能」預測變項對問題解決能力「截距因子」的標準化路徑係數 β 值為 .88，對問題解決能力「斜率因子」的標準化路徑係數 β 值為 .50，表示時間不變性的預測變項「數理知能」對學生問題解決能力的起始行為及成長變化率的影響均為正向。

Baseline Comparisons

Model	NFI Delta1	RFI rho1	IFI Delta2	TLI rho2	CFI
多指標的共變項	.988	.984	.990	.987	.990

五個基線比較適配度統計量：NFI 值等於 .988、RFI 值等於 .984、IFI 值等於 .990、TLI 值等於 .987、CFI 值等於 .990，均高於 .950 模式適配標準值。

RMSEA

Model	RMSEA	LO 90	HI 90	PCLOSE
多指標的共變項	.069	.053	.086	.024

RMSEA 值為 .069，90% 的信賴區間為〔.053，.086〕達到適配門檻。從基線比較適配度統計量、RMSEA 值、SRMR 值等適配度統計量加以判斷，有條件的 LGM 成長變化模式可以得到支持。

Regression Weights：（Group number 1 - 多指標的共變項）

	Estimate	S.E.	C.R.	P	Label
截距 < − − − 數理知能	1.075	.051	20.913	***	
斜率 < − − − 數理知能	.101	.013	8.012	***	
數學知能 < − − − 數理知能	1.180	.014	84.848	***	
理化知能 < − − − 數理知能	1.000				

預測變項「數理知能」對潛在截距因子的路徑係數估計值為 1.075（$p < .001$），達統計顯著水準，由於估計值為正，表示數理知能愈好的學生於時間點 1（第一次測量之起始點）的問題解決能力愈佳；外因變項數理知能對斜率潛在變數的路徑係數估計值為 .101（$p < .001$），也達統計顯著水準，由其估計值為正，

表示數學知能愈好的學生，之後問題解決能力變化成長的增加量較多。外因潛在變項「數理知能」對學生起始狀態的問題解決能力及跨四個學期的問題解決能力成長變化率均有顯著的正向影響作用。

Standardized Regression Weights：（Group number 1 - 多指標的共變項）

	Estimate
截距 < − − − 數理知能	.881
斜率 < − − − 數理知能	.503
數學知能 < − − − 數理知能	.811
理化知能 < − − − 數理知能	.561

共變項「數理知能」對潛在截距因子、斜率因子的標準化估計值 β 分別為 .881、.503，「數理知能」對潛在截距因子、斜率因子二個內因潛在變項影響的直接效果值分別為 .881、.503，表示「數理知能」對學生起始狀態之問題解決能力及之後問題解決能力的增加變化率都有正向的影響。預測潛在變項「數理知能」二個指標變項「數學知能」、「理化知能」的因素負荷量分別為 .811、.561，因素負荷量均大於 .500，表示「數學知能」、「理化知能」二個指標變項能有效反映外因潛在變項「數理知能」。

Means：（Group number 1 - 多指標的共變項）

	Estimate	S.E.	C.R.	P	Label
數理知能	42.859	.556	77.051	***	

預測變項「數理知能」的平均數為 42.859（$p < .001$），達統計顯著水準，表示數理知能顯著不為 0。

Intercepts：（Group number 1 - 多指標的共變項）

	Estimate	S.E.	C.R.	P	Label
截距	−13.211	2.171	−6.085	***	
斜率	−.677	.548	−1.236	.216	

「截距因子」內因潛在變項的截距項參數估計值為 −13.211（$p < .001$），達統計顯著水準，表示此截距項參數估計值並非是抽樣誤差造成的效果；「斜率因

子」內因潛在變項的截距項參數估計值為 −0.677（$p = .216 > .05$），未達統計顯著水準，表示此截距項參數估計值顯著為 0。

（五）三指標觀察變項的共變項

如果共變項「數理知能」的指標變項有三個：數學知能、物理知能、化學知能，則有條件的 LGM 模型圖如下。

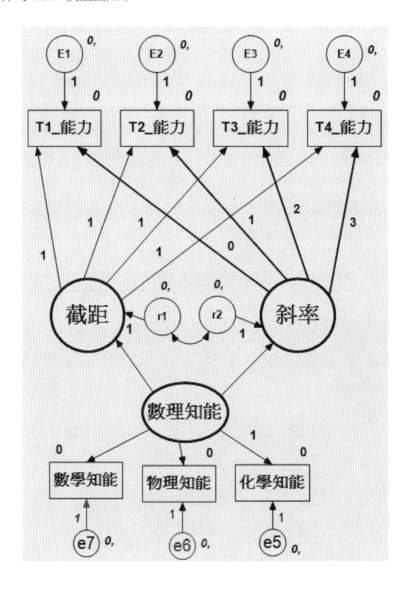

　　有條件的 LGM 假設模型圖中，共變項（外因潛在變項）為「數理知能」，潛在變項「數理知能」有三個指標變項：一為數學知能、二為物理知能、三為化學知能，三個觀察變項的測量值愈高，表示學生的數學知能／物理知能／化學知能愈佳，假定這三個觀察變項在四次時間點的時間內，受試者的行為或態度不會有明顯的變化或變動緩慢，因而三個指標變項反映的潛在變項「數理知能」是一個時間不變性共變項。LGM 模式的估計程序，要將指標變項的截距參數設定為 0、指標變項的誤差變項平均數設定為 0：截距項（數學知能）= 0、截距項（物理知能）= 0、截距項（化學知能）= 0、平均數（e7）= 0、平均數（e6）= 0、平均數（e5）= 0；指標變項的誤差變項變異數設為待估計的自由參數。

　　分析範例數據的共變異數矩陣如下表（N = 1000）：

rowtype_	varname_	T1_ 能力	T2_ 能力	T3_ 能力	T4_ 能力	數學知能	物理知能	化學知能
n		1000	1000	1000	1000	1000	1000	1000
COV	T1_ 能力	204.110						
COV	T2_ 能力	139.200	190.500					
COV	T3_ 能力	136.640	135.190	166.530				
COV	T4_ 能力	124.860	130.320	134.780	159.870			
COV	數學知能	125.350	141.250	148.640	160.950	422.264		
COV	物理知能	138.357	151.452	154.251	149.243	136.241	365.548	
COV	化學知能	130.254	135.457	150.228	152.325	150.481	190.251	427.214
Mean		32.970	36.140	40.420	43.750	50.640	42.567	48.752

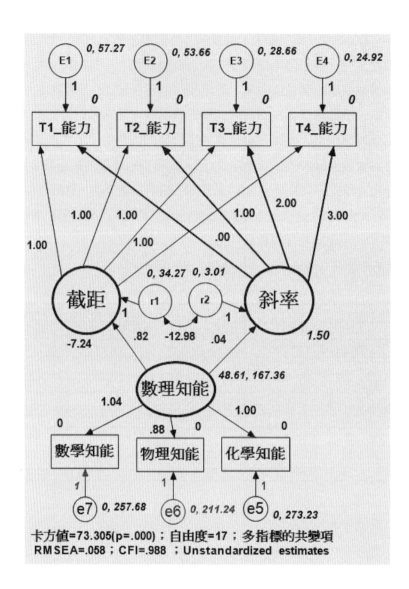

卡方值=73.305(p=.000)；自由度=17；多指標的共變項
RMSEA=.058；CFI=.988 ；Unstandardized estimates

具三個指標變項的共變項之有條件 LGM 模型，模式估計結果所有參數都可以聚斂估計，整體模型適配度統計量的卡方值為 $\chi^2_{(df=17)} = 73.305$，顯著性機率值 $p <$ .001，CFI 值為 .988（> .950 適配門檻）、RMSEA 值為 .058（< .080 適配門檻），SRMR 值為 .0331（< .050 適配門檻）等主要適配度統計量均達到模式適配標準，表示假設模型與樣本資料的契合度佳，潛在共變項「數理知能」的平均數與變異數估計值分別為 48.61、167.36。

Baseline Comparisons

Model	NFI Delta1	RFI rho1	IFI Delta2	TLI rho2	CFI
多指標的共變項	.984	.980	.988	.985	.988

五個基線比較適配度統計量：NFI 值等於 .984、RFI 值等於 .980、IFI 值等於 .988、TLI 值等於 .985、CFI 值等於 .988，均高於 .950 模式適配標準值。

RMSEA

Model	RMSEA	LO 90	HI 90	PCLOSE
多指標的共變項	.058	.044	.071	.164

RMSEA 值為 .058，90% 的信賴區間為〔.044，.071〕達到適配門檻。從主要適配度統計量的適配門檻而言，有條件的 LGM 假設模型與樣本資料的契合度良好。

Regression Weights：（Group number 1 - 多指標的共變項）

	Estimate	S.E.	C.R.	P	Label
截距 < − − − 數理知能	.825	.040	20.625	***	
斜率 < − − − 數理知能	.044	.010	4.394	***	
數學知能 < − − − 數理知能	1.038	.015	70.249	***	
化學知能 < − − − 數理知能	1.000				
物理知能 < − − − 數理知能	.881	.013	68.094	***	

共變項「數理知能」對潛在變項「截距因子」的路徑係數估計值為 0.825（$p <$ .001），達統計顯著水準，由於估計值為正，表示數理知能愈好的學生於時間點 1（第一學期測量的分數）的問題解決能力愈佳；外因變項數理知能對「斜率因子」潛在變項的路徑係數估計值為 0.044（$p < .001$），也達統計顯著水準，由於其估計值為正，表示數學知能愈好的學生，之後跨四個學期的問題解決能力變化成長的增加量較多。外因潛在變項「數理知能」三個指標變項數學知能、化學知能、物理知能的路徑係數估計值分別為 1.038（$p < .001$）、1.000（參照指標）、0.881（$p < .001$）。

Standardized Regression Weights：（Group number 1 - 多指標的共變項）

	Estimate
截距 < − − − 數理知能	.877
斜率 < − − − 數理知能	.314
數學知能 < − − − 數理知能	.642
化學知能 < − − − 數理知能	.616
物理知能 < − − − 數理知能	.617

　　共變項「數理知能」對潛在變項「截距因子」、「斜率因子」的標準化估計值 β 分別為 .877、.314，「數理知能」對潛在截距因子、斜率因子二個內因潛在變項影響的直接效果值分別為 .877、.314，表示「數理知能」對學生起始狀態之問題解決能力及之後問題解決能力的增加變化率都有正向的影響。

　　預測潛在變項「數理知能」三個指標變項：「數學知能」、「化學知能」、「物理知能」的因素負荷量分別為 .642、.616、.617，因素負荷量數值均大於 .500，表示「數學知能」、「化學知能」、「物理知能」三個指標變項能有效反映潛在變項「數理知能」。

Means：（Group number 1 - 多指標的共變項）

	Estimate	S.E.	C.R.	P	Label
數理知能	48.610	.655	74.243	***	

　　預測變項「數理知能」的平均數為 48.610（$p < .001$），達統計顯著水準，表示數理知能顯著不為 0。

Intercepts：（Group number 1 - 多指標的共變項）

	Estimate	S.E.	C.R.	P	Label
截距	−7.235	1.947	−3.716	***	
斜率	1.504	.501	3.003	.003	

　　「截距因子」內因潛在變項的截距項參數估計值為 −7.235（$p < .001$），達統計顯著水準，表示此截距項參數估計值並非是抽樣誤差造成的效果；「斜率因子」內因潛在變項的截距項參數估計值為 1.504（$p < .01$），達統計顯著水準，表示此截距項參數估計值並非是抽樣誤差造成的效果，而是真正由共變項「數理知能」影響產生的效果。

非直線
成長模式

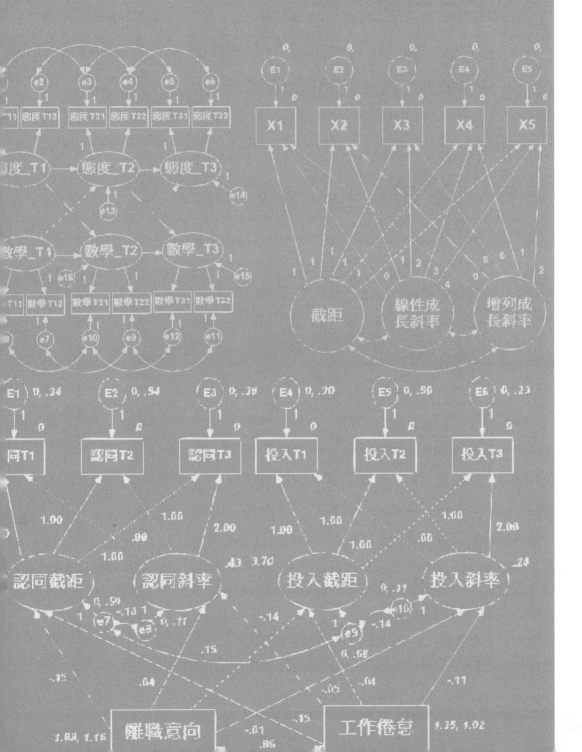

潛在特質成長曲線模式一般均假定為線性模式，因為線性模式的成長軌跡較容易解釋，但潛在特質成長曲線模式除線性模式外，常見者還有「片段線性成長變化模式」與「二次曲線成長變化模式」。

一 片段線性成長模式

高中一年級學生五次時間點（每隔一個月）測得的數學焦慮的圖示如下：從時間點 1 至時間點 3 的軌跡發展是線性成長，從時間點 3 至時間點 5 也是線性成長，但從時間點 1 至時間點 5 的整體成長軌跡並不是線性，中間有一個明顯的轉折點，此轉折點發生在時間點 3，從時間點 3 開始學生的數學焦慮呈現陡升的現象，成長增加率比之前的變化明顯還大。

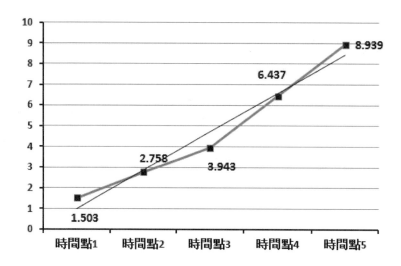

高中一年級學生數學焦慮感受的變化，從第三個月後平均數測量值的變化情況較之前的變化率為大，以時間點 1 的測量值為基準點（起始狀態行為），時間點 2 的平均數增加值為 1.255，佔整體變化率的 16.9%；時間點 3 平均值較時間點 2 平均值增加為 1.185，佔整體變化率的 15.9%；時間點 4 平均值較時間點 3 平均值增加為 2.494，佔整體變化率的 33.5%；時間點 5 平均值較時間點 4 平均值增加為 2.502，佔整體變化率的 33.6%，可見學生第四個月、第五個月測得的數學焦慮感受程度的成長變化率較多（上升的幅度較大）。

時間點	平均數	增加值	整體變化值	增加率
第一個月（時間點 1）	1.503			----（基準點）
第二個月（時間點 2）	2.758	1.255		16.9%
第三個月（時間點 3）	3.943	1.185		15.9%
第四個月（時間點 4）	6.437	2.494		33.5%
第五個月（時間點 5）	8.939	2.502		33.6%
			7.436	100.0%

（一）潛在成長線性模式

五次測量數據間的共變異數矩陣如下表，對角線為觀察變項的變異數，有效樣本數為 400 位。

rowtype_	varname_	T1_MA	T2_MA	T3_MA	T4_MA	T5_MA
n		400.000	400.000	400.000	400.000	400.000
cov	T1_MA	1.403				
cov	T2_MA	0.960	1.827			
cov	T3_MA	0.917	1.432	2.365		
cov	T4_MA	0.953	1.448	2.212	2.514	
cov	T5_MA	1.046	1.451	2.284	2.354	3.687
Mean		1.503	2.758	3.943	6.437	8.939

五個時間點數據為高中一年級學生連續五個月於數學焦慮量表的得分，得分愈高，表示學生的數學焦慮感受愈高；相對的，得分愈低，學生知覺的數學焦慮感受愈低。

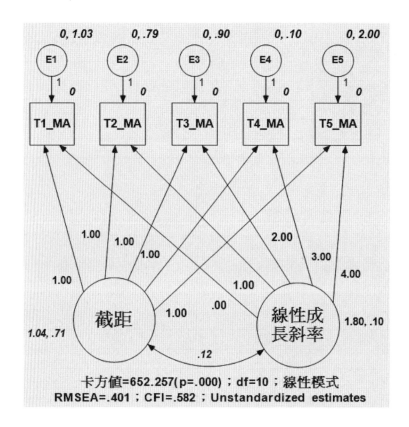

採用線性成長模式檢定結果，假設模型可以收斂，模式適配度的卡方值為
652.257，自由度等於 10，顯著性機率值 $p < .001$，拒絕虛無假設。RMSEA 值為 .401
（$> .080$ 門檻值）、SRMR 值為 .071（$> .050$ 門檻值）、CFI 值為 .582（$< .900$ 門
檻值），表示線性模式之成長模型的適配度不佳，樣本資料在五個時間點之數學
焦慮測量值的發展軌跡並不是線性成長的趨勢（當卡方值達到顯著，且主要適配
度統計量 RMSEA、CFI、SRMR 未達到適配門檻標準，表示假設模型與樣本資料
的契合度欠佳）。

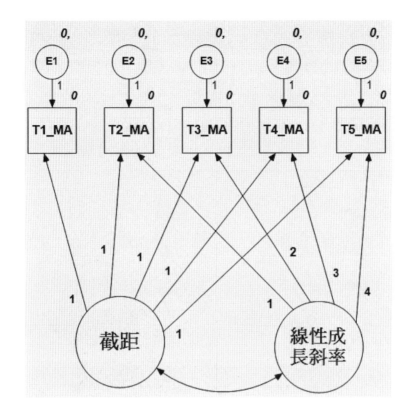

　　LGM 線性模式模型圖中，線性「斜率因子」對觀察變項「T1_MA」的路徑係數為 0，表示「斜率因子」潛在變項對觀察變項「T1_MA」的因素負荷量為 0，此時，可將「斜率因子」潛在變項對觀察變項「T1_MA」的影響路徑刪除，簡化的 LGM 線性模式模型圖如下：

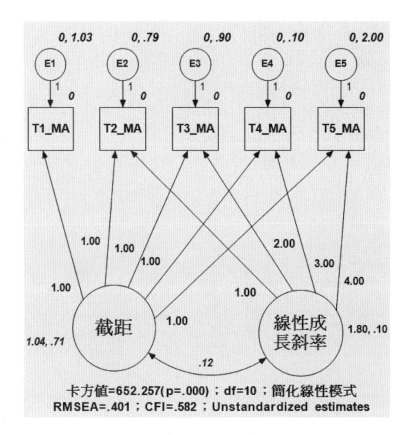

卡方值=652.257(p=.000)；df=10；簡化線性模式
RMSEA=.401；CFI=.582；Unstandardized estimates

　　刪除「斜率因子」潛在變項對觀察變項「T1_MA」的影響路徑，模式適配度
的卡方值為 652.257，自由度等於 10，顯著性機率值 $p < .001$，拒絕虛無假設。
RMSEA 值為 .401（> .080 門檻值）、SRMR 值為 .071（> .050 門檻值）、CFI 值為 .582
（< .900 門檻值），表示線性模式之成長模型的適配度不佳，樣本資料在五個時
間點之數學焦慮測量值的發展軌跡並不是線性成長的趨勢，簡化的線性模式與完
全設定的 LGM 線性模式估計的所得的所有參數數值均相同。

Implied Means：（Group number 1 - 線性模式）

觀察變項	T5_MA	T4_MA	T3_MA	T2_MA	T1_MA
期望值	8.225	6.430	4.635	2.840	1.045
測量值	8.939	6.437	3.943	2.758	1.503
誤差值	-0.714	-0.007	0.692	0.082	-0.458

　　根據 LGM 假設模型導出的五個觀察變項的期望值與實際測量值、誤差值顯

示，差異值絕對值大於 0.100 以上者有三個：T1_MA（差異值為 -0.458）、T3_MA（差異值為 0.692）、T5_MA（差異值為 -0.714）。

（二）片段線性成長模式

1. 片段線性成長模式的斜率因子設定

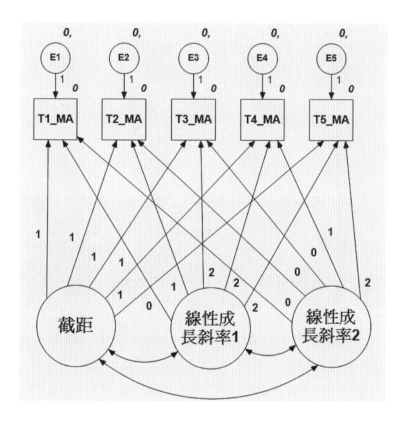

　　片段線性成長模式結合了二個以上線性成長模式的，整個重測量數分數的發展可以明顯切割成數個線性成長區段，實務應用上以二至三個線性區段較多，多於四個以上線性區段模型，由於重複量測的次數較多，假設模型中的潛在構念也較多，因而較少為研究者採用。二個線性區段的成長模式中，二個斜率潛在構念均為線性模式，以時間點 3 為分割點，第一個線性成長斜率潛在構念對五個指標變項的路徑係數分別為 0、1、2、2、2（只探討時間點 1、時間點 2、時間點 3 的成長變化率），第二個線性成長斜率潛在構念對五個指標變項的路徑係數分別為

結構方程模式
潛在成長曲線分析

0、0、0、1、2（只探討時間點 3、時間點 4、時間點 5 的成長變化率）（Hancock
& Mueller, 2006, p.185）。

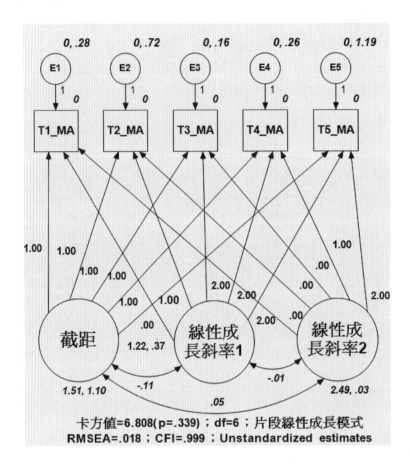

卡方值=6.808(p=.339)；df=6；片段線性成長模式
RMSEA=.018；CFI=.999；Unstandardized estimates

　　二個線性區段之片段線性成長模式之適配度統計量 $\chi^2_{(df=6)} = 6.808$，顯著性機
率值 $p = .339 > .05$，接受虛無假設，假設模型與樣本資料可以適配。RMSEA 值等
於 .018（< .080 門檻值）、CFI 值 = .999（> .900 門檻值），高中生數學焦慮五個
月的成長變化呈二個線性區段的軌跡成長，每個月的數學焦慮感受逐月上升，時
間點 1 至時間點 3（前三個月）上升的幅度較慢，時間點 3 至時間點 5（後二個月）
上升的幅度較快。潛在構念「線性斜率因子 1」的平均數為 1.22（前三個時間點分
數的變化率），潛在構念「線性斜率因子 2」的平均數為 2.49（後三個時間點分數
的變化率），二個斜率的平均數均為正，表示高一學生數學焦慮分數逐月上升，
後三個時間點變化率明顯大於前三個時間點的變化率，後三個月的數學焦慮感之

變化呈現快速升高的情況。

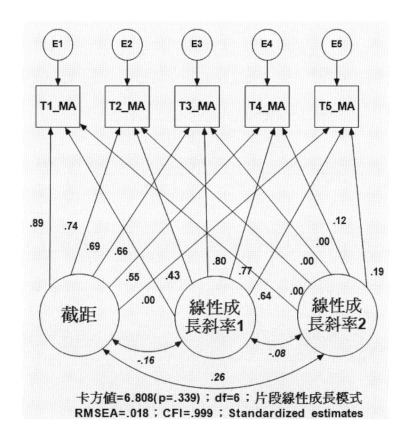

卡方值=6.808(p=.339)；df=6；片段線性成長模式
RMSEA=.018；CFI=.999；Standardized estimates

　　二個線性區段之片段線性成長模式之模型估計結果的標準化估計值如上圖，
截距因子與線性成長「斜率因子1」潛在構念間的相關為 −.16（p = .073 > .05），
截距因子與線性成長「斜率因子2」潛在構念間的相關為 .26（p = .089 > .05）、
二個斜率因子潛在構念間的相關為 −.08（p = .732 > .05），均未達 .05 顯著水準，
表示學生起始狀態的數學焦慮高低與前三個時間點之數學焦慮變化率沒有顯著相
關；學生起始狀態的數學焦慮高低與後三個時間點之數學焦慮變化率也沒有顯著
相關。

Covariances：（Group number 1 - 片段線性成長模式）

	Estimate	S.E.	C.R.	P	Label
截距 < -- > 線性成長斜率 1	−.105	.059	−1.791	.073	
線性成長斜率 1 < -- > 線性成長斜率 2	−.009	.025	−.343	.732	
截距 < -- > 線性成長斜率 2	.051	.030	1.702	.089	

三個潛在因子變項間之共變數估計值均未達統計顯著水準。

Implied Means：（Group number 1 - 片段線性成長模式）

觀察變項	T5_MA	T4_MA	T3_MA	T2_MA	T1_MA
期望值	8.933	6.439	3.946	2.727	1.509
測量值	8.939	6.437	3.943	2.758	1.503
誤差值	−0.006	0.002	0.003	−0.031	0.006

根據片段線性成長曲線模式導出的觀察變項「期望值」與觀察變項「測量值」（真實分數）間之誤差值的絕對值介於 .002 至 .031 之間，均小於 .050，表示觀察變項期望值與觀察變項測量值間的差異非常小，片段線性成長曲線模式與樣本資料的適配情形良好。

Means：（Group number 1 - 片段線性成長模式）

	Estimate	S.E.	C.R.	P	Label
截距	1.509	.058	25.884	***	
線性成長斜率 1	1.218	.035	35.103	***	
線性成長斜率 2	2.494	.025	97.987	***	

「截距因子」的平均數估計值為 1.509（$p < .001$），表示學生起始狀態測得的數學焦慮數值顯著的大於 0，線性成長「斜率因子 1」的平均數估計值為 1.218（$p < .001$）、線性成長「斜率因子 2」的平均數估計值為 2.494（$p < .001$），均達統計顯著水準，表示二個片段成長發展變化率均顯著不為 0，由於二個變化率均為正值，表示二個片段成長變化是逐月上升或增加的，後一個片段的上升幅度大於前一個片段的上升幅度。

Variances：（Group number 1 - 片段線性成長模式）

	Estimate	S.E.	C.R.	P	Label
截距	1.096	.124	8.873	***	
線性成長斜率 1	.373	.042	8.795	***	
線性成長斜率 2	.034	.031	1.098	.272	

　　潛在特質成長曲線模式之「截距因子」的變異數估計值為 1.096（$p < .001$），線性成長「斜率因子 1」的變異數估計值為 0.373（$p < .001$），均達統計顯著水準，表示二個估計值參數均顯著不等於 0，高中一年級學生第一個月的數學焦慮感受有顯著的個體間差異存在，前三個月（第一個線性片段）的成長變化增加率也有顯著的個體間差異存在；至於後三個月（第二個線性片段）的成長變化率則沒有顯著的個體間差異存在，變異數估計值為 0.034（$p = .272 > .05$），未達統計顯著水準，表示估計值參數顯著等於 0。

2.　片段線性成長的二個線性模式

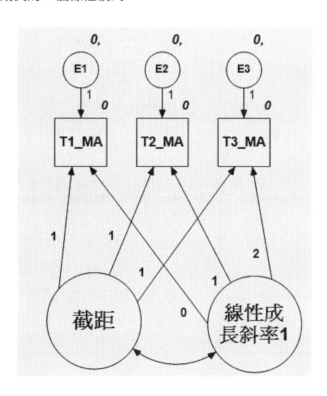

　　片段線性成長變化是數個線性軌跡組合，範例中，前三個時間點的成長變化是直線模式，後三個時間點的成長變化也是直線模式，二個區段的成長變化若以線性模式檢定結果的適配度良好，則是典型的片段線性成長發展。高中一年級學生前三個月數學焦慮的成長變化情況模型圖如上，假定其成長變化是線性關係。

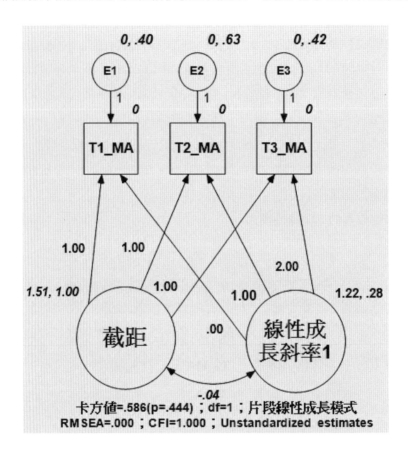

　　線性關係之 LGM 模型估計結果，模式可以收斂，整體模式適配度統計量 $\chi^2_{(df=1)} = 0.586$，顯著性機率值 $p = .444 > .05$，接受虛無假設，假設模型與樣本資料可以適配，高一學生前三個月數學焦慮的感受呈線性變化發展。

Means：（Group number 1 - 片段線性成長模式）

	Estimate	S.E.	C.R.	P	Label
截距	1.511	.058	25.967	***	
線性成長斜率 1	1.220	.035	35.097	***	

　　線性成長「斜率 1 因子」的平均數估計值為 1.220（$p <$ .001），達統計顯著水準，表示平均數估計值不等於 0，由於平均數為正值，成長變化是逐月增加，高一學生數學焦慮前三個月的成長變化是每月平均增加 1.220（片段線性成長模式之線性斜率因子 1 的平均數估計值為 1.218，四捨五入約為 1.22）。截距因子的平均數估計值為 1.511（$p <$ .001），達統計顯著水準，表示平均數估計值顯著大於 0，此平均數估計值為第一個月（起始狀態）學生數學焦慮的平均測量值。

Covariances：（Group number 1 - 片段線性成長模式）

	Estimate	S.E.	C.R.	P	Label
截距 < -- > 線性成長斜率 1	−.043	.068	−.624	.532	

　　「截距因子」與線性成長「斜率 1 因子」的共變數估計值為 −.043（$p =$ .532 > .05），未達統計顯著水準，表示起始狀態的測量值與之後跨三個時間點的數學焦慮成長變化間沒有顯著關聯。

Variances：（Group number 1 - 片段線性成長模式）

	Estimate	S.E.	C.R.	P	Label
截距	1.000	.128	7.827	***	
線性成長斜率 1	.278	.065	4.299	***	

　　截距因子與線性成長斜率 1 因子的變異數估計值分別為 1.000（$p <$ .001）、.278（$p <$ .001），均達統計顯著水準，表示二個估計值參數並非是抽樣誤差造成的，高一學生在第一個月的數學焦慮感受程度有顯著的個體間差異存在，而前三個月的數學焦慮成長變化也有顯著的個體間差異存在。

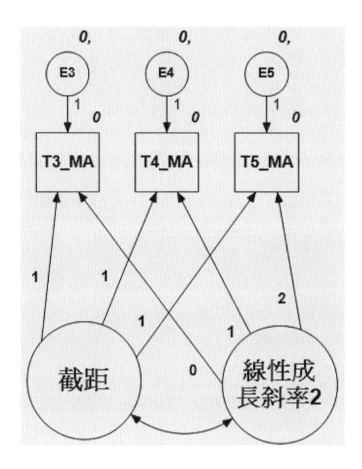

　　高一學生後三個月數學焦慮的成長變化假定也是線性模式，三個觀察變項分別為「T3_MA」、「T4_MA」、「T5_MA」。斜率（形狀）潛在變項對三個指標變項的路徑係數分別為 0、1、2。

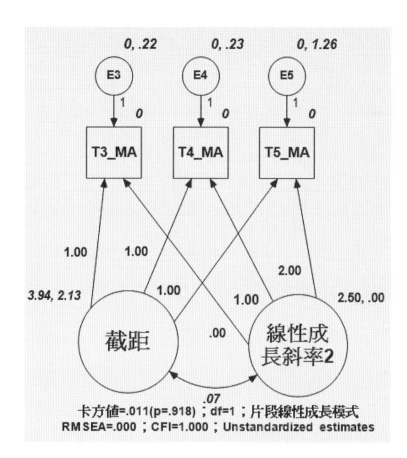

線性關係之 LGM 模型估計結果，模式可以收斂，整體模式適配度統計量 $\chi^2_{(df=1)} = 0.011$，顯著性機率值 $p = .918 > .05$，接受虛無假設，LGM 線性模式的適配度良好，高一學生後三個月數學焦慮的感受呈線性成長變化發展。高一學生後三個月數學焦慮成長變化軌跡是線性型態，前三個月數學焦慮成長變化軌跡也是線性型態，但跨五個月整體的成長變化軌跡並非線性型態。

Means：（Group number 1 - 片段線性成長模式）

	Estimate	S.E.	C.R.	P	Label
截距	3.942	.077	51.499	***	
線性成長斜率 2	2.496	.025	98.040	***	

線性成長斜率 2 因子的平均數估計值為 2.496（$p < .001$），達統計顯著水準，表示平均數估計值不等於 0，由於平均數為正值，成長變化是逐月增加，高一學生

數學焦慮後三個月的成長變化是每月平均增加 2.496（片段線性成長模式之斜率因子 2 潛在變項的平均數估計值為 2.494，二個估計值參數大致相同）。截距因子的平均數估計值為 3.943（$p < .001$），達統計顯著水準，表示平均數估計值顯著大於 0，此平均數估計值為第三個月（起始狀態）學生數學焦慮的平均測量值。

　　前三個月的成長變化之斜率 1 因子的平均數為 1.220（$p < .001$），後三個月的成長變化之斜率 2 因子的平均數為 2.496（$p < .001$），第一階段（前三個時間點）數學焦慮測量值每月平均增加 1.220，第二階段（後三個時間點）數學焦慮測量值每月平均增加 2.496，可見第二階段數學焦慮感受增加的幅度較第一階段為多。

Covariances：（Group number 1 - 片段線性成長模式）

	Estimate	S.E.	C.R.	P	Label
截距 < -- > 線性成長斜率 2	.072	.094	.765	.444	

　　截距因子與線性成長斜率 2 因子的共變數估計值為 .072（$p = .444 > .05$），未達統計顯著水準，表示起始狀態（第三個月）的測量值與之後數學焦慮成長變化間沒有顯著關聯。

Variances：（Group number 1 - 片段線性成長模式）

	Estimate	S.E.	C.R.	P	Label
截距	2.135	.192	11.106	***	
線性成長斜率 2	−.001	.065	−.016	.988	

　　截距因子的變異數估計值為 2.135（$p < .001$），達統計顯著水準，表示估計值參數並非是抽樣誤差造成的，高一學生在第三個月（起始因子）的數學焦慮感受程度有顯著的個體間差異存在；線性成長斜率 2 因子的變異數估計值為 −.001（$p = .988 > .05$），未達統計顯著水準，表示後三個月的數學焦慮成長變化沒有顯著的個體間差異存在。

　　片段線性成長模式及二個線性模式估計所得的潛在因子之平均數及變異數估計值整理如下表：

平均數估計值	片段線性成長模式	線性模式 1	線性模式 2
截距	1.509***	1.511***	3.942***
線性成長斜率 1	1.218***	1.220***	
線性成長斜率 2	2.494***		2.496***
變異數估計值			
截距	1.096***	1.000***	2.135***
線性成長斜率 1	.373***	.278***	
線性成長斜率 2	.034ns		−.001ns

ns p > .05　　*** *p* < .001

註：1. 片段線性成長模式為五個時間點的成長變化模式

　　2. 線性模式 1 為前三個時間點的成長變化模式

　　3. 線性模式 2 為後三個時間點的成長變化模式。

　　由上表可見片段線性成長模式二個片段分別為線性模式的成長變化，第二個
區段（後三個月的數學焦慮感受改變）的成長變化率比第一個區段（前三個月的
數學焦慮感受改變）的成長變化率為大，第一個區段成長變化率有顯著的個體間
差異存在，第二個區段的成長變化率，受試者間大致相同，沒有顯著的個體間差
異存在。

3. 增列成長斜率模式

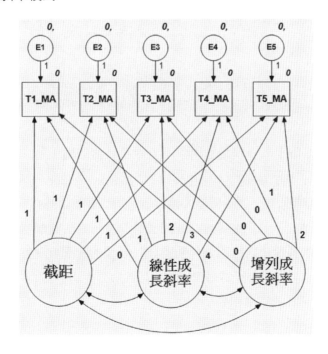

　　附加線性成長模式之線性斜率潛在構念對各指標變項的路徑係數分別為0、1、2、3、4，附加成長斜率潛在構念對各指標變項的路徑係數分別為0、0、0、1、2（根據先前的理論或實驗法則發現，假定學生從第三次時間點後，數學焦慮感會顯著增高）。

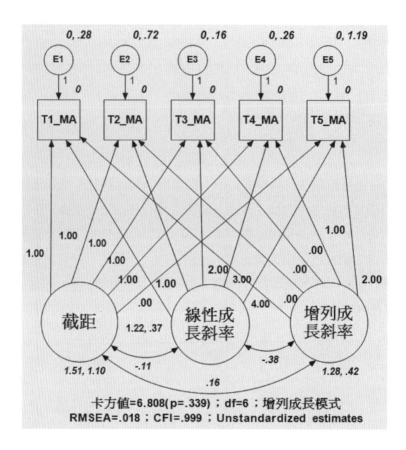

　　附加成長模式假定高一學生數學焦慮五次測量值的變化為二個線性區段之片段線性成長模式，模式檢定之適配度統計量$\chi^2_{(df=6)} = 6.808$，顯著性機率值$p = .339 > .05$，接受虛無假設，假設模型與樣本資料可以適配。RMSEA值等於.018（< .080門檻值）、CFI值 = 0.999（> .900門檻值），高中生數學焦慮五個月的成長變化呈二個線性成長變化之片段線性軌跡成長模型的適配度良好。模式適配度檢定的統計量與之前將二個線性斜率因子的路徑係數分別設定為 [（0、1、(2、2、2)] 及 [(0、0、0)、1、2] 的結果相同。

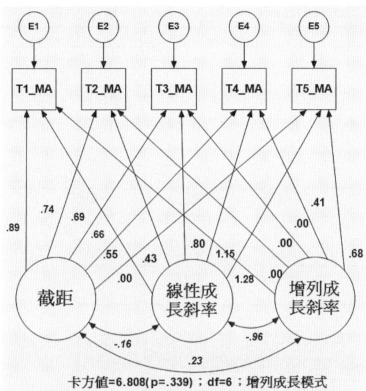

卡方值=6.808(p=.339)；df=6；增列成長模式
RMSEA=.018；CFI=.999；Standardized estimates

　　附加成長模式標準化估計值模式圖中，截距因子與線性成長斜率潛在構念間的相關為 $-.16$（$p = .073 > .05$），未達顯著水準，截距因子與附加線性成長斜率因子潛在構念間的相關為 $.23$（$p = .030 < .05$）、線性成長斜率與附加成長斜率因子二個潛在構念間的相關為 $-.96$（$p < .001$）。

Covariances：（Group number 1 - 增列成長模式）

	Estimate	S.E.	C.R.	P
截距 < -- > 線性成長斜率	−.105	.059	−1.791	.073
線性成長斜率 < -- > 增列成長斜率	−.382	.058	−6.613	***
截距 < -- > 增列成長斜率	.157	.072	2.172	.030

　　「線性成長斜率」因子與「增列成長斜率」因子間的共變數估計值達統計顯著水準，表示二個斜率因子有顯著相關，母群體的相關係數顯著不等於 0。

Implied Means：（Group number 1 - 增列成長模式）

	T5_MA	T4_MA	T3_MA	T2_MA	T1_MA
	8.933	6.439	3.946	2.727	1.509

　　附加線性斜率因子的成長曲線模式導出的觀察變項期望值與之前第一種片段線性成長模式設定的期望值相同。五個時間點觀察變項的期望值分別為 1.509、2.727、3.946、6.439、8.933。

觀察變項	期望值	增加值	型態	型態
T1_MA	1.509	起始狀態	第一階段線性模式	
T2_MA	2.727	1.218		
T3_MA	3.946	1.219		第二階段線性模式
T4_MA	6.439	2.493		
T5_MA	8.933	2.494		

　　第一階段潛在成長變化之線性模式平均每年增加變化值為 1.219，第二階段潛在成長變化之線性模式平均每年增加變化值為 2.493。

Means：（Group number 1 - 增列成長模式）

	Estimate	S.E.	C.R.	P	Label
截距	1.509	.058	25.884	***	
線性成長斜率	1.218	.035	35.103	***	
增列成長斜率	1.275	.047	27.193	***	

　　「截距因子」的平均數估計值為 1.509（$p < .001$），表示第一次測得的數學焦慮數值平均值顯著的大於 0，線性成長「斜率因子 1」的平均數估計值為 1.218（$p < .001$）、線性成長「斜率因子 2」的平均數估計值為 1.275（$p < .001$），均達統計顯著水準，表示二個片段成長發展變化率均顯著不為 0，由於二個變化率均為正值，表示二個片段成長變化是逐月上升或增加的。

Variances：（Group number 1 - 增列成長模式）

	Estimate	S.E.	C.R.	P	Label
截距	1.096	.124	8.873	***	
線性成長斜率	.373	.042	8.795	***	
增列成長斜率	.425	.099	4.278	***	

　　潛在成長曲線模式之「截距因子」的變異數估計值為 1.096（$p < .001$），線性成長「斜率因子 1」的變異數估計值為 0.373（$p < .001$），均達統計顯著水準，表示二個估計值參數均顯著不等於 0，高中一年級學生第一個月的數學焦慮感受有顯著的個體間差異存在，整體的成長變化增加率也有顯著的個體間差異存在；後三個月（第二個線性片段），增列成長斜率因子變異數估計值為 0.425（$p < .001$），達統計顯著水準，表示估計值參數顯著不為 0，後三個月的成長變化率也有顯著的個體間差異存在。

二│二次曲線成長模式

　　某研究者想探究參加某項公職考試之報考者，在考前五個月的心理緊張狀態感受程度，於考前五個月、考前四個月、考前三個月、考前二個月、考前一個月對 600 位報考者施測「心理緊張感受」量表，量表測量值的分數愈高，表示報考者心理緊張感受程度愈大。

rowtype_	varname_	T1_ 緊張	T2_ 緊張	T3_ 緊張	T4_ 緊張	T5_ 緊張
n		600.000	600.000	600.000	600.000	600.000
COV	T1_ 緊張	1.899				
COV	T2_ 緊張	1.128	2.897			
COV	T3_ 緊張	1.526	3.426	7.219		
COV	T4_ 緊張	1.801	5.012	11.115	27.879	
COV	T5_ 緊張	2.199	7.101	15.105	28.599	87.254
Mean		1.654	2.112	4.567	9.678	16.259

　　上表為五次觀察變項的共變異數矩陣摘要表。

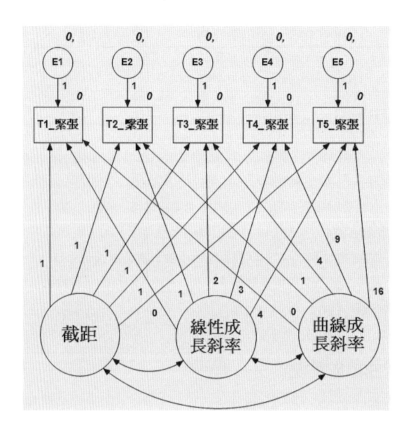

曲線成長模式多數為二次曲線軌跡或指數發展軌跡,研究者假定報考者於考前五個月的心理緊張程度並非呈線性發展變化,而是呈二次曲線的成長變化。二次曲線成長模式的假定模型圖,共有三個潛在因子(一個 LEVEL、二個 SHAPE),截距因子對指標變項的路徑係數均固定為 1,線性成長斜率(SHAPE1)對指標變項的路徑係數分別為 0、1、2、3、4,曲線成長斜率(SHAPE2)對指標變項的路徑係數分別為 0、1、4、9、16(曲線成長斜率對指標變項的路徑係數為線性成長斜率對指標變項之路徑係數的平方)。

Means:(Group number 1 - 曲線成長模式)

	Estimate	S.E.	C.R.	P	Label
截距	1.682	.055	30.750	***	
線性成長斜率	−.740	.069	−10.692	***	
曲線成長斜率	1.104	.027	40.245	***	

　　三個潛在構念的平均數估計值均達統計顯著水準，線性成長斜率平均數估計值 −.740（$p < .001$）、曲線成長斜率平均數估計值為 1.104（$p < .001$），均達統計顯著水準，表示三個潛在因子平均數估計值均顯著不為 0。曲線成長斜率因子的平均數估計值為正值，表示成長變化是隨時間點而上升。

　　根據三個斜率因子的平均數參數可以求出其餘四個時間點觀察變項的期望值：

　　期望值 ＝ 截距因子平均數 ＋ 斜率因子平均數 × 路徑係數 ＋ 曲線因子平均數 × 路徑係數。

　　時間點 2：1.682+（−.740）×（1）+（1.104）×（1）= 2.047

　　時間點 3：1.682+（−.740）×（2）+（1.104）×（4）= 4.620

　　時間點 4：1.682+（−.740）×（3）+（1.104）×（9）= 9.402

　　時間點 5：1.682+（−.740）×（4）+（1.104）×（16）= 16.393

Variances：（Group number 1 - 曲線成長模式）

	Estimate	S.E.	C.R.	P	Label
截距	.751	.205	3.658	***	
線性成長斜率	.338	.284	1.190	.234	
曲線成長斜率	.101	.031	3.198	.001	
E1	1.133	.209	5.418	***	
E2	.836	.082	10.228	***	
E3	.638	.121	5.264	***	
E4	8.211	.657	12.503	***	
E5	46.410	3.310	14.023	***	

　　變異數估計值沒有出現負的數值，模型中沒有不合理的解值，截距項的變異數估計值為 .751（$p < .001$）、曲線成長斜率潛在構念的變異數估計值為 .101（$p < .01$），均達統計顯著水準，表示個體間在曲線成長的變化率有顯著不同。600 位受試者於考前五個月的心理緊張狀態發展軌跡，整體而言是呈二次曲線發展，但此種二次曲線發展軌跡型態在受試者間有顯著的個體間差異存在。

CMIN

Model	NPAR	CMIN	DF	P	CMIN/DF
曲線成長模式	14	21.243	6	.002	3.540

結構方程模式
潛在成長曲線分析

從整體模式適配度指標值而言，卡方值統計量$\chi^2_{(df=6)} = 21.243$，顯著性 $p < .01$。

Baseline Comparisons

Model	NFI Delta1	RFI rho1	IFI Delta2	TLI rho2	CFI
曲線成長模式	.986	.977	.990	.983	.990

五個基線比較適配度統計量：NFI = .986、RFI = .977、IFI = .990、TLI = .983、CFI = .990，均大於 .950 嚴格適配門檻標準。

RMSEA

Model	RMSEA	LO 90	HI 90	PCLOSE
曲線成長模式	.065	.037	.096	.174

RMSEA 值統計量為 .065，90% 信賴區間為〔.037，.096〕，表示曲線成長模型的適配度良好。參加公職考試報考者在考前五個月的心理緊張狀態的變化較符合二次曲線成長變化。

非標準化估計值模型圖如下：

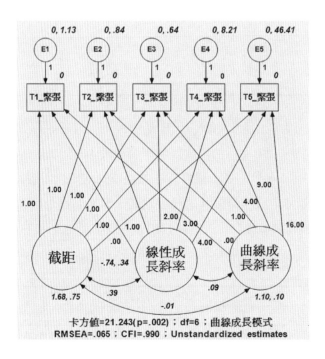

卡方值=21.243(p=.002)；df=6；曲線成長模式
RMSEA=.065；CFI=.990；Unstandardized estimates

　　曲線成長模式假定學生緊張狀態五次測量值的變化為二次曲線成長變化軌跡，模式檢定之適配度統計量$\chi^2_{(df=6)}=21.243$。RMSEA 值等於 .065（< .080 門檻值）、CFI 值等於 0.990（> .900 門檻值），SRMR 值為 .010（< .050 門檻值），表示參加公職考試的應考者，考前五個月緊張狀態的成長變化呈二次曲線發展軌跡，二次曲線成長變化模式可以得到支持。

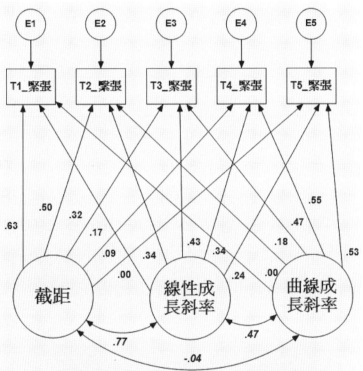

卡方值=21.243(p=.002)；df=6；曲線成長模式
RMSEA=.065；CFI=.990；Standardized estimates

　　標準化估計值模型圖中，三對潛在因子間的相關均未達統計顯著水準，截距因子＆線性成長斜率、截距因子＆曲線成長斜率、線性成長斜率＆曲線成長斜率的共變數估計值分別為 .386（顯著性 $p > .05$）、−.011（顯著性 $p > .05$）、.086（顯著性 $p > .05$），表示三個潛在因子構念間的相關均顯著等於 0。

Covariances：（Group number 1 - 曲線成長模式）

	Estimate	S.E.	C.R.	P	Label
截距 < -- > 線性成長斜率	.386	.225	1.713	.087	
線性成長斜率 < -- > 曲線成長斜率	.086	.080	1.071	.284	
截距 < -- > 曲線成長斜率	−.011	.063	−.167	.867	

　　三個潛在因子：截距項、線性成長斜率、曲線成長斜率間的共變數估計值均未達 .05 顯著水準，母群體三個潛在構念因子間均沒有顯著相關。

Implied Means：（Group number 1 - 曲線成長模式）

	T5_ 緊張	T4_ 緊張	T3_ 緊張	T2_ 緊張	T1_ 緊張
	16.393	9.402	4.620	2.047	1.682

　　根據 LGM 假設模型導出的五個時間點的期望值分別為 1.682、2.047、4.620、9.402、16.393。

　　從隱含平均數摘要表（根據假設模型導出五個時間點觀察變項的期望值），繪成以下圖表，可以明顯看出五個時間點測量值的變化十分接近曲線模式，將五個時間點的測量值連結起來，成長的變化為一條彎曲的曲線，而非是直線。

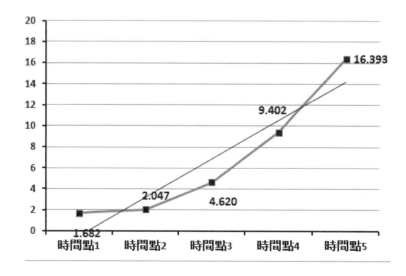

　　以第一次測得的心理緊張狀態數據為基準點，每次測得的數據變化增加率是不同的，以時間點 1 的測量值為基準點（起始狀態行為），時間點 2 的平均數增

加值為 0.365，佔整體變化率的 2.48%；時間點 3 平均值較時間點 2 平均值增加為 2.573，佔整體變化率的 17.49%；時間點 4 平均值較時間點 3 平均值增加為 4.782，佔整體變化率的 32.51%；時間點 5 平均值較時間點 4 平均值增加為 6.991，佔整體變化率的 47.52%，二個時間點間的心理緊張狀態感受的變化情況均不相同，成長變化率是呈曲線模式改變。

時間點	平均數	增加值	整體變化值	增加變化率
考前五個月（時間點 1）	1.682			－－－－（基準點）
考前四個月（時間點 2）	2.047	0.365		2.48%
考前三個月（時間點 3）	4.620	2.573		17.49%
考前二個月（時間點 4）	9.402	4.782		32.51%
考前一個月（時間點 5）	16.393	6.991		47.52%
	6.8288		14.711	100.00%

　　上述報考者於考前五個月的心理緊張狀態變化趨勢若改為線性發展模式，則假設模型圖如下：

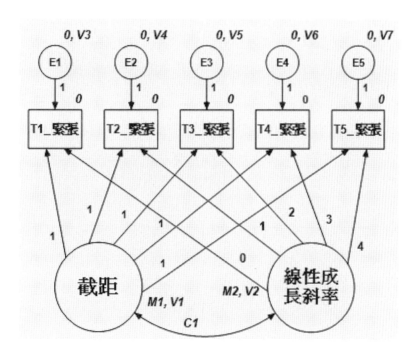

　　線性成長模式圖中，截距項（LEVEL）對五個指標變項的路徑係數均固定為1，線性成長斜率（SHAPE）對五個指標變項的路徑係數分別為 0、1、2、3、4（跨時間點的間距相同，均為一個月）。

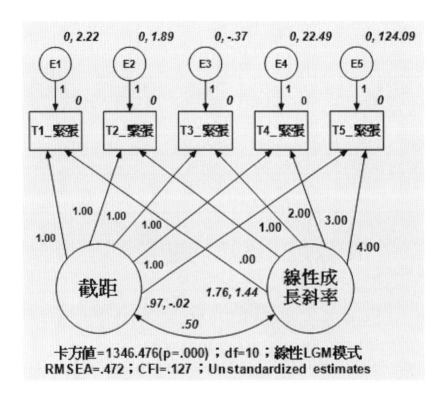

　　非標準化估計值模型圖中，假設模型估計結果，模式可以收斂，卡方值統計量 $\chi^2_{(df=10)}$ = 1346.476（$p < .001$），CFI 值為 .127、RMSEA 值統計量為 .472、SRMR 值為 .143，主要適配統計量均未達模式適配門檻值，表示線性成長模式與樣本資料無法契合。參加公職考試的應考者於考前五個月的心理緊張狀態感受程度的成長變化並非是線性模式，每月增加的心理緊張狀態變化率並非是相同的，而是呈二次曲線模式增加的。

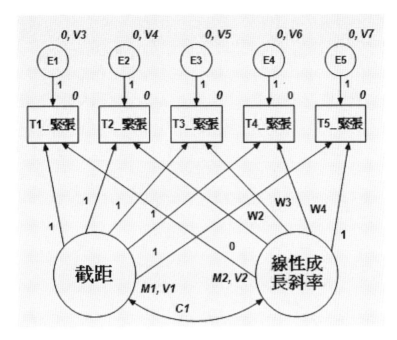

上圖為採用自由形式的 LGM 模型，潛在變項斜率因子對五個指標變項的因素負荷量分別為 [(0, W2, W3, W4,1)]，中間三個因素負荷量參數為待估計的自由參數，以探究跨五個時間點的整體變化率情況。

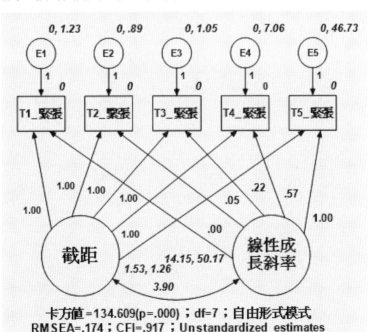

　　非標準化估計值模型圖中，假設模型估計結果，模式可以收斂，卡方值統計量 $\chi^2_{(df=7)}$ = 134.609（p < .001），CFI 值為 .917、RMSEA 值統計量為 .174、SRMR 值為 .0731，RMSEA 值及 SRMR 值等主要適配統計量均未達模式適配門檻值，表示線性成長模式與樣本資料無法契合。參加公職考試的應考者於考前五個月的心理緊張狀態感受程度的成長變化並非是線性模式。自由形式模式與線性模式的卡方值差異達到顯著 $\Delta \chi^2_{(df=3)}$ = 1211.867（p < .001），表示潛在特質成長變化之自由形式模式的界定與線性模式的界定有顯著不同，但二種線性發展軌跡的假設模型與樣本資料的契合度均不理想，母群體潛在特質成長變化並非呈線性發展軌跡。

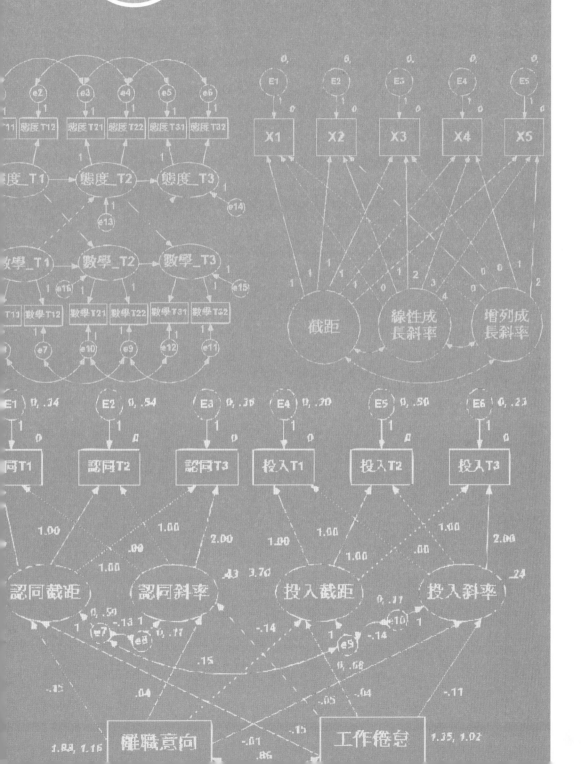

　　縱貫性資料為大一修讀程式設計學生，時間點為前四個月，自由形式模式與線形模式之斜率因子的設定如下：

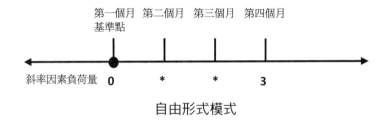

自由形式線性模式之斜率因子的平均數表示的跨時間點的整體變化值。

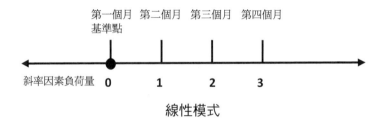

一般線性之 LGM 模式之斜率因子的平均數表示的二個時間點的平均變化值。

一 | 大一學生電腦焦慮的縱貫性研究

　　研究樣本為 230 位大一修讀程式設計的學生，四個時間點為間隔一個月，電腦焦慮測量值的分數愈高，表示學生感受的電腦焦慮愈高；測量值分數愈低，表示學生感受的電腦焦慮愈低。

rowtype_	varname_	自我效能	焦慮1	焦慮2	焦慮3	焦慮4	支持1	支持2	支持3	支持4	教學者	性別
N		230	230	230	230	230	230	230	230	230	230	230
CORR	自我效能	1.000										
CORR	焦慮1	−0.293	1.000									
CORR	焦慮2	−0.400	0.793	1.000								
CORR	焦慮3	−0.386	0.708	0.825	1.000							
CORR	焦慮4	−0.342	0.663	0.768	0.786	1.000						
CORR	支持1	0.131	−0.057	−0.069	−0.007	−0.062	1.000					
CORR	支持2	0.183	−0.075	−0.148	−0.133	−0.048	0.402	1.000				
CORR	支持3	0.257	−0.026	−0.128	−0.096	−0.073	0.334	0.540	1.000			
CORR	支持4	0.388	−0.045	−0.155	−0.097	−0.045	0.242	0.442	0.641	1.000		
CORR	教學者	0.061	0.047	0.039	0.020	−0.019	0.093	−0.111	0.020	−0.095	1.000	
CORR	性別	0.045	−0.280	−0.238	−0.210	−0.236	−0.011	−0.069	−0.121	−0.095	−0.007	1.000
Mean		85.130	2.630	2.550	2.390	2.270	4.860	5.140	5.210	5.290	0.550	0.270
Stddev		11.560	1.130	1.110	1.080	1.130	0.950	0.960	1.070	1.050	0.440	0.500

（資料來源：Serva, Kher, & Laurenceau, 2011, p.228）

　　沒有共變項（外因變項）的無條件線性模式圖假設如下：

假設一：所有大一修讀程式設計學生的電腦焦慮感受的逐月變化發展軌跡為線性
　　　　模式。

假設二：所有大一修讀程式設計學生的電腦焦慮隨時間點下降。

假設三：所有大一修讀程式設計學生的電腦焦慮在起始狀態有顯著不同（時間點1
　　　　的平均數有顯著不同）

假設四：所有大一修讀程式設計學生的電腦焦慮感受變化率（rate of change）有顯
　　　　著不同。

假設五：起始狀態有較高電腦焦慮的學生，在之後電腦焦慮的變化率較小。

（一）非成長變化模式

　　非成長模式只有一個截距因子，沒有成長變化之斜率因子，截距因子對四個
指標變項的路徑係數均限定為1。

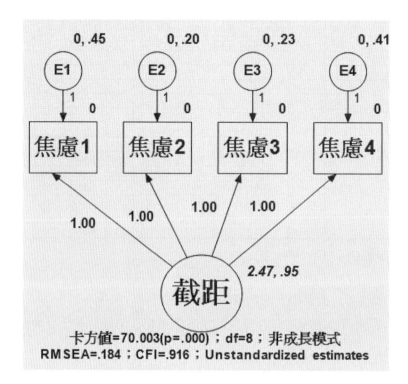

非成長模式估計結果模型可以收斂，適配度檢定統計量 $\chi^2_{(df=8)} = 70.003$，顯著性機率值 $p < .001$，拒絕虛無假設，RMSEA 適配度統計量等於 .184（大於門檻值 .080）、SRMR 適配度統計量等於 0.022，表示非線性成長模式的 LGM 模型之適配度並非十分理想。受試者（大一修讀程式設計的學生）電腦焦慮的變化並非是「非成長模式」，可能是線性模式發展軌跡或曲線模式發展軌跡。

（二）雙因子線性模式

LGM 線性模式之斜率因子對四個指標變項的路徑係數分別設定為 0、1、2、3，截距因子對四個指標變項的路徑係數均限定為 1。

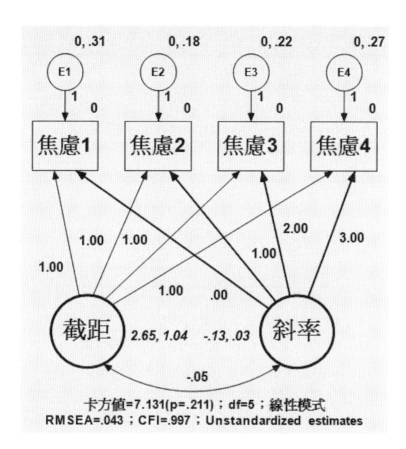

線性模式估計結果模型可以收斂,適配度檢定統計量 $\chi^2_{(df=5)}$ = 7.131,顯著性機率值 p = .211 > .05,接受虛無假設,表示線性模式的 LGM 模型之適配度良好。斜率平均數等於 −.13,表示跨四個時間點之電腦焦慮分數的變化,二個時間點間平均減少 0.13 分,個體間改變的變異量為 .03(p > .05),並沒有達到顯著水準,顯示個體間電腦焦慮分數的變化狀態差不多,此種下降的變化軌跡適用於所有的受試者。

Means:(Group number 1 - 線性模式)

	Estimate	S.E.	C.R.	P	Label
截距	2.653	.073	36.295	***	M1
斜率	−.126	.020	−6.445	***	M2

潛在成長曲線模式之「截距因子」與「斜率因子」的平均數估計值分別為 2.653

（$p < .001$）、$-.126$（$p < .001$），均達統計顯著水準，表示二個平均數估計值並非是抽樣誤差造成的。大一修讀程式學生第一個月電腦焦慮測量的平均值為 2.653 分，之後每月以 0.126 分的數值下降。

Covariances：（Group number 1 - 線性模式）

	Estimate	S.E.	C.R.	P	Label
截距 < --- > 斜率	−.051	.025	−2.045	.041	C1

Correlations：（Group number 1 - 線性模式）

	Estimate
截距 < --- > 斜率	−.278

「截距因子」與「斜率因子」二個潛在構念間的共變數估計值為 $-.051$（$p < .05$），達統計顯著水準，截距因子與斜率因子間的相關係數為 $-.278$，二者呈顯著負相關，表示起始狀態（第一個月）電腦焦慮感受較高者，之後下降的成長變化率較慢或較少；而起始狀態（第一個月）電腦焦慮感受較低者，之後下降的成長變化率較快或較多。

Variances：（Group number 1 - 線性模式）

	Estimate	S.E.	C.R.	P	Label
截距	1.038	.116	8.961	***	V1
斜率	.033	.010	3.223	.001	V2

「截距因子」與「斜率因子」二個潛在變項的變異數估計值分別為 1.038（$p < .001$）、.033（$p < .01$），均達統計顯著水準，表示二個估計值顯著不為 0，標準差分別為 1.019、0.182（變異數的平方根）。受試者於第一個月（起始狀態）的電腦焦慮感受（測量值）有顯著的個體間差異存在，而四個月的電腦焦慮成長變化程度也有顯著的個體間差異存在。

Implied Means：（Group number 1 - 線性模式）

	焦慮4	焦慮3	焦慮2	焦慮1
	2.274	2.400	2.526	2.653

　　根據 LGM 線性模式導出的四個觀察變項的期望值（平均數）分別為 2.653、2.526、2.400、2.274。

時間點	期望值	變化值	測量值	變化值
焦慮1（第一個月）	2.653	基準點	2.630	基準點
焦慮2（第二個月）	2.526	−0.127	2.550	−0.080
焦慮3（第三個月）	2.400	−0.126	2.390	−0.160
焦慮4（第四個月）	2.274	−0.126	2.270	−0.120
平均		−0.126		−0.120

　　從變化值可以看出，受試者在電腦焦慮的感受每月約下降 0.126，−0.126 數值即為斜率因子的平均數估計值（實際測量值三次時間點下降的數值分別為 −0.08、−0.16、−0.12，實際每月減少的測量值平均分數為 0.120）。

（三）雙因子自由形式模式

　　自由形式模式之斜率因子對四個指標變項的路徑係數分別設定為 0、*、*、1（*符號表示參數為待估計的自由參數），參數路徑係數增列標記表示為〔（0、W2、W3、1）〕，W2、W3 為斜率因子對第二個觀察變項、第三個觀察變項的路徑係數，二個路徑係數均為待估計的自由參數；截距因子對四個指標變項的路徑係數均限定為 1。自由形式的成長變化模式若是可以得到支持，變項的成長變化也是一種線性關係。

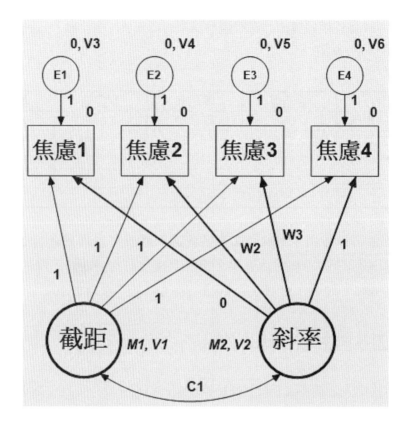

　　自由形式模式的假設模型如上圖。其中斜率因子的平均數 M2 並非是逐月變化
情況，而是跨四個時間點的總體變化率，因而自由形式模式之斜率因子的平均數
參數估計值會大於線性模式之斜率因子的平均數參數估計值（為二個時間點的平
均變化率，而非是跨四個時間點的全部變化率）。

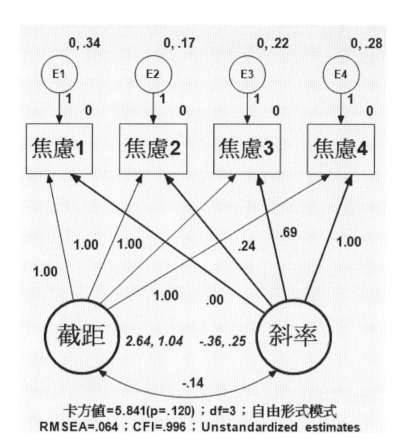

自由形式模式估計結果模型可以收斂,適配度檢定統計量 $\chi^2_{(df=3)} = 5.841$,顯著性機率值 $p = .120 > .05$,接受虛無假設,表示自由形式的 LGM 模型之適配度良好。斜率平均數等於 $-.36$,為時間點 1 與時間點 4 電腦焦慮的差異量,表示的是第四個月(最終行為)與第一個月(起始狀態)電腦焦慮測量值的總體變化分數,變異數為 .25;截距因子的平均數為 2.64,表示時間點 1(第一次測量)的電腦焦慮平均分數為 2.64(起始狀態),測量值的變異量為 1.04。

Implied Means:(Group number 1 - 自由形式模式)

	焦慮 4	焦慮 3	焦慮 2	焦慮 1
	2.275	2.386	2.548	2.635

根據自由形式之 LGM 模型導出的四個觀察變項的期望值(平均數)分別為 2.635、2.548、2.386、2.275。依期望值可以算出二個時間點的變化情況,時間

點 4 與時間點 1 的變化值總和為 −0.360，為最後一個時間點之電腦焦慮測量值
與時間點 1 之電腦焦慮測量值（基準點）的差異量，差異量為負值，表示電腦焦
慮測量值是下降的，變化率為變化值除以總變化值，如 −0.087÷−0.360 = 0.24、
−0.162÷−0.360 = 0.45、−0.111÷−0.360 = 0.31，累積變化率為斜率因子對四個觀
察變項的路徑係數（非標準化估計值模型圖中顯示的參數值）。

時間點	期望值	變化值	變化率	累積變化率
焦慮 1（第一個月）	2.635	-----	0.00	0.00
焦慮 2（第二個月）	2.548	−0.087	0.24	0.24
焦慮 3（第三個月）	2.386	−0.162	0.45	0.69
焦慮 4（第四個月）	2.275	−0.111	0.31	1.00
	變化值總和	−0.360		

　　表中變化值總和列的數值 −0.360，為跨四個月的學生電腦焦慮的整體下降分
數，此數值為自由形式模式之潛在變項「斜率因子」的平均數估計值。

（四）三種無條件化之 LGM 模式的比較

　　非成長變化模式與成長變化模式（包含線性成長模式與自由形式成長模式）
都沒有納入預測變項或共變項，皆是一種無條件的 LGM 模型，三種模式適配度估
計結果整理如下表：

電腦焦慮變化之無條件的 LGM 適配度檢定比較摘要表

	非成長模式	線性模式	自由形式模式
χ^2	70.003	7.131	5.841
自由度	8	5	3
顯著性 p	< .001	.211	.120
RMSEA	.184	.043	.064
SRMR	.022	.011	.011
CFI	.916	.997	.996

　　從適配度比較摘要表可以發現：非成長模式的假設模式與樣本資料的適配度
很差，至於線性模式與自由形式模式的適配度檢定則達到理想的狀態。從卡方值

差異量而言，$\chi^2_{(df=3)} = 62.872$，自由度等於 3，顯著水準為 .01 的卡方值統計量臨界域為 $\chi^2_{(df=3,.990)} = 11.34$，表示線性模式與非成長模式間有顯著差異（$p < .01$），電腦焦慮變化之無條件式的線性成長變化模式顯著較非成長模式更適配於樣本資料。線性成長變化模式與自由形式成長變化模式之卡方值差異量為 $\chi^2_{(df=2)} = 1.290$，自由度等於 2，顯著水準為 .05 的卡方值統計量臨界域為 $\chi^2_{(df=2,.950)} = 5.99$，線性成長變化模式及自由形式成長變化模式間沒有顯著差異存在，表示樣本大學生電腦焦慮的四個時間點的變化是呈線性模式的軌跡發展，「假設一：所有大一修讀程式設計學生的電腦焦慮感受的逐月變化發展軌跡為線性模式」得到支持。

（五）無條件的線性 LGM 模式

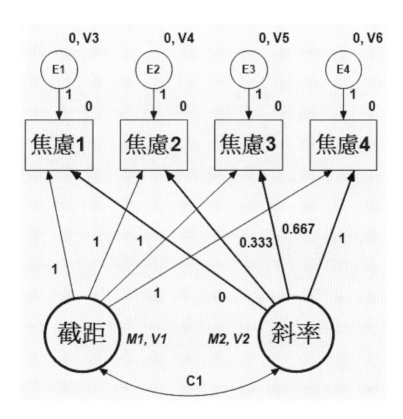

以巢套的觀點而言，範例中非成長模式被巢套於線性模式之中，線性成長變化模式被巢套於自由形式成長變化模式之中。三種競爭模式比較結果，無條件的線性 LGM 模式較為符合受試者成長變化軌跡，自由形式模式中時間點 2 與時間

點 3 斜率潛在變數對指標變項的路徑係數分別為 .24、.69，表示以第一次時間點
為基準之下，第二次時間點電腦焦慮的改變率約為 24%、第三次時間點電腦改變
率約為 69%，第三次時間點與第二次時間點電腦焦慮分數的變化率為 45％，由
於線性模式的適配度良好，研究者可以假定各時間點間之電腦焦慮的變化率約為
33.3%。電腦焦慮測量值的改變率（斜率對指標變數的路徑係數）分別設定為 0、
0.333、0.667、1，斜率因子對四個觀察變項的路徑係數均為固定參數，其數值為
[(0、0.333、0.667、1)]。

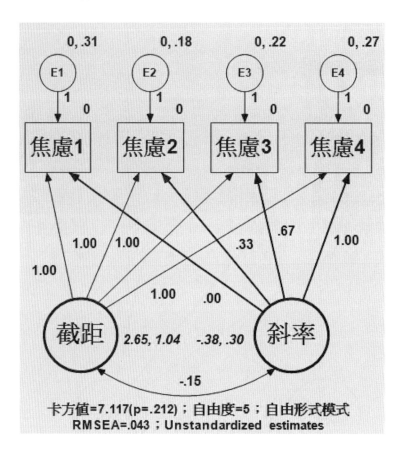

無條件的線性 LGM 模式估計結果，模式可以收斂。線性成長變化模式適配度
檢定的卡方值統計量為 7.117（自由度等於 5），顯著性機率值 p = .212 > .05，接
受虛無假設，RMSEA 值等於 .043，表示 LGM 成長變化線性模式的假設模型圖可
以得到支持。

Means：（Group number 1 - 自由形式模式）

	Estimate	S.E.	C.R.	P	Label
截距	2.653	.073	36.295	***	M1
斜率	−.379	.059	−6.445	***	M2

LGM「截距因子」的平均數估計值為 2.653（$p < .001$），達統計顯著水準，表示受試者電腦焦慮起始點的平均數顯著大於 0，受試者第一次電腦焦慮分數的平均數為 2.653；「斜率因子」的參數估計值為 −.379（$p < .001$），達統計顯著水準，表示斜率因子的平均數顯著小於 0，大一修讀程式設計的學生在每個時間點的電腦焦慮呈現顯著的下降或遞減的情況。斜率潛在因子的平均數為負值，表示就總體層次而言，以時間點 1 為起始狀態行為時，跨時間點的電腦焦慮測量值逐次下降，「假設二：所有大一修讀程式設計學生的電腦焦慮隨時間點下降」獲得支持。

Variances：（Group number 1 - 自由形式模式）

	Estimate	S.E.	C.R.	P	Label
截距	1.038	.116	8.962	***	V1
斜率	.297	.092	3.223	.001	V2

個體間差異比較而言（包括受試者在電腦焦慮的起始狀態／起點行為及成長變化），「截距因子」的變異數估計值為 1.038（$p < .001$），達統計顯著水準，「斜率因子」的變異數估計值為 .297（$p < .01$），也達 .05 顯著水準，表示這二個變異數參數均顯著不等於 0，標準差數值分別為 1.019、0.545。受試者電腦焦慮的起始狀態行為間有顯著的個別差異存在，此外，受試者電腦焦慮跨時間點的變化情形也有個體間的差異（所有學生於四個時間點的電腦焦慮感受成長變化軌跡並非完全相同），二個潛在構念因子的變異數均達顯著，結果顯示樣本的平均截距與斜率參數並沒有反映在全部的樣本身上，即所有受試者電腦焦慮的感受及下降並沒有依循相同的成長軌跡，學生的成長軌跡有顯著的個別差異，大一修讀程式設計的學生開始的電腦焦慮感受有顯著不同，同時電腦焦慮減少的變化率也有顯著的個別差異。就個體層次比較而言，截距項潛在因子變異數達到顯著，表示個體間在起始點的測量值有顯著的不同（第一次測得的電腦焦慮分數）；斜率潛在因子變異數達到顯著，表示個體間電腦焦慮逐次的變化程度有顯著不同，「假設三：所有大一修讀程式設計學生的電腦焦慮在起始狀態有顯著不同（時間點 1 的平均

結構方程模式
潛在成長曲線分析

數有顯著不同）」、「假設四：所有大一修讀程式設計學生的電腦焦慮感受變化率（rate of change）有顯著不同。」均獲得支持。

Covariances：（Group number 1 - 自由形式模式）

	Estimate	S.E.	C.R.	P	Label
截距 < --- > 斜率	−.154	.075	−2.045	.041	C1

　　「截距因子」與「斜率因子」二個潛在構念間的共變數估計值為 −.154（相關係數等於 −.278），達到 .05 顯著水準（$p = .041 < .05$），二個潛在構念間為顯著負相關，表示學生初期的電腦焦慮較高者（level），之後減少的變化率（shape）較慢或較少；起始水準（level）有較低測量值的受試者，跨時間的減少變化率（shape）較快或較多。「假設五：起始狀態有較高電腦焦慮的學生，在之後電腦焦慮的變化率較小」獲得支持。

Implied Means：（Group number 1 - 自由形式模式）

	焦慮 4	焦慮 3	焦慮 2	焦慮 1
	2.274	2.400	2.527	2.653

　　230 位大一修讀程式設計學生在四次時間點之電腦焦慮分數的期望值（期望平均數）分別為 2.653、2.527、2.400、2.274（根據假設模型導出的隱含平均數）。

Sample Means：（Group number 1）

	焦慮 4	焦慮 3	焦慮 2	焦慮 1
	2.270	2.390	2.550	2.630

　　樣本平均數為根據樣本資料計算的測量值，四個時間點之電腦焦慮平均分數的圖示如下，從圖形的變化情況可以看出十分接近線性成長變化軌跡。如果利用隱含平均數的數據，繪製出來的圖示也十分接近線性成長變化軌跡。

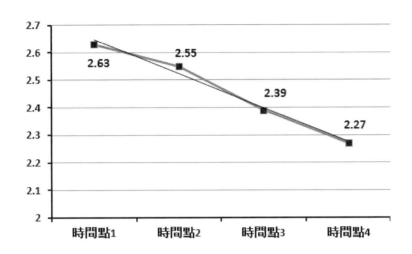

二 | 有條件的 LGM 模式

　　沒有預測變項的 LGM 模型稱為無情境化的模式或無條件的模式，增列預測變項／共變項（外因變項）的 LGM 模型稱為有情境化的模式（conditional model）或有條件的模式。有條件模式之共變項又分為二種型態，一為時間不變性或變動很小的共變項、二為時間變動性或變動很大的共變項，前者如受試者的性別或家庭社經地位、受試者的智力等，後者如受試者的學習動機、態度、學習壓力等。範例中納入的共變項為學生性別（分為男生及女生二個群體）及教學者（分別甲教學者、乙教學者二位教師），有條件的線性 LGM 模式，納入的共變項在於解釋受試者電腦焦慮感受或變化程度是否受到共變項的影響。四個研究假設如下：

假設一：大一修讀程式的女學生在電腦焦慮起始狀態比男生有較高的分數（或大
　　　　一修讀程式之不同性別的學生在電腦焦慮起始狀態感受上有顯著不同）。

假設二：大一修讀程式的女學生在電腦焦慮的下降幅度比男生較大（或大一修讀
　　　　程式之不同性別的學生在電腦焦慮變化率上有顯著不同）。

假設三：不同教學者教授的學生在電腦焦慮起始狀態感受上有顯著不同。

假設四：不同教學者教授的學生在電腦焦慮變化率上有顯著不同。

　　預測變項性別編碼中 1 為男生、0 為女生，教學者變數編碼中 1 為第一班任課教師甲、0 為第二班任課教師乙，由於二個共變項均為間斷變數，轉換為虛擬變項時，水準數值編碼分別為 0、1。

　　無條件化的 LGM 線性成長變化模式從截距因子與斜率因子的平均數及變異數可以得知受試者在電腦焦慮改變軌跡的個體間差異情形，增列性別與教學者為外因變項的假設模型圖如下：

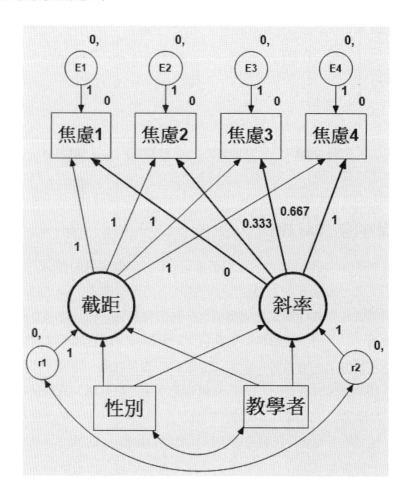

　　假設 LGM 模型圖中，殘差項「r1」是性別外因變項的變異量，殘差項「r2」是教學者外因變項的變異量，假設這二個變異量間有共變關係，「性別」與「教學者」二個變數加入模式中作為截距項與斜率參數的預測指標，且這二個預測變項是不會隨時間改變或改變緩慢的共變項（time-invariant covariates）（李茂能，2009）。模式中除了一般線性模式的 LGM 外，又包括外因變數「性別」與「教學者」對截距因子與斜率因子潛在變數的影響，性別與教學者二個共變項係透過截距因子與斜率因子潛在變項間接影響四個指標變項，至於「性別」與「教學者」

二個共變項對四個指標變項並沒有直接效果,所以模型圖中性別與教學者二個共變項沒有直接直向四個指標變項的路徑。

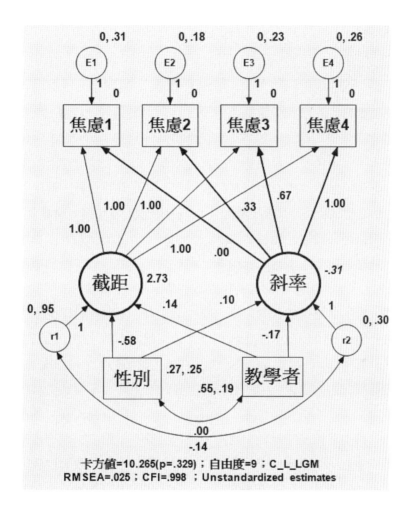

卡方值=10.265(p=.329);自由度=9;C_L_LGM
RMSEA=.025;CFI=.998;Unstandardized estimates

　　有條件線性 LGM 模型可以收斂估計,二個預測變項(外因變項)為「性別」與「教學者」,成長變化模式之整體適配度統計量 $\chi^2_{(df=9)}$ = 10.265,顯著性機率值 p = .329 > .05,接受虛無假設,假設模型與樣本資料可以適配。RMSEA 值等於 .025(< .080 門檻值)、CFI 值 = 0.998(> .950 嚴格門檻值)、SRMR 值等於 .014(< .050 門檻值),表示有條件線性 LGM 模型之適配度良好,有條件的電腦焦慮變化線性成長變化模式可以得到支持。

Regression Weights：（Group number 1 - C_L_LGM）

	Estimate	S.E.	C.R.	P	Label
截距 < --- 性別	−.583	.141	−4.133	***	
截距 < --- 教學者	.139	.160	.865	.387	
斜率 < --- 性別	.105	.117	.894	.372	
斜率 < --- 教學者	−.170	.133	−1.276	.202	

　　外因觀察變項「教學者」對截距因子的路徑係數估計值為 0.139（$p = .387 >$ .05），對斜率因子潛在構念的路徑係數估計值為 −0.170（$p = .202 > .05$），均未達統計顯著水準，表示學生電腦焦慮的起始水準（level）並沒有因教學者不同而不同，學生電腦焦慮的改變率也沒有因教學者不同而有所差異，教學者共變項對成長變化的起始狀態及跨時間點的變化率均沒有顯著影響作用。預測變項「性別」對截距因子的路徑係數估計值為 −.583（$p < .001$），達統計顯著水準，表示性別變項對電腦焦慮的起始水準有顯著影響，由於路徑係數為負（性別編碼中 1 為男生、0 為女生），表示男生在電腦焦慮的起始因子的測量值較低，與女生群體起始點相較之下，男生群體有較低的電腦焦慮。「性別」變項對斜率因子潛在構念的路徑係數估計值為 0.105（$p = .372 > .05$），未達統計顯著水準，性別變項對電腦焦慮的下降率並沒有顯著影響，就性別變項而言，時間點 1 測得的電腦焦慮分數，男生顯著的低於女生，之後，男生電腦焦慮變化的下降比率與女生電腦焦慮變化的下降比率大致相同。研究假設之：「假設一：大一修讀程式的女學生在電腦焦慮起始狀態比男生有較高的分數」得到支持，至於「假設二：大一修讀程式的女學生在電腦焦慮的下降幅度比男生較大」、「假設三：不同教學者教授的學生在電腦焦慮起始狀態感受上有顯著不同」、「假設四：不同教學者教授的學生在電腦焦慮變化率上有顯著不同」均未獲得支持。

　　上述外因觀察變項「性別」與「教學者」均為二分類別變項，如果解釋變項為三分以上類別變項，作為 LGM 成長變化模式的預測變項／共變項，要轉換為虛擬變項，若是外因觀察變項為計量變項，則不必進行轉換。

三 │ 有條件雙領域的 LGM 成長模式

　　雙領域的 LGM 模式，就是各時間點觀察搜集的指標變項或標的變數有二種以

上，範例中，研究者除搜集學生的電腦焦慮分數外，也於各時間點搜集「同儕支持程度」的分數，此分數採用評定量表，由受試者就同儕支持程度的高低感受加以評定，分數愈高，表示受試者感受的同儕支持程度愈多；分數愈低，表示受試者感受的同儕支持程度愈少。

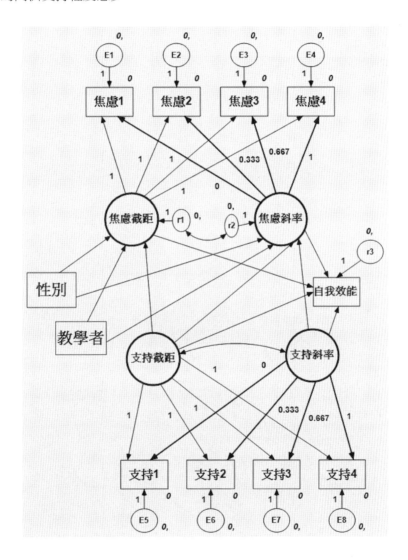

有條件之雙成長 LGM 模型中，內因變項為電腦自我效能，電腦焦慮及同儕支持成長變化的潛在構念截距因子及斜率因子對電腦自我效能有直接的影響，四個成長軌跡潛在變項為外因潛在變數，假設模型徑路圖中也假定同儕支持的截距因子對電腦焦慮成長變化的截距因子及斜率因子潛在構念有直接的影響作用，同儕

支持的斜率（成長變化率）對電腦焦慮的成長變化率也有直接影響作用，但對電腦焦慮的截距因子沒有直接影響路徑（假定此路徑的合理性不足），「性別」及「教學者」對學生電腦焦慮成長變化的截距因子及斜率因子潛在變項的直接影響路徑保留。此種有條件的線性模式，由於同時納入二個成長變化模式，因而是一種雙領域的成長變化軌跡，雙領域的成長模式同時於 LGM 模型中連結二個不同標的變項的成長變化模式；模式中又納入時間不變性的共變項，此種有條件的雙領域成長模式，無法以傳統的變異數分析統計法加以考驗，也無法採用階層線性模式法加以檢定。

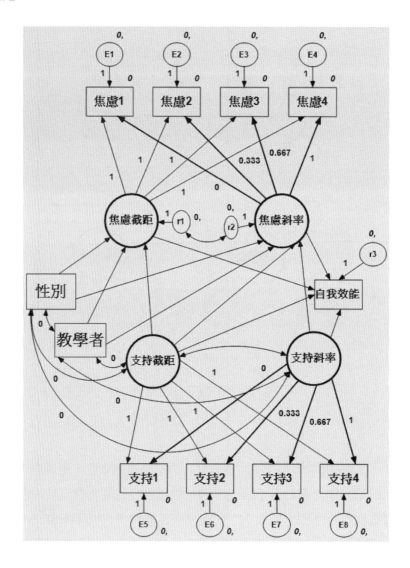

　　AMOS 假設模型的繪製中，要增列外因變項間的共變關係，四個外因變項（性別、教學者、同儕支持截距項、同儕支持斜率）中假定同儕支持截距項及同儕支持斜率潛在構念有共變關係，此共變參數設為待估計的自由參數，其餘五對外因變項的共變關係的參數均設為固定參數，假設彼此間沒有相關，因而共變參數估計值設為 0，固定參數值為 0 的五個共變項估計值為：性別＆教學者、性別＆同儕支持截距項、性別＆同儕支持斜率、教學者＆同儕支持截距項、教學者＆同儕支持斜率。

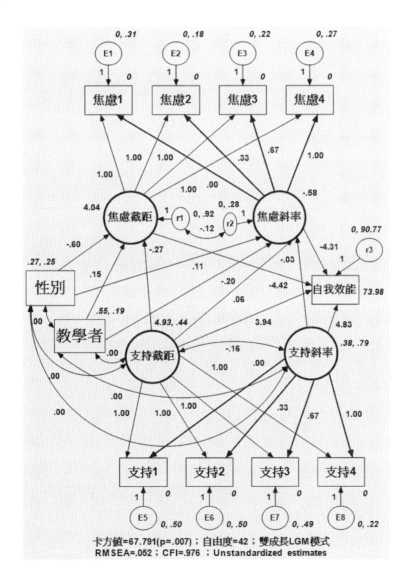

卡方值=67.791(p=.007)；自由度=42；雙成長LGM模式
RMSEA=.052；CFI=.976；Unstandardized estimates

　　假設模型估計結果，模式可以收斂，卡方值統計量 $\chi^2_{(df=42)} = 67.791$，卡方自由度比值為 1.614（< 2.000 適配門檻）、CFI 值為 .976、RMSEA 值統計量為 .052、SRMR 值為 .042，表示有條件的雙領域成長變化模型的適配度良好，此外，模型中沒有出現負的誤差項變異數，表示沒有不適當解值出現。

Regression Weights：（Group number 1 - 雙成長 LGM 模式）

	Estimate	S.E.	C.R.	P	Label
焦慮斜率 < --- 性別	.109	.116	.935	.350	
焦慮截距 < --- 支持截距	−.266	.137	−1.933	.053	
焦慮斜率 < --- 支持截距	.059	.113	.518	.605	
焦慮斜率 < --- 教學者	−.199	.132	−1.511	.131	
焦慮截距 < --- 性別	−.600	.140	−4.291	***	
焦慮截距 < --- 教學者	.149	.159	.938	.348	
焦慮斜率 < --- 支持斜率	−.027	.077	−.351	.725	
自我效能 < --- 支持截距	3.935	1.309	3.006	.003	
自我效能 < --- 支持斜率	4.832	1.052	4.591	***	
自我效能 < --- 焦慮截距	−4.420	.703	−6.285	***	
自我效能 < --- 焦慮斜率	−4.309	2.093	−2.059	.039	

　　從路徑係數摘要表可以發現：只有「性別」外因觀察變項對電腦焦慮「截距因子」有顯著的影響作用，表示男生、女生在電腦焦慮的起始狀態感受有顯著不同。同儕支持的截距因子對電腦焦慮截距因子的路徑係數（B = −.266，p = .053 > .05）及對電腦焦慮斜率因子的路徑係數（B = .059，p = .605 > .05）均未達顯著，同儕支持斜率因子潛在變項對電腦焦慮斜率因子（B = −.027，p = .725 > .05）影響的路徑係數也未達顯著。若是同儕支持截距因子對電腦焦慮截距因子潛在變項影響的路徑係數達到統計顯著水準，且路徑係數值為負，表示學生起始狀態知覺有較高的同儕支持時，會感受較低的電腦焦慮。

　　電腦焦慮及同儕支持的四個成長參數對電腦自我效能（時間點 4 測得的結果變項）的路徑係數均達顯著，電腦焦慮潛在構念截距因子對電腦自我效能的路徑係數估計值為 −4.420（p < .001），達統計顯著水準，表示學生起始水準（時間點 1）有較低的電腦焦慮，學生知覺會有較高的電腦自我效能；同儕支持潛在構念截距因子對電腦自我效能的路徑係數估計值為 3.935（p < .01），達統計顯著水準，表示學生起始水準（時間點 1）感受有較多的同儕支持，學生知覺會有較高的電腦

自我效能；同儕支持潛在構念斜率因子對電腦自我效能的路徑係數估計值為 4.832（$p < .001$），達統計顯著水準，表示學生於跨時間點中感受較多同儕支持變化率（斜率係數較大者），學生知覺會有較高的電腦自我效能；電腦焦慮潛在構念斜率因子對電腦自我效能的路徑係數估計值為 −4.309（$p < .05$），達統計顯著水準，表示學生於跨時間點中的電腦焦慮變化率較少者（斜率係數較小者），其知覺會有較高的電腦自我效能。四個成長變化參數顯示：「學生於起始狀態感受較高的同儕支持、較低的電腦焦慮時，會有顯著較高的電腦自我效能；同儕支持成長變化率較多（較快速）及電腦焦慮感受成長變化率較少（較慢）的學生，也會顯著知覺有較高的電腦自我效能」。

Means：（Group number 1 - 雙成長 LGM 模式）

	Estimate	S.E.	C.R.	P	Label
性別	.270	.033	8.190	***	
教學者	.550	.029	18.957	***	
支持截距	4.926	.058	84.670	***	
支持斜率	.384	.079	4.876	***	

同儕支持截距因子的平均數參數估計值為 4.926（$p < .001$）、斜率因子潛在變項的平均數參數估計值為 .384（$p < .001$），均達到統計顯著水準，表示同儕支持於起始點測得的數據顯著大於 0，學生知覺的同儕支持程度跨時間點呈線性成長發展，由於其數值為正，顯示大一修讀程式設計學生跨四個月感受的同儕支持程度是上升的。

Covariances：（Group number 1 - 雙成長 LGM 模式）

	Estimate	S.E.	C.R.	P	Label
支持截距 < -- > 支持斜率	−.164	.092	−1.784	.074	
r1 < -- > r2	−.124	.072	−1.717	.086	

同儕支持的截距項與斜率因子二個潛在變項間的共變數估計值為 −.164（$p = .074 > .05$），未達 .05 顯著水準，表示學生於時間點 1 感受的同儕支持程度高低與之後知覺的同儕支持程度變化率沒有顯著相關。如果負相關達到統計顯著水準，則表示學生時間點 1 有較低的同儕支持感受，之後跨時間點所知覺的同儕支持變

化率較快速或較多。

Variances：（Group number 1 - 雙成長 LGM 模式）

	Estimate	S.E.	C.R.	P	Label
支持截距	.437	.082	5.323	***	
支持斜率	.790	.166	4.751	***	
性別	.249	.023	10.700	***	
教學者	.193	.018	10.700	***	

同儕支持截距因子的變異數參數估計值為 0.437（$p < .001$）、斜率潛在變項的變異數參數估計值為 0.790（$p < .001$），均達到統計顯著水準，表示學生知覺的同儕支持程度在起始點有顯著的個別差異存在，知覺的同儕支持程度跨時間點的改變率也有顯著的個體間差異存在。

CMIN

Model	NPAR	CMIN	DF	P	CMIN/DF
雙成長 LGM 模式	35	67.791	42	.007	1.614

從整體模式適配度指標值而言，卡方值統計量 $\chi^2_{(df = 42)} = 67.791$，卡方自由度比值為 1.614（< 2.000 適配門檻）。

Baseline Comparisons

Model	NFI Delta1	RFI rho1	IFI Delta2	TLI rho2	CFI
雙成長 LGM 模式	.940	.922	.976	.969	.976

五個基線比較適配度統計量：NFI 值 = .940、RFI 值 = .922、IFI 值 = .976、TLI 值 = .969、CFI 值 = .976 均大於 .900 適配門檻標準。

RMSEA

Model	RMSEA	LO 90	HI 90	PCLOSE
雙成長 LGM 模式	.052	.027	.074	.424

RMSEA 值統計量為 .052，90% 信賴區間為〔.027，.074〕，表示雙領域成長

模型的適配度尚可。

進行有條件的雙領域成長變化模式的檢定前，如果沒有納入共變項，LGM 模型簡化為無條件的雙領域成長變化模式關係模型，假設模型圖如下：

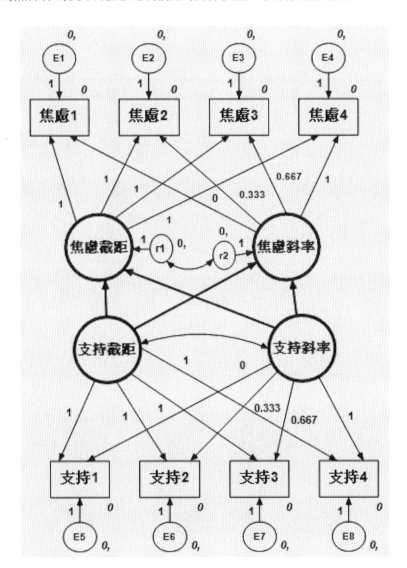

在無條件雙領域潛在成長變化模式的關係的探討上，主要探討的問題為：

1. 無條件雙領域潛在成長變化模式的關係模型是否可以得到支持？

2. 同儕支持成長變化的「截距因子」潛在變項對電腦焦慮成長變化的「截距因子」潛在變項、「斜率因子」潛在變項是否有直接影響作用？

3. 同儕支持成長變化的「斜率因子」潛在變項對電腦焦慮成長變化的「截距因子」潛在變項、「斜率因子」潛在變項是否有直接影響作用？

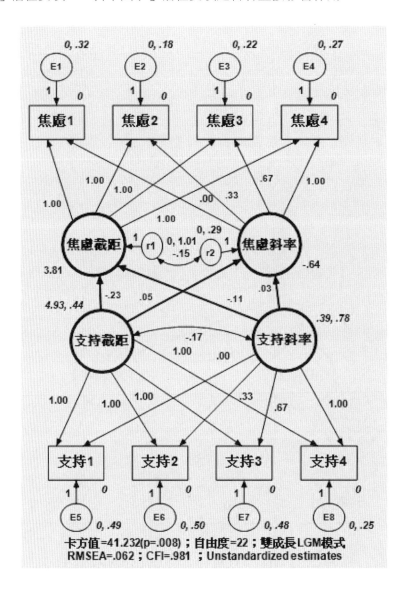

假設模型估計結果，模式可以收斂，卡方值統計量 $\chi^2_{(df=22)} = 41.232$，卡方自由度比值為 1.874（＜ 2.000 適配門檻）、CFI 值為 .981、RMSEA 值統計量為 .062、SRMR 值為 .0307，表示無條件的雙領域成長變化因果模型的適配度良好，此外，

模型中沒有出現負的誤差項變異數，表示沒有不適當解值出現。

Model	NPAR	CMIN	DF	P	CMIN/DF
雙成長 LGM 模式	22	41.232	22	.008	1.874

［備註］：AMOS的輸出文件檔案中，沒有適配度統計量SRMR，SRMR的求法如下：按功能列「增列」
（Plugins）／「標準化RMR」（Standardized RMR）程序，開啟「Standardized RMR」
對話視窗（此視窗不能關閉），按「Calculate estimates」（計算估計值）鈕。

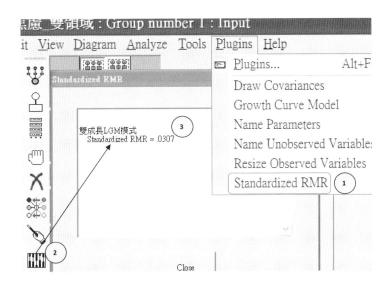

Regression Weights：（Group number 1 - 雙成長 LGM 模式）

	Estimate	S.E.	C.R.	P	Label
焦慮截距 < --- 支持截距	−.226	.139	−1.632	.103	
焦慮斜率 < --- 支持截距	.051	.112	.458	.647	
焦慮斜率 < --- 支持斜率	.025	.087	.290	.772	
焦慮截距 < --- 支持斜率	−.113	.107	−1.054	.292	

　　同儕支持成長變化的「截距因子」潛在變項對電腦焦慮成長變化的截距
因子潛在變項、斜率因子潛在變項的路徑係數估計值分別為 −.226（p = .103 >
.05）、.051（p = .647 > .05），均未達統計顯著水準，表示母群體的 β 值均顯著
等於 0；同儕支持成長變化的「斜率因子」潛在變項對電腦焦慮成長變化的截距
因子潛在變項、斜率因子潛在變項的路徑係數估計值分別為 −.113（p = .292 >
.05）、.025（p = .772 > .05），也未達統計顯著水準，表示母群體的 β 值也顯著等

於 0。範例中顯示：雙領域潛在特質成長變化模式之因果關係模型與樣本資料雖然可以契合，但潛在變項影響的直接路徑不一定達到顯著。

四 | 偏差行為之潛在成長模式分析

　　某研究者想探究五年級、六年級、七年級、八年級學生的偏差行為發展變化情況，偏差行為採用自我評定的測量方法，由受試者加以勾選，以勾選時最近一個月的不當行為表現次數，作為評定偏差行為多寡的程度。縱貫性資料的描述性統計量摘要表如下（N = 170）：

觀察變項	最小值	最大值	平均數	變異數	偏態		峰度	
	統計量	統計量	統計量	統計量	統計量	標準誤	統計量	標準誤
Y1_ 五年	1	9	2.45	2.084	1.379	.186	2.843	.370
Y2_ 六年	2	15	7.69	5.939	−.114	.186	.208	.370
Y3_ 七年	6	21	13.47	6.496	−.163	.186	.383	.370
Y4_ 八年	6	29	18.82	13.637	−.405	.186	1.013	.370

　　四個觀察變項「Y1_ 五年」、「Y2_ 六年」、「Y3_ 七年」、「Y4_ 八年」的測量值分別為 2.45、7.69、13.47、18.82，變異數分別為 2.084、5.939、6.496、13.637。

　　變項間的相關矩陣摘要表如下（N = 170）

變項	性別	社經地位	Y1_ 五年	Y2_ 六年	Y3_ 七年	Y4_ 八年
性別	1					
社經地位	−.584	1				
Y1_ 五年	.568	−.277	1			
Y2_ 六年	.460	−.253	.494	1		
Y3_ 七年	.656	−.578	.513	.475	1	.648
Y4_ 八年	.477	−.454	.469	.405	.648	1

　　從積差相關表可以發現：性別變項與四個觀察變項均呈正相關，社經地位變項與四個觀察變項均呈負相關（社經地位愈高，學生各年段偏差行為次數愈少），四個觀察變項間呈中度正相關。

研究問題一：四個年段學生偏差行為的成長發展趨勢是否為線性模式？

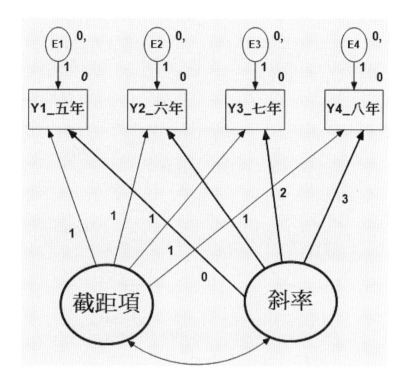

　　截距項構念對四個年段之觀察變項的路徑係數均固定為常數數值 1，四個路徑數設定為相同數值，斜率構念對四個年段之觀察變項的路徑係數分別設定為 0、1、2、3，將斜率因子對五年級指標變項的路徑係數設為 0，表示以五年級測量值為起始狀態（起始點），五年級為零成長，其餘年段的路徑係數分別設定為 1、2、3，表示線性成長曲線變化是逐年變化，六年級與起始水準五年級相差一個年段，七年級與起始水準五年級相差二個年段，八年級與起始水準五年級相差三個年段，變化率是以年段為單位。

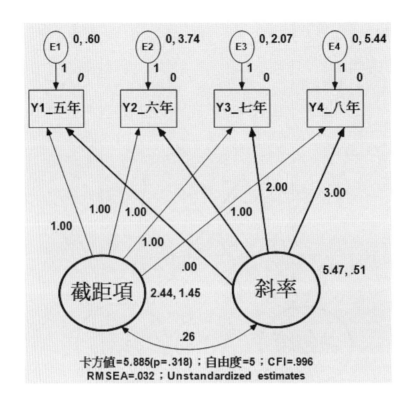

卡方值=5.885(p=.318)；自由度=5；CFI=.996
RMSEA=.032；Unstandardized estimates

　　五年級、六年級、七年級、八年級等四個年段學生偏差行為發展趨勢假定為線性模式，假設模型成長變化線性模式之適配度統計量 $\chi^2_{(df=5)} = 5.885$，顯著性機率值 $p = .318 > .05$，接受虛無假設，假設模型與樣本資料可以適配。RMSEA 值等於 .032（< .080 門檻值）、CFI 值 = .996（> .900 門檻值），四個年段的偏差行為之成長變化的線性發展模式可以得到支持。五年級、六年級、七年級、八年級學生的偏差行為發展型態呈現線性軌跡。

研究問題二：學生偏差行為起始點的平均值是否顯著大於 0？

研究問題三：學生偏差行為的變化率是上升或下降？

Means：（Group number 1 - Default model）

	Estimate	S.E.	C.R.	P	Label
截距項	2.438	.109	22.343	***	
斜率	5.473	.073	75.311	***	

　　截距項（level）潛在變項的平均數估計值為 2.438（$p < .001$），表示學生五年級偏差行為的次數顯著不等於 0，五年級近一個月平均偏差行為的次數約為 2.438 次。

　　斜率因子（shape）潛在變項的平均數估計值為 5.473（$p < .001$），達到統計顯著水準，表示學生四個年段偏差行為的變化率顯著不等於 0，由於其數值為正，顯示學生偏差行為是逐年增加或上升，每年平均約增加 5.473 次。

研究問題四：學生起始狀態的偏差行為多寡與之後偏差行為的變化率間是否有顯著相關？

Covariances：（Group number 1 - Default model）

	Estimate	S.E.	C.R.	P	Label
截距項 < -- > 斜率	.255	.161	1.585	.113	

　　偏差行為成長變化線性模式之「截距項」與「斜率因子」二個潛在變項間的共變項估計值為 .255（$p = .113 > .05$），未達 .05 顯著水準，表示學生起始狀態（五年級）時的偏差行為多寡與之後偏差行為的變化率間沒有顯著相關。

研究問題五：學生起始狀態（五年級）時的偏差行為是否有顯著的個體間差異存在？

研究問題六：學生四個年段之偏差行為的變化率是否有顯著的個體間差異存在？

Variances：（Group number 1 - Default model）

	Estimate	S.E.	C.R.	P	Label
截距項	1.452	.343	4.239	***	
斜率	.513	.117	4.386	***	

　　偏差行為成長變化線性模式之截距項因子的變異數估計值為 1.452（$p < .001$），達統計顯著水準，$\sqrt{(1.452)} = 1.205$，標準差為 1.205，表示學生起始狀態（五年級）時的偏差行為間有顯著的個體差異存在；斜率因子的變異數估計值為 .513（$p < .001$），達統計顯著水準，$\sqrt{.513} = 0.716$，表示學生四個年段之偏差行為的變化率程度也有顯著的個體間差異存在，所有學生之偏差行為成長變化軌跡並非完全

相同。

Implied Means：（Group number 1 - Default model）

	Y4_ 八年	Y3_ 七年	Y2_ 六年	Y1_ 五年
	18.857	13.384	7.911	2.438

　　隱含的平均數摘要表顯示四個年段的偏差行為次數（近一個月的平均）分別為 2.438、7.911、13.384、18.857，每個年段間約增加 5.473 次，學生的偏差行為是逐年段而增加。隱含的平均數為理論期望值，四個年段實際（真實）的平均數分別為 2.45、7.69、13.47、18.82，二者的差異值很小。跨四個年段偏差行為次數的增加變化值為 16.419，平均每個年段增加 5.473 次，5.473 為斜率因子的平均數估計值，每個年段的平均變化率為 33.3%，跨四個年段的總變化值為增加 16.419 次。

時間點	期望值	變化值	變化率	累積變化率
Y1_ 五年	2.438	——————	——————	基準點
Y2_ 六年	7.911	5.473	0.333	33%
Y3_ 七年	13.384	5.473	0.333	67%
Y4_ 八年	18.857	5.473	0.333	100%
	全部變化值	16.419		

　　如果潛在成長變化模式採用自由形式模式，斜率因子的路徑係數設定為 [(0, *, *, 1)]，則斜率因子潛在變項的平均數估計值約為 16.419。

研究問題七：不同社經地位的學生，其偏差行為的起始狀態（五年級）是否有顯著不同？

研究問題八：不同社經地位的學生，四個年段之偏差行為的變化率是否有顯著不同？

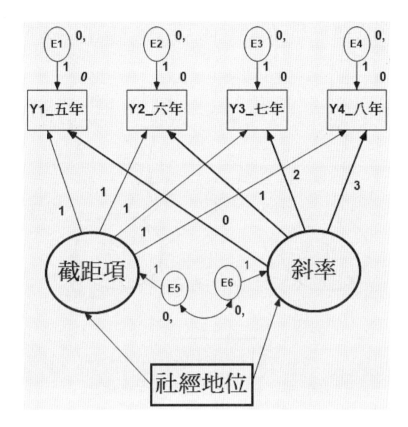

　　研究問題中增列的解釋變項為受試者的「社經地位」,「社經地位」共變項為計量變項,變項的測量值愈高,表示學生的社經地位愈高;變項的測量值愈低,表示學生的社經地位愈低,模型圖中假定學生的「社經地位」預測變項對成長變化潛在變項「截距因子」與「斜率因子」均有直接影響效果,「截距因子」與「斜率因子」的預測殘差項間假定有共變關係,「社經地位」預測變項的平均數與變異數均設定為待估計的自由參數。

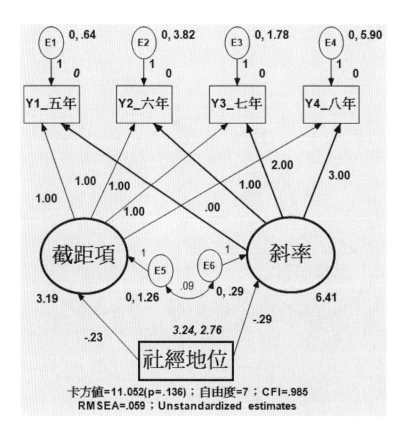

卡方值=11.052(p=.136)；自由度=7；CFI=.985
RMSEA=.059；Unstandardized estimates

　　以「社經地位」作為共變項，五年級、六年級、七年級、八年級等四個年段學生偏差行為發展趨勢假定為線性模式，有條件成長變化假設線性模型之適配度統計量 $\chi^2_{(df=7)}$ = 11.052，顯著性機率值 p = .136 > .05，接受虛無假設，假設模型與樣本資料可以適配。RMSEA 值等於 .059（< .080 門檻值）、CFI 值 = .985（>.900 門檻值），四個年段的偏差行為之有條件的線性成長變化模式（共變項為社經地位）可以得到支持。

Regression Weights：（Group number 1 - Default model）

	Estimate	S.E.	C.R.	P	Label
截距項 < --- 社經地位	−.232	.063	−3.674	***	
斜率 < --- 社經地位	−.288	.038	−7.607	***	

　　「社經地位」共變項對成長變化模式之「截距項」潛在變項的路徑係數估計值為 −.232（p < .001），達統計顯著水準，表示社經地位預測變項對學生偏差行

為的起始狀態（五年級）有顯著影響，社經地位愈高的學生，五年級（起始狀態）時的偏差行為顯著愈少；相對的，社經地位愈低的學生，五年級（起始狀態）時顯著有愈多的偏差行為。

「社經地位」共變項對成長變化模式之「斜率因子」潛在變項的路徑係數估計值為 $-.288$（$p < .001$），達統計顯著水準，表示社經地位預測變項對學生四個年段偏差行為的變化率有顯著影響，由於估計值為負值，顯示社經地位愈高的學生，學生跨年段偏差行為的變化率愈慢或愈少，即偏差行為的增加率愈小；相對的，社經地位愈低的學生，學生跨年段偏差行為的變化率愈快或愈多，即偏差行為的增加率愈大。

研究問題九：不同性別的學生，其偏差行為的起始狀態（五年級）是否有顯著不同？（學生五年級時的偏差行為是否有顯著的性別差異？）

研究問題十：不同性別的學生，四個年段之偏差行為的變化率是否有顯著不同？（學生四個年段的偏差行為變化率是否有顯著的性別差異？）

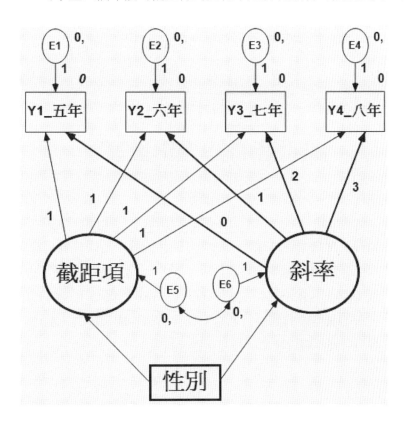

結構方程模式
潛在成長曲線分析

　　外因觀察變項性別的水準編碼中，0 為女生、1 為男生，有條件的成長變化線性模式的共變項為學生「性別」，模型中假定「性別」預測變項對成長變化模式的潛在變項「截距因子」與「斜率因子」間有顯著直接影響路徑，但對四個時間點之觀察變項沒有直接影響效果。

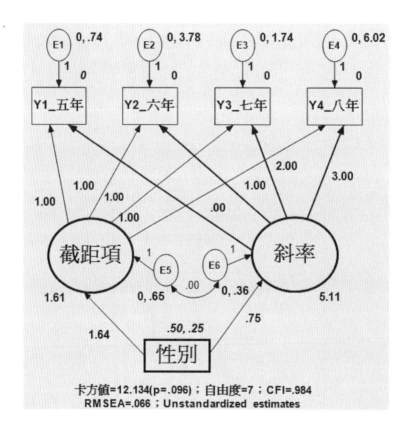

　　以學生「性別」作為共變項，五年級、六年級、七年級、八年級等四個年段學生偏差行為發展趨勢假定為線性模式，有條件假設模型成長變化模式之適配度統計量 $\chi^2_{(df=7)}$ = 12.134，顯著性機率值 p = .096 > .05，接受虛無假設，假設模型與樣本資料可以適配。RMSEA 值等於 .066（< .080 門檻值）、CFI 值 = .984（> .900 門檻值），四個年段的偏差行為之有條件的線性成長模式（共變項為性別）可以得到支持，有條件假設模型成長變化線性模式與樣本資料的契合度良好。

Regression Weights：（Group number 1 - Default model）

	Estimate	S.E.	C.R.	P	Label
截距項 < --- 性別	1.643	.178	9.242	***	
斜率 < --- 性別	.748	.134	5.568	***	

「性別」共變項對成長變化模式之「截距項」潛在變項的路徑係數估計值為1.643（$p < .001$），達統計顯著水準，表示性別預測變項對學生偏差行為的起始狀態（五年級）有顯著影響，男生群體在五年級（起始狀態）時的偏差行為顯著較多（男生的水準數值編碼為1，路徑係數估計值為正）；相對的，女生群體在五年級（起始狀態）時顯著有較少的偏差行為。

「性別」共變項對成長變化模式之「斜率因子」潛在變項的路徑係數估計值為.748（$p < .001$），達統計顯著水準，表示性別預測變項對學生四個年段偏差行為的變化率有顯著影響，由於估計值為正值，顯示男生群體跨年段偏差行為的變化率較女生群體為快，與女生群體相較之下，男生群體偏差行為四個年段的增加率較大或較多。

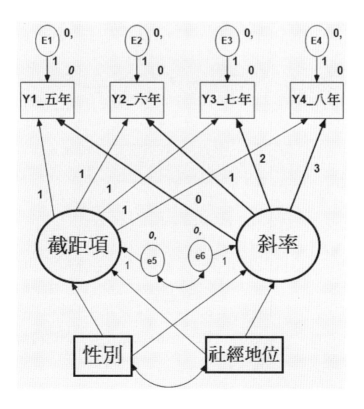

　　有條件的潛在特質成長變化線性模式中，共變項為「性別」及「社經地位」
二個，二個外因變項為單一指標測量值，因而採用外因觀察變項的界定方法，如
果共變項的指標變項有二個以上，共變項要改用外因潛在變項的界定法。模型中
假定學生「性別」及「社經地位」二個外因觀察變項對成長變化模式之「截距因子」
及「斜率因子」內因潛在變項有直接影響效果，成長變化潛在變項「截距因子」
與「斜率因子」的殘差項間假定有共變關係。

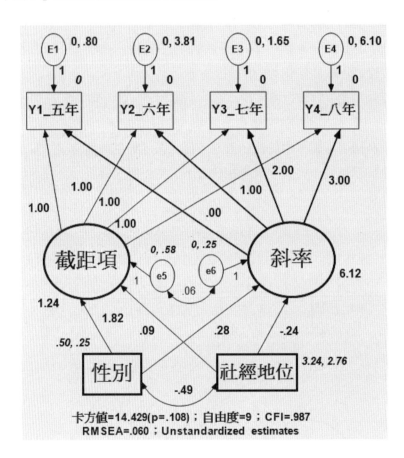

以「性別」、「社經地位」作為共變項，五年級、六年級、七年級、八年級
等四個年段學生偏差行為發展趨勢假定為線性模式，有條件成長變化假設模型的
適配度統計量 $\chi^2_{(df=9)}$ = 14.429，顯著性機率值 p = .108 > .05，接受虛無假設，假
設模型與樣本資料可以適配。RMSEA 值等於 .060（< .080 門檻值）、CFI 值 =
.987（> .900 門檻值），四個年段的偏差行為之有條件的線性成長模式（共變項為

性別、社經地位）可以得到支持，有條件成長變化的線性發展模式與樣本資料的契合度佳。

Regression Weights：（Group number 1 - Default model）

	Estimate	S.E.	C.R.	P	Label
截距項 < --- 性別	1.816	.218	8.342	***	
斜率 < --- 性別	.283	.154	1.836	.066	
斜率 < --- 社經地位	−.241	.046	−5.211	***	
截距項 < --- 社經地位	.089	.066	1.359	.174	

「性別」預測變項對「截距因子」潛在變項的路徑係數估計值為 1.816（$p <$ .001），「社經地位」預測變項對「斜率因子」潛在變項的路徑係數估計值為 −.241（$p < .001$），二個路徑係數參數均達到統計顯著水準，表示男生群體、女生群體在五年級（起始狀態）之偏差行為的平均數（次數多寡）有顯著不同，男生群體五年級出現的偏差行為顯著的多於女生群體。此外，「社經地位」預測變項對於學生偏差行為的成長發展的變化率也有顯著影響，社經地位愈高的學生，之後跨年段偏差行為出現的增加變化率較低或較慢。

至於「性別」預測變項對潛在成長變化「斜率因子」的路徑係數估計值、「社經地位」預測變項對潛在成長變化「截距項」的路徑係數估計值則均未達統計顯著水準，不同性別的學生在跨四個年段之偏差行為的變化情況沒有顯著不同，不同社經地位的學生在五年級（起始狀態）之偏差行為的表現（次數多寡）沒有顯著不同。

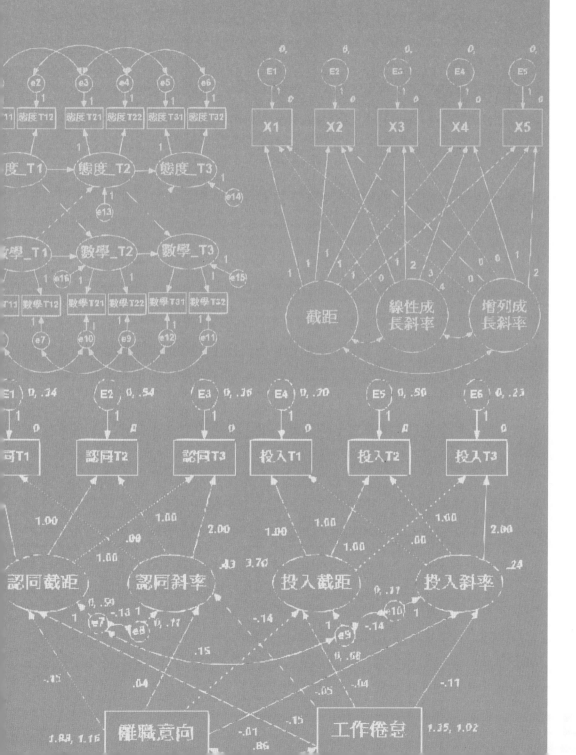

　　一個潛在特質變項的成長變化模式稱為單領域成長變化模式（single-domain LGM)），二個單一潛在成長模式的組合關係即為雙領域成長變化模式（dual-domain LGM）。雙領域成長變化模式可以探究二個成長變化因子「水準」與「形狀」的跨成長變化間的共變關係或因果關係，二個單領域的 LGM 模式的結合，即為雙領域的 LGM 成長模式，雙領域的 LGM 成長模式有二種型態，一為二個單領域 LGM 模型間的共變關係，二為二個單領域 LGM 模型間的因果關係，若是雙領域的 LGM 成長模式增列共變項，即為有條件雙領域之 LGM 模式。

　　潛在成長模式除常用於單一目標變項外，也可擴充為雙目標變數成長模式，以高中學生三個學期的數學能力及科學能力的縱貫性研究為例，雙領域之潛在成長曲線模型的假設模式圖如下（Byrne, 2010, p.317）。此種 LGM 模型圖因為沒有預測變項，也是一種無條件的 LGM 模型。

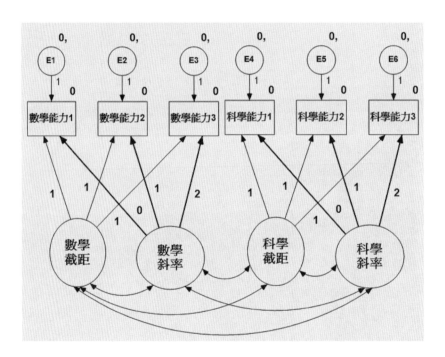

　　雙領域潛在成長模式圖中，除假定潛在構念數學截距項與數學斜率因子有共變關係（單領域內共變關係）、潛在構念科學截距項與數學斜率因子有共變關係外（單領域內共變關係），也假定潛在構念科學截距項與數學截距項有共變關係（跨領域截距因子潛在變項間共變關係）、潛在構念科學斜率與數學斜率有共變

關係（跨領域斜率因子潛在變項間共變關係）（AMOS繪製的假設模型圖中，沒有共變關係變項間的共變數雙箭號也要繪製，再設定參數估計值為0，共變數估計值為0表示二個因子變項沒有相關）、數學截距因子與科學斜率因子間有共變關係、數學斜率因子與科學截距因子間有共變關係。

就數學能力之截距項與斜率之領域內的共變參數估計值而言，如果共變數達到.05顯著水準，且數值為負，表示學生於時間點1的數學能力愈佳者，之後跨時間點的變化增加率愈小，第一次量測值之數學能力愈低者，之後跨時間點的變化增加率愈多。數學斜率與科學斜率潛在構念間的相關如果達到統計顯著水準，且參數數值為正，表示學生數學能力跨時間點的成長變化率增加，科學能力跨時間點的成長變化率也增加；數學截距項與科學截距項潛在構念間的相關如果達到統計顯著水準，且參數數值為正，表示時間點1學生的數學能力愈佳者，其科學能力也愈好，起始點1的能力情況，學生的數學能力與科學能力有顯著正相關。各領域潛在變數截距項及斜率之變異數參數估計值，可以作為檢定個別間差異指標，包括起始點1（起始狀態）測量值的個別差異情況及受試者跨時間點的成長變化率情形。

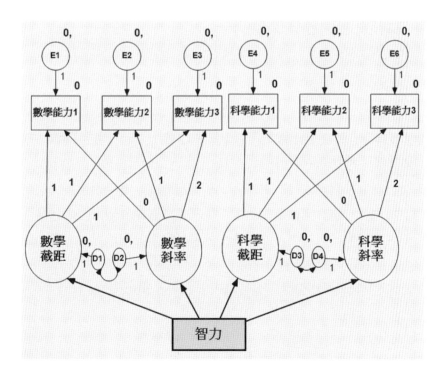

雙領域的潛在成長模式如果增列預測變項「智力」，表示以智力變項為共變項，智力共變項是一個時間不變性之預測變化，此種假設模型為有條件的潛在成長模式。假設模型圖中之外因變項「智力」的路徑指向四個潛在構念：數學截距、數學斜率、科學截距、科學斜率，四個潛在因子增列預測誤差項，殘差項 D1 與 D2、D3 與 D4 間有共變關係。「智力」共變項對數學截距因子、數學斜率因子、科學截距因子、科學斜率因子四個路徑係數均為待估計的自由參數。有條件雙領域 LGM 模型探討的主要四個問題：

1. 學生智力對學生起始狀態（數學截距因子）的數學能力是否有顯著影響作用？
2. 學生智力對學生起始狀態（科學截距因子）的科學能力是否有顯著影響作用？
3. 學生智力對學生跨三個年段的數學能力成長變化率（數學斜率因子）是否有顯著影響作用？
4. 學生智力對學生跨三個年段的科學能力成長變化率（科學斜率因子）是否有顯著影響作用？

一 ┃ 雙領域成長變化模式範例一

（一）不當行為與同儕關係雙領域共變關係

縱貫性資料為五年級（11 歲）、六年級（12 歲）、七年級（13 歲）學生的不當行為與同儕關係的表現，學生不當行為界定為近一個月出現的不當行為次數（各年級填答時自評近一個月的行為表現），平均值愈高，表示學生近一個月不當行為出現的次數愈多；同儕關係為學生在「班級人際關係量表」上的得分，測量值愈高表示學生的同儕關係愈佳，測量值愈低表示學生的同儕關係愈差，二種測量值都是學生在自我評定量表的得分。

調查資料的共變異數矩陣如下表（修改自 Byrne, 2010, p.326）：

rowtype_	varname_	T1_行為	T2_行為	T3_行為	T1_同儕	T2_同儕	T3_同儕
n		200.000	200.000	200.000	200.000	200.000	200.000
COV	T1_行為	40.260					
COV	T2_行為	24.144	43.161				
COV	T3_行為	21.051	24.510	35.351			
COV	T1_同儕	-21.352	-20.112	-17.693	95.211		
COV	T2_同儕	-23.924	-22.645	-21.667	69.774	110.343	
COv	T3_同儕	-18.018	-20.998	-15.081	47.228	61.547	79.812
Mean		21.336	23.254	26.785	50.654	48.254	46.365

雙領域 LGM 或 LGC 的假設模型圖如下：

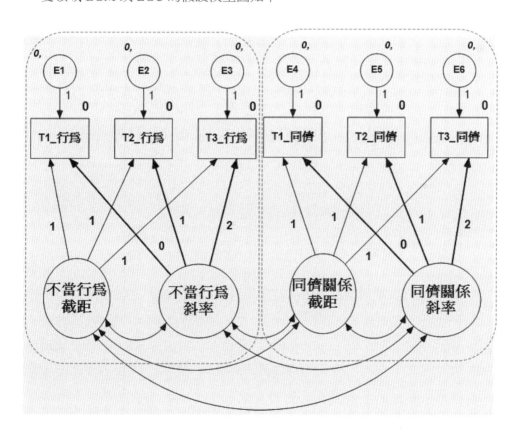

　　假設模型圖是二個獨立的 LGM 線性模式圖的組合，每個 LGM 模式中的截距因子對三個指標變項的因素負荷量均固定為 1（固定參數），斜率因子對三個指標變項的因素負荷量分別為 0、1、2（固定參數），表示潛在成長變化的基準點為五

年級，二個模式均以五年級為起始狀態，各領域的成長變化模式假定均為線性模式軌跡。

　　假設模型圖的參數設定中，六個指標變項的截距項參數限定為 0，指標變項的隨機測量誤差項的平均數為固定參數（參數值限定為 0），變異數估計值設定為自由參數。

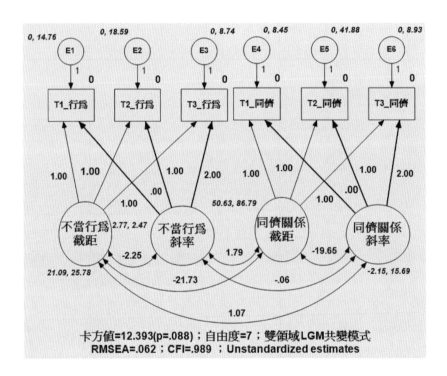

卡方值=12.393(p=.088)；自由度=7；雙領域LGM共變模式
RMSEA=.062；CFI=.989 ；Unstandardized estimates

　　雙領域 LGM 共變模型之模式估計結果可以收斂，模式之整體適配度統計量 $\chi^2_{(df=7)}$ =12.393，顯著性機率值 p = .088 > .05，接受虛無假設，假設模型與樣本資料可以適配。RMSEA 值等於 .062（< .080 門檻值）、CFI 值 = .989（> .950 門檻值），SRMR 值等於 .024，表示學生不當行為與同儕關係之雙領域 LGM 線性軌跡共變模式可以得到支持。

Parameter summary：（Group number 1）

	Weights	Covariances	Variances	Means	Intercepts	Total
Fixed	18	0	0	0	0	18
Labeled	0	0	0	0	0	0
Unlabeled	0	6	10	4	0	20
Total	18	6	10	4	0	38

　　參數摘要表顯示，固定參數有 18 個，待估計的自由參數有 20 個，20 個自由參數均未增列參數標記，其中有 6 個共變數參數、10 個變異數參數、4 個平均數參數。

Computation of degrees of freedom （雙領域 LGM 共變模式）

Number of distinct sample moments:	27
Number of distinct parameters to be estimated:	20
Degrees of freedom （27 - 20）：	7

　　觀察變項有 6 個，增列估計截距與平均數參數，觀察變項的平均數個數 6，資料點的個數共有 $\dfrac{P(P+1)}{2} + N_{Mean} = \dfrac{6(6+1)}{2} + 6 = 27$，待估計的自由參數有 20 個，模式的自由度 = 27−20 = 7。

Means：（Group number 1 - 雙領域 LGM 共變模式）

	Estimate	S.E.	C.R.	P	Label
不當行為 _ 截距	21.093	.439	48.069	***	
不當行為 _ 斜率	2.774	.204	13.622	***	
同儕關係 _ 截距	50.631	.690	73.334	***	
同儕關係 _ 斜率	−2.145	.317	−6.760	***	

　　上表為四個潛在變項因子的平均數估計值，不當行為之截距因子的平均數估計值為 21.093、斜率因子的平均數估計值為 2.774，二個估計值均達統計顯著水準（$p < .001$），表示五年級學生一個月不當行為平均次數為 21.093，平均數估計值顯著大於 0，不當行為斜率因子的數值為正值，顯示學生不當行為的變化率逐年段

增加。同儕關係之截距因子的平均數估計值為 50.631、斜率因子的平均數估計值
為 −2.145，二個估計值均達統計顯著水準（ $p < .001$ ），表示五年級學生知覺的同
儕關係平均數估計值顯著大於 0，同儕關係斜率因子的數值為負值，顯示學生同儕
關係的變化率逐年段下降，每年平均以 2.145 的分數減少。

Covariances：（Group number 1 - 雙領域 LGM 共變模式）

	Estimate	S.E.	C.R.	P	Label
不當行為 _ 截距 < -- > 不當行為 _ 斜率	−2.249	2.333	−.964	.335	
同儕關係 _ 截距 < -- > 同儕關係 _ 斜率	−19.651	5.520	−3.560	***	
不當行為 _ 斜率 < -- > 同儕關係 _ 截距	1.794	1.987	.903	.367	
不當行為 _ 截距 < -- > 同儕關係 _ 截距	−21.735	4.543	−4.784	***	
不當行為 _ 斜率 < -- > 同儕關係 _ 斜率	−.063	.912	−.069	.945	
不當行為 _ 截距 < -- > 同儕關係 _ 斜率	1.071	1.966	.545	.586	

　　六組潛在變項的共變數估計值只有二組達到統計顯著水準，這二組潛在變項
分別為「同儕關係截距與同儕關係斜率」、「不當行為截距與同儕關係截距」，
共變數估計值分別為 −19.651（ $p < .001$ ）、−21.735（ $p < .001$ ），其餘四組潛在變
項的共變數估計值均未達 .05 顯著水準，表示這四組潛在變項間的相關均為 0，四
組潛在因子變項間沒有顯著相關者為：「不當行為截距與不當行為斜率」、「不
當行為斜率與同儕關係截距」、「不當行為斜率與同儕關係斜率」、「不當行為
截距與同儕關係斜率」。

Correlations：（Group number 1 - 雙領域 LGM 共變模式）

	Estimate
不當行為 _ 截距 < -- > 不當行為 _ 斜率	−.282
同儕關係 _ 截距 < -- > 同儕關係 _ 斜率	−.532
不當行為 _ 斜率 < -- > 同儕關係 _ 截距	.123
不當行為 _ 截距 < -- > 同儕關係 _ 截距	−.459
不當行為 _ 斜率 < -- > 同儕關係 _ 斜率	−.010
不當行為 _ 截距 < -- > 同儕關係 _ 斜率	.053

　　「同儕關係截距 & 同儕關係斜率」間的相關係數為 −.532，二者呈顯著負相
關，表示學生五年級同儕關係起始狀態的測量值與跨年段同儕關係變化率呈負向
關係，即五年級同儕關係測量值愈高者（同儕關係愈佳），之後同儕關係變化率

的下降比率較慢；五年級同儕關係測量值愈低者（同儕關係愈差），之後同儕關係變化率的下降比率較快；「不當行為截距＆同儕關係截距」為 −.459，二者呈顯著負向關係，顯示學生起始狀態（五年級）不當行為平均測量值愈高，同儕關係平均測量值愈低，五年級（起始點）一個月內學生表現較多的不當行為，其知覺的同儕關係較差；相對的，五年級（起始點）一個月內學生表現較少的不當行為，其知覺的同儕關係較佳。「不當行為截距＆不當行為斜率」二個潛在因子間的相關未達顯著，表示學生五年級起始狀態的不當行為多寡與跨年段不當行為的成長變化率沒有顯著關聯。

Variances：（Group number 1 - 雙領域 LGM 共變模式）

	Estimate	S.E.	C.R.	P	Label
不當行為 _ 截距	25.781	4.899	5.263	***	
不當行為 _ 斜率	2.469	1.958	1.261	.207	
同儕關係 _ 截距	86.791	12.366	7.019	***	
同儕關係 _ 斜率	15.694	4.104	3.825	***	

個體間差異的四個潛在因子中有三個達到統計顯著水準（$p < .001$），不當行為截距因子的變異數估計值為 25.781，表示學生五年級一個月內表現的不當行為次數有顯著的個體間差異存在；同儕關係截距因子的變異數估計值為 86.791，表示學生五年級一個月內知覺的同儕關係有顯著的個體間差異存在；同儕關係斜率因子的變異數估計值為 15.694，表示學生知覺跨三個年段的同儕關係變化率有顯著的個體間差異存在，所有學生的同儕關係跨年段的成長變化軌跡發展並非完全一致。

將潛在因子間沒有顯著相關的共變雙箭號刪除，簡化的雙領域 LGM 共變模型如下，AMOS 繪製的假設模型圖中，將沒有相關的二個潛在因子間的共變參數限定為 0，雙箭號相關符號也要繪製，否則參數無法估計。

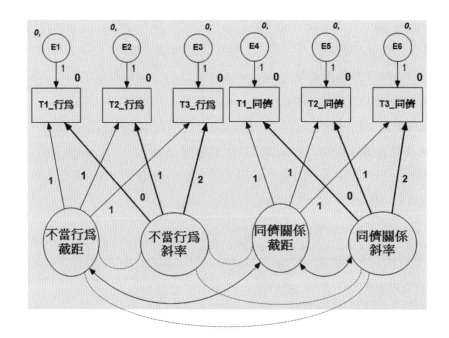

CMIN

Model	NPAR	CMIN	DF	P	CMIN/DF
雙領域 LGM 共變模式	16	14.389	11	.212	1.308

　　整體適配度卡方值為 14.389（自由度等於 11），顯著性機率值 p = .212 > .05，接受虛無假設，雙領域線性成長變化共變模式可以得到支持。

Covariances：（Group number 1 - 雙領域 LGM 共變模式）

	Estimate	S.E.	C.R.	P	Label
不當行為 _ 截距 < -- > 不當行為 _ 斜率	.000				固定參數
同儕關係 _ 截距 < -- > 同儕關係 _ 斜率	−19.135	5.395	−3.547	***	
不當行為 _ 斜率 < -- > 同儕關係 _ 截距	.000				固定參數
不當行為 _ 截距 < -- > 同儕關係 _ 截距	−18.851	3.350	−5.627	***	
不當行為 _ 斜率 < -- > 同儕關係 _ 斜率	.000				固定參數
不當行為 _ 截距 < -- > 同儕關係 _ 斜率	.000				固定參數

　　同儕關係斜率因子與同儕關係截距因子的共變數估計值為 −19.135（p < .001），同儕關係截距因子與不當行為截距因子的共變數估計值為 −18.851（p < .001），均達統計顯著水準，表示二個共變數估計值顯著不等於 0。

Correlations：（Group number 1 - 雙領域 LGM 共變模式）

	Estimate
不當行為 _ 截距 < -- > 不當行為 _ 斜率	.000
同儕關係 _ 截距 < -- > 同儕關係 _ 斜率	−.523
不當行為 _ 斜率 < -- > 同儕關係 _ 截距	.000
不當行為 _ 截距 < -- > 同儕關係 _ 截距	−.433
不當行為 _ 斜率 < -- > 同儕關係 _ 斜率	.000
不當行為 _ 截距 < -- > 同儕關係 _ 斜率	.000

　　同儕關係「斜率因子」與同儕關係「截距因子」的相關係數為 −.523（未簡約 LGM 模式的數值為 −.532），同儕關係「截距因子」與不當行為「截距因子」的相關係數為 −.433（未簡約 LGM 模式的數值為 −.459）。

Implied Means：（Group number 1 - 雙領域 LGM 共變模式）

	T3_ 同儕	T2_ 同儕	T1_ 同儕	T3_ 行為	T2_ 行為	T1_ 行為
	46.340	48.485	50.631	26.641	23.867	21.093

　　隱含平均數摘要表為六個觀察變項的期望值，根據假設模型導出的期望值與實際值間的差異為誤差值。

觀察變項	T1_ 行為	T2_ 行為	T3_ 行為	T1_ 同儕	T2_ 同儕	T3_ 同儕
期望值	21.093	23.867	26.641	50.631	48.485	46.340
增加值	起始點	2.774	2.774	起始點	−2.146	−2.145
實際值	21.336	23.254	26.785	50.654	48.254	46.365
差異值	−0.243	0.613	−0.144	−0.023	0.231	−0.025

　　不當行為觀察變項之增加值列的數據 2.774，為成長模式中之不當行為斜率因子的平均數估計值；同儕關係觀察變項之增加值列的數據 −2.145（逐年減少 2.145），為成長模式中之同儕關係斜率因子的平均數估計值。

（二）雙領域 LGM 因果關係模型

　　雙領域成長模式之共變關係模式的考驗中，如果因子潛在變項間的相關顯著，

只能論述二個潛在變項有關聯,至於是哪個潛在因子為因,哪個潛在因子為果,無法知悉。如同儕關係截距因子與不當行為截距因子間的相關顯著,只能論述五年級(起始狀態)學生的同儕關係與不當行為間有顯著關聯,不能就其間的因果關係加以判定,如果要得知雙領域 LGM 間的影響作用,要採用因果關係模式,因果關係的探討中,潛在變項 F1 對潛在變項 F2 的直接效果若高於潛在變項 F2 對潛在變項 F1 的直接效果很多,則將潛在變項 F1 作為解釋變項(外因變項)、潛在變項 F2 作為結果變項(內因變項)的因果模型之合理性較為適切。

縱貫性資料中搜集國小三年級(九歲)、國小四年級(十歲)、國小五年級(十一歲)、國小六年級(十二歲)的數學成就與數學態度,數學成就採用標準化數學成就測驗,得分愈高,表示學生的數學知能表現愈佳;數學態度採用自我評定量表,得分愈高,表示學生的數學態度愈積極、正向。

調查資料的相關矩陣如下表(修改自 Teo & Khine, 2009, p.31):

rowtype_	varname_	數學 T1	數學 T2	數學 T3	數學 T4	態度 T1	態度 T2	態度 T3	態度 T4
n		700	700	700	700	700	700	700	700
CORR	數學 T1	1.000							
CORR	數學 T2	0.835	1.000						
CORR	數學 T3	0.808	0.845	1.000					
CORR	數學 T4	0.751	0.780	0.827	1.000				
CORR	態度 T1	0.237	0.248	0.245	0.250	1.000			
CORR	態度 T2	0.222	0.271	0.260	0.287	0.589	1.000		
CORR	態度 T3	0.183	0.225	0.244	0.241	0.409	0.499	1.000	
CORR	態度 T4	0.193	0.208	0.235	0.272	0.368	0.456	0.578	1.000
Mean		53.130	55.690	59.590	62.590	11.340	11.220	10.830	10.420
Stddev		9.520	9.690	10.740	12.150	2.610	2.630	2.640	2.800

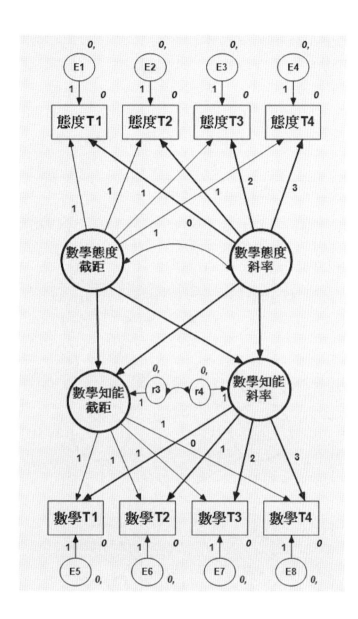

　　雙領域模式（dual domain model）之成長變化的 LGM 模型是二個單領域 LGM 模式的組合，每個 LGM 模式是一個潛在特質變項的成長變化模式，雙領域 LGM 模式就是有二個變項的成長曲線模式，範例中第一個成長曲線模式為四個年段（九歲至十二歲）學生數學態度的成長變化，第二個成長曲線模式為四個年段（九歲至十二歲）學生數學知能的成長變化，統計分析探究的重點是檢定樣本資料是否可以同時適配二個成長曲線模式，及考驗成長曲線成長因素間的共變關係或因果

關係，假設模型圖以數學態度成長變化的潛在變項（數學態度截距因子、數學態度斜率因子）為解釋變項（自變項或外因潛在變項），以數學成就成長變化的潛在變項（數學成就截距因子、數學成就斜率因子）為結果變項（依變項或內因潛在變項），探討數學態度截距因子、數學態度斜率因子二個外因潛在變項是否對數學成就截距因子、數學成就斜率因子二個內因潛在變項有顯著的直接效果或顯著的直接影響作用？假設模型圖中數學成就截距因子、數學成就斜率因子二個內因潛在變項的殘差項變數間設定有共變關係。

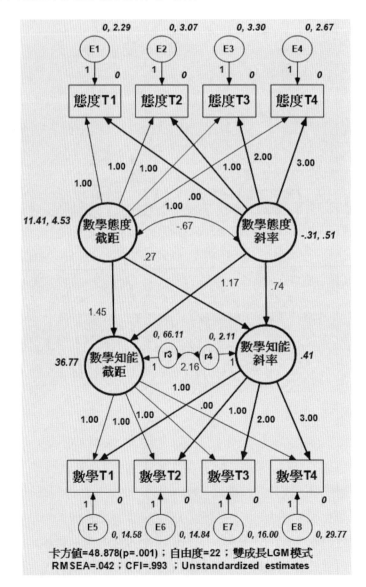

卡方值=48.878(p=.001)；自由度=22；雙成長LGM模式
RMSEA=.042；CFI=.993；Unstandardized estimates

　　雙領域 LGM 因果模型之模式估計結果可以收斂，模式之整體適配度統計量 $\chi^2_{(df=22)}$ = 48.878，顯著性機率值 $p < .01$，由於有效樣本數高達 700 位，$\chi^2_{(df=22)}$ 統計量易拒絕虛無假設，因而假設模型是否與樣本資料可以適配宜再參考其餘適配度統計量。RMSEA 值等於 .042（＜ .080 門檻值）、CFI 值 = .993（＞ .950 門檻值），SRMR 值等於 .014（＜ .050 門檻值），RMSEA 值、CFI 值、SRMR 值等主要適配度統計量均達到模式適配標準，表示學生跨四個年段之數學態度與數學知能的雙領域 LGM 因果模型可以得到支持。

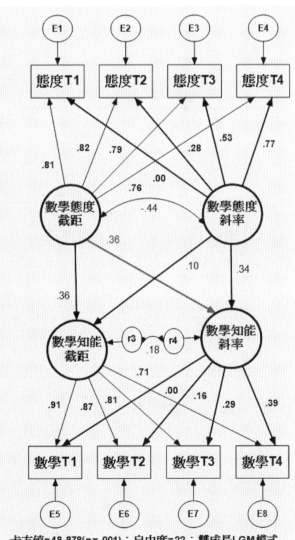

卡方值=48.878(p=.001)；自由度=22；雙成長LGM模式
RMSEA=.042；CFI=.993；Standardized estimates

　　標準化估計值模型圖中，四個潛在變項間的路徑係數或相關係數沒有出現絕
對值大於 1 的不合理參數，表示模式估計所得的參數沒有不合理的解值出現。

1. 模式主要適配度摘要（Model Fit Summary）

CMIN

Model	NPAR	CMIN	DF	P	CMIN/DF
雙成長 LGM 模式	22	48.878	22	.001	2.222
Saturated model	44	.000	0		
Independence model	16	3622.680	28	.000	129.381

　　自由度為 22 時，卡方自由度比值為 2.222，小於 3.000 的普通適配門檻值。

Baseline Comparisons

Model	NFI Delta1	RFI rho1	IFI Delta2	TLI rho2	CFI
雙成長 LGM 模式	.987	.983	.993	.990	.993
Saturated model	1.000		1.000		1.000
Independence model	.000	.000	.000	.000	.000

　　基線比較適配度統計量中，NFI 值等於 .987、RFI 值等於 .983、IFI 值等於 .993、
TLI 值等於 .990、CFI 值等於 .993，均大於 .950 嚴格適配門檻值。

RMSEA

Model	RMSEA	LO 90	HI 90	PCLOSE
雙成長 LGM 模式	.042	.026	.058	.789
Independence model	.429	.417	.440	.000

　　RMSEA 值為 .042，90% 信賴區間值為〔.026，.058〕，90% 信賴區間上限值
小於 .080。

　　從上述主要適配度統計量可以看出，雙領域 LGM 因果關係之假設模型的適配
度良好。

2. 參數估計值

Regression Weights：（Group number 1 - 雙成長 LGM 模式）

	Estimate	S.E.	C.R.	P	Label
數學知能 _ 截距 < --- 數學態度 _ 截距	1.447	.193	7.487	***	
數學知能 _ 斜率 < --- 數學態度 _ 截距	.267	.054	4.918	***	
數學知能 _ 截距 < --- 數學態度 _ 斜率	1.166	.707	1.648	.099	
數學知能 _ 斜率 < --- 數學態度 _ 斜率	.742	.201	3.689	***	

Standardized Regression Weights：（Group number 1 - 雙成長 LGM 模式）

	Estimate
數學知能 _ 截距 < --- 數學態度 _ 截距	.358
數學知能 _ 斜率 < --- 數學態度 _ 截距	.362
數學知能 _ 截距 < --- 數學態度 _ 斜率	.097
數學知能 _ 斜率 < --- 數學態度 _ 斜率	.340

　　數學態度「截距」潛在因子對數學知能「截距」潛在因子的路徑係數估計值為 1.447（$p < .001$），達統計顯著水準，標準化路徑係數 β 值為 .358，表示就三年級（起始狀態行為）學生而言，學生的數學態度對學生的數學知能有顯著正向的影響，影響的直接效果值為 .358；數學態度「截距」潛在因子對數學知能「斜率」潛在因子的路徑係數估計值為 .267（$p < .001$），達統計顯著水準，標準化路徑係數 β 值為 .362，表示三年級（起始狀態行為）學生的數學態度對之後四個年段學生數學知能變化率有顯著正向的影響，三年級的數學態度愈積極、正向，之後學生數學知能會有較多的增加比率，或成長變化率較快；數學態度「斜率」潛在因子對數學知能「斜率」潛在因子的路徑係數估計值為 .742（$p < .001$），達統計顯著水準，標準化路徑係數 β 值為 .340，表示學生跨四個年段的數學態度變化率對之後四個年段學生數學知能變化率有顯著正向的影響，數學態度有正向成長變化者，其數學知能也有正向的增加變化率，影響作用的直接效果值為 .340，至於數學態度的斜率因子對數學知能截距因子的直接影響作用則未達 .05 顯著水準，即數學態度跨四個年段的成長變化率對學生三年級的數學能力沒有顯著的影響作用。

Means：（Group number 1 - 雙成長 LGM 模式）

	Estimate	S.E.	C.R.	P	Label
數學態度 _ 截距	11.410	.095	120.605	***	
數學態度 _ 斜率	−.311	.038	−8.135	***	

外因潛在變項數學態度「截距」潛在因子的平均數估計值為 11.410（$p <$ .001），達統計顯著水準，表示三年級學生的數學態度平均值顯著大於 0；數學態度「斜率」潛在因子的平均數估計值為 −.311（$p < .001$），達統計顯著水準，表示學生四個年段數學態度的成長變化率是下降或減少的，即學生的數學態度分數逐年約減少 .311。

Intercepts：（Group number 1 - 雙成長 LGM 模式）

	Estimate	S.E.	C.R.	P	Label
數學知能 _ 截距	36.766	2.172	16.930	***	
數學知能 _ 斜率	.414	.607	.681	.496	

內因變項數學知能「截距」潛在因子的截距項估計值為 36.766（$p < .001$），達統計顯著水準，表示截距項參數值顯著不等於 0；數學知能「斜率」潛在因子的截距項估計值為 .414（$p = .496 > .05$），未達統計顯著水準，表示此截距項估計值顯著為 0。

Covariances：（Group number 1 - 雙成長 LGM 模式）

	Estimate	S.E.	C.R.	P	Label
數學態度 _ 截距 < -- > 數學態度 _ 斜率	−.674	.130	−5.183	***	
r3 < -- > r4	2.156	.952	2.264	.024	

二個內因潛在變項殘差項間的共變數估計值為 2.156（$p < .05$），達統計顯著水準，二個殘差項間的相關為 .182。

Correlations：（Group number 1 - 雙成長 LGM 模式）

	Estimate
數學態度 _ 截距 < -- > 數學態度 _ 斜率	−.442
r3 < -- > r4	.182

　　外因潛在變項數學態度「截距因子」與「斜率因子」間的共變數估計值為 $-.674$（$p < .001$），相關係數為 $-.442$，達統計顯著水準，表示相關係數顯著不等於 0，由於二者為負相關，表示三年級學生數學態度得分較高者（態度較積極、正向），之後數學態度的成長變化率較小或較少；相對的三年級學生數學態度得分較低者（態度較消極、負向），之後數學態度的成長變化率較大、較快或較多，即學生起始狀態（三年級）有較高的數學態度，之後跨年段的變化率較小；起始狀態（三年級）數學態度平均值較低者，之後跨年段的變化率較大。

Variances：（Group number 1 - 雙成長 LGM 模式）

	Estimate	S.E.	C.R.	P	Label
數學態度 _ 截距	4.529	.370	12.223	***	
數學態度 _ 斜率	.513	.069	7.439	***	
r3	66.112	4.301	15.373	***	
r4	2.114	.425	4.973	***	
E1	2.292	.281	8.143	***	
E2	3.073	.209	14.673	***	
E3	3.296	.224	14.694	***	
E4	2.671	.311	8.586	***	
E5	14.578	1.624	8.976	***	
E6	14.844	1.130	13.138	***	
E7	15.996	1.280	12.494	***	
E8	29.768	2.502	11.900	***	

　　模式中變異數估計值均達到統計顯著水準，誤差項及殘差項的變異數估計值沒有出現負值，數學態度「截距」潛在因子的變異數估計值為 4.529（$p < .001$），表示三年級學生的數學態度平均數間有顯著的個體間差異存在；數學態度「斜率」潛在因子的變異數估計值為 0.513（$p < .001$），表示學生跨四個年段的數學態度成長變化率間有顯著的個體間差異存在，變異數估計值均為正值，表示模式中沒有不合理的解值或無法解釋的統計量數。

3. 增列觀察變項測量誤差間的相關

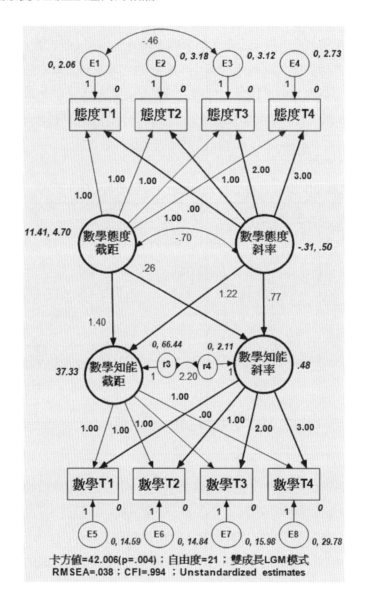

卡方值=42.006(p=.004)；自由度=21；雙成長LGM模式
RMSEA=.038；CFI=.994；Unstandardized estimates

  如果模型修正中根據修正指標，增列誤差項 E1 與 E3 間的共變關係，則模式的自由度會減少 1（原先自由度為 22，因為待估計的自由參數增加 1 個，資料點的個數不變，自由度變為 22−1 = 21），雙領域 LGM 因果模型之模式估計結果可以收斂，模式之整體適配度統計量 $\chi^2_{(df=21)}$ = 42.006，顯著性機率值 $p < .01$。RMSEA 值等於 .038（< .080 門檻值）、CFI 值 = .994（> .900 門檻值），表示學

生跨四個年段之數學態度與數學知能的雙領域 LGM 因果模型可以得到支持。未修正模型與修正模型卡方值差異量為：$(\chi^2_{(df=22)} = 48.878) - (\chi^2_{(df=21)} = 42.006) = 6.872$，$\triangle \chi^2_{(df=1)} = 6.872$，卡方差異值達到 .05 顯著水準，表示增列觀察變項誤差項間有共變關係之 LGM 修正模式與 LGM 未修正模式間的確有顯著不同。

二 雙領域成長變化模式範例二

縱貫性重複量測資料（四年級至六年級）的數學能力與閱讀能力間的共變異數矩陣如下（N = 1000）。

rowtype_	varname_	父母期望	社經地位	閱讀_T1	閱讀_T2	閱讀_T3	數學_T1	數學_T2	數學_T3
n		1000	1000	1000	1000	1000	1000	1000	1000
CORR	父母期望	1.0000							
CORR	社經地位	0.3805	1.0000						
CORR	閱讀_T1	0.3346	0.3599	1.0000					
CORR	閱讀_T2	0.3405	0.3684	0.7841	1.0000				
CORR	閱讀_T3	0.3369	0.3562	0.7115	0.7803	1.0000			
CORR	數學_T1	0.3515	0.4226	0.6828	0.6576	0.6238	1.0000		
CORR	數學_T2	0.3764	0.4464	0.6783	0.7226	0.6792	0.8777	1.0000	
CORR	數學_T3	0.3685	0.4588	0.6356	0.6820	0.6967	0.8352	0.9142	1.0000
Mean		4.9720	0.1758	49.0790	52.9875	55.3376	47.8081	53.3792	56.5488
Stddev		0.9156	0.7111	8.1462	9.7858	10.2589	8.0750	9.0853	9.9614

（資料來源：修改自 Teo & Khine, 2009, p.39）

（一）雙領域成長變化模式的共變關係

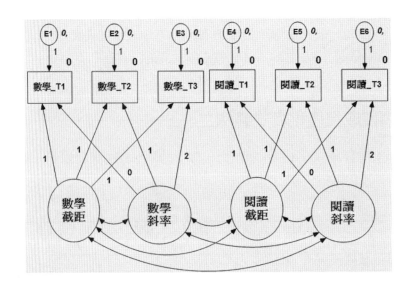

雙領域潛在成長模式中包含數學能力於三個年段的成長變化、閱讀能力於三個年段的成長變化，假定二個潛在構念的成長變化均為線性模式，數學斜率因子與閱讀斜率因子對其三個觀察變項的因素負荷量分別為 0、1、2。雙領域 LGM 的共變模式，主要在探究樣本資料結構是否同時適配於二個成長曲線模式，及估計成長因素間的共變關係。

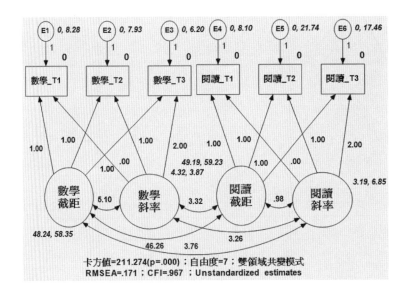

　　雙領域 LGM 共變模式估計結果，模型可以收斂。模式之整體適配度統計量 $\chi^2_{(df=7)} = 211.274$，顯著性機率值 $p < .001$，由於有效樣本數高達 1000 位，$\chi^2_{(df=7)}$ 統計量易拒絕虛無假設，因而假設模型是否與樣本資料可以適配宜再參考其餘適配度統計量。RMSEA 值等於 .171（未達 < .080 適配門檻值）、CFI 值 = .967（> .950 適配門檻值），SRMR 值等於 .0143，表示學生跨三個年段之數學能力與閱讀能力的雙領域 LGM 共變模型可以得到支持。

Baseline Comparisons

Model	NFI Delta1	RFI rho1	IFI Delta2	TLI rho2	CFI
雙領域共變模式	.966	.928	.967	.930	.967

　　五個基線比較適配度統計量中，NFI 值等於 .966、RFI 值等於 .928、IFI 值等於 .967、TLI 值等於 .930、CFI 值等於 .967，均大於 .900 基本適配門檻值，雙領域 LGM 共變模型的適配度雖不是很好，但與樣本資料尚可以契合。

Means：（Group number 1 - 雙領域共變模式）

	Estimate	S.E.	C.R.	P	Label
數學 _ 截距	48.239	.255	188.898	***	
數學 _ 斜率	4.316	.086	49.910	***	
閱讀 _ 截距	49.191	.258	190.305	***	
閱讀 _ 斜率	3.194	.114	27.949	***	

　　數學斜率因子的平均數為 4.316（$p < .001$）、閱讀斜率因子的平均數為 3.194（$p < .001$），均達統計顯著水準，表示學生跨三個年段的數學能力總體成長變化率為正的 4.316（每年變化增加的幅度為 4.316）；學生跨三個年段的閱讀能力總體成長變化率為正的 3.194（每年變化增加的幅度為 3.194）。

　　數學截距因子的平均數 48.239（$p < .001$）、閱讀斜率因子的平均數為 49.191，均達統計顯著水準，表示母群體二個平均數均顯著大於 0，四年級（起始狀態）學生數學能力的平均值為 48.239 分，閱讀能力的平均值為 49.191 分。

Variances：（Group number 1 - 雙領域共變模式）

	Estimate	S.E.	C.R.	P	Label
數學 _ 斜率	3.874	.710	5.458	***	
數學 _ 截距	58.351	3.027	19.276	***	
閱讀 _ 截距	59.233	3.429	17.272	***	
閱讀 _ 斜率	6.853	1.112	6.162	***	

　　數學截距因子與閱讀截距因子的變異數估計值分別為 58.351（$p < .001$）、59.233（$p < .001$），均達統計顯著水準，表示學生起始狀態時（四年級）的數學能力及閱讀能力有顯著的「個體間差異」存在；此外，數學斜率因子與閱讀斜率因子的變異數估計值分別為 3.874（$p < .001$）、6.853（$p < .001$），也均達統計顯著水準，表示跨年段時間點的成長變化軌跡也有顯著的個體間差異存在，跨三個年段時間點的數學能力變化率及閱讀能力變化率也有明顯的「個體間差異」。將變異數開平方根，可得母群體四個潛在因子的標準差，數學能力斜率因子、截距因子、閱讀能力斜率因子、截距因子的標準差分別為 1.968、7.639、7.696、2.618。

Covariances：（Group number 1 - 雙領域共變模式）

	Estimate	S.E.	C.R.	P	Label
數學 _ 斜率 < -- > 數學 _ 截距	5.099	.908	5.613	***	
數學 _ 斜率 < -- > 閱讀 _ 截距	3.322	.714	4.651	***	
閱讀 _ 截距 < -- > 閱讀 _ 斜率	.976	1.399	.697	.486	
數學 _ 斜率 < -- > 閱讀 _ 斜率	3.261	.329	9.913	***	
數學 _ 截距 < -- > 閱讀 _ 斜率	3.759	.930	4.042	***	
數學 _ 截距 < -- > 閱讀 _ 截距	46.259	2.549	18.151	***	

Correlations：（Group number 1 - 雙領域共變模式）

	Estimate
數學 _ 斜率 < -- > 數學 _ 截距	.339
數學 _ 斜率 < -- > 閱讀 _ 截距	.219
閱讀 _ 截距 < -- > 閱讀 _ 斜率	.048
數學 _ 斜率 < -- > 閱讀 _ 斜率	.633
數學 _ 截距 < -- > 閱讀 _ 斜率	.188
數學 _ 截距 < -- > 閱讀 _ 截距	.787

　　六對潛在因子共變數估計值中，除了「閱讀截距因子」與「閱讀斜率因子」的相關未達統計顯著水準外（共變數估計值為 .976，顯著性 p = .486 > .05），其餘五對潛在因子共變數估計值均達統計顯著水準（p < .001），這五對潛在因子（潛在變項）間的相關均為正相關，數學截距因子與數學斜率因子的相關係數 r = .339（表示學生起始狀態的數學能力愈好，之後數學能力成長變化率愈快或愈多）、閱讀截距因子與數學斜率因子的相關係數 r = .219（表示學生起始狀態的閱讀能力愈好，之後數學能力成長變化率愈快或愈多）、閱讀斜率因子與數學斜率因子的相關係數 r = .633（表示跨三個年段的閱讀能力成長變化率愈多，之後數學能力成長變化率愈快或愈多）、閱讀斜率因子與數學截距因子的相關係數 r = .188（表示學生起始狀態的數學能力愈好，之後閱讀能力成長變化率愈快或愈多）、閱讀截距因子與數學截距因子的相關係數 r = .787（表示學生四年級起始狀態的閱讀能力愈佳，其數學能力也愈好）。從解釋變異量 R^2 的數值來看，閱讀斜率因子與數學斜率因子二個潛在變項相關的 R^2 值為 0.401，二個潛在變項可以相互解釋的變異為 40.1%；閱讀截距因子與數學截距因子二個潛在變項間相關 R^2 值為 0.619，二個潛在變項可以相互解釋的變異為 61.9%，可見，四年級學生的閱讀能力與其數學能力間有顯著的高度關聯存在，學生跨年段的閱讀能力成長變化率與數學能力成長變化率有顯著的中度關聯存在。

（二）雙領域成長變化模式的因果關係

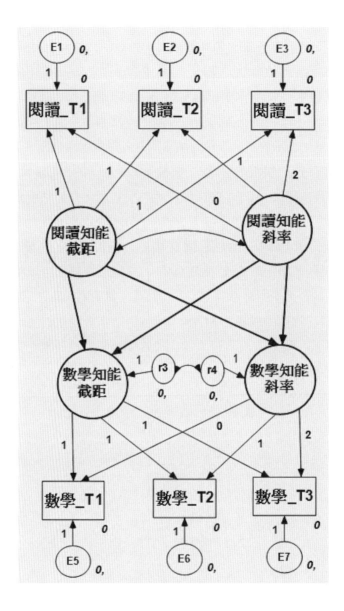

假設模型圖中，以閱讀能力線性成長變化模式的二個潛在變項為因：閱讀能力的截距因子、閱讀能力的斜率因子，而以數學能力線性成長變化模式的二個潛在變項為果：數學能力的截距因子、數學能力的斜率因子，二個外因潛在變項為「閱讀知能截距」、「閱讀知能斜率」；二個內因潛在變項為「數學知能截距」、

「數學知能斜率」，學生跨三個年段的閱讀能力成長變化是線性模式，學生跨三個年段的數學能力成長變化也是線性模式。

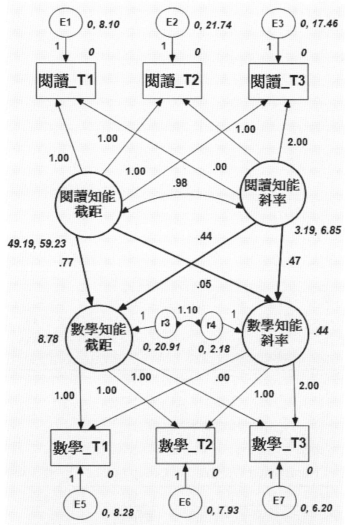

雙領域 LGM 共變模式估計結果，模型可以收斂。模式之整體適配度統計量 $\chi^2_{(df=7)} = 211.274$，顯著性機率值 $p < .001$，由於有效樣本數高達 1000 位，$\chi^2_{(df=7)}$ 統計量易拒絕虛無假設，因而假設模型是否與樣本資料可以適配宜再參考其餘適配度統計量。RMSEA 值等於 .171（未達 < .080 適配門檻值）、CFI 值 = .967（>

.950 適配門檻值），SRMR 值等於 .0143，表示學生跨三個年段之數學能力與閱讀
能力的雙領域 LGM 因果模型可以得到支持。範例中雙領域 LGM 因果模型的適配
度卡方值與雙領域 LGM 共變模型的適配度卡方值相同，其餘適配度統計量也一
樣。

Baseline Comparisons

Model	NFI Delta1	RFI rho1	IFI Delta2	TLI rho2	CFI
雙領域因果模式	.966	.928	.967	.930	.967

　　五個基線比較適配度統計量中，NFI 值等於 .966、RFI 值等於 .928、IFI 值等
於 .967、TLI 值等於 .930、CFI 值等於 .967，均大於 .900 基本適配門檻值，雙領
域 LGM 共變模型的適配度雖不是很好，但與樣本資料尚可以契合。

Regression Weights：（Group number 1 - 雙領域因果模式）

	Estimate	S.E.	C.R.	P	Label
數學知能 _ 斜率 < --- 閱讀知能 _ 截距	.048	.014	3.450	***	
數學知能 _ 截距 < --- 閱讀知能 _ 截距	.774	.029	26.743	***	
數學知能 _ 截距 < --- 閱讀知能 _ 斜率	.438	.116	3.788	***	
數學知能 _ 斜率 < --- 閱讀知能 _ 斜率	.469	.075	6.250	***	

　　外因潛在變項對內因潛在變項的四條路徑之迴歸係數估計值均達 .001 顯著水
準，表示母群體四個迴歸係數均顯著不等於 0。

Standardized Regression Weights：（Group number 1 - 雙領域因果模式）

	Estimate
數學知能 _ 斜率 < --- 閱讀知能 _ 截距	.189
數學知能 _ 截距 < --- 閱讀知能 _ 截距	.780
數學知能 _ 截距 < --- 閱讀知能 _ 斜率	.150
數學知能 _ 斜率 < --- 閱讀知能 _ 斜率	.624

　　潛在因子（潛在變項）四條路徑係數估計值均達統計顯著水準，閱讀知能截
矩因子對數學知能截距因子的標準化迴歸係數 β 值為 .780、對數學斜率因子的標
準化迴歸係數 β 值為 .189，表示學生四年級起始狀態的閱讀能力對學生四年級起

始狀態的數學能力及跨三個年段時間點的數學能力成長改變均有正向影響作用，學生四年級（起始狀態）的閱讀能力較佳者，學生起始狀態的數學能力會較好；學生四年級（起始狀態）的閱讀能力較佳者，學生跨三個年段的數學能力成長變化率會較多或較快。閱讀斜率因子對數學知能截距因子的標準化迴歸係數 β 值為 .150、對數學斜率因子的標準化迴歸係數 β 值為 .624，表示學生跨三個年段的閱讀能力成長變化率對學生四年級起始狀態的數學能力及跨時間點的數學能力成長改變均有正向影響作用，學生於三個年段的閱讀能力增加改變率較快者，其起始狀態的數學能力較佳、數學能力的增加成長變化率也會較快。

Covariances：（Group number 1 - 雙領域因果模式）

	Estimate	S.E.	C.R.	P	Label
閱讀知能 _ 截距 < -- > 閱讀知能 _ 斜率	.976	1.399	.697	.486	

Correlations：（Group number 1 - 雙領域因果模式）

	Estimate
閱讀知能 _ 截距 < -- > 閱讀知能 _ 斜率	.048

外因潛在變項「閱讀知能截距因子」與「閱讀知能斜率因子」間的共變參數估計值為 .976（p = .486 > .05），未達統計顯著水準，表示二個外因潛在變項：「閱讀截距因子」與「閱讀斜率因子」間的相關係數顯著等於 0，估計值之相關係數 r = .048 是抽樣誤差造成的。

Variances：（Group number 1 - 雙領域因果模式）

	Estimate	S.E.	C.R.	P	Label
閱讀知能 _ 截距	59.233	3.429	17.272	***	
閱讀知能 _ 斜率	6.853	1.112	6.162	***	

外因潛在變項「閱讀截距因子」與「閱讀斜率因子」的變異數估計值分別為 59.233（p < .001）、6.853（p < .001），均達統計顯著水準，表示學生起始行為（四年級）的閱讀能力有顯著的個體間差異存在，跨時間點的閱讀能力變化率（成長改變軌跡）也有顯著的個體間差異存在。

三 | 時間變動性共變項的 LGM 模式

（一）以「閱讀能力」為時間變動性共變項

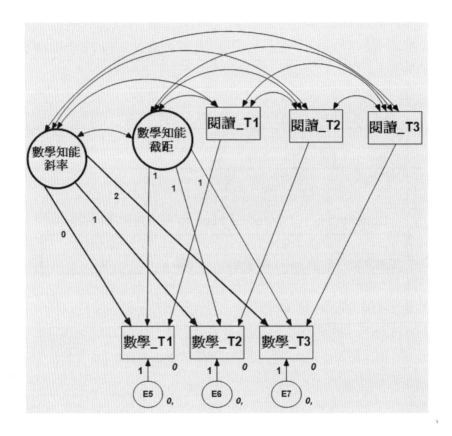

　　預測變項於跨時間點內如果所有個體（受試者）不會產生改變，或於跨時間點內的變化甚微，此預測變項於跨時間點內任一時間點測得的數據會差不多或測量值不會改變，此種預測變項為「時間不變性」（time-invariant）共變項或時間變動緩慢共變項，如學生性別、家庭社經地位、學生智力、父母的家庭期望等；相對的，預測變項於跨時間點內任一時間點測得的量測值可能不同，如學生的學習壓力、生理狀況、學習態度等，此種預測變項／共變項的量數，個體會隨時間的變化而有所改變或有不同的感受，相對於時間不變性共變項，這種預測變項稱為「時間變動」（time-varying）共變項或時間變動預測變項。

　　LGM假設模型圖中，單一領域潛在成長曲線模式為學生數學能力於四年級（十歲）、五年級（十一歲）、六年級（十二歲）三個年段的成長變化，預測變項為學生的閱讀能力，受試者的閱讀能力會隨時間點的變動而改變，因而假定其為「時間變動」之預測變項，學生四年級（十歲）的閱讀能力會直接影響其數學能力、學生五年級（十一歲）的閱讀能力會直接影響其數學能力、學生六年級（十二歲）的閱讀能力會直接影響其數學能力。單領域成長變化模式中，各年段的「閱讀能力」對「數學能力」均有直接影響作用，跨三個年段的數學能力成長變化軌跡是線性模式，因而其水準與形狀為二個潛在變項，水準命名為「數學知能截距」，形狀命名為「數學知能斜率」，各年段閱讀能力觀察變項變為外因指標變項。

　　模型參數設定中，成長變化模式的二個潛在變項「截距因子」與「斜率因子」與三個外因觀察變項「閱讀_T1」、「閱讀_T2」、「閱讀_T3」均要設定有共變關係，模型圖要增列雙箭號共變符號，表示相關係數為待計的自由參數，三個內因觀察變項「數學_T1」、「數學_T2」、「數學_T3」的截距項參數限定為 0，隨機測量誤差項的平均數限定為 0，變異數設為自由參數。

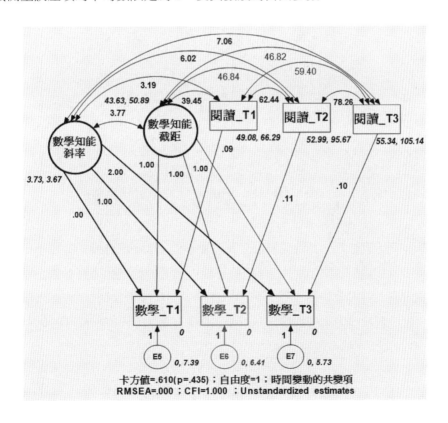

卡方值=.610(p=.435)；自由度=1；時間變動的共變項
RMSEA=.000；CFI=1.000；Unstandardized estimates

　　以學生「閱讀能力」為時間變動之預測變項的 LGM 成長模型，模式估計結果可以收斂。模式之整體適配度統計量 $\chi^2_{(df=1)} = 0.610$，顯著性機率值 $p = .435 > .05$，拒絕虛無假設，以「閱讀能力」為時間變動之預測變項的數學能力成長曲線模式的適配度佳。RMSEA 值等於 .000（< .080 適配門檻值）、CFI 值 = 1.000（> .950 適配門檻值），表示有條件的 LGM 模型與樣本資料的契合度良好。

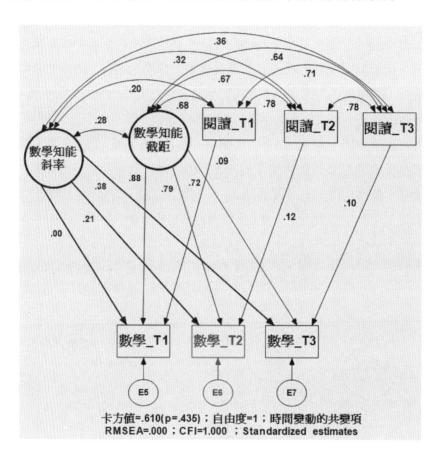

卡方值=.610(p=.435)；自由度=1；時間變動的共變項
RMSEA=.000；CFI=1.000；Standardized estimates

　　以學生「閱讀能力」為時間變動之預測變項的 LGM 成長模式的標準化估計值模型圖顯示：四年級閱讀能力對四年級數學能力影響的標準化迴歸係數 β 值為 .09、五年級閱讀能力對五年級數學能力影響的標準化迴歸係數 β 值為 .12、六年級閱讀能力對六年級數學能力影響的標準化迴歸係數 β 值為 .10，其影響為正向。

Regression Weights：（Group number 1 - 時間變動的共變項）

	Estimate	S.E.	C.R.	P	Label
數學 _T1 < --- 閱讀 _T1	.085	.037	2.293	.022	
數學 _T2 < --- 閱讀 _T2	.114	.019	6.045	***	
數學 _T3 < --- 閱讀 _T3	.099	.031	3.160	.002	

　　各年段外因觀察變項閱讀能力對內因觀察變項數學能力的三條路徑係數估計值均達統計顯著水準（$p < .05$），表示母群體這三條路徑的迴歸係數均顯著不等於 0。

Standardized Regression Weights：（Group number 1 - 時間變動的共變項）

	Estimate
數學 _T1 < --- 閱讀 _T1	.086
數學 _T2 < --- 閱讀 _T2	.123
數學 _T3 < --- 閱讀 _T3	.101

　　四年級閱讀能力對四年級數學能力影響的路徑係數估計值為 .085（$p < .05$）、五年級閱讀能力對五年級數學能力影響的路徑係數估計值為 .114（$p < .001$）、六年級閱讀能力對六年級數學能力影響的路徑係數估計值為 .099（$p < .01$），標準化路徑係數 β 值分別為 .086、.123、.101，由於標準化路徑係數 β 值均為正值，表示學生於三個時間點的閱讀能力對其數學能力有顯著的影響作用，三個年段時間點相較之下，以五年級時學生閱讀能力對數學能力的解釋變異量較大。

Means：（Group number 1 - 時間變動的共變項）

	Estimate	S.E.	C.R.	P	Label
數學知能 _ 截距	43.626	1.836	23.765	***	
數學知能 _ 斜率	3.729	1.469	2.539	.011	

　　依變項數學能力的截距因子平均數估計值為 43.626（$p < .001$），數學斜率因子平均數估計值為 3.729（$p < .05$），均達統計顯著水準，表示學生起始狀態的數學能力平均值顯著大於 0，跨時間點的數學能力平均成長變化率為 3.729，整體而言，學生的數學能力是逐年增加。

Variances：（Group number 1 - 時間變動的共變項）

	Estimate	S.E.	C.R.	P	Label
數學知能_斜率	3.675	.712	5.162	***	
數學知能_截距	50.891	3.979	12.791	***	

內因潛在變項「數學截距因子」與「數學斜率因子」的變異數估計值分別為 50.891（$p < .001$）、3.675（$p < .001$），均達統計顯著水準，表示學生起始行為（四年級）的數學能力有顯著的個體間差異存在，跨時間點的數學能力變化率（成長改變軌跡）也有顯著的個體間差異存在。

（二）增列單一時間不變性共變項

LGM 模式之預測變項如果包含時間變動之共變項（如閱讀能力）及時間不變之共變項（如社經地位），則 LGM 模式稱為混合成長變化模式。

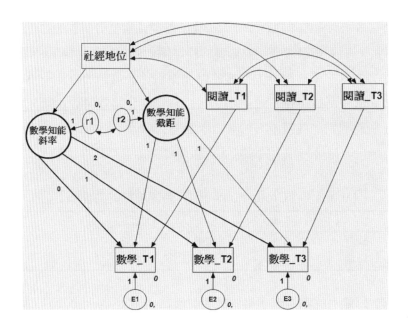

LGM 假設模型中，假定學生跨三個年段的數學能力成長變化是線性模式，成長變化軌跡線性模式的斜率因子及截距因子會受到學生「家庭社經」地位影響，而每個時間點的數學能力會受到學生當時「閱讀能力」的影響。學生家庭社經地

位於數學能力三次測量期間不會變動或變動情況十分緩慢，但學生閱讀能力於數學能力三次測量期間均會有所變動。模型圖，共變項「社經地位」對數學能力成長變化模式中的潛在截距因子與潛在斜率因子有直接影響作用，各年段的閱讀能力對各年段的數學能力有直接影響作用。

　　模型參數設定中，共變項與三個外因觀察變項「閱讀_T1」、「閱讀_T2」、「閱讀_T3」均要設定有共變關係，模型圖要增列雙箭號共變符號，表示相關係數為待估計的自由參數，三個內因觀察變項「數學_T1」、「數學_T2」、「數學_T3」的截距項參數限定為0，隨機測量誤差項的平均數限定為0，變異數設為自由參數，成長變化模式的二個潛在變項「截距因子」與「斜率因子」的預測殘差項間設定有共變關係，共變參數為待估計的自由參數。

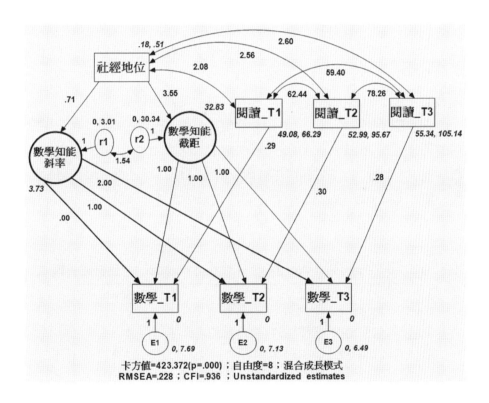

混合成長LGM共變模式估計結果，模型可以收斂。模式之整體適配度統計量 $\chi^2_{(df=8)} = 423.372$，顯著性機率值 $p < .001$。RMSEA值等於.228（未達 < .080 適配門檻值）、CFI值 = .936（> .900 基本適配門檻值），SRMR值等於.1507（未達

< .05 適配門檻值），表示有條件的混合成長曲線模式的假設模型無法得到支持，假設模型導出的共變異數／平均數矩陣與樣本資料計算所得的共變異數／平均數矩陣有較大的差異值。

Regression Weights：（Group number 1 - 混合成長模式）

	Estimate	S.E.	C.R.	P	Label
數學知能 _ 斜率 < --- 社經地位	.706	.122	5.785	***	
數學知能 _ 截距 < --- 社經地位	3.546	.278	12.735	***	
數學 _T3 < --- 閱讀 _T3	.278	.015	18.197	***	
數學 _T1 < --- 閱讀 _T1	.293	.017	17.649	***	
數學 _T2 < --- 閱讀 _T2	.303	.013	23.953	***	

時間不變性共變項「社經地位」對數學知能斜率因子（內因潛在變項）的路徑係數估計值為 .706（$p < .001$）、「社經地位」對數學知能截距因子（內因潛在變項）的路徑係數估計值為 3.546（$p < .001$）；時間變動預測變項「閱讀_T1」（外因觀察變項）對內因觀察變項「數學_T1」的路徑係數估計值為 .293（$p < .001$）、預測變項「閱讀_T2」（外因觀察變項）對內因觀察變項「數學_T2」的路徑係數估計值為 .303（$p < .001$）、預測變項「閱讀_T3」（外因觀察變項）對內因觀察變項「數學_T3」的路徑係數估計值為 .278（$p < .001$），五個路徑係數均達統計顯著水準，表示係數估計值的確是預測變項造成效果，而非是抽樣誤差導致的，五個路徑係數估計值均為正數，表示共變項對依變項的影響均為正向。

Standardized Regression Weights：（Group number 1 - 混合成長模式）

	Estimate
數學知能 _ 斜率 < --- 社經地位	.278
數學知能 _ 截距 < --- 社經地位	.416
數學 _T3 < --- 閱讀 _T3	.314
數學 _T1 < --- 閱讀 _T1	.323
數學 _T2 < --- 閱讀 _T2	.359

「社經地位」對「數學知能斜率因子」內因潛在變項的 β 值等於 .278 、「社經地位」對「數學知能截距因子」內因潛在變項的 β 值等於 .416，可見學生的社經地位愈高，起始狀態的數學能力愈佳，跨年段的數學能力變化成長的增加率也

愈多；時間變動預測變項「閱讀_T1」對內因觀察變項「數學_T1」的 β 值等於 .323、預測變項「閱讀_T2」對內因觀察變項「數學_T2」的 β 值等於 .359、預測變項「閱讀_T3」對內因觀察變項「數學_T3」的路徑係數估計值的 β 值等於 .314，各時間點的閱讀能力愈佳，對應時間點的數學能力也愈好。

四 | 有條件的雙領域 LGM 模型

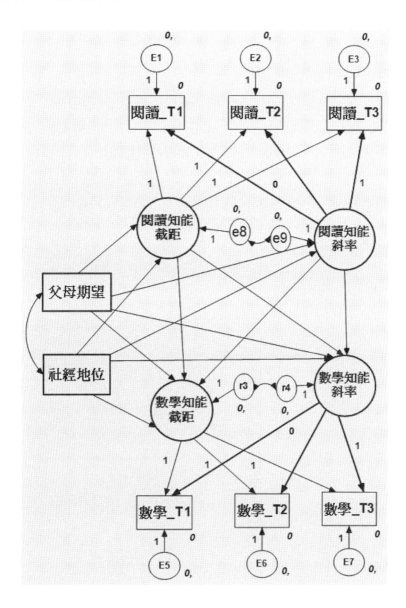

假設模型圖中為十歲（小學四年級）、十一歲（小學五年級）、十二歲（小學六年級）三個年段學生的縱貫性資料，包含學生的閱讀成就（三次）、數學成就（三次）及十歲（小學四年級）時間點搜集的「父母期望」及「家庭社經地位」，結構模式的路徑中，研究者探究的影響路徑共有以下幾條：

1. 閱讀知能的截距潛在變項對數學知能截距潛在變項及數學知能斜率潛在變項的影響路徑是否有達顯著？
2. 閱讀知能的斜率潛在變項對數學知能截距潛在變項及數學知能斜率潛在變項的影響路徑是否有達顯著？
3. 父母期望對數學知能截距潛在變項、數學知能斜率潛在變項、閱讀知能截距潛在變項、閱讀知能斜率潛在變項的影響路徑是否有達顯著？
4. 學生家庭社經地位對數學知能截距潛在變項、數學知能斜率潛在變項、閱讀知能截距潛在變項、閱讀知能斜率潛在變項的影響路徑是否有達顯著？

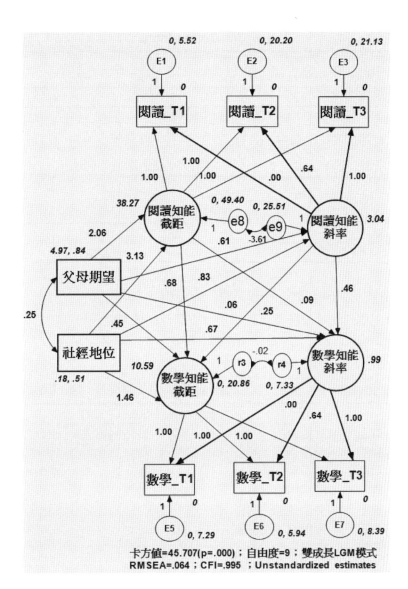

卡方值=45.707(p=.000)；自由度=9；雙成長LGM模式
RMSEA=.064；CFI=.995；Unstandardized estimates

　　有條件的雙領域 LGM 因果模型之模式估計結果可以收斂，模式之整體適配度統計量 $\chi^2_{(df=9)} = 45.707$，顯著性機率值 $p < .001$。RMSEA 值等於 .064（< .080 門檻值）、CFI 值 = .995（> .900 門檻值），SRMR 值等於 .014，從主要適配度統計量而言，RMSEA 值、CFI 值、SRMR 值均達到模式適配標準，有條件的雙領域 LGM 因果模型可以得到支持。

Baseline Comparisons

Model	NFI Delta1	RFI rho1	IFI Delta2	TLI rho2	CFI
雙成長 LGM 模式	.993	.979	.995	.983	.995

基線比較適配度統計量中，NFI 值等於 .993、RFI 值等於 .979、IFI 值等於 .995、TLI 值等於 .983、CFI 值等於 .995，均大於 .950 適配嚴格的門檻值。

RMSEA

Model	RMSEA	LO 90	HI 90	PCLOSE
雙成長 LGM 模式	.064	.046	.083	.094

RMSEA 值為 .064，90% 信賴區間值為〔.046，.083〕。

從上述主要適配度統計量可以看出，有條件的雙領域因果關係之假設模型的適配度良好，有條件的 LGM 模式可以得到支持。

Regression Weights：（Group number 1 - 雙成長 LGM 模式）

	Estimate	S.E.	C.R.	P	Label
閱讀知能 _ 截距 < --- 社經地位	3.133	.356	8.793	***	
閱讀知能 _ 截距 < --- 父母期望	2.061	.277	7.449	***	
閱讀知能 _ 斜率 < --- 父母期望	.611	.258	2.367	.018	
閱讀知能 _ 斜率 < --- 社經地位	.832	.332	2.503	.012	
數學知能 _ 截距 < --- 閱讀知能 _ 截距	.676	.031	21.960	***	
數學知能 _ 斜率 < --- 閱讀知能 _ 截距	.091	.032	2.879	.004	
數學知能 _ 截距 < --- 閱讀知能 _ 斜率	.255	.063	4.017	***	
數學知能 _ 斜率 < --- 閱讀知能 _ 斜率	.460	.076	6.016	***	
數學知能 _ 截距 < --- 社經地位	1.458	.276	5.287	***	
數學知能 _ 截距 < --- 父母期望	.447	.211	2.116	.034	
數學知能 _ 斜率 < --- 父母期望	.061	.201	.300	.764	
數學知能 _ 斜率 < --- 社經地位	.666	.263	2.531	.011	
數學 _T2 < --- 數學知能 _ 斜率	.636	.011	56.464	***	
閱讀 _T2 < --- 閱讀知能 _ 斜率	.639	.026	24.899	***	

在十二條因果模式的影響路徑中，除了「父母期望」對「數學知能斜率因子」的影響路徑未達顯著外，其餘十一條的因果模式路徑均達統計顯著水準（$p <$

.05），非標準化路徑係數估計值介於 .061 至 3.133 中間，路徑係數估計值皆為正值，表示外因變項（自變項）對內因變項（依變項）的影響皆為正向。

Standardized Regression Weights：（Group number 1 - 雙成長 LGM 模式）

	Estimate
閱讀知能_截距 < --- 社經地位	.285
閱讀知能_截距 < --- 父母期望	.241
閱讀知能_斜率 < --- 父母期望	.109
閱讀知能_斜率 < --- 社經地位	.115
數學知能_截距 < --- 閱讀知能_截距	.693
數學知能_斜率 < --- 閱讀知能_截距	.188
數學知能_截距 < --- 閱讀知能_斜率	.172
數學知能_斜率 < --- 閱讀知能_斜率	.625
數學知能_截距 < --- 社經地位	.136
數學知能_截距 < --- 父母期望	.054
數學知能_斜率 < --- 父母期望	.015
數學知能_斜率 < --- 社經地位	.125

　　標準化路徑係數 β 值如上表，「社經地位」對「閱讀知能截距」影響的 β 值為 .285，對「閱讀知能斜率」影響的 β 值為 .115，表示家庭社經地位愈高，學生閱讀知能的起始狀態愈佳，之後對閱讀知能的成長變化率較多（閱讀知能的成長增加比率較快）；「社經地位」對「數學知能截距」影響的 β 值為 .136，對「數學知能斜率」影響的 β 值為 .125，表示家庭社經地位愈高，學生數學知能的起始狀態愈佳，之後對數學知能的成長變化率影響較多（數學知能的成長增加比率較快，或數學知能成長上升幅度較大）。

　　「父母期望」對「閱讀知能截距」影響的 β 值為 .241，對「閱讀知能斜率」影響的 β 值為 .109，表示學生感受到父母期望愈高，學生閱讀知能的起始狀態愈佳，之後對閱讀知能的成長變化率較多（閱讀知能的成長增加比率較快）

　　「父母期望」對「數學知能截距」影響的 β 值為 .054，表示學生感受較高的父母期望，在數學知能的起始狀態（四年級的數學知能）愈好。

　　「閱讀知能斜率」對「數學知能截距」的標準化迴歸係數 β 值為 .172、對「數學知能斜率」的標準化迴歸係數 β 值為 .625，由於 β 值均為正值，表示其影響作用為正向，學生三個時間距跨年段閱讀知能的變化率愈大，四年級時的起點行為

（數學知能測量值）測量值愈高，之後對數學知能的成長變化率影響較多（數學
知能的成長增加比率較快，或數學知能成長上升幅度較大）。

　　「閱讀知能截距」對「數學知能截距」的標準化迴歸係數 β 值為 .693、對「數
學知能斜率」的標準化迴歸係數 β 值為 .188，由於 β 值均為正值，表示其影響作
用為正向，學生四年級（起始狀態行為）的閱讀知能愈佳，四年級的數學知能測
量值愈高，之後對數學知能的成長變化率影響較多（數學知能的成長增加比率較
快，或數學知能成長上升幅度較大）

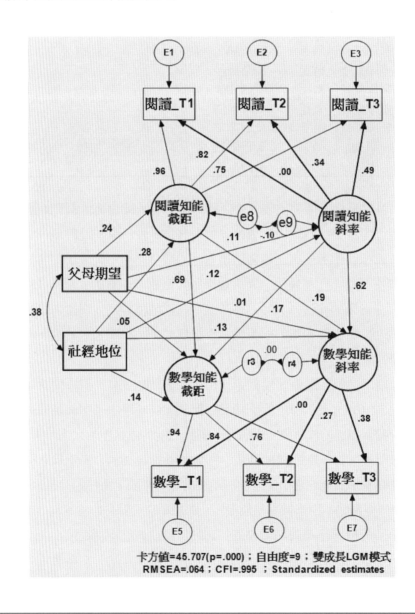

卡方值=45.707(p=.000)；自由度=9；雙成長LGM模式
RMSEA=.064；CFI=.995；Standardized estimates

　　上圖為標準化估計值模型圖，外因觀察變項「父母期望」對閱讀知能「截距因子」、「斜率因子」的 β 值分別為 .24、.11，對數學知能「截距因子」的 β 值為 .05；外因觀察變項「社經地位」對閱讀知能「截距因子」、「斜率因子」的 β 值分別為 .28、.12，對數學知能「截距因子」、「斜率因子」的 β 值分別為 .14、.13。雙領域潛在特質 LGM 模式的影響路徑中，以外因潛在變項閱讀知能「截距因子」對數學知能「截距因子」的直接效果值最大，β 值為 .69，表示學生四年級的閱讀能力對學生的數學能力顯著的影響作用；此外，外因潛在變項閱讀知能「斜率因子」對內因潛在變項數學知能「斜率因子」的直接影響 β 值為 .62，此影響路徑也十分明顯，表示跨年段學生閱讀能力的成長變化情況會顯著影響學生跨年段的數學能力成長變化結果。

五 | 四個年段之時間變動性模型

（一）成長變化模式為線性模式

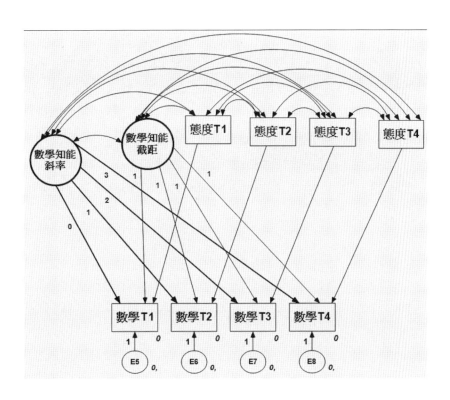

　　時間不變共變項（time-invariant covariate）之有條件的成長模式指的是模型中
納入的預測變項會影響成長變化的軌跡參數（如成長截距與成長斜率），預測變
項或共變項（如性別、父母期望、家庭社經地位等）通常是第一次時間點測得的
數據，此種模型假型共變項或預測變項是穩定而不會於短時間內變動的變數，於
重複量測跨時間內的變異情況很小，如果共變項／預測變項也可能隨時間點不同
而變動，則共變項／預測變項的量測值也應與標的變項一樣，進行跨時間間距的
測量，如研究者假定國小學生的數學成就會受到其數學態度的影響，學生數學成就
知能會隨年級〔九歲（三年級）、十歲（四年級）、十一歲（五年級）、十二歲（六
年級）〕變化發展，且數學態度的成長組態也會隨年級〔九歲（三年級）、十歲（四
年級）、十一歲（五年級）、十二歲（六年級）〕改變，此種情況下，研究者可以
先分別檢定數學成就與數學態度跨四個年段無條件的 LGM 成長變化組態，再採用
時間變動共變項之有條件的 LGM 模式，進行數學態度與數學成就間跨時間點關係
的考驗。

　　時間變動之共變項的潛在成長模型圖中（修改自 Teo & Khine, 2009, p.53），
無條件化的成長模式為數學成就，四個年級時間點的觀察變項分別為「數學
T1」、「數學 T2」、「數學 T3」、「數學 T4」，數學態度四個年段時間點的觀
察變項分別為「態度 T1」、「態度 T2」、「態度 T3」、「態度 T4」，共變項／
預測變項為數學態度，此預測變項是一個時間變動的共變項，而非是一個穩定、
時間不變性的預測變項。無條件 LGM 模型假定學生數學成就知能的變化是線性模
式，成長曲線模式假設模型圖中外因觀察變項有「態度 T1」、「態度 T2」、「態
度 T3」、「態度 T4」四個，內因觀察變項有「數學 T1」、「數學 T2」、「數學
T3」、「數學 T4」四個，各年段的外因觀察變項對內因觀察變項有直接效果。

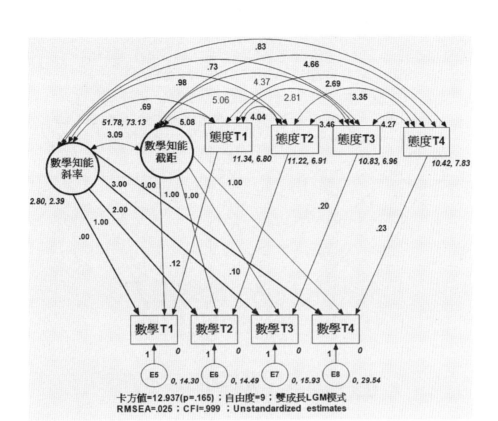

卡方值=12.937(p=.165)；自由度=9；雙成長LGM模式
RMSEA=.025；CFI=.999；Unstandardized estimates

　　以「數學態度」為時間變動的共變項，學生數學成就表現為結果變項的 LGM 模式圖模型估計結果可以收斂，成長變化模式之整體適配度統計量 $\chi^2_{(df=9)}=$ 12.937，顯著性機率值 $p=.165>.05$，接受虛無假設，LGM 假設模型與樣本資料可以適配。RMSEA 值等於 .025（< .080 門檻值）、CFI 值 = .999（> .950 門檻值），以「數學態度」為時間變動之共變項的潛在成長變化模式可以得到支持，非標準化估計值模型圖顯示，所有的變異數均為正值，表示模式估計所得的參數沒有不合理的解值。

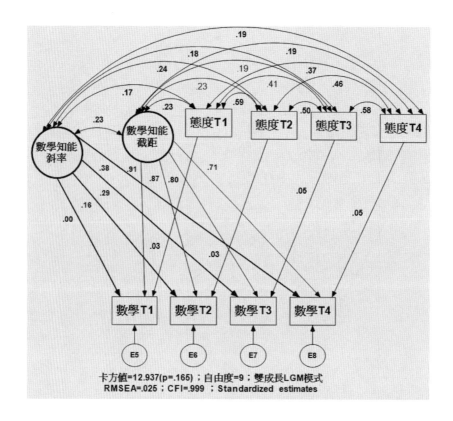

卡方值=12.937(p=.165)；自由度=9；雙成長LGM模式
RMSEA=.025；CFI=.999；Standardized estimates

以「數學態度」為時間變動之共變項的潛在成長變化模式的適配度良好，
標準化估計值模型圖顯示，外因觀察變項「態度 T1」、「態度 T2」、「態度
T3」、「態度 T4」對內因觀察變項「數學 T1」、「數學 T2」、「數學 T3」、「數
學 T4」的標準化迴歸係數 β 值分別為 .03、.03、.05、.05，這些標準化迴歸係數推
估至母群體時是否顯著不等於 0，必須根據其臨界值比值或顯著性機率值 p 來判
別。

Regression Weights：（Group number 1 - 雙成長 LGM 模式）

	Estimate	S.E.	C.R.	P	Label
數學 T1 < --- 態度 T1	.119	.113	1.057	.290	
數學 T2 < --- 態度 T2	.100	.071	1.415	.157	
數學 T3 < --- 態度 T3	.202	.073	2.768	.006	
數學 T4 < --- 態度 T4	.234	.120	1.947	.052	

　　四個迴歸係數估計值，只有時間點 3「態度 T3」外因觀察變項對「數學 T3」內因觀察變項的估計值達到統計顯著水準，估計值為 .202（顯著性機率值 $p <$ .01）、估計標準誤為 .073、臨界比值為 2.768，其餘三個迴歸係數估計值均未達統計顯著水準。

Standardized Regression Weights：（Group number 1 - 雙成長 LGM 模式）

	Estimate
數學 T1 < --- 態度 T1	.033
數學 T2 < --- 態度 T2	.027
數學 T3 < --- 態度 T3	.050
數學 T4 < --- 態度 T4	.054

　　四個年段對應的路徑係數估計值中，三年級、四年級、六年級學生「數學態度」（共變項）對「數學成就」（依變項）的路徑係數估計值分別為 .119（$p =$ .290 > .05）、.100（$p =$ .157 > .05）、.234（$p =$ .052 > .05），均未達統計顯著水準，表示母群體三個路徑係數估計值顯著等於 0。五年級學生「數學態度」（共變項）對「數學成就」（依變項）的路徑係數估計值為 .202（$p =$ .006 < .01），達統計顯著水準，表示此路徑係數估計值顯著不等於 0，然其標準化路徑係數 β 值只有 .050，影響程度不大。

Means：（Group number 1 - 雙成長 LGM 模式）

	Estimate	S.E.	C.R.	P	Label
數學知能 _ 截距	51.779	1.317	39.313	***	
數學知能 _ 斜率	2.799	.703	3.985	***	

　　「數學知能」截距因子的平均數為 51.779（$p <$ .001）、斜率因子的平均數為 2.799（$p <$ .001），均達統計顯著水準，表示數學成就的起始量測值顯著大於 0，母群體的平均數為 51.779，跨四個年段學生數學成就知能的成長平均變化率為正的 2.799，學生數學知能平均每年增加的分數為 2.779 分，以三年級為起始行為時，至六年級年段的數學成就知能增加為 2.779×3 = 8.337 分。

Variances：（Group number 1 - 雙成長 LGM 模式）

	Estimate	S.E.	C.R.	P	Label
數學知能 _ 斜率	2.388	.439	5.446	***	
數學知能 _ 截距	73.133	4.696	15.575	***	

　　數學知能截距因子的變異數為 73.133（$p < .001$）、斜率因子的平均數為 2.388（$p < .001$），均達統計顯著水準。這二個參數估計值表示的是個體間的差異，即學生三年級的數學成就分數間有顯著的「個體間差異」存在，跨四個年段學生數學成就知能的成長變化率也有顯著「個別差異」存在。

（二）成長變化模式為自由形式模式

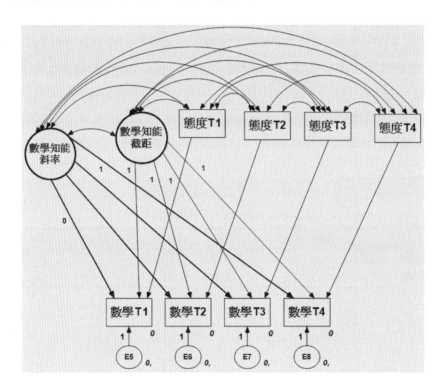

　　無條件 LGM 模型假定學生數學成就知能的成長變化是曲線模式（自由形式模式），「數學知能斜率」潛在變項對數學能力四個觀察變項的路徑係數分別為 0、*、*、1（* 表示參數為待估計的自由參數），預測變項「數學態度」為時間變動的

共變項，而非時間不變性的預測變項。各年段外因觀察變項「態度 T1」、「態度 T2」、「態度 T3」、「態度 T4」對內因觀察變項「數學 T1」、「數學 T2」、「數學 T3」、「數學 T4」假定均有直接影響作用。

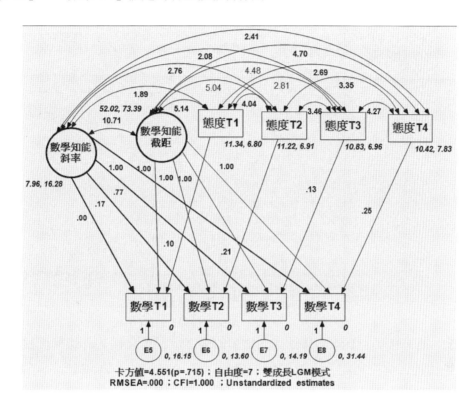

卡方值=4.551(p=.715)；自由度=7；雙成長LGM模式
RMSEA=.000；CFI=1.000；Unstandardized estimates

　　以「數學態度」為時間變動的共變項，學生數學成就表現為結果變項的 LGM 模式圖模型估計結果可以收斂，非標準化估計值模型圖如上。成長變化模式之整體適配度統計量 $\chi^2_{(df=7)} = 4.551$，顯著性機率值 $p = .715 > .05$，接受虛無假設，以「數學態度」為時間變動共變項之數學成就 LGM 假設模型與樣本資料可以適配。RMSEA 值等於 .000（< .080 門檻值）、CFI 值 = 1.000（> .900 門檻值），以數學態度為時間變動之共變項的潛在成長變化模式可以得到支持，非標準化估計值模型圖顯示，所有變項的變異數均為正值，表示模式估計所得的參數沒有不合理的解值。

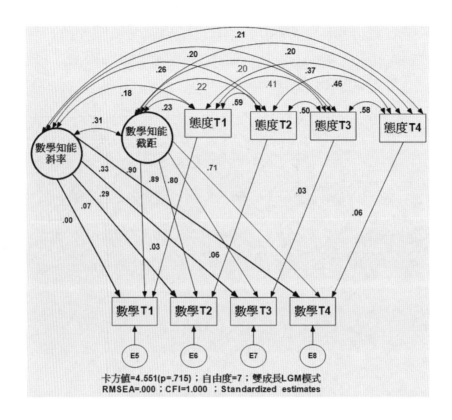

卡方值=4.551(p=.715)；自由度=7；雙成長LGM模式
RMSEA=.000；CFI=1.000；Standardized estimates

　　以「數學態度」為時間變動之共變項的潛在成長變化模式的適配度良好，標準化估計值模型圖顯示，外因觀察變項「態度 T1」、「態度 T2」、「態度 T3」、「態度 T4」對內因觀察變項「數學 T1」、「數學 T2」、「數學 T3」、「數學 T4」的標準化迴歸係數 β 值分別為 .03、.06、.03、.06，這些標準化迴歸係數推估至母群體時是否顯著不等於 0，必須根據其臨界值比值（C.R.）或顯著性機率值 p 來判別。

Regression Weights：（Group number 1 - 雙成長 LGM 模式）

	Estimate	S.E.	C.R.	P	Label
數學 T1 < --- 態度 T1	.099	.098	1.002	.316	
數學 T2 < --- 態度 T2	.210	.089	2.351	.019	
數學 T3 < --- 態度 T3	.129	.098	1.318	.187	
數學 T4 < --- 態度 T4	.252	.131	1.926	.054	

　　四個迴歸係數估計值，只有「態度 T2」對「數學 T2」的估計值達到統計顯著水準，估計值為 .210（顯著性機率值 $p < .05$）、估計標準誤為 .089、臨界比值為 2.351，其餘三個迴歸係數估計值均未達統計顯著水準。

Standardized Regression Weights：（Group number 1 - 雙成長 LGM 模式）

	Estimate
數學 T1 < --- 態度 T1	.027
數學 T2 < --- 態度 T2	.057
數學 T3 < --- 態度 T3	.032
數學 T4 < --- 態度 T4	.058

　　四個年段對應的路徑係數估計值中，三年級、五年級、六年級學生數學態度（共變項）對數學成就（依變項）的路徑係數估計值分別為 .099（$p = .316 > .05$）、.129（$p = .187 > .05$）、.252（$p = .054 > .05$），均未達統計顯著水準，表示此三個路徑係數估計值均顯著等於 0。四年級學生數學態度（共變項）對數學成就（依變項）的路徑係數估計值為 .210（$p = .019 < .05$），達統計顯著水準，表示此路徑係數估計值顯著不等於 0，然其標準化路徑係數 β 值只有 .057，影響程度並不大。

　　無條件的 LGM 模式，採用自由形式模式與線性模式組態，時間變動共變項之潛在成長模式的估計結果，配對時間點之共變項對依變項影響路徑的係數值並非一樣，且路徑係數估計值的顯著性（臨界比是否達 .05 顯著水準）也有不同。數學成就成長變化軌跡採用線性模式，外因觀察變項對內因觀察變項之直接效果顯著的為五年級時間點，標準化迴歸係數 β 值為 .050；數學成就成長變化軌跡採用自由形式模式，外因觀察變項對內因觀察變項之直接效果顯著的為四年級時間點，標準化迴歸係數 β 值為 .057。

Means：（Group number 1 - 雙成長 LGM 模式）

	Estimate	S.E.	C.R.	P	Label
數學知能 _ 截距	52.019	1.162	44.750	***	
數學知能 _ 斜率	7.958	1.848	4.308	***	

　　數學知能截距因子的平均數為 52.019（$p < .001$）、斜率因子的平均數為 7.958

（$p < .001$），均達統計顯著水準，表示數學成就的起始量測值顯著大於 0，跨四個年段學生數學成就知能的成長總變化率為正的 7.958，平均二個時間點間數學成就知能增加 $7.958 \div 3 = 2.653$（數學成就成長變化線性模式估計結果，數學成就斜率因子的平均數為 2.799）。

Variances：（Group number 1 - 雙成長 LGM 模式）

	Estimate	S.E.	C.R.	P	Label
數學知能 _ 斜率	16.282	4.196	3.881	***	
數學知能 _ 截距	73.386	4.611	15.914	***	

數學知能截距因子的變異數為 73.386（$p < .001$）、斜率因子的平均數為 16.282（$p < .001$），均達統計顯著水準。這二個參數估計值表示的是個體間的差異，即學生三年級的數學成就分數間有顯著的「個體間差異」存在，跨四個年段學生數學成就知能的成長變化率也有顯著「個別差異」存在。

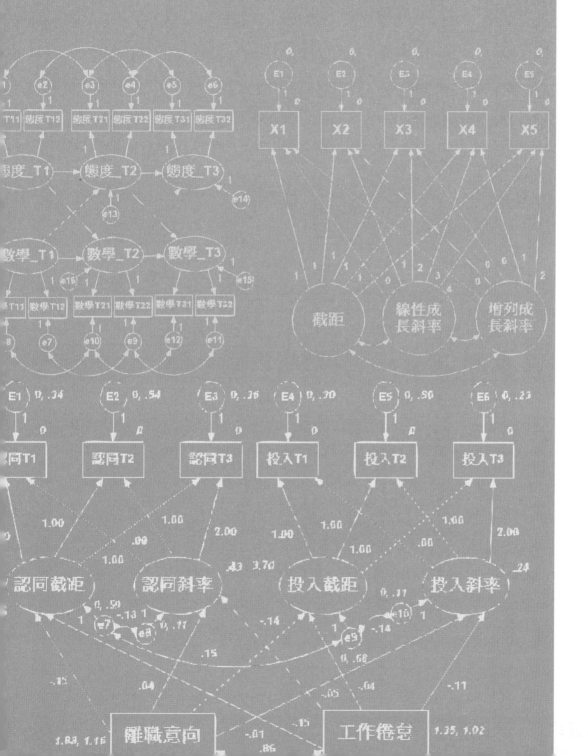

　　潛在成長變化模式一般為單群組，LGM 模型估計在於考驗母群體潛在特質跨時間點的潛在變化軌跡，為便於解釋，各時間點的觀察變項皆以單一指標變項為主，如果各時間點的指標變項有二個以上，LGM 模型便成為二階多重指標潛在成長變化模式。

一│多群組 LGM 模式

　　LGM 假設模型圖中，五年級、六年級、七年級、八年級學生的偏差行為之觀察變數分別為「Y1_五年」、「Y2_六年」、「Y3_七年」、「Y4_八年」，測量時間為各年級學期末學生自我評定之分數，偏差行為為學生填問卷時自評近一個月的課堂行為表現。

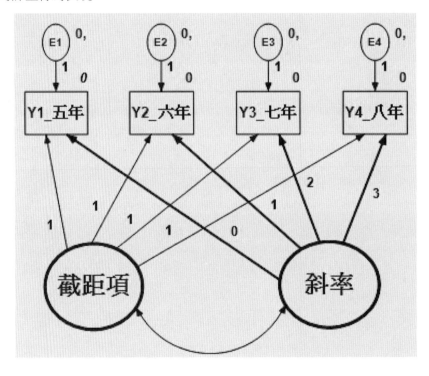

　　學生跨四個年段（五年級、六年級、七年級、八年級）的成長變化模式假設模型圖中，二個潛在變項，一為截距因子（Level）、一為斜率因子（Shape），斜率因子對四個指標變項的因素負荷量分別為 0、1、2、3，表示學生偏差行為的成長變化為線性軌跡。

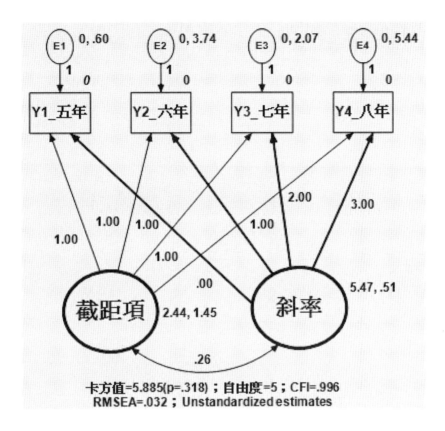

卡方值=5.885(p=.318)；自由度=5；CFI=.996
RMSEA=.032；Unstandardized estimates

　　就整體樣本而言，LGM 成長變化模式之整體適配度統計量 $\chi^2_{(df=5)}$ = 5.885，
顯著性機率值 p = .318 > .05，接受虛無假設，無條件 LGM 模式之假設模型與樣本
資料可以適配，表示學生跨四個年段之偏差行為的 LGM 線性模式可以得到支持。
學生跨四個年段的成長變化假定是線性發展，單群組的分析中，如果樣本資料與
線性 LGM 模型可以適配，表示樣本資料的共變異數／平均數矩陣與隱含的共變異
數／平均數矩陣相等或差異值未達統計顯著水準。就模式適配度而言，觀察資料
共變數矩陣 S 假定有代表性，可以有效反映母群共變異數矩陣 $\Sigma(\theta)$，若隱含的共
變異數矩陣為 Σ，則模式檢定的虛無假設為：$\Sigma(\theta) = \Sigma$，因為母群體自由參數估計
值 θ 未知，一般以樣本參數估計值代替，模式檢定的虛無假設為 $\Sigma = \Sigma(\hat{\theta})$，二個
共變異數矩陣相等，表示假設模型與樣本資料可以適配，假設模型可以適用於樣
本來自的母群體。

（一）多群組 LGM 模式

多群組分析有二個群體：男生群體與女生群體，群組變數名稱為「性別」，性別變數有二個水準，水準數值 0 為女生、水準數值 1 為男生，原始資料檔的名稱為「del_2.sav」，二個類別群組各有 85 位有效樣本。

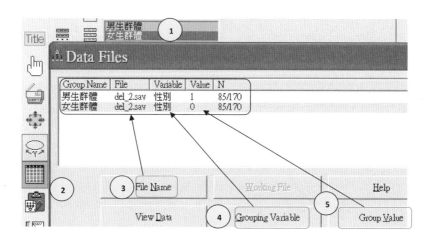

範例資料檔的檔案名稱（File Name）為「del_2.sav」，群組變項名稱（Grouping Variable）為「性別」，男生群體的群體水準數值編碼（Group Value）為 1、女生群體的群體水準數值編碼（Group Value）為 0，多群組分析首先要在群組（Groups）方盒中設定群組名稱，連按內定單一群組名稱「Group numbers」二下，開啟「Manage Groups」（管理群組）對話視窗，於「Group Name」（群組名稱）下鍵入群組名稱，範例的群組名稱為男生群體、女生群體。

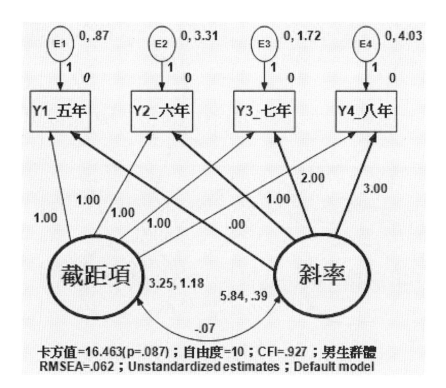

卡方值=16.463(p=.087)；自由度=10；CFI=.927；男生群體
RMSEA=.062；Unstandardized estimates；Default model

　　模式之整體適配度統計量 $\chi^2_{(df=10)} = 16.463$，顯著性機率值 $p = .087 > .05$，接受虛無假設，假設模型與樣本資料可以適配。RMSEA 值等於 .062（< .080 門檻值）、CFI 值 = .927（> .900 門檻值），表示學生多群組偏差行為之 LGM 線性模式可以得到支持，多群組 LGM 線性模式可以得到支持，表示跨四個年段的潛在成長變化模式，男生群體的成長變化是線性模式，女生群體的成長變化也是線性模式，此 LGM 線性模式具有跨性別群體的特性，跨四個年段之偏差行為的成長變化線性模式同時適配於男生群組及女生群組。男生群體截距因子的平均數與變異數估計值分別為 3.25、1.18，斜率因子的平均數與變異數估計值分別為 5.84、0.39。

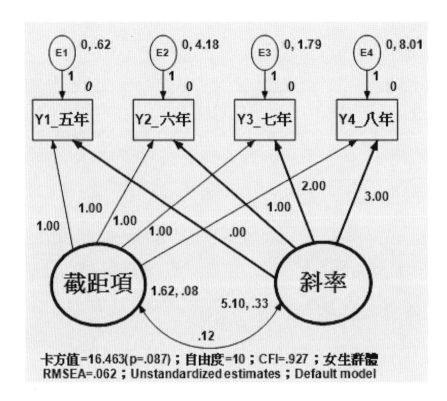

女生群體截距因子的平均數與變異數估計值分別為 1.62、0.08，斜率因子的平均數與變異數估計值分別為 5.10、0.33。

1. 男生群體參數估計值

Means：（男生群體 - Default model）

	Estimate	S.E.	C.R.	P	Label
截距項	3.255	.153	21.277	***	par_2
斜率	5.839	.095	61.652	***	par_3

就男生群組而言，截距因子與斜率因子的平均數估計值分別為 3.255（$p <$ .001）、5.839（$p < .001$），均達統計顯著水準，表示母群體的平均數均顯著不為 0，男生群組偏差行為每年平均以 5.839 次增加，起始狀態（十一歲測得的數據）之偏差行為平均為 3.255 次。

Covariances：（男生群體 - Default model）

	Estimate	S.E.	C.R.	P	Label
斜率 < -- > 截距項	-.073	.218	-.336	.737	par_1

Correlations：（男生群體 - Default model）

就男生群組而言，截距因子與斜率因子間的共變數估計值為 -.073（$p >$ .05），未達統計顯著水準，表示二個因子間的相關顯著等於 0，男生起始狀態（五年級）時的偏差行為與之後偏差行為的成長變化率沒有顯著相關。

Variances：（男生群體 - Default model）

	Estimate	S.E.	C.R.	P	Label
斜率	.386	.144	2.680	.007	par_7
截距項	1.181	.471	2.507	.012	par_8

就男生群組而言，截距因子與斜率因子的變異數估計值分別為 1.181（$p <$ .05）、.386（$p < .01$），均達統計顯著水準，表示母群體二個參數值均顯著不為 0，男生群體起始狀態（五年級）之偏差行為有顯著的個體間差異，跨四個年段偏差行為的變化軌跡也有顯著的個體間差異。

2. 女生群體參數估計值

Means：（女生群體 - Default model）

	Estimate	S.E.	C.R.	P	Label
截距項	1.619	.089	18.184	***	par_5
斜率	5.099	.094	54.076	***	par_6

截距因子與斜率因子的平均數估計值分別為 1.619（$p < .001$）、5.099（$p < .001$），均達統計顯著水準，表示母群體的平均數均顯著不為 0，女生群組偏差行為每年平均以 5.099 次增加，起始狀態（十一歲測得的數據）之偏差行為平均為 1.619 次。

Covariances：（女生群體 - Default model）

	Estimate	S.E.	C.R.	P	Label
斜率 < -- > 截距項	.121	.157	.769	.442	par_4

　　就女生群組而言，截距因子與斜率因子間的共變數估計值為 .121（ p = .442 >
.05），未達統計顯著水準，表示二個因子間的相關顯著等於 0，女生起始狀態（五
年級）時的偏差行為與之後偏差行為的成長變化率沒有顯著相關。

Variances：（女生群體 - Default model）

	Estimate	S.E.	C.R.	P	Label
斜率	.333	.141	2.353	.019	par_13
截距項	.080	.299	.267	.790	par_14

　　就女生群組而言，截距因子與斜率因子的變異數估計值分別為 .080（ p = .790
> .05）、.333（ p < .05），斜率因子的變異數估計值達統計顯著水準，表示母群體
參數值均顯著不為 0，女生群體起始狀態（五年級）之偏差行為沒有顯著的個體間
差異，至於跨四個年段偏差行為的變化軌跡有顯著的個體間差異。

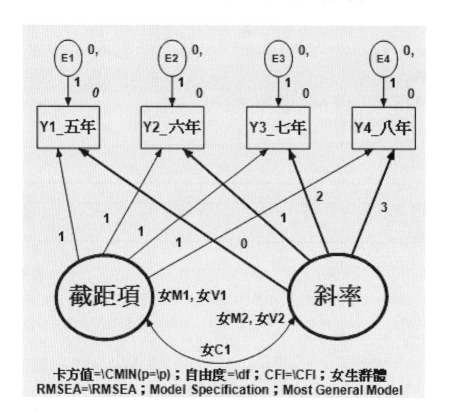

　　增列女生群體截距因子、斜率因子與共變異數的參數標記，截距因子的平均

數與變異數參數標記分別為「女 M1」、「女 V1」，斜率因子的平均數與變異數
參數標記分別為「女 M2」、「女 V2」，截距因子與斜率因子間相關之共變數參
數標記為「女 C1」。

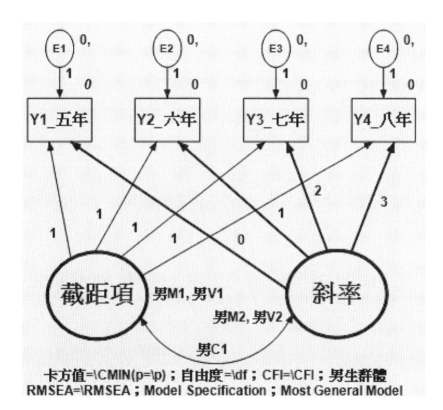

增列男生群體截距因子、斜率因子與共變異數的參數標記，截距因子的平均
數與變異數參數標記分別為「男 M1」、「男 V1」，斜率因子的平均數與變異數
參數標記分別為「男 M2」、「男 V2」，截距因子與斜率因子間相關之共變數參
數標記為「男 C1」。

Critical Ratios for Differences between Parameters （未限制參數模式）

	男 C1	男 V1	男 V2	男 M1	男 M2	女 C1	女 V1	女 V2	女 M1	女 M2
男 C1	.000									
男 V1	1.914	.000								
男 V2	1.385	−1.885	.000							
男 M1	12.493	4.185	13.652	.000						
男 M2	24.866	9.690	31.631	12.523	.000					
女 C1	.722	−2.135	−1.246	−14.299	−31.194	.000				
女 V1	.414	−1.974	−.923	−9.455	−18.369	−.093	.000			
女 V2	1.562	−1.724	−.264	−14.023	−32.344	.811	.950	.000		
女 M1	7.185	.913	7.281	−9.240	−32.462	8.304	4.936	7.696	.000	
女 M2	21.767	8.151	27.373	10.263	−5.540	27.187	16.014	28.034	24.207	.000

　　參數間差異的臨界比值如上表，臨界比值差異為參數估計值的差異值除以差異值的標準誤，臨界比數值的絕對值如果大於 2，表示二個參數間的差異達到 .05顯著水準，臨界比值介於 −2 至 +2 中間，表示母群二個參數估計值的差異顯著等於 0。二個群體截距因子平均數的差異臨界比值為 −9.240，差異絕對值大於 2；斜率因子平均數的差異臨界比值為 −5.540，差異絕對值大於 2，表示二個參數差異值顯著不等於 0；二個群體截距因子變異數的差異臨界比值為 −1.974，差異絕對值小於 2（但大於 1.960）；斜率因子變異數的差異臨界比值為 −0.264，差異絕對值均小於 2，表示母群參數差異值顯著為 0。二個群體截距因子與斜率因子共變異數差異的臨界比值為 0.722，差異絕對值小於 2，表示母群共變異數參數差異值顯著為 0。

（二）增列參數限制模式

參數限制模型共有五個：

1. 男生群體、女生群體截距因子平均數相等模式：參數限制為「女 M1 = 男 M1」。

2. 男生群體、女生群體斜率因子平均數相等模式：參數限制為「女 M2 = 男 M2」。

3. 男生群體、女生群體截距因子變異數相等模式：參數限制為「女 V1 = 男 V1」。

4. 男生群體、女生群體斜率因子變異數相等模式：參數限制為「女 V2 = 男 V2」。

5. 二個群體截距因子與斜率因子間共變數相等模式：參數限制為「女 C1 = 男 C1」。

1. 截距因子平均數相等模式

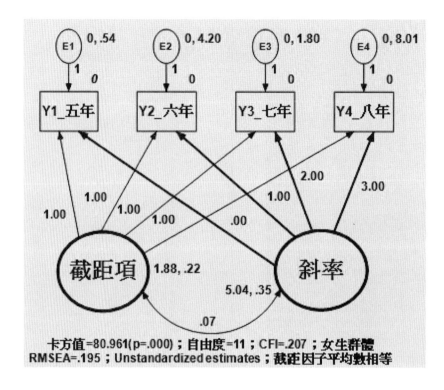

卡方值=80.961(p=.000)；自由度=11；CFI=.207；女生群體
RMSEA=.195；Unstandardized estimates；截距因子平均數相等

　　女生群體截距因子的平均數與變異數估計值分別為「1.88」、0.22，斜率因子
的平均數與變異數估計值分別為 5.04、0.35。

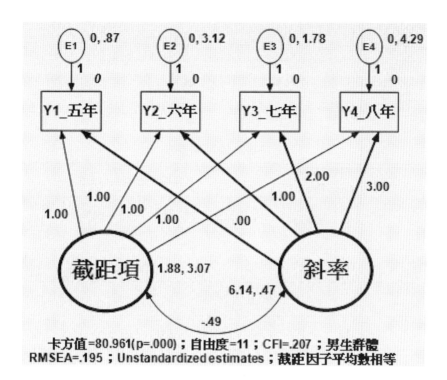

卡方值 =80.961(p=.000)；自由度 =11；CFI=.207；男生群體
RMSEA=.195；Unstandardized estimates；截距因子平均數相等

男生群體截距因子的平均數與變異數估計值分別為「1.88」、3.07，斜率因子的平均數與變異數估計值分別為 6.14、0.47。

截距因子平均數相等模式之整體適配度統計量 $\chi^2_{(df=11)} = 80.961$，顯著性機率值 $p < .001$，拒絕虛無假設，假設模型與樣本資料的適配度不佳。RMSEA 值等於 .195（> .080 門檻值）、CFI 值 = .207（< .900 門檻值），表示截距因子平均數相等模式之限制模型無法得到支持，兩個群體截距因子的平均數顯著不相等，男生群體與女生群體在起始點（五年級）的偏差行為平均值之差異量顯著不等於 0。

組別統計量

	性別	個數	平均數	標準差	平均數的標準誤
Y1_五年	0 女生	85	1.64	.843	.091
	1 男生	85	3.27	1.459	.158
總變化值	0 女生	85	15.42	3.413	.370
	1 男生	85	17.30	2.850	.309
	性別	個數	平均數	標準差	平均數的標準誤
平均變化值	0 女生	85	5.14	1.138	.123
	1 男生	85	5.77	.950	.103

　　以原始資料進行二個群體於觀察變項「Y1_五年」的平均數差異比較及變化值的差異比較，五年級（起始狀態）女生群組、男生群組的偏差行為平均次數分別為 1.64、3.27，女生群組、男生群組跨年段之偏差行為的總變化值分別為 15.42、17.30，平均變化值分別為 5.14、5.77。

獨立樣本檢定摘要表

		變異數相等的 Levene 檢定		平均數相等的 t 檢定						
		F 檢定	顯著性	t	自由度	顯著性（雙尾）	平均差異	標準誤差異	差異的 95% 信賴區間	
									下界	上界
Y1_五年	假設變異數相等	14.103	.000	−8.948	168	.000	−1.635	.183	−1.996	−1.275
	不假設變異數相等			−8.948	134.469	.000	−1.635	.183	−1.997	−1.274
總變化值	假設變異數相等	1.412	.236	−3.900	168	.000	−1.881	.482	−2.833	−.929
	不假設變異數相等			−3.900	162.812	.000	−1.881	.482	−2.833	−.928

　　獨立樣本 t 檢定摘要表中，「Y1_五年」觀察變項的平均數差異比較的 t 值統計量為 −8.948（$p < .001$），達統計顯著水準，表示二個群體平均數的差異顯著不等於 0，五年級之偏差行為次數男生群組與女生群組有顯著差異。

　　跨四個年段的成長變化值群組差異比較的 t 值統計量為 −3.900（$p < .001$），達統計顯著水準，表示二個群體總變化值的差異值顯著不等於 0，女生群組跨四個年段之偏差行為變化值次數顯著比男生群組跨四個年段之偏差行為變化值次數為少（女生群組偏差行為平均增加值顯著少於男生群組偏差行為平均增加值）。

2. 截距因子變異數相等模式

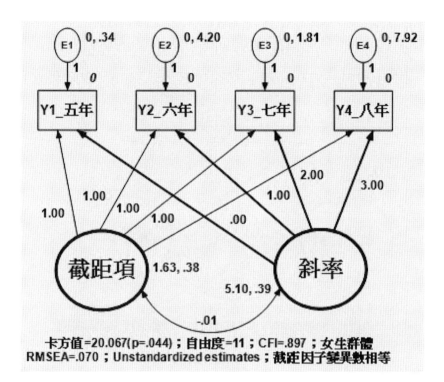

卡方值=20.067(p=.044)；自由度=11；CFI=.897；女生群體
RMSEA=.070；Unstandardized estimates；截距因子變異數相等

　　女生群體截距因子的平均數與變異數估計值分別為 1.63、「0.38」，斜率因子
的平均數與變異數估計值分別為 5.10、0.39。

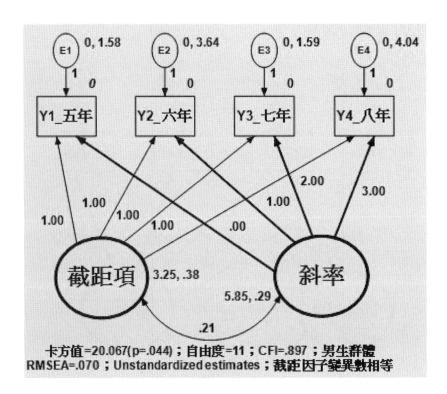

男生群體截距因子的平均數與變異數估計值分別為 3.25、「0.38」，斜率因子的平均數與變異數估計值分別為 5.85、0.29。

截距因子變異數相等模式之整體適配度統計量 $\chi^2_{(df=11)}$ = 20.067，顯著性機率值 $p < .05$，拒絕虛無假設，假設模型與樣本資料的適配度不佳。RMSEA 值等於 .070（< .080 門檻值）、CFI 值 = .897（< .900 門檻值），其餘基線比較適配度統計量 NFI 值為 .800、RFI 值等於 .782、IFI 值等於 .898、TLI 值等於 .888，均小於 .900 適配門檻值，表示截距因子變異數相等模式之限制模型無法得到支持，兩個群體截距因子的變異數顯著不相等。

3. 斜率因子平均數相等模式

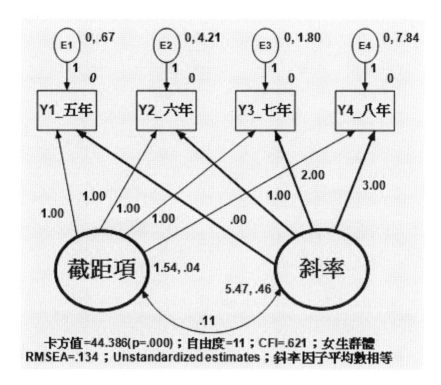

卡方值=44.386(p=.000)；自由度=11；CFI=.621；女生群體
RMSEA=.134；Unstandardized estimates；斜率因子平均數相等

　　女生群體截距因子的平均數與變異數估計值分別為 1.54、0.04，斜率因子的平
均數與變異數估計值分別為「5.47」、0.46。

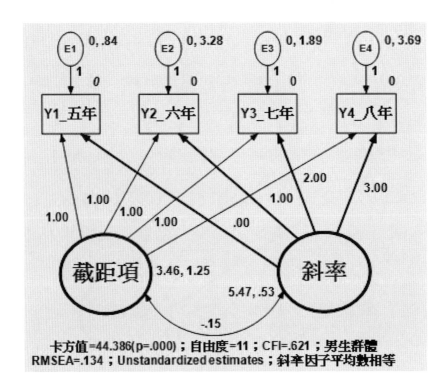

男生群體截距因子的平均數與變異數估計值分別為 3.46、1.25，斜率因子的平均數與變異數估計值分別為「5.47」、0.53。

斜率因子平均數相等模式之整體適配度統計量 $\chi^2_{(df=11)} = 44.386$，顯著性機率值 $p < .001$，拒絕虛無假設，假設模型與樣本資料的適配度不佳。RMSEA 值等於 .134（> .080 門檻值）、CFI 值 = .621（< .900 門檻值），表示斜率因子平均數相等模式之限制模型無法得到支持，兩個群體斜率因子的平均數顯著不相等，二個群體斜率因子平均數差異值顯著不為 0。

4. 斜率因子變異數相等模式

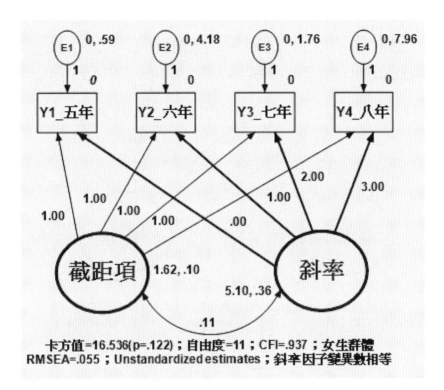

卡方值=16.536(p=.122)；自由度=11；CFI=.937；女生群體
RMSEA=.055；Unstandardized estimates；斜率因子變異數相等

　　女生群體截距因子的平均數與變異數估計值分別為 1.62、0.10，斜率因子的平
均數與變異數估計值分別為 5.10、「0.36」。

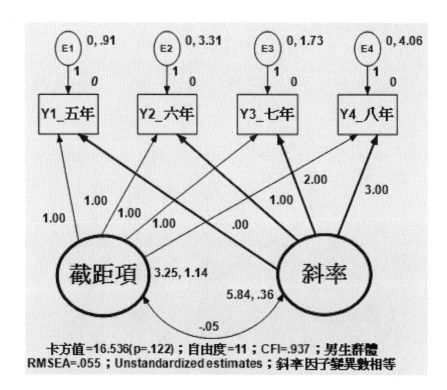

男生群體截距因子的平均數與變異數估計值分別為 3.25、1.14，斜率因子的平均數與變異數估計值分別為 5.84、「0.36」。

斜率因子變異數數相等模式之整體適配度統計量 $\chi^2_{(df=11)}$ = 16.536，顯著性機率值 p = .122 > .05，接受虛無假設，假設模型與樣本資料的適配度佳。RMSEA 值等於 .055（< .080 門檻值）、CFI 值 = .937（> .900 門檻值），表示斜率因子變異數相等模式之限制模型可以得到支持，兩個群組之母群體斜率因子的變異數顯著相等。

5.　截距因子與斜率因子間共變數相等模式

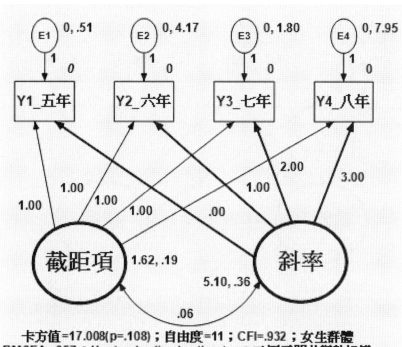

女生群體截距因子的平均數與變異數估計值分別為 1.62、0.19，斜率因子的平均數與變異數估計值分別為 5.10、0.36，截距因子與斜率因子間共變數估計值為「0.06」。

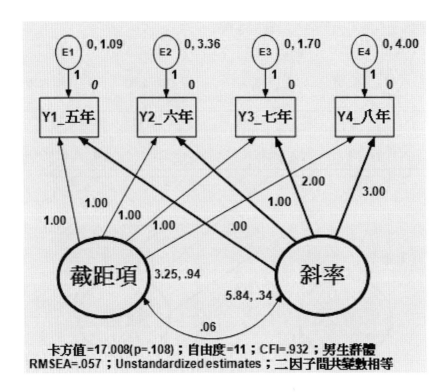

卡方值=17.008(p=.108)；自由度=11；CFI=.932；男生群體
RMSEA=.057；Unstandardized estimates；二因子間共變數相等

　　男生群體截距因子的平均數與變異數估計值分別為 3.25、0.94，斜率因子的平均數與變異數估計值分別為 5.84、0.34，截距因子與斜率因子間共變數估計值為「0.06」。

　　潛在因子變項間共變數相等模式之整體適配度統計量 $\chi^2_{(df=11)} = 17.008$，顯著性機率值 $p = .108 > .05$，接受虛無假設，假設模型與樣本資料的適配度佳。RMSEA 值等於 .057（< .080 門檻值）、CFI 值 = .932（> .900 門檻值），表示潛在因子變項間共變數相等模式之限制模型可以得到支持，兩個群組之截距因子與斜率因子間共變數估計值的差異顯著等於 0。

CMIN

Model	NPAR	CMIN	DF	P	CMIN/DF
截距因子平均數相等	17	80.961	11	.000	7.360
斜率因子平均數相等	17	44.386	11	.000	4.035
截距因子變異數相等	17	20.067	11	.044	1.824
斜率因子變異數相等	17	16.536	11	.122	1.503
二因子間共變數相等	17	17.008	11	.108	1.546
未限制參數模式	18	16.463	10	.087	1.646

　　未限制參數模式與五個限制參數模式的自由度、適配度卡方值與卡方自由度比值摘要表。其中卡方值統計量未達顯著水準（$p > .05$）的模式有「未限制參數模式」、「斜率因子變異數相等」、「二因子間共變數相等」。

Baseline Comparisons

Model	NFI Delta1	RFI rho1	IFI Delta2	TLI rho2	CFI
截距因子平均數相等	.192	.119	.216	.135	.207
斜率因子平均數相等	.557	.517	.626	.587	.621
截距因子變異數相等	.800	.782	.898	.888	.897
斜率因子變異數相等	.835	.820	.938	.932	.937
二因子間共變數相等	.830	.815	.933	.926	.932
未限制參數模式	.836	.803	.928	.912	.927

　　未限制參數模式與五個限制參數模式的基線比較值適配度統計量摘要表。當卡方值統計量未達 .05 顯著水準（表示樣本資料的共變異數／平均數矩陣與隱含的變異數／平均數矩陣相等或差異值甚小），表示假設模型已得到支持，上述適配度統計量可以不用列出。

RMSEA

Model	RMSEA	LO 90	HI 90	PCLOSE
截距因子平均數相等	.195	.156	.235	.000
斜率因子平均數相等	.134	.095	.177	.001
截距因子變異數相等	.070	.011	.118	.221
斜率因子變異數相等	.055	.000	.106	.394
二因子間共變數相等	.057	.000	.107	.367
未限制參數模式	.062	.000	.114	.312

未限制參數模式與五個限制參數模式之 RMSEA 值適配度統計量摘要表。當卡方值統計量達 .05 顯著水準，且樣本數較大，假設模型與樣本資料是否可以契合，主要的參考適配度統計量為 RMSEA 與 CFI（RMSEA 值最為穩定，不會隨樣本數的多寡而變動）。

上述多群組未限制模式及限定模式參數估計結果，整理如下表：

模式	卡方值	自由度	顯著性	女生群體					男生群體				
				M1	V1	M2	V2	C1	M1	V1	M2	V2	C1
未限制參數模式	16.463	10	.087	1.62	1.62	.08	5.10	.33	3.25	1.18	5.84	.39	-.07
截距因子平均數相等	80.961	11	.000	1.88	.22	5.04	.35	.07	1.88	3.07	6.14	.47	-.49
斜率因子平均數相等	44.386	11	.000	1.54	.04	5.47	.46	.11	3.46	1.25	5.47	.53	-.15
截距因子變異數相等	20.067	11	.044	1.63	.38	5.10	.39	-.01	3.25	.38	5.85	.29	.21
斜率因子變異數相等	16.536	11	.122	1.62	.10	5.10	.36	.11	3.25	1.14	5.84	.36	-.05
二因子間共變數相等	17.008	11	.108	1.62	.19	5.10	.36	.06	3.25	.94	5.84	.34	.06

二 | 整體適配度與內在適配度

有條件的 LGM 模式可以得到支持，並不表示共變項對潛在特質成長變化的截距因子及斜率因子的直接效果一定會達顯著，LGM 模式是否與樣本資料契合是一種外在適配度的檢定，而共變項對潛在特質成長變化截距及斜率因子的影響作用則是內在適配度的考驗。

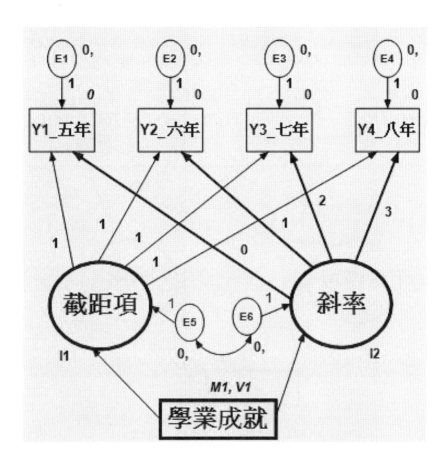

　　有條件的 LGM 模式中，預測變項／共變項為「學業成就」，學業成就為時間不變性預測變項，在四個年段中，此項潛在特質對學生個人的變化很少或變動很緩慢，因而可在四個年段期間內任一時間點加以施測。

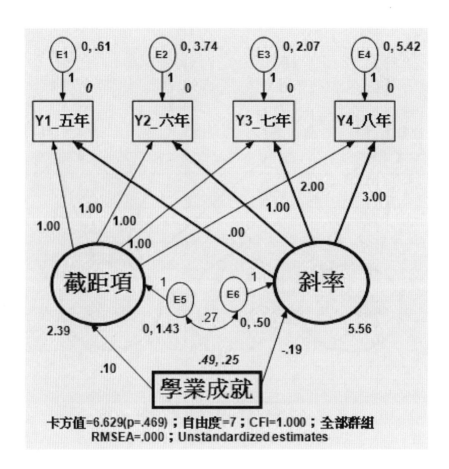

卡方值=6.629(p=.469)；自由度=7；CFI=1.000；全部群組
RMSEA=.000；Unstandardized estimates

　　以「學業成就」為共變項，有條件的 LGM 模式可以收斂，模型整體適配度統計量 $\chi^2_{(df=7)} = 6.629$，顯著性機率值 $p = .469 > .05$，接受虛無假設，有條件的成長變化假設模型與樣本資料的適配度佳。RMSEA 值等於 .000（< .080 門檻值）、CFI 值 = 1.000（> .900 門檻值），表示以學業成就為共變項之有條件的 LGM 模式可以得到支持。

Regression Weights：（全部群組 - Default model）

	Estimate	S.E.	C.R.	P	Label
截距項 < --- 學業成就	.098	.218	.449	.653	
斜　率 < --- 學業成就	−.185	.145	−1.280	.201	

　　共變項「學業成就」對截距因子潛在變項的路徑係數估計值為 .098（$p = .653 > .05$），共變項學業成就對斜率因子潛在變項的路徑係數估計值為 −.185（$p =$

.201 > .05），均未達統計顯著水準，表示二條路徑的迴歸係數均顯著為 0，預測
變項學業成就對截距因子及斜率因子均沒有直接影響作用，不同學業成就群體的
學生在五年級（起始狀態）的偏差行為自我評定次數沒有顯著不同，不同學業成
就群體的學生在跨四個年段偏差行為的成長變化率也沒有顯著差異。

　　下面的統計程序檢定採用傳統的變異數分析，探究不同學業成就組學生在五
年級偏差行為（起狀狀態行為，LGM 模型中的截距因子平均數）次數的差異，及
不同學業成就組學生在跨年段偏差行為總變化值（LGM 模型中的成長變化率）的
差異情況，以和 LGM 模型檢定結果作一比較。

不同學業成就組在觀察值「Y1_ 五年」、跨四個年段偏差行為
總變化值之描述性統計量摘要表

		個數	平均數	標準差	標準誤	平均數的 95% 信賴區間	
						下界	上界
Y1_五年	0 低學業成就	86	2.42	1.560	.168	2.08	2.75
	1 高學業成就	84	2.49	1.322	.144	2.20	2.77
	總和	170	2.45	1.443	.111	2.23	2.67
總變化值	0 低學業成就	86	16.70	3.565	.384	15.93	17.46
	1 高學業成就	84	16.02	2.929	.320	15.39	16.66
	總和	170	16.36	3.274	.251	15.87	16.86

　　86 位低學業成就組在觀察變項「Y1_ 五年」的平均數為 2.42，標準差為 1.560；
84 位高學業成就組在觀察變項「Y1_ 五年」的平均數為 2.49，標準差為 1.322。低
學業成就跨四個年段偏差行為的總變化值的平均數為 16.70，標準差為 3.565；高
學業成就跨四個年段偏差行為的總變化值的平均數為 16.02，標準差為 2.929。

不同學業成就組在觀察變項「Y1_ 五年」、跨四個年段偏差行為
總變化值差異比較之摘要表

		平方和	自由度	平均平方和	F	顯著性
Y1_ 五年	組間	.205	1	.205	.098	.755
	組內	351.918	168	2.095		
	總和	352.124	169			
總變化值	組間	19.382	1	19.382	1.817	.179
	組內	1791.980	168	10.667		
	總和	1811.362	169			

　　低學業成就組、高學業成就組二個群體在起始狀態（五年級）之偏差行為平均數差異檢定的 F 值統計量為 0.098，顯著性機率值 $p = .755 > .05$，未達統計顯著水準，表示二個群體在起始狀態（五年級）的偏差行為平均次數沒有顯著不同（此結果回應「學業成就」共變項對成長變化模式之截距因子的路徑係數未達 .05 顯著水準）；低學業成就組、高學業成就組二個群體在跨四個年段之偏差行為總變化值平均數差異檢定的 F 值統計量為 1.817，顯著性機率值 $p = .179 > .05$，未達統計顯著水準，表示二個群體在跨四個年段之偏差行為變化值沒有顯著不同（此結果回應「學業成就」共變項對成長變化模式之斜率因子的路徑係數未達 .05 顯著水準）。

　　上述學生跨四個年段偏差行為／不當行為的有條件成長變化模式，以「學業成就」為時間不變性共變項的 LGM 模型與樣本資料的契合度良好，適配度良好只表示根據假設模式導出的隱含共變異數矩陣與樣本資料計算所得的共變異數矩陣十分接近或差異很小，這是一種外在整體適配度的檢定，至於內在適配度的考驗或是否有不合理的參數解值存於模型之中，則需要另外判定。共變項對於潛在特質成長變化的截距因子與斜率因子的影響路徑未達統計顯著水準，並不表示此共變項／預測變項沒有價值性，而是指在潛在特質成長模式中，共變項／預測變項對潛在特質成長模式的起始狀態與成長變化率的影響不顯著，此共變項並不是一個重要的預測變項。

三 ｜ LGM 之直接效果模式

　　LGM 之直接效果模型指的是共變項／預測變項對潛在特質成長變化模式的影響，是指向各時間點的觀察變項，而非指向 LGM 模式中的截距因子及斜率因子潛在變項。

（一）外因觀察變項為「性別」

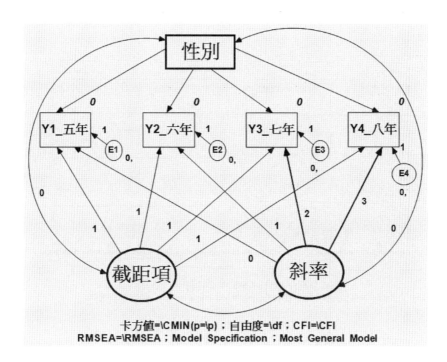

卡方值=\CMIN(p=\p)；自由度=\df；CFI=\CFI
RMSEA=\RMSEA；Model Specification；Most General Model

假設模型圖中，除學生跨四個年段偏差行為之成長變化的 LGM 基本模式外，還包括時間不變性共變項「性別」對四個年段之指標變項的直接影響效果，「性別」共變項對四個指標變項的路徑係數均為待估計的自由參數。共變項「性別」與截距因子間沒有相關、共變項「性別」與斜率因子間也沒有相關，因而共變項「性別」與截距因子及斜率因子間的共變數限定為 0，表示相關係數固定為 0（相關係數為 0，表示二個變項間沒有顯著相關）。

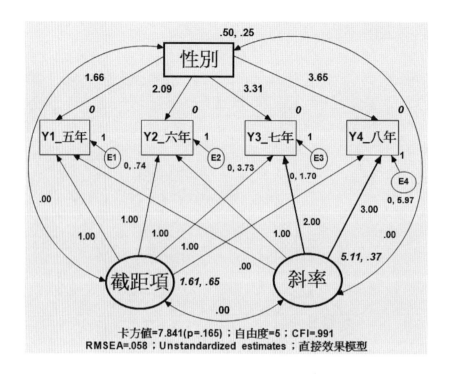

卡方值=7.841(p=.165)；自由度=5；CFI=.991
RMSEA=.058；Unstandardized estimates；直接效果模型

　　以「性別」變項為時間不變性共變項，性別對四個觀察變項有直接效果的
LGM 模式可以收斂，模型整體適配度統計量 $\chi^2_{(df=5)} = 7.841$，顯著性機率值 $p =$
.165 > .05，接受虛無假設，有條件的成長變化假設模型與樣本資料的適配度佳。
RMSEA 值等於 .058（<.080 門檻值）、CFI 值 = .991（>.900 門檻值），「性別」
共變項與指標變項有直接效果的有條件之 LGM 模式可以得到支持。

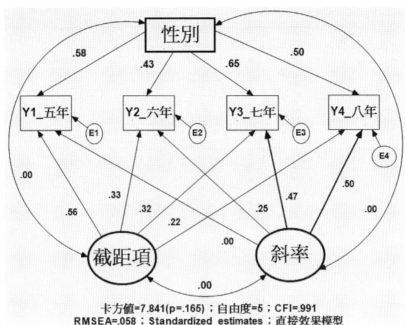

卡方值=7.841(p=.165)；自由度=5；CFI=.991
RMSEA=.058；Standardized estimates；直接效果模型

　　標準化估計值模式圖中，共變項「性別」對四個年段觀察變項的標準化迴歸係數分別為 .58、.43、.65、.50，共變項「性別」與截距因子間的相關係數為 0（共變數估計值設定為固定參數，參數值為 0）、共變項「性別」與斜率因子間的相關係數為 0（共變數估計值設定為固定參數，參數值為 0）。

Regression Weights：（Group number 1 - 直接效果模型）

	Estimate	S.E.	C.R.	P	Label
Y1_五年 < --- 性別	1.657	.180	9.233	***	
Y2_六年 < --- 性別	2.093	.271	7.724	***	
Y3_七年 < --- 性別	3.311	.286	11.565	***	
Y4_八年 < --- 性別	3.647	.438	8.324	***	

　　共變項「性別」對四個年段觀察變項「Y1_五年」、「Y2_六年」、「Y3_七年」、「Y4_八年」的路徑係數估計值分別為 1.657（$p < .001$）、2.093（$p < .001$）、3.311（$p < .001$）、3.647（$p < .001$），均達統計顯著水準，表示母群體四個路徑係數（迴歸係數）顯著不等於 0。

Standardized Regression Weights：（Group number 1 - 直接效果模型）

	Estimate
Y1_ 五年 < --- 性別	.575
Y2_ 六年 < --- 性別	.433
Y3_ 七年 < --- 性別	.646
Y4_ 八年 < --- 性別	.500

　　共變項「性別」對四個年段觀察變項「Y1_五年」、「Y2_六年」、「Y3_七年」、「Y4_八年」的標準化路徑係數 β 值分別為 .575、.433、.646、.500，由於其數值均為正，表示男生群體（水準數值編碼為 1）在四個年段的偏差行為次數均顯著高於女生群體（水準數值編碼為 0），共變項「性別」對四個觀察變項均有顯著的影響作用。

Means：（Group number 1 - 直接效果模型）

	Estimate	S.E.	C.R.	P	Label
截距項	1.613	.126	12.836	***	
斜率	5.105	.095	53.738	***	
性別	.500	.038	13.000	***	

　　截距因子的平均數為 1.613（$p < .001$），斜率因子的平均數為 5.105（$p < .001$），均達統計顯著水準，表示二個平均數參數均顯著大於 0，這二個潛在變項平均數估計值並非是樣本起始狀態偏差行為的平均值與成長變化率的估計值，因為觀察變項同時受到性別共變項直接效果的影響，二個平均數估計值是排除性別共變項的影響後的效果（無條件成長變化模式的平均數估計值分別 2.442、5.47）。

Covariances：（Group number 1 - 直接效果模型）

	Estimate	S.E.	C.R.	P	Label
截距項 < -- > 斜率	.001	.142	.004	.997	
截距項 < -- > 性別	.000				
斜　率 < -- > 性別	.000				

Correlations：（Group number 1 - 直接效果模型）

	Estimate
截距項 < -- > 斜率	.001
截距項 < -- > 性別	.000
斜率 < -- > 性別	.000

　　由於設定共變項「性別」與截距因子及斜率因子潛在變項間的共變數參數為 0，因而其相關係數也為 0（這二個共變數均為固定參數，沒有估計標準誤及臨界比值），截距因子與斜率因子間的共變數估計值為 .001（$p > .05$），未達 .05 顯著水準，表示母群體之截距因子與斜率因子間沒有顯著相關。

Implied Means：（Group number 1 - 直接效果模型）

	性別	Y3_ 七年	Y2_ 六年	Y4_ 八年	Y1_ 五年
	.500	13.479	7.765	18.752	2.442

　　隱含平均數（期望值）摘要表顯示，根據假設模型導出的四個觀察變項的期望值分別為 2.442、7.765、13.479、18.752。

（二）外因觀察變項為「學業成就」

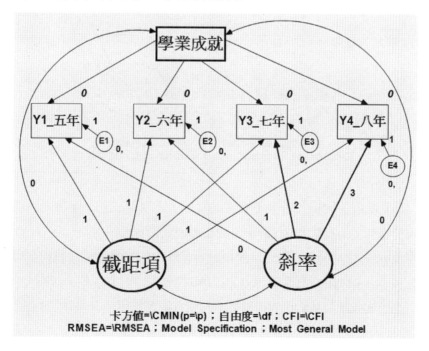

卡方值=\CMIN(p=\p)；自由度=\df；CFI=\CFI
RMSEA=\RMSEA；Model Specification；Most General Model

假設模型圖中,除學生跨四個年段偏差行為之成長變化的 LGM 基本模式外,還包括時間不變性共變項「學業成就」對四個年段之指標變項的直接影響效果,「學業成就」共變項對四個指標變項的路徑係數均為待估計的自由參數。共變項「學業成就」與截距因子間沒有相關、共變項「學業成就」與斜率因子間也沒有相關,因而共變項「學業成就」與截距因子及斜率因子間的共變數限定為 0(AMOS 模型圖中,沒有相關的二個外因變項也要增列雙箭號的共變關係,再將共變數限定為固定參數,其數值為 0),二個外因變項的共變數限定為 0,表示相關係數為 0,相關係數為 0,即二個變項間沒有顯著相關,至於截距因子與斜率因子間的相關則設為待估計的自由參數。

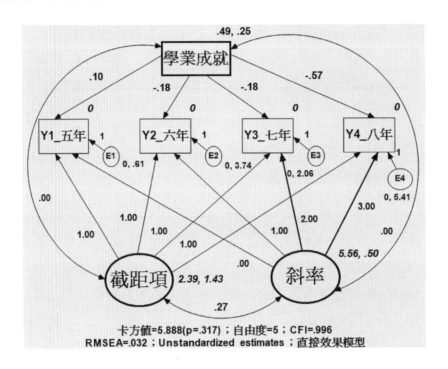

卡方值=5.888(p=.317);自由度=5;CFI=.996
RMSEA=.032;Unstandardized estimates;直接效果模型

以「學業成就」變項為時間不變性共變項,「學業成就」變項對四個觀察變項有直接效果的 LGM 模式可以收斂,模型整體適配度統計量 $\chi^2_{(df=5)}$ = 5.888,顯著性機率值 p = .317 > .05,接受虛無假設,有條件的成長變化假設模型與樣本資料的適配度佳。RMSEA 值等於 .032(< .080 門檻值)、CFI 值 = .996(> .900 門檻值),「學業成就」共變項對指標變項有直接影響作用的有條件之 LGM 模式可

以得到支持。

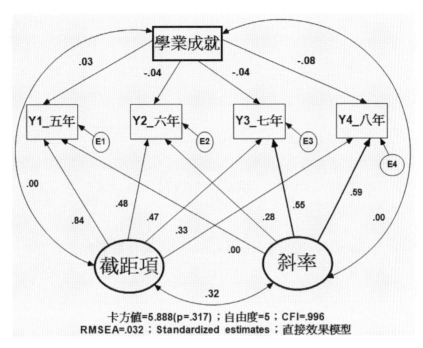

卡方值=5.888(p=.317)；自由度=5；CFI=.996
RMSEA=.032；Standardized estimates；直接效果模型

　　標準化估計值模式圖中，共變項「學業成就」對四個年段觀察變項的標準化迴歸係數分別為 .03、−.04、−.04、−.08，共變項「學業成就」與截距因子間的相關係數為 0、共變項「學業成就」與斜率因子間的相關係數為 0，成長變化模式之截距因子與斜率因子的相關係數為 .32。

Regression Weights：（Group number 1 - 直接效果模型）

	Estimate	S.E.	C.R.	P	Label
Y1_ 五年 < --- 學業成就	.099	.219	.452	.651	
Y2_ 六年 < --- 學業成就	−.181	.329	−.549	.583	
Y3_ 七年 < --- 學業成就	−.181	.379	−.476	.634	
Y4_ 八年 < --- 學業成就	−.573	.521	−1.099	.272	

　　共變項「學業成就」對四個年段觀察變項「Y1_五年」、「Y2_六年」、「Y3_七年」、「Y4_八年」的路徑係數估計值分別為 0.099（$p > .05$）、−0.181（$p > .05$）、−0.181（$p > .05$）、−0.573（$p > .05$），均未達 .05 顯著水準，表示母群體四個路徑係數（迴歸係數）顯著等於 0。

Standardized Regression Weights：（Group number 1 - 直接效果模型）

	Estimate
Y1_ 五年 < --- 學業成就	.035
Y2_ 六年 < --- 學業成就	−.036
Y3_ 七年 < --- 學業成就	−.035
Y4_ 八年 < --- 學業成就	−.079

　　由於母群體四個路徑係數（迴歸係數）顯著等於 0，其標準化迴歸係數 β 也是為 0，表中的數值不為 0 乃是抽樣誤差造成的，「學業成就」共變項對四個指標變項均沒有顯著的直接影響效果（不同學業成就組的學生在各年段的偏差行為表現之平均值沒有顯著差異存在）。

Implied Means （Group number 1 - 直接效果模型）

	學業成就	Y3_ 七年	Y2_ 六年	Y4_ 八年	Y1_ 五年
	.494	13.429	7.865	18.800	2.438

　　隱含平均數（期望值）摘要表顯示，根據假設模型導出的四個觀察變項的期望值分別為 2.438、7.865、13.429、18.800。

（三）外因觀察變項為「性別」、「社經地位」

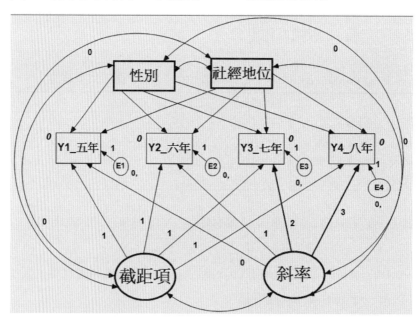

假設模型圖中，除學生跨四個年段偏差行為之成長變化的 LGM 基本模式外，還包括時間不變性共變項「性別」、「社經地位」對四個年段之指標變項的直接影響效果。增列的二個共變項均假定對四個觀察變項有直接的影響效果，此外，「性別」、「社經地位」二個共變項與成長變化模式的截距因子及斜率因子潛在變項間均沒有顯著相關，其共變參數均限定為 0（設定為固定參數），至於潛在特質成長變化模式的截距因子及斜率因子潛在變項間的共變參數則設定為待估計的自由參數。

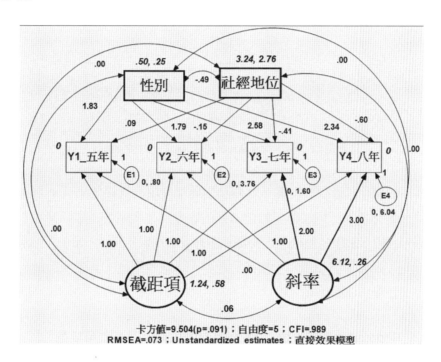

以「性別」、「社經地位」變項為時間不變性共變項，二個共變項對四個觀察變項有直接效果的 LGM 模式可以收斂，模型整體適配度統計量 $\chi^2_{(df=5)} = 9.504$，顯著性機率值 $p = .091 > .05$，接受虛無假設，有條件的成長變化假設模型與樣本資料的適配度佳。RMSEA 值等於 .073（< .080 門檻值）、CFI 值 = .989（> .900 門檻值），「性別」、「社經地位」共變項對指標變項有直接影響作用的有條件 LGM 模式可以得到支持，非標準化估計值模式圖中沒有負的變異數，表示模式估計結果沒有出現不合理的解值。

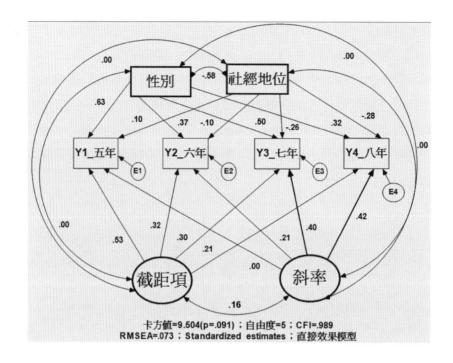

卡方值=9.504(p=.091)；自由度=5；CFI=.989
RMSEA=.073；Standardized estimates；直接效果模型

　　上圖為標準化估計值模型圖，共變項對觀察變項的直接效果值是否達到統計
顯著水準，必須經由下列路徑係數估計值的臨界比值及顯著性加以判別。原先假
定模型圖中共變參數限定為 0 者，相關係數估計值均會出現 0，如：「性別」共變
項與截距因子、斜率因子潛在變項間的相關，「社經地位」共變項與截距因子、
斜率因子潛在變項間的相關。

Regression Weights：（Group number 1 - 直接效果模型）

	Estimate	S.E.	C.R.	P	Label
Y3_ 七年 < --- 性別	2.579	.333	7.750	***	
Y2_ 六年 < --- 性別	1.788	.315	5.676	***	
Y4_ 八年 < --- 性別	2.336	.505	4.630	***	
Y4_ 八年 < --- 社經地位	−.602	.142	−4.244	***	
Y3_ 七年 < --- 社經地位	−.409	.098	−4.187	***	
Y2_ 六年 < --- 社經地位	−.148	.080	−1.850	.064	
Y1_ 五年 < --- 社經地位	.091	.066	1.383	.167	
Y1_ 五年 < --- 性別	1.828	.220	8.317	***	

　　「性別」、「社經地位」共變項對四個觀察變項的八條路徑係數中，除了「社

經地位」對觀察變項「Y1_五年」、「Y2_六年」的路徑係數估計值未達 .05 顯著水準外（估計值分別為 −.148、.091，顯著性機率值 p 分別為 .064、.167），其餘六個路徑係數估計值均達 .001 統計顯著水準。這六個顯著的路徑分別為：「性別→ Y1_五年」、「性別→ Y2_六年」、「性別→ Y3_七年」、「性別→ Y4 八年」、「社經地位→ Y3_七年」、「社經地位→ Y4_八年」。

Standardized Regression Weights：（Group number 1 - 直接效果模型）

	Estimate
Y3_七年 < --- 性別	.501
Y2_六年 < --- 性別	.370
Y4_八年 < --- 性別	.323
Y4_八年 < --- 社經地位	−.277
Y3_七年 < --- 社經地位	−.264
Y2_六年 < --- 社經地位	−.102
Y1_五年 < --- 社經地位	.105
Y1_五年 < --- 性別	.634

　　共變項「社經地位」對觀察變項「Y3_七年」、「Y4_八年」的標準化迴歸係數 β 值分別為 −.264、−.277，其數值均為負值，表示七年級學生社經地位愈高的學生，其偏差行為次數愈少，八年級學生社經地位愈高的學生，其偏差行為次數也愈少；相對的，七年級、八年級學生社經地位愈低者，學生平均偏差行為表現的次數愈多。共變項「性別」對觀察變項「Y1_五年」、「Y2_六年」、「Y3_七年」、「Y4_八年」的標準化迴歸係數 β 值分別為 .634、.370、.501、.323，其數值均為正值，表示各年段男生群體（水準數值編碼為 1）的偏差行為次數顯著高於女生群體（水準數值編碼為 0）。

Covariances：（Group number 1 - 直接效果模型）

	Estimate	S.E.	C.R.	P	Label
截距項 < --- > 斜率	.062	.137	.451	.652	
截距項 < --- > 性別	.000				
性別 < --- > 社經地位	−.485	.074	−6.558	***	
斜率 < --- > 社經地位	.000				
截距項 < --- > 社經地位	.000				
斜率 < --- > 性別	.000				

　　性別與社經地位共變項間相關的共變數估計為 −.485（$p < .001$），達統計顯著水準，表示母群體的相關係數顯著不為 0；截距因子與斜率因子間相關的共變數估計為 0.062（$p > .05$），未達統計顯著水準，表示母群體的相關係數顯著為 0。LGM 假設模型圖中，共變項「性別」與成長變化模式的截距因子、斜率因子間的共變參數為固定參數，其數值限定為 0；共變項「社經地位」與成長變化模式的截距因子、斜率因子間的共變參數為固定參數，其數值也限定為 0，四個共變參數均為固定參數。

Correlations：（Group number 1 - 直接效果模型）

	Estimate
截距項 < --- > 斜率	.159
截距項 < --- > 性別	.000
性別 < --- > 社經地位	−.584
斜率 < --- > 社經地位	.000
截距項 < --- > 社經地位	.000
斜率 < --- > 性別	.000

　　「性別」與「社經地位」共變項間相關係數為 −.584，由於性別變項是二分變項，社經地位是計量變項，積差相關係數等於點二系列相關係數，女生群體（水準數值編碼為 0）的社經地位顯著高於男生群體（水準數值編碼為 1）的社經地位。

Implied Means：（Group number 1 - 直接效果模型）

	社經地位	性別	Y3_ 七年	Y2_ 六年	Y4_ 八年	Y1_ 五年
	3.241	.500	13.448	7.773	18.822	2.445

　　隱含平均數（期望值）摘要表顯示，根據假設模型導出的四個觀察變項的期望值分別為 2.445、7.773、13.448、18.822。

四 ┃ 多重指標之 LGM 模式

　　潛在特質成長變化模式最常見的型態為一階單一指標變項的模型，單一指標指的是各時間點的觀察變項只有一個（只計算量表或測驗分數的加總，不再區分

為二個以上向度或構面），成長變化模式只有一階潛在變項，分別為成長變化的
截距因子（level）與斜率因子（shape）。如果各時間點的觀察變項有二個以上，
則潛在特質的成長變化模式會變為二階多重指標的 LGM 模式，一階潛在變項為時
間點構成的測量模式，此模式與驗證性因素分析模型類似，二階潛在變項為成長
變化模式的截距因子與斜率因子。

（一）時間點有二個觀察變項

多重指標潛在成長變化模式，各時間點的觀察變項有二個，範例資料中三個
時間點（四年級、五年級、六年級）的閱讀能力有二個觀察變項：「閱讀能力 1」、
「閱讀能力 2」，縱貫性資料有效樣本 N = 500。

rowtype_	varname_	T1_閱讀1	T1_閱讀2	T2_閱讀1	T2_閱讀2	T3_閱讀1	T3_閱讀2
n		500	500	500	500	500	500
CORR	T1_閱讀1	1.00					
CORR	T1_閱讀2	0.71	1.00				
CORR	T2_閱讀1	0.18	0.16	1.00			
CORR	T2_閱讀2	0.15	0.08	0.66	1.00		
CORR	T3_閱讀1	0.14	0.11	0.10	0.17	1.00	
CORR	T3_閱讀2	0.16	0.19	0.15	0.13	0.69	1.00
MEAN		6.54	6.48	7.92	8.76	10.21	10.65
STDDEV		3.25	3.45	4.01	4.32	5.42	5.41

多重指標潛在成長變化模型圖如次頁。

一階因素架構的潛在變項或因素構念分別為「閱讀_T1」、「閱讀_T2」、「閱
讀_T3」，二階因素架構的潛在變項為潛在特質成長變化模式的「截距因子」與「斜
率因子」，「截距因子」對一階潛在變項「閱讀_T1」、「閱讀_T2」、「閱讀_
T3」的路徑係數均固定為 1，「斜率因子」對一階潛在變項「閱讀_T1」、「閱讀
_T2」、「閱讀_T3」的路徑係數分別限定為 0、1、2，表示潛在特質成長變化模
式為線性發展軌跡。

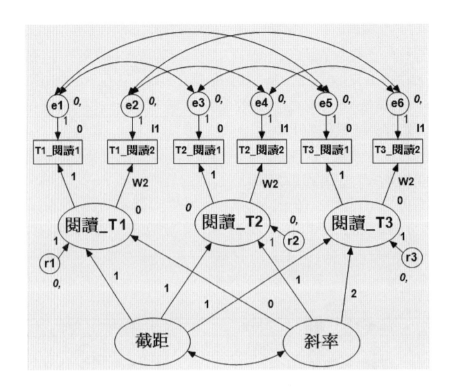

　　多重指標潛在成長變化模型圖中，各年段對應的觀察變項隨機誤差項要設定有共變關係：「e1 與 e3」、「e3 與 e5」、「e1 與 e5」、「e2 與 e4」、「e4 與 e6」、「e2 與 e6」。一階潛在因素對指標變項的測量模式要符合測量不變性假定，各年段一階潛在變項對觀察變項要有一個設定參照指標（固定參數，參數值為 1），對應觀察變項的路徑係數要設為相等（如對第二個觀察變項的路徑係數參數標記均設為 W2，此參數為待估計的自由參數）。觀察變項「T1_ 閱讀 1」、「T2_ 閱讀 1」、「T3_ 閱讀 1」的截距項參數設定為 0；觀察變項「T1_ 閱讀 2」、「T2_ 閱讀 2」、「T3_ 閱讀 2」的截距項參數設定為相同，截距項參數標記為 I1，此參數為待估計的自由參數。

　　根據測量迴歸模式，六個指標變項的一階測量迴歸方程式為：

T1_ 閱讀 1 = 0 + 1×（閱讀 _T1）+e1

T1_ 閱讀 2 = I1+W2×（閱讀 _T1）+e2

T2_ 閱讀 1 = 0 + 1×（閱讀 _T2）+e3

T2_ 閱讀 2 = I1+W2×（閱讀 _T2）+e4

T3_ 閱讀 1 = 0 + 1×（閱讀 _T3）+e5

T3_閱讀 2 = I1+W2×（閱讀_T3）+e6

二階測量迴歸方程式為：

閱讀_T1 = 1× 截距 +0× 斜率 +r1

閱讀_T2 = 1× 截距 +1× 斜率 +r2

閱讀_T3 = 1× 截距 +2× 斜率 +r2

根據「T1_閱讀 1 = 0 + 1×（閱讀_T1）+e1」方程，可得：

M（T1_閱讀 1）= M（0）+1×M（閱讀_T1）+M（e1），由於 M（0）= 0、
M（e1）= 0，因而：

M（T1_閱讀 1）= M（閱讀_T1）

根據「閱讀_T1 = 1× 截距 +0× 斜率 +r1」方程，可得：

M（閱讀_T1）=1×M（截距）+0×M（斜率）+M（r1），由於 M（r1）=0，因而：

M（閱讀_T1）= M（截距）

M（截距）= M（閱讀_T1）= M（T1_閱讀 1）

截距因子的平均數等於一階潛在變項「閱讀_T1」的期望值，也等於觀察變項
「T1_閱讀 1」的期望值。

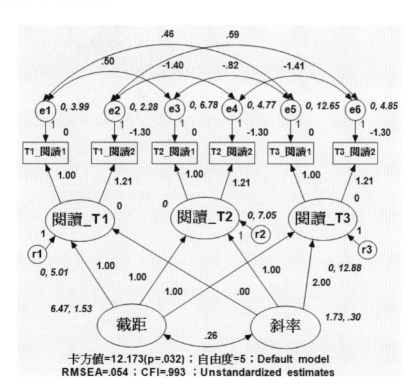

卡方值=12.173(p=.032)；自由度=5；Default model
RMSEA=.054；CFI=.993；Unstandardized estimates

　　三個年段多重指標的閱讀能力成長變化 LGM 模式可以收斂，模型整體適配度統計量 $\chi^2_{(df=5)}$ = 12.173，顯著性機率值 p = .032，RMSEA 值等於 .054（< .080 門檻值）、CFI 值 = .993（> .950 嚴格門檻值），SRMR 值等於 .0085（< .050 門檻值），表示學生跨年段多重指標的閱讀能力成長變化 LGM 模式的適配度佳。非標準化估計值模式圖顯示：三個時間點一階因素之潛在變項對二個觀察變項的路徑係數估計值均分別為 1.00、1.21，此為測量模式不變性的設定；三個時間點二個觀察變項的截距項參數估計值均分別為 0、−1.30，第一個觀察變項的截距項參數為固定參數，第二個觀察變項的截距項參數為自由參數。

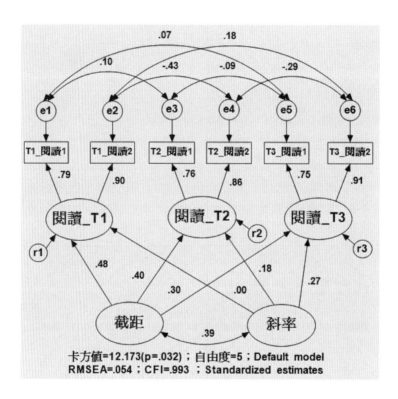

　　標準化估計值模式圖顯示，初階潛在變項「閱讀_T1」對二個觀察變項「T1_閱讀1」、「T1_閱讀2」的因素負荷量分別為 .79、.90，初階潛在變項「閱讀_T2」對二個觀察變項「T2_閱讀1」、「T2_閱讀2」的因素負荷量分別為 .76、.86，初階潛在變項「閱讀_T3」對二個觀察變項「T3_閱讀1」、「T3_閱讀2」的因素負荷量分別為 .75、.91，因素負荷量的數值均高於 .70，表示各年段的觀察變項均能有效反映一階閱讀能力因素或一階因素的潛在構念。

Baseline Comparisons

Model	NFI Delta1	RFI rho1	IFI Delta2	TLI rho2	CFI
Default model	.988	.964	.993	.979	.993

　　五個基線比較適配度統計量中，NFI 值等於 .988、RFI 值等於 .964、IFI 值等於 .993、TLI 值等於 .979、CFI 值等於 .993，均大於 .950 嚴格適配門檻值。

RMSEA

Model	RMSEA	LO 90	HI 90	PCLOSE
Default model	.054	.014	.093	.379

　　RMSEA 值為 .054，小於 .080 門檻指標值，90% 信賴區間〔.014，.093〕。

HOELTER

Model	HOELTER .05	HOELTER .01
Default model	454	619

　　.05 顯著水準之 CN 值為 454、.01 顯著水準之 CN 值為 619，大於 200 門檻指標值，二階多重指標跨三個年段閱讀能力之 LGM 模式可以得到支持。

Regression Weights：（Group number 1 - Default model）

	Estimate	S.E.	C.R.	P	Label
T1_ 閱讀 1 < --- 閱讀 _T1	1.000				
T1_ 閱讀 2 < --- 閱讀 _T1	1.212	.065	18.561	***	W2
T2_ 閱讀 1 <--- 閱讀 _T2	1.000				
T2_ 閱讀 2 < --- 閱讀 _T2	1.212	.065	18.561	***	W2
T3_ 閱讀 1 < --- 閱讀 _T3	1.000				
T3_ 閱讀 2 < --- 閱讀 _T3	1.212	.065	18.561	***	W2

　　多指標成長變化模式中，各年段一階因素潛在變項對「閱讀能力 1」的路徑係數均限定為固定參數（閱讀 _T1 → T1_ 閱讀 1、閱讀 _T2 → T2_ 閱讀 1、閱讀 _T3 → T3_ 閱讀 1），參數值限定為 1，作為參照指標；一階因素潛在變項對第二個指標變項的路徑係數參數設為待估計的自由參數，參數標記均設定為 W2（閱讀

_T1 → T1_閱讀 2、閱讀 _T2 → T2_閱讀 2、閱讀 _T3 → T3_閱讀 2），路徑係數
估計值為 1.212，估計標準誤為 .065、臨界比值為 18.561（顯著性 $p < .001$）。

Means：（Group number 1 - Default model）

	Estimate	S.E.	C.R.	P	Label
截距	6.468	.140	46.311	***	
斜率	1.727	.124	13.906	***	

截距因子（二階潛在變項）的平均數估計值為 6.468（$p < .001$）、斜率因子（二
階潛在變項）的平均數估計值為 1.727（$p < .001$），均達統計顯著水準，表示母
群體二個平均數估計值均顯著不為 0。截距因子的平均數 6.468 為起始狀態觀察變
項「T1_閱讀 1」的期望值，跨三個年段學生閱讀能力是逐年增加或上升，平均每
年增加 1.727 分。

Intercepts：（Group number 1 - Default model）

	Estimate	S.E.	C.R.	P	Label
T1_閱讀 2	−1.296	.508	−2.551	.011	I1
T2_閱讀 2	−1.296	.508	−2.551	.011	I1
T3_閱讀 2	−1.296	.508	−2.551	.011	I1

多重指標成長變化模式各年段對應的截距項參數設定為相等數值，第一個指
標變項（T1_閱讀 1、T2_閱讀 1、T3_閱讀 1）的截距項均要設為 0（固定參數），
第二個指標變項（T1_閱讀 2、T2_閱讀 2、T3_閱讀 2）的截距項設定為待估計的
自由參數，參數標記均設定為 I1，截距項估計值為 −1.296，估計值標準誤為 .508、
臨界比值為 −2.551（$p < .05$），達統計顯著水準，表示此截距項參數顯著不為 0。

Covariances：（Group number 1 - Default model）

	Estimate	S.E.	C.R.	P	Label
斜率 < --- > 截距	.264	.670	.394	.693	

截矩因子與斜率因子間的共變數值估計值為 .264，臨界比值為 .394（$p = .693$
> .05），未達統計顯著水準，表示學生起始狀態的閱讀能力與之後跨年段閱讀能
力成長變化間並未有顯著相關。

Variances：（Group number 1 - Default model）

	Estimate	S.E.	C.R.	P	Label
斜率	.305	.654	.466	.641	
截距	1.526	.980	1.557	.120	

截距因子的變異數估計值為 1.526，臨界比值為 1.557（$p = .120 > .05$），斜率因子的變異數估計值為 0.305，臨界比值為 0.466（$p = .641 > .05$），均未達統計顯著水準，表示學生在四年級起始點之閱讀能力並無顯著的個體間差異，之後跨年段的閱讀能力成長變化率也沒有顯著的個體間差異。

Implied Means：（Group number 1 - Default model）

	T3_ 閱讀2	T3_ 閱讀1	T2_ 閱讀2	T2_ 閱讀1	T1_ 閱讀2	T1_ 閱讀1
	10.726	9.922	8.634	8.195	6.542	6.468

隱含平均數（期望值）摘要表顯示，根據假設模型導出的六個觀察變項的期望值分別為 6.468、6.542（四年級）、8.195、8.634（五年級）、9.922、10.726（六年級）。

根據觀察變項的期望值，可以求出對應觀察變項間的變化情況：

觀察變項	期望值	截距項	加權值	加權後期望值	變化值
T1_ 閱讀1	6.468	0	1	6.468	起始點1
T1_ 閱讀2	6.542	−1.296	1.212	6.467	
T2_ 閱讀1	8.195	0	1	8.195	1.727
T2_ 閱讀2	8.634	−1.296	1.212	8.193	1.726
T3_ 閱讀1	9.922	0	1	9.922	1.727
T3_ 閱讀2	10.726	−1.296	1.212	9.919	1.726

表中的加權值等於（期望值－截距項）÷ 加權值，如 [8.634−（−1.296）] ÷1.212 = 8.193

變化值欄為各時間點對應觀察變項加權後期望值的的差異量，以「T1_ 閱讀1」觀察變項為起始點1，「T2_ 閱讀1」觀察變項的增加值為 8.195−6.486 = 1.727，「T3_ 閱讀1」與「T2_ 閱讀1」觀察變項期望值的差異量為 9.922−8.195 = 1.727。

多重指標潛在成長變化模式的參數設定中，如果觀察變項的截距項參數沒有

依照參數限制的要點加以設定，假設模型無法識別，LGM 模式中的參數無法順利估計出來。

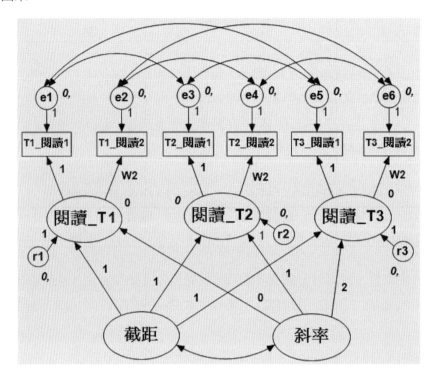

LGM 假設模式中，六個觀察變項的截距項參數都沒有設定。

Notes for Model （Default model）

Computation of degrees of freedom (Default model)

Number of distinct sample moments:　27

Number of distinct parameters to be estimated:　27

Degrees of freedom (27 − 27):　　0

Result (Default model)

The model is probably unidentified. In order to achieve identifiability, it will probably be necessary to impose 3 additional constraints.

模式估計結果，模式的自由度為 0，模式無法識別，要達到模式可以識別的目標，必須增列三個參數限制。

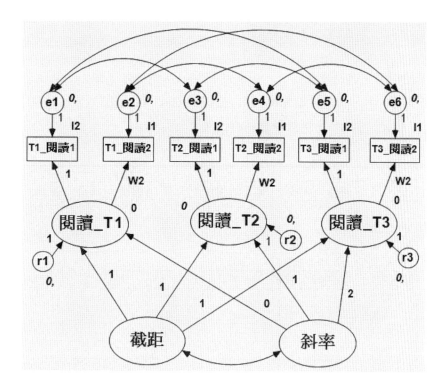

LGM 假設模式中，六個觀察變項的截距項參數有設定，但未將各時間點之第一個觀察變項的截距項參數限定為 0（固定參數），只將各時間點之第一個觀察變項的截距項限定為相同，參數標記為 I2，此參數為待估計的自由參數。

Notes for Model (Default model)

Computation of degrees of freedom (Default model)

Number of distinct sample moments:	27
Number of distinct parameters to be estimated:	23
Degrees of freedom (27 − 23):	4

Result (Default model)

The model is probably unidentified. In order to achieve identifiability, it will probably be necessary to impose 1 additional constraint.

模式估計結果，模式的自由度為 4，模式的自由度雖然為正，但模式還是無法識別，要達到模式可以識別的目標，必須增列一個參數限制，此參數限制即在將 I2 自由參數限定為固定參數，參數值限定為 0。

（二）時間點有三個觀察變項

多重指標潛在成長變化模式，各時間點的觀察變項有三個，三個時間點（四年級、五年級、六年級）的閱讀能力有三個觀察變項：「閱讀能力1」、「閱讀能力2」、「閱讀能力3」，縱貫性資料有效樣本 N = 500。

rowtype_	varname_	T1_ 閱讀1	T1_ 閱讀2	T1_ 閱讀3	T2_ 閱讀1	T2_ 閱讀2	T2_ 閱讀3	T3_ 閱讀1	T3_ 閱讀2	T3_ 閱讀3
n		500	500	500	500	500	500	500	500	500
CORR	T1_閱讀1	1.00								
CORR	T1_閱讀2	0.55	1.00							
CORR	T1_閱讀3	0.46	0.40	1.00						
CORR	T2_閱讀1	0.10	0.06	0.12	1.00					
CORR	T2_閱讀2	0.14	0.11	0.15	0.54	1.00				
CORR	T2_閱讀3	0.06	0.12	0.03	0.42	0.42	1.00			
CORR	T3_閱讀1	0.05	0.17	0.11	0.07	0.13	0.03	1.00		
CORR	T3_閱讀2	0.11	0.10	0.16	0.15	0.08	0.16	0.45	1.00	
CORR	T3_閱讀3	0.04	0.12	0.17	0.14	0.35	0.25	0.30	0.32	1.00
MEAN		6.54	6.48	6.60	8.45	8.76	8.21	10.21	10.65	10.27
STDDEV		3.25	3.45	3.75	4.01	4.32	4.67	4.21	4.36	4.45

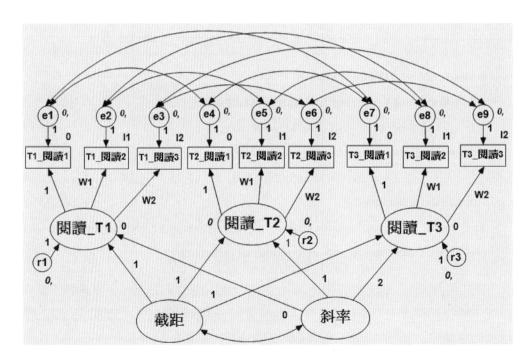

　　多重指標潛在成長變化模型圖中，各年段對應的觀察變項隨機誤差項要設定有共變關係：

1. 「e1 與 e4」、「e2 與 e5」、「e3 與 e6」、「e1 與 e7」、「e2 與 e8」、「e3 與 e9」、「e4 與 e7」、「e5 與 e8」、「e6 與 e9」。

2. 一階潛在因素對指標變項的測量模式要符合測量不變性假定，各年段一階潛在變項對觀察變項要有一個設定參照指標（固定參數，參數值為 1），對應觀察變項的路徑係數要設為相等，範例中各年段第一個觀察變項設為參照指標變項（閱讀_T1 → T1_閱讀 1、閱讀_T2 → T2_閱讀 1、閱讀_T3 → T3_閱讀 1）。各年段第二個觀察變項的路徑係數參數標記均設為 W1（T1_閱讀 2、T2_閱讀 2、T3_閱讀 2）、第二個觀察變項的路徑係數參數標記均設為 W2（T1_閱讀 3、T2_閱讀 3、T3_閱讀 3），二個參數為待估計的自由參數。

3. 觀察變項「T1_閱讀 1」、「T2_閱讀 1」、「T3_閱讀 1」的截距項參數設定為 0；觀察變項「T1_閱讀 2」、「T2_閱讀 2」、「T3_閱讀 2」的截距項參數設定為相同，截距項參數標記為 I1，此參數為待估計的自由參數。觀察變項「T1_閱讀 3」、「T2_閱讀 3」、「T3_閱讀 3」的截距項參數設定為相同，截距項參數標記為 I2，此參數為待估計的自由參數。

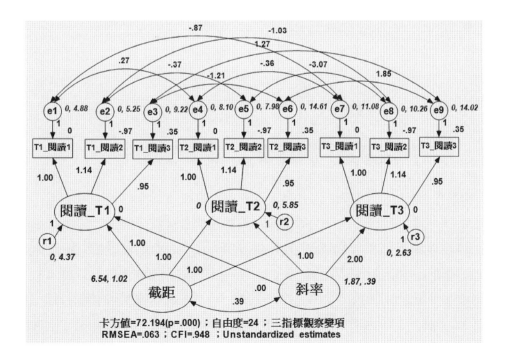

　　三個年段多重指標的閱讀能力成長變化 LGM 模式可以收斂，模型整體適配度統計量 $\chi^2_{(df=24)} = 72.194$，顯著性機率值 $p = .000$，RMSEA 值等於 .063（< .080 門檻值）、CFI 值 = .948（> .900 門檻值），SRMR 值等於 .0452（< .050 門檻值），表示學生跨年段多重指標的閱讀能力成長變化 LGM 模式的適配度尚可，非標準化估計值模式圖所有觀察變項的隨機誤差項變項及潛在變項殘差項變項的變異數估計值均為正值，表示模式中沒有不合理的解值。一階因素的測量模型中，三個時間點的潛在變項對三個指標變項的路徑係數分別為 1.00、1.14、.95，三個時間點對應觀察變項的截距項參數估計值分別為 0、−.97、.35。

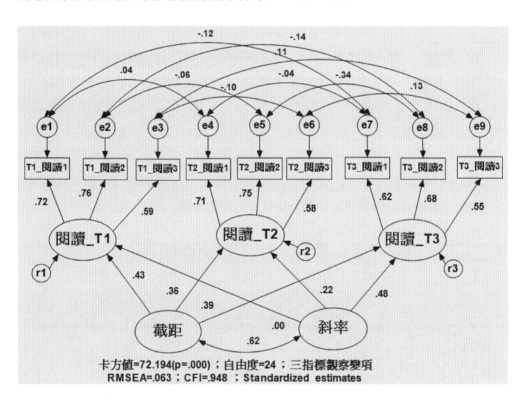

卡方值=72.194(p=.000)；自由度=24；三指標觀察變項
RMSEA=.063；CFI=.948；Standardized estimates

　　標準化估計值模式圖顯示，初階潛在變項「閱讀_T1」對三個觀察變項「T1_閱讀1」、「T1_閱讀2」、「T1_閱讀3」的因素負荷量分別為 .72、.76、.59，初階潛在變項「閱讀_T2」對三個觀察變項「T2_閱讀1」、「T2_閱讀2」、「T2_閱讀3」的因素負荷量分別為 .71、.75、.58，初階潛在變項「閱讀_T3」對三個觀察變項「T3_閱讀1」、「T3_閱讀2」、「T3_閱讀3」的因素負荷量分別為 .62、.68、.55，因素負荷量的數值均高於 .50，表示各年段的觀察變項均能有

效反映一階閱讀能力因素。

Baseline Comparisons

Model	NFI Delta1	RFI rho1	IFI Delta2	TLI rho2	CFI
三指標觀察變項	.925	.888	.949	.922	.948

　　五個基線比較適配度統計量中，NFI 值等於 .925、RFI 值等於 .888、IFI 值等於 .949、TLI 值等於 .922、CFI 值等於 .948，除 RFI 值外，其四個適配度統計量均大於 .900 適配門檻值。

Parsimony-Adjusted Measures

Model	PRATIO	PNFI	PCFI
三指標觀察變項	.667	.617	.632

　　簡約調整適配度統計量 PNFI 值為 .617、PCFI 值為 .632，均大於 .500 適配度門檻值。

RMSEA

Model	RMSEA	LO 90	HI 90	PCLOSE
三指標觀察變項	.063	.047	.081	.087

RMSEA 值為 .063，小於 .080 門檻指標值，90% 信賴區間〔.047，.081〕。

HOELTER

Model	HOELTER .05	HOELTER .01
三指標觀察變項	252	298

　　.05 顯著水準之 CN 值為 252、.01 顯著水準之 CN 值為 298，大於 200 門檻指標值，二階多重指標變項跨三個年段閱讀能力之 LGM 模式可以得到支持。

Regression Weights：（Group number 1 - 三指標觀察變項）

	Estimate	S.E.	C.R.	P	Label
T1_ 閱讀 1 <--- 閱讀 _T1	1.000				
T1_ 閱讀 3 < --- 閱讀 _T1	.952	.045	21.289	***	W2
T1_ 閱讀 2 < --- 閱讀 _T1	1.142	.049	23.349	***	W1
T2_ 閱讀 1 < --- 閱讀 _T2	1.000				
T2_ 閱讀 2 < --- 閱讀 _T2	1.142	.049	23.349	***	W1
T2_ 閱讀 3 < --- 閱讀 _T2	.952	.045	21.289	***	W2
T3_ 閱讀 1 < --- 閱讀 _T3	1.000				
T3_ 閱讀 3 < --- 閱讀 _T3	.952	.045	21.289	***	W2
T3_ 閱讀 2 < --- 閱讀 _T3	1.142	.049	23.349	***	W1

　　多指標成長變化模式中，各年段一階因素潛在變項對「閱讀能力 1」的路徑係數均限定為固定參數（閱讀 _T1 → T1_ 閱讀 1、閱讀 _T2 → T2_ 閱讀 1、閱讀 _T3 → T3_ 閱讀 1），參數值限定為 1，作為參照指標；一階因素潛在變項對「閱讀能力 2」的路徑係數參數設為待估計的自由參數，參數標記設定為 W1（閱讀 _T1 → T1_ 閱讀 2、閱讀 _T2 → T2_ 閱讀 2、閱讀 _T3 → T3_ 閱讀 2），路徑係數估計值為 1.142，估計標準誤為 .049、臨界比值為 23.349（顯著性 $p < .001$）。一階因素潛在變項對「閱讀能力 3」的路徑係數參數設為待估計的自由參數，參數標記設定為 W2（閱讀 _T1 → T1_ 閱讀 3、閱讀 _T2 → T2_ 閱讀 3、閱讀 _T3 → T3_ 閱讀 3），路徑係數估計值為 0.952，估計標準誤為 .045、臨界比值為 21.289（顯著性 $p < .001$）。

Means：（Group number 1 - 三指標觀察變項）

	Estimate	S.E.	C.R.	P	Label
截距	6.536	.130	50.136	***	
斜率	1.866	.097	19.169	***	

　　二階潛在變項截距因子的平均數估計值為 6.536（$p < .001$）、二階潛在變項斜率因子的平均數估計值為 1.866（$p < .001$），均達統計顯著水準，表示母群體二個平均數估計值均顯著不為 0。截距因子的平均數 6.536 為起始狀態觀察變項「T1_ 閱讀 1」的期望值（一階潛在變項的參照指標為 T1_ 閱讀 1，此參照指標的期望值為二階潛在變項截距因子的平均數估計值），跨三個年段學生閱讀能力是逐年增

加或上升，平均每年增加 1.866 分。

Intercepts：（Group number 1 - 三指標觀察變項）

	Estimate	S.E.	C.R.	P	Label
T1_閱讀 2	−.966	.406	−2.378	.017	I1
T2_閱讀 2	−.966	.406	−2.378	.017	I1
T3_閱讀 2	−.966	.406	−2.378	.017	I1
T3_閱讀 3	.352	.373	.945	.345	I2
T1_閱讀 3	.352	.373	.945	.345	I2
T2_閱讀 3	.352	.373	.945	.345	I2

　　多重指標成長變化模式各年段對應的截距項參數要設定為相等數值，第一個指標變項（T1_閱讀 1、T2_閱讀 1、T3_閱讀 1）的截距項均要設為 0（固定參數）；第二個指標變項（T1_閱讀 2、T2_閱讀 2、T3_閱讀 2）的截距項設定為待估計的自由參數，參數標記均設定為 I1，截距項估計值為 −0.966，估計值標準誤為 .406、臨界比值為 −2.378（$p < .05$）；第三個指標變項（T1_閱讀 3、T2_閱讀 3、T3_閱讀 3）的截距項設定為待估計的自由參數，參數標記均設定為 I2，截距項估計值為 0.352，估計值標準誤為 .373、臨界比值為 0.945（$p = .345 > .05$），未達統計顯著水準，表示母群體截距參數 I2 顯著為 0。

Covariances：（Group number 1 - 三指標觀察變項）

	Estimate	S.E.	C.R.	P	Label
斜率 < − − > 截距	.388	.493	.787	.431	

　　截距因子與斜率因子間的共變數值估計值為 .388，臨界比值為 .787（$p = .431 > .05$），未達統計顯著水準，表示學生起始狀態的閱讀能力與之後跨年段閱讀能力成長變化間並未有顯著相關。

Variances：（Group number 1 - 三指標觀察變項）

	Estimate	S.E.	C.R.	P	Label
斜率	.387	.456	.849	.396	
截距	1.017	.814	1.248	.212	

　　線性成長模式之截距因子的變異數估計值為 1.017，臨界比值為 1.248（p = .212 > .05），斜率因子的變異數估計值為 0.387，臨界比值為 0.849（p = .396 > .05），均未達統計顯著水準，表示學生在四年級起始點之閱讀能力並無顯著的個體間差異，之後跨年段的閱讀能力成長變化率也沒有顯著的個體間差異。

Implied Means：（Group number 1 - 三指標觀察變項）

T2_閱讀 3	T1_閱讀 3	T3_閱讀 3	T3_閱讀 2	T3_閱讀 1	T2_閱讀 2	T2_閱讀 1	T1_閱讀 2	T1_閱讀 1
8.350	6.574	10.126	10.762	10.268	8.630	8.402	6.499	6.536

　　隱含平均數（期望值）摘要表顯示，根據假設模型導出的九個觀察變項的期望值分別為 6.536、6.499、6.574（四年級）、8.402、8.630、8.350（五年級）、10.268、10.762、10.126（六年級），觀察變項「T1_閱讀 1」的期望值 6.536，為二階潛在變項截距因子的平均數值估計值。

11

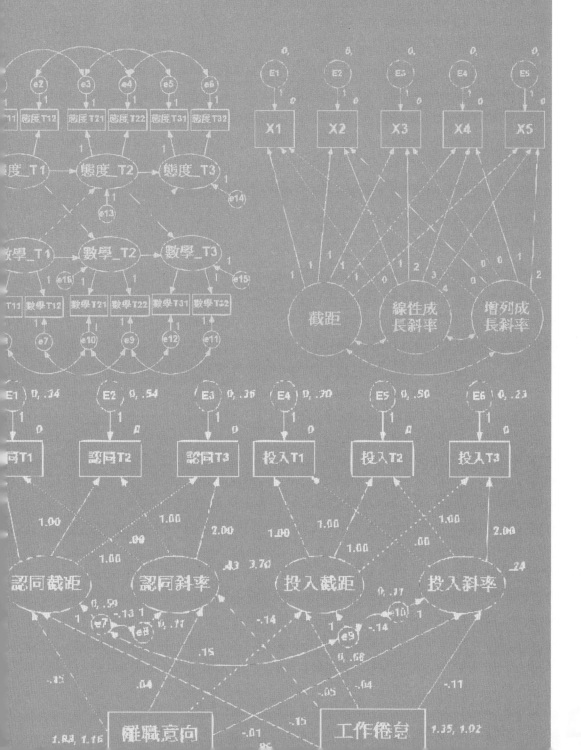

　　LGM 模型特別適用於多次時間點對一群相同受試者測量所得的縱貫性資料，各時間點間的時間距不一定要相同，但各受試者應於相同的時間點接受相同的測量或評定，如此才能探究潛在特質成長變化的情形，搜集或觀察的次數（時間點）的愈多，資料的可靠性愈高。個體或群體潛在特質成長變化的軌跡可能是線性，也可能是非線性，非線性的 LGM 模型要增列的潛在變項較多，解釋上較為複雜，一般常見者為線性發展軌跡模式，關注的是標的變數成長變化的水準因子（截距因子）與形狀因子（斜率因子）二個潛在變項，就測量殘差（誤差）變異而言，與傳統結構方程模式相較之下，LGM 模式允許測量殘差（誤差）變異間有共變關係，在模式評估方面，LGM 與傳統結構方程模式模型一樣，要兼顧整體適配度的考驗與內在參數合理性的檢核，如果整體模式的適配度很好，內在參數估計值出現不合理的解值，潛在特質成長變化模式要重新界定或進行參數設定。

　　對於縱貫性資料的分析與 LGM 的使用，學者 Willett 與 Sayer 提出六個重要的特性：1.LGM 的方法學可以應用於 3 個時間點至 30 個時間點間搜集的縱貫性資料，搜集的次數愈多或時間點測量的次數愈多，估計潛在特質成長軌跡愈正確，測量改變的型態愈有可靠性；2. 每個時間點之間隔時間距不一定要相同（二個時間點之時間落後不一定要一樣），LGM 的斜率因子路徑係數的設定可以適用於測量時間點間不同的情況，但所有受試者必須在相同的時間點下接受測量；3. 個體改變的型態可以是線性發展軌跡型態或非線性發展軌跡型態，雖然線性發展軌跡是多數研究內定的型態，但此種線性發展軌跡如果無法得到支持，可以改成非線性發展軌跡型態；4. 相對於傳統測量變化的統計法，LGM 模型不僅可以估計測量殘差（誤差）變異，也可以探討它們間的自我相關及隨時間的變動情形；5. 可將多個可能影響成長變化的預測變項納入 LGM 模型中，這些預測變項可以是時間不變性的共變項（如樣本性別、學生的社經地位、智力等），也可以是時間變動性的共變項；6.LGM 模型也要符合三個主要統計假定，觀察變項的線性關係（觀察變項為計量變數）、測量誤差變異的獨立性、測量誤差變異的等分散性（引自 Byrne, 2012, p.343）。

　　就縱貫性資料而言，如果研究者關注的是多層次脈絡的變化情形，結構方程模式之 LGM 分析程序最為適合，且有較大的價值性。從多層次成長模式來看，雖然同時考量個體之內（跨時間點的效果）與個體之間的變異效果，但無法得知個別時間點的變化或多層次成長曲線模式的型態，無法將測量誤差納入分析。多

層次成長模式的檢驗無法進行跨群組相關因素負荷量的界定、因素變異的組成、群組內與跨群間誤差結構的設定等，因為多層次成長程序的檢定僅是透過「隨機截距」（random intercept）方程與「隨機斜率」（random slope）方程來模擬變化的複雜性，結構方程模式的潛在成長曲線分析模式不僅可以探究潛在特質成長變化的軌跡型態，得知二個時間點間潛在特質的成長變化變化率情況（可能上升、增加或下降、減少），也可以將測量誤差納入分析、進行多群組潛在特質成長變化的比較，LGM 唯一較受限的是建構結構方程模式的潛在成長變化模型需要較多理論作為變化架構的導引（謝俊義，2010；Heck & Thomas, 2009, p.164）。多層次成長模式中，連續性的資料被巢套於個體之中，以三個層次的成長變化軌跡而言，第一層為個體之內（within individuals）效果，探究的問題如學生數學知能跨時間點的成長變化為何？時間變動性的共變項如學生學習態度、學習動機、實驗情境等；第二層為個體之間（between individuals）的效果，關注的焦點為學生特徵對其數學知能成長變化軌跡的影響為何？學生特徵的變項如次母群體（班級）、學生性別、家庭社經地位、靜態態度、處理等；第三層為群體之間（between groups）的效果，探究的重點為學生數學知能的成長發展軌跡的變動是否受到組織特徵的影響，組織特徵的變項如組織結構、組織資源、組織氣氛等，HLM 的隨機係數成長模式一般在探究個體內與個體間成長變化的情況，這是二個層次的模型（Heck & Thomas, 2009, p.167）。結構方程模式也可探究二個層次的成長變化軌跡，層次 1 為總體層次，探究的重點為潛在特質成長變化軌跡的型態為何（水準因子與形狀因子的變化情況），層次 2 為個體成長軌跡的差異情況。LGM 模型檢定與結構方程模式其它假設模型的考驗一樣，除模型中參數的界定要正確合理外，模式的考驗也要兼顧整體外在適配度的檢核與內在適配度（參數估計值的合理性及顯著性）的考驗。

一 | 無條件單領域 LGM 模式

（一）員工對組織認同的成長變化模式

　　員工對組織認同的縱貫性研究資料檔，三次測量時間間隔半年，時間點觀察

變項的測量值分數愈高，表示員工對企業組織的認同感愈高。

rowtype_	varname_	認同 T1	認同 T2	認同 T3	投入 T1	投入 T2	投入 T3	倦怠態度
n		335	335	335	335	335	335	335
CORR	認同 T1	1.00						
CORR	認同 T2	0.85	1.00					
CORR	認同 T3	0.79	0.87	1.00				
CORR	投入 T1	0.54	0.53	0.51	1.00			
CORR	投入 T2	0.57	0.54	0.54	0.85	1.00		
CORR	投入 T3	0.43	0.48	0.51	0.75	0.82	1.00	
CORR	倦怠態度	−0.30	−0.33	−0.32	−0.56	−0.21	−0.20	1.00
Mean		3.45	3.98	4.35	3.38	3.43	3.52	1.88
Stddev		1.78	0.70	1.40	0.55	1.65	0.52	1.08

（資料檔修改自 Makikangas, Bakker, Aunola, & Demerouti, 2010，p.804）

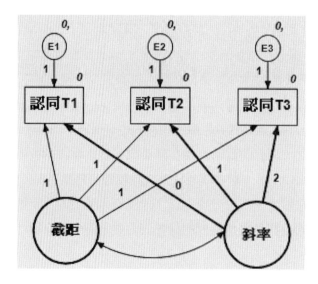

　　假定員工對組織的認同感是一種線性發展軌跡，二個潛在因子分別為水準（截距）及形狀（斜率），截距潛在變項對三個觀察變項的路徑係數均設定為 1、斜率潛在變項對三個觀察變項的路徑係數分別設定為 0、1、2。

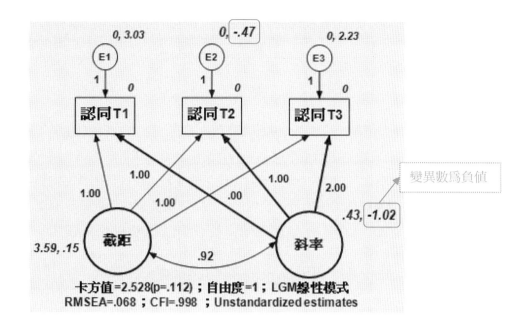

非標準化估計值模式圖顯示:「截距因子」的平均數與變異數估計值分別為 3.59、0.15,「斜率因子」的平均數與變異數估計值分別為 0.43、−1.02。員工組織認同之線性發展成長模式的適配度統計量 $\chi^2_{(df=1)} = 2.528$,顯著性機率值 $p = .112 > .05$,接受虛無假設,假設模型與樣本資料可以適配。RMSEA 值等於 .068、CFI 值等於 .999,表示員工認同感之線性發展模式的契合度良好。

Notes for Model(Group number 1 - LGM 模式)

The following variances are negative.(Group number 1 - LGM 模式)

	E2
	−.468

The following covariance matrix is not positive definite（Group number 1 - LGM 模式）

	斜率	截距
斜率	−1.019	
截距	.916	.147

　　模式註解中出現二個警告訊息：一為觀察變項「認同 _T2」的隨機測量誤差項 E2 的變異數估計值為負數；二為斜率與截距的共變異數矩陣非正定矩陣。雖然變異數估計值不可能為負數，但 AMOS 根據假設模型的界定可能估算出負的變異數估計值，此種負的變異數估計值稱為不合理的參數或不適當解值；此外，共變異數矩陣如果是非正定矩陣，所得的估計值也會出現不合理的參數或不適當解值。

Variances：（Group number 1 - LGM 模式）

	Estimate	S.E.	C.R.	P	Label
截距	.147	.070	2.094	.036	
斜率	−1.019	.104	−9.821	***	
E1	3.033	.245	12.397	***	
E2	−.468	.044	−10.731	***	
E3	2.234	.187	11.955	***	

　　五個變異數估計值均達 .05 顯著水準，表示估計值均顯著不等於 0，五個變異數估計值中有二個估計值參數為負值，這二個變項為斜率潛在變項，隨機測量誤差項 E2，變異數估計值分別為 −1.019、−0.468，臨界比值分別為 −9.821、−10.731，這二個參數估計值均為不適當解值（因為變異數是標準差的平方，任一統計量數的平方最小為 0，不可能為負值）。

（二）員工對工作投入態度的成長變化模式

　　員工對組織投入的縱貫性研究資料檔，三次測量時間間隔半年，時間點觀察變項的測量值分數愈高，表示員工對企業組織的工作投入態度愈積極。

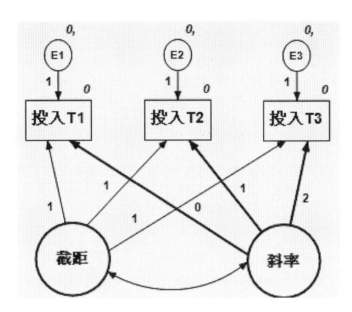

　　假定員工對組織的工作投入態度是一種線性發展軌跡，二個潛在因子分別為水準（截距）及形狀（斜率），截距潛在變項對三個觀察變項的路徑係數均設定為 1、斜率潛在變項對三個觀察變項的路徑係數分別設定為 0、1、2。

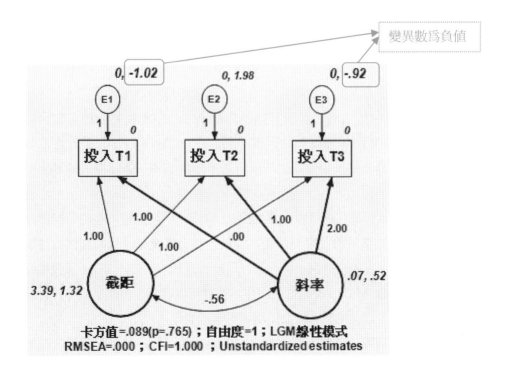

　　員工跨時間點工作投入態度之線性發展成長模式的適配度統計量 $\chi^2_{(df=1)} =$ 0.089，顯著性機率值 $p = .765 > .05$，接受虛無假設，假設模型與樣本資料可以適配。RMSEA 值等於 .000、CFI 值等於 1.000，表示員工工作投入態度之線性發展模式的契合度很好。「截距因子」的平均數與變異數估計值分別為 3.39、1.32，「斜率因子」的平均數與變異數估計值分別為 0.07、0.52。

The following variances are negative.（Group number 1 - LGM 模式）

	E1	E3
	−1.023	−.920

　　模式註解中出現一個警告訊息：觀察變項「投入_T1」、「投入_T1」的隨機測量誤差項 E1、E3 的變異數估計值為負數，其估計值分別為 −1.023、−0.920。

Variances：（Group number 1 - LGM 模式）

	Estimate	S.E.	C.R.	P	Label
截距	1.325	.113	11.722	***	
斜率	.522	.043	12.180	***	
E1	−1.023	.092	−11.076	***	
E2	1.980	.155	12.811	***	
E3	−.920	.086	−10.723	***	

　　五個變異數估計值均達 .05 顯著水準，表示母群體參數值均顯著不等於 0，五個變異數估計值中有二個估計值參數為負值，這二個變項為隨機測量誤差項 E1、隨機測量誤差項 E3，變異數估計值分別為 −1.023、−0.920，臨界比值分別為 −11.076、−10.723，這二個參數估計值均為不適當解值，表示模式的界定有問題。

　　上述二個單領域的潛在成長變化線性模式，LGM 假設模型的整體適配度統計量均符合模型適配標準，假設模型與樣本資料的契合度良好，但內在模式適配度參數估計值卻出現「不適當解值」或「不合理統計量數」，表示 LGM 假設模型的界定有問題，此種 LGM 假設模型雖然與樣本資料可以契合，但因為有部分統計量數估計值無法解釋，假設模型必須加以重新界定或簡化。

　　無條件的潛在特質成長變化軌跡模式之模型估計結果，若是出現不合理的統

計量數或不適當解值時，表示潛在特質成長變化軌跡的型態界定與實際測量的樣本資料間之共變異數－平均數矩陣差異甚大，之後 LGM 模型中納入共變項，進行有條件的 LGM 模型檢定，也可能會出現不合理的統計量數。

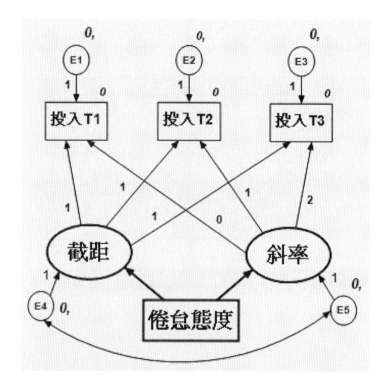

　　有條件單領域的 LGM 模型，納入的共變項為員工的「倦怠態度」，員工工作投入潛在特質跨時間點的成長變化軌跡假定為線性模式，斜率因子對三個時間點觀察變項的因素負荷量分別限定為 0、1、2。

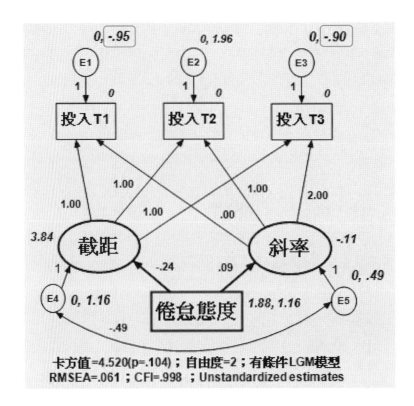

卡方值=4.520(p=.104)；自由度=2；有條件LGM模型
RMSEA=.061；CFI=.998；Unstandardized estimates

　　以「倦怠態度」為共變項，有條件單領域的 LGM 模型，模式估計結果可以收斂，整體適配度統計量 $\chi^2_{(df=2)}$ = 4.520，顯著性機率值 p = .104 > .05，接受虛無假設，假設模型與樣本資料可以適配。RMSEA 值等於 .061、CFI 值等於 0.998，以「倦怠態度」為預測變項，有條件單領域的 LGM 模型可以得到支持。

Regression Weights：（Group number 1 - 有條件 LGM 模型）

	Estimate	S.E.	C.R.	P	Label
截距 <--- 倦怠態度	−.244	.012	−19.907	***	
斜率 <--- 倦怠態度	.093	.008	11.552	***	

　　「倦怠態度」對工作投入成長變化線性模式之「截距因子」與「斜率因子」的路徑係數估計值分別為 −0.244、0.093，臨界比值分別為 −19.907、11.552，均達統計顯著水準，表示「倦怠態度」共變項對二個成長變化因子變項影響的路徑係數顯著不等於 0。

Standardized Regression Weights：（Group number 1 - 有條件 LGM 模型）

	Estimate
截距 <--- 倦怠態度	-.237
斜率 <--- 倦怠態度	.143

　　「倦怠態度」對工作投入成長變化線性模式之「截距因子」與「斜率因子」影響的標準化路徑係數 β 值分別為 -.237、.143，二條路徑係數的直接效果並非是抽樣誤差導致的。

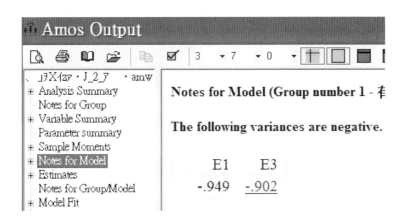

　　「Amos Output」輸出文件視窗中，「模式註解」（Notes for Model）選單中出現一個警告訊息：觀察變項「投入_T1」、「投入_T3」的隨機測量誤差項 E1、E3 的變異數估計值為負數，其估計值分別為 -0.949、-0.902，這二個參數是無法解釋的統計量數。

　　上述以「倦怠態度」為預測變項，跨時間點之工作投入的成長變化設定為線性模式，有條件的單領域 LGM 模型與樣本資料的契合度甚佳，共變項對成長變化軌跡的水準與形狀變數的影響均達顯著，但模式估計所得的參數估計值中卻有二個參數估計值是不合理的解值，有條件的單領域 LGM 模型必須重新界定成長變化的型態，並重新估計新的參數估計值。

　　有條件的 LGM 模型中，共變項可以是外因觀察變項或外因潛在變項，外因潛在變項的指標變項可以為單指標或多指標。範例中將外因觀察變項轉換為單一指標的外因潛在變項，假設模型圖如下：

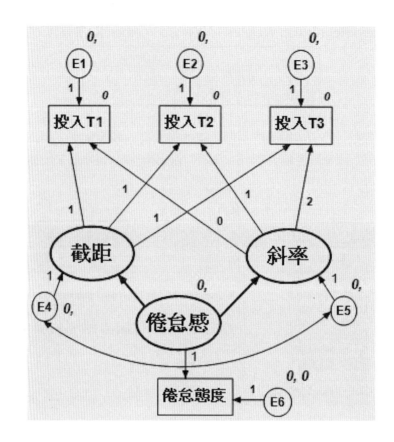

　　潛在共變項的名稱為「倦怠感」（潛在變項名稱不能與 SPSS 資料檔中之變數
名稱相同），其指標變項為「倦怠態度」（觀察變項的名稱必須與 SPSS 資料檔中
之變數名稱相同），由於外因潛在變項「倦怠感」只有一個指標變項，表示潛在
變項可以 100% 解釋指標變項的變異，此時，必須將指標變項「倦怠態度」測量
誤差項「E6」的變異量設定為 0。

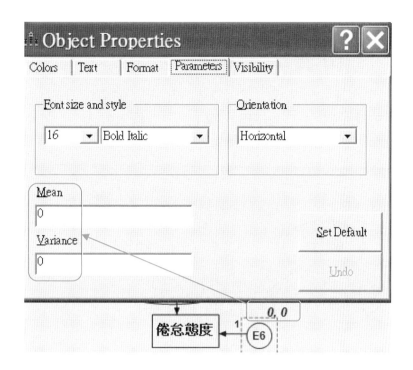

　　測量誤差項「E6」的平均數設定為固定參數（AMOS 內定的設定），變異數由待估計的自由參數改為固定參數，平均數與變異數估計值均限定為 0。

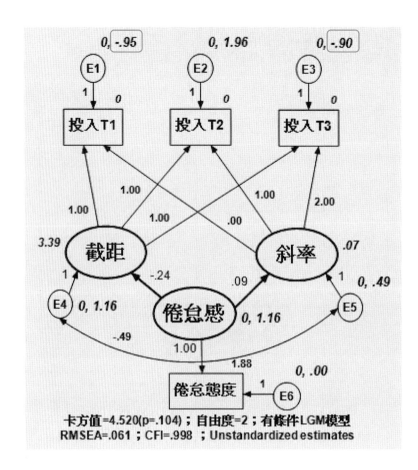

卡方值=4.520(p=.104)；自由度=2；有條件LGM模型
RMSEA=.061；CFI=.998 ；Unstandardized estimates

　　以「倦怠感」潛在變項為共變項，有條件單領域的 LGM 模型，模式估計結果
可以收斂，整體適配度統計量 $\chi^2_{(df=2)}$ = 4.520，RMSEA 值等於 .061、CFI 值等於
0.998，模式估計的參數與以「倦怠態度」觀察變項為預測變項時之有條件單領域
的 LGM 模型均相同，測量誤差項 E1、E3 的變異數估計值分別為 −0.95、−0.90，
皆為不合理的參數值。

二 | LGM 模型參數的設定

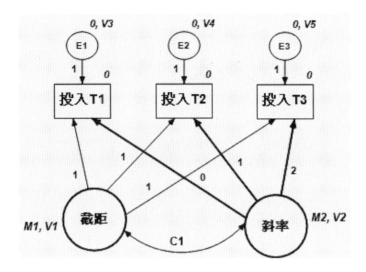

　　LGM 假設模型中的潛在變項「截距因子」與「斜率因子」（或水準因子與形狀因子）的平均數與變異數估計值必須均設定為待估計的自由參數，各觀察變項的隨機測量誤差項之平均數必須設定為固定參數，其參數值限定為 0，此為 LGM 模型的假定之一。

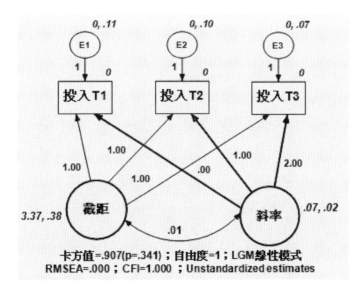

員工跨時間點工作投入態度之線性發展成長模式的適配度統計量 $\chi^2_{(df=1)} =$ 0.907，顯著性機率值 $p = .341 > .05$，接受虛無假設，假設模型與樣本資料可以適配。RMSEA 值等於 .000、CFI 值等於 1.000，表示員工工作投入態度之線性發展模式的契合度很好。「截距」潛在變項（水準因子）的平均數與變異數估計值分別為 3.37、0.38，「斜率」潛在變項（形狀因子）的平均數與變異數估計值分別為 0.07、0.02，潛在變項的參數估計值是否顯著大於 0，必須根據估計值的臨界比值或顯著性機率值 p 加以判別。

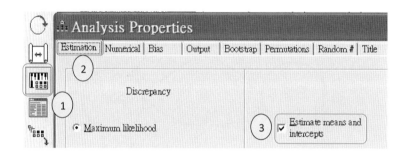

AMOS 操作程序中，按「分析屬性」（Analysis Properties）工具圖示鈕，切換到「估計」（Estimation）對話視窗，勾選「☑ 估計平均數與截距項」（Estimate means and intercepts）後，假設模型中的外因變項（外因觀察變項或外因潛在變項）及隨機測量誤差項會增列平均數與變異數估計值，其中平均數估計值內定為固定參數，參數值限定為 0，變異數估計值內定為待估計的自由參數。「估計」（Estimation）對話視窗中左邊模型估計的方法內定為「⊙ 最大概似估計值」（Maximum likelihood），估計法也可改選其它方法。

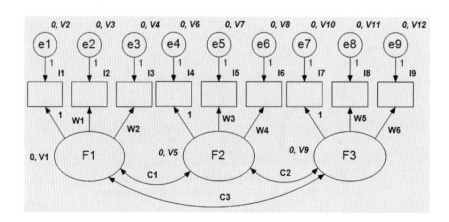

　　以三因素初階的驗證性因素分析為例，勾選「☑ 估計平均數與截距項」（Estimate means and intercepts）後，三個潛在構念變項（F1、F2、F3）及九個觀察變項的隨機測量誤差項變項增列平均數與變異數估計值，其中平均數估計值均設為固定參數，參數值限定為 0，變異數估計值設為自由參數。內因觀察變項（I1、I2、……、I9）或內因潛在變項的截距項內定為待估計的自由參數。

（一）未將因子變項的平均數設定為自由參數

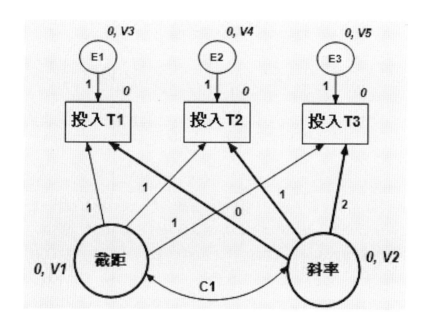

　　潛在特質成長變化模式中的潛在變項「截距因子」與「斜率因子」（或水準因子與形狀因子）的平均數與變異數估計值必須均設定為待估計的自由參數，如果依 AMOS 內定的設定，會造成截距因子與斜率因子的平均數無法順利估計。範例中，「截距因子」與「斜率因子」的平均數估計值設定為固定參數，其數值均限定為 0，表示截距因子的平均數顯著為 0（起始狀態的平均測量值為 0），斜率因子的平均數也顯著為 0（平均成長變化軌跡的變化值為 0）。

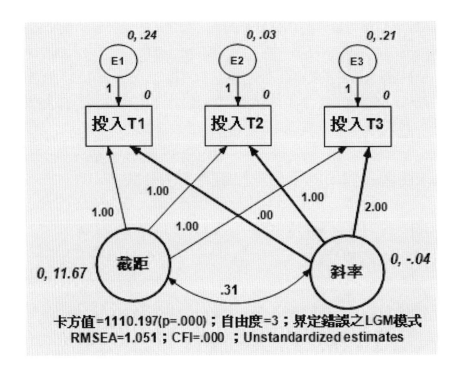

員工跨時間點工作投入態度之線性發展成長模式的適配度統計量 $\chi^2_{(df=3)}$ = 1110.197，顯著性機率值 p = .000 < .05，拒絕虛無假設，假設模型與樣本資料無法適配。RMSEA 值等於 1.051、CFI 值等於 0.000，表示員工工作投入態度之線性發展模式的契合度甚差。潛在變項「截距因子」與「斜率因子」的平均數估計值均等於 0，樣本資料或測量值中之「截距因子」與「斜率因子」的平均數估計值顯著不等於 0，假設模型的設定與樣本資料的共變異數／平均數組態差異甚大，造成卡方值也相對變大。

（二）未將觀察變項的截距項參數限定為 0

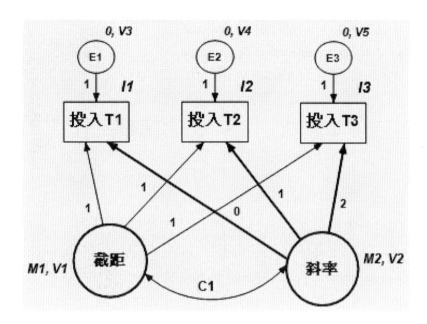

　　AMOS 內定勾選「☑估計平均數與截距項」（Estimate means and intercepts）後，內因觀察變項或內因潛在變項的截距項內定為待估計的自由參數。此種設定與潛在特質成長變化模式的假定不合，潛在特質成長變化模式各時間點之觀察變項的截距項參數要設定為固定參數，其參數值限定為 0。範例中三個時間點之觀察變項「投入_T1」、「投入_T2」、「投入_T3」的截距項參數標記分別為 I1、I2、I3。

Parameter summary（Group number 1）

	Weights	Covariances	Variances	Means	Intercepts	Total
Fixed	9	0	0	0	0	9
Labeled	0	1	5	2	3	11
Total	9	1	5	2	3	20

　　模式估計結果無法收斂，待估計的自由參數有 11 個，包括 1 個共變數、5 個變異數、2 個平均數、3 個截距項參數（I1、I2、I3）。

Notes for Model （LGM 模式）

Computation of degrees of freedom （LGM 模式）

Number of distinct sample moments: 9

Number of distinct parameters to be estimated: 11

Degrees of freedom （9 – 11）:   –2

三個觀察變項，增列平均數估計值，樣本資料點的個數共有 $\dfrac{3(3+1)}{2} + 3 = 9$

，模式的自由度 = 9–11 = –2，當自由度為負值時，表示模式無法收斂，參數值無法順利估計出來。

Result （LGM 模式）

The model is probably unidentified. In order to achieve identifiability, it will probably be necessary to impose 2 additional constraints.

因為模式無法識別，為使模式達到可以識別收斂的目標，模型中必須要增列二個參數限制。

上述 LGM 假設模型圖中，三個時間點之觀察變項的截距項增列為參數標記，有參數標記符號者如果未限定參數數值，則參數為「自由參數」，若是將參數標記限定為某個數值，則參數會由自由參數變為「固定參數」。執行功能表列「分析」（Analyze）／「管理模式」（Manage Models）程序，開啟「管理模式」（Manage Models）對話視窗，於「參數限制」（Parameter Constraints）對話視窗，設定「I1 = 0 = I2 = I3」，或「I1 = I2 = I3 = 0」，則三個時間點之觀察變項的截距項會由自由參數變為固定參數，參數數值限定為 0，設定後 LGM 模型便可以收斂。

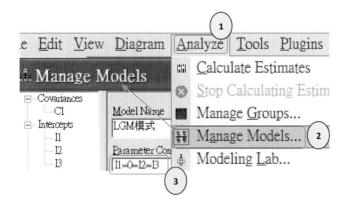

三 │ 雙領域 LGM 模型

（一）雙領域 LGM 共變模型

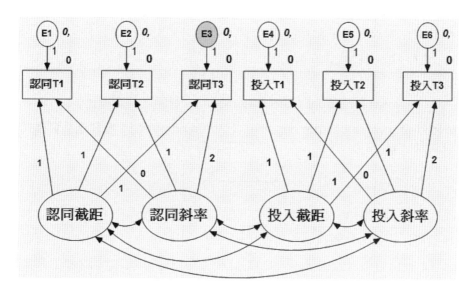

　　組織認同、工作投入態度雙領域成長變化線性共變關係模型中，假定四個潛在變項間均有共變關係，二個單領域的成長變化模式均為線性發展軌跡，斜率因子對三個觀察變項的路徑係數分別設定為 0、1、2。

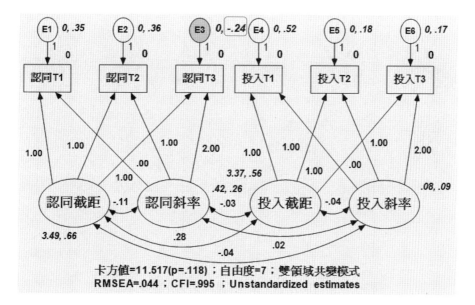

　　雙領域員工「組織認同」與「工作投入」態度的成長變化共變模式的適配度統計量 $\chi^2_{(df=7)}$ = 11.517，顯著性機率值 p = .118 > .05，接受虛無假設，雙領域潛在特質成長變化線性模式共變關係的假設模型與樣本資料可以適配，RMSEA 值等於 .044、CFI 值等於 0.995，表示雙領域潛在特質成長變化線性模式共變關係的假設模型可以得到支持，雖然假設模型與樣本資料的契合度良好，但在「Amos Output」文件視窗的模式註解中出現以下訊息：

Notes for Model（Group number 1 - 雙領域共變模式）

The following variances are negative.（Group number 1 - 雙領域共變模式）

E3
−.244

　　觀察變項「認同_T3」的隨機誤差項 E3 的變異數為負數，LGM 模式估計結果雖然模型可以收斂，整體模型的適配度也很好，但模式參數中卻出現不適當解值或不合理的統計量數，此種雙領域的 LGM 模型必須重新界定估計才能合理解釋，其原因之一也可能是單領域組織認同潛在特質的成長變化發展非線性軌跡型態。

（二）雙領域 LGM 因果模型

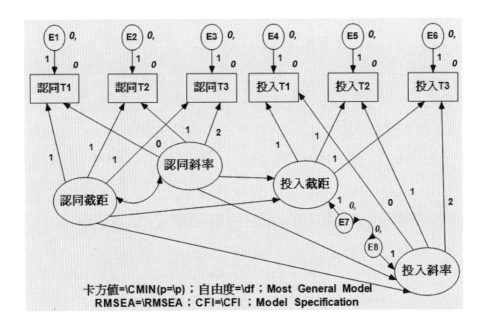

　　組織認同、工作投入態度雙領域成長變化線性因果關係模型中，組織認同成長變化模式的因子變項（認同截距、認同斜率）為外因潛在變項，工作投入態度成長變化模式的因子變項（投入截距、投入斜率）為內因潛在變項，二個內因變項的預測殘差項「E7」、「E8」間假定有共變關係。

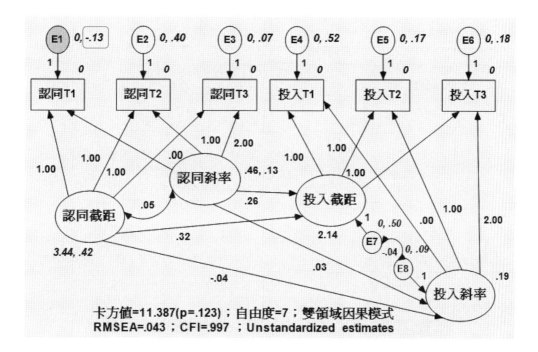

卡方值=11.387(p=.123)；自由度=7；雙領域因果模式
RMSEA=.043；CFI=.997；Unstandardized estimates

　　雙領域員工「組織認同」與「工作投入」態度的成長變化因果關係模式，模式估計結果可以收斂，整體模式適配度統計量 $\chi^2_{(df=7)} = 11.387$，顯著性機率值 $p = .123 > .05$，接受虛無假設，雙領域潛在特質成長變化線性模式因果關係的假設模型與樣本資料可以適配，RMSEA 值等於 .043、CFI 值等於 0.997，雙領域潛在特質成長變化線性模式因果關係的假設模型可以得到支持。非標準化估計值模型圖顯示測量誤差項 E1 的平均數估計值為 0（固定參數）、變異數估計值為 −0.13（自由參數）。

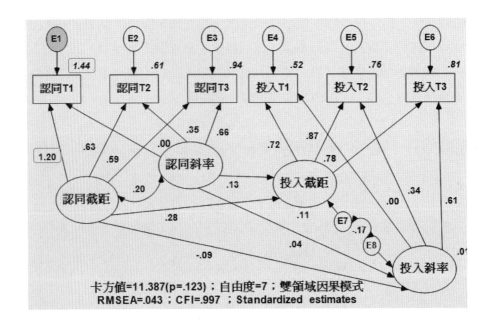

標準化估計值模型圖中,「認同截距」潛在變項對「認同_T1」觀察變項的因素負荷量為 1.20,解釋變異量(R^2)為 144%,因素負荷量最大值為 1.00,參數估計值超過 1.00(或十分接近 1.00),是一個不合理的統計量數。

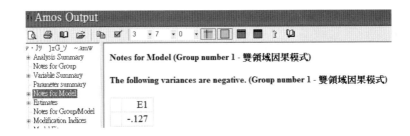

「Amos Output」文件視窗的「模式註解」(Notes for Model)選單出現測量誤差項「E1」變異數為負值(變異數等於 −.127)的警告訊息。

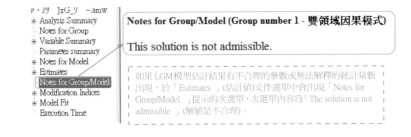

「Amos Output」文件視窗估計值（Estimates）選單中的「群組／模式註解」（Notes for Group/Model）次選單出現「解值不合理」（This solution is not admissible）

警告訊息，表示假設模型雖然可以收斂估計，所有參數估計值都可以估算出來，但其中有部分的參數是不合理的量數，此種量數在理論統計學上是不存在的，參數估計值沒有意義，也無法合理解釋。對於此種情形，必須重新界定假設模型，如將假設模型改為非線性模式，或重新界定假設模型。或重新檢核單領域成長變化模式的情形，如果單領域潛在特質成長變化模式即出現不合理解值，進行雙領域 LGM 的共變模式檢定或因果模式檢定，都可能出現不合理解值或不適當的統計量數。

四 | LGM 分析的程序議題

LGM 分析程序中，研究者可以根據理論文獻建構潛在特質的成長變化模式，並納入多個共變項（預測變項），多數的探究程序會先檢定無條件之單領域潛在特質的成長變化軌跡為何種型態，是線性模式或非線性模式，之後再納入相關的預測變項，探討預測變項對成長變化軌跡的起始狀態及變化率的影響程序為何。若是研究程序同時搜集或測量二個潛在特質變項的成長變化發展，研究者最好先個別檢定無條件之單領域潛在特質的成長變化軌跡的型態（線性型態、非線性型態），進一步再分析無條件（有條件）之雙領域潛在特質的成長變化的模型，如果研究者無法確定單領域潛在特質的成長變化軌跡的型態，則雙領域 LGM 模型的參數可能界定錯誤，造成假設模型無法適配樣本資料的情況。

分析範例資料檔的相關矩陣、平均數與標準差如下表：

rowtype_	varname_	認同 T1	認同 T2	認同 T3	投入 T1	投入 T2	投入 T3	離職意向	組織氣氛
n		335	335	335	335	335	335	335	335
CORR	認同 T1	1.00							
CORR	認同 T2	0.53	1.00						
CORR	認同 T3	0.43	0.51	1.00					
CORR	投入 T1	0.28	0.21	0.22	1.00				
CORR	投入 T2	0.29	0.26	0.24	0.57	1.00			
CORR	投入 T3	0.20	0.25	0.26	0.48	0.59	1.00		
CORR	離職意向	−0.14	−0.25	−0.28	−0.19	−0.22	−0.24	1.00	
CORR	組織氣氛	0.18	0.26	0.32	0.16	0.21	0.35	−0.25	1.00
Mean		3.45	3.98	4.35	3.38	3.43	3.52	1.88	1.35
Stddev		1.01	1.03	0.99	1.02	1.06	0.98	1.08	1.01

　　相關矩陣中離職意向與組織認同三個觀察變項呈負相關（樣本對組織的認同感愈高，離職意向的意願愈低）、與工作投入態度三個觀察變項呈負相關（樣本對組織工作投入態度愈多，離職意向的意願愈低）；組織氣氛與組織認同三個觀察變項呈正相關（樣本感受的組織氣氛愈佳，對組織的認同感愈高）、與工作投入態度三個觀察變項呈正相關（樣本感受的組織氣氛愈友善，對組織的工作投入態度愈多），離職意向與組織氣氛呈負相關（樣本感受的組織氣氛愈佳，離職意向的意願愈低）

（一）單領域無條件的 LGM 模型

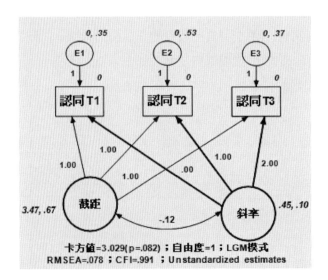

　　單領域員工組織認同之線性發展成長模式的適配度統計量 $\chi^2_{(df=1)} = 3.029$，顯著性機率值 $p = .082 > .05$，接受虛無假設，員工組織認同之潛在成長變化的假設模型與樣本資料可以適配。RMSEA 值等於 .078、CFI 值等於 .991，表示員工認同感之線性發展模式的契合度良好。「截距因子」的平均數與變異數估計值分別為 3.47、0.67，「斜率因子」的平均數與變異數估計值分別為 0.45、0.10，所有變異數估計值均為正數，表示沒有不合理的參數值。

　　無條件單領域員工組織認同之線性發展成長模式，研究探究問題為：

1.　員工組織認同之成長變化的發展軌跡型態為何種模式？
2.　跨時間點員工組織認同之成長變化的變化率為何？
3.　員工對組織認同的感受在起始狀態時期是否有顯著的個別差異？
4.　員工組織認同之成長變化的發展軌跡型態是否有顯著的個別差異？
5.　員工組織認同的起始感受與之後跨時間點的變化率是否有顯著相關？

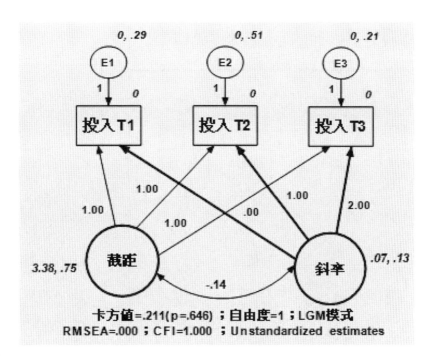

　　單領域員工工作投入態度之線性發展成長模式的適配度統計量 $\chi^2_{(df=1)} =$

0.211，顯著性機率值 $p = .646 > .05$，接受虛無假設，員工工作投入之潛在成長變化的假設模型與樣本資料可以適配。RMSEA 值等於 .000、CFI 值等於 1.000，表示員工投入態度之線性發展模式的契合度良好。「截距因子」的平均數與變異數估計值分別為 3.38、0.75，「斜率因子」的平均數與變異數估計值分別為 0.07、0.13，所有變異數估計值均為正數，表示沒有不合理的參數解值。

無條件單領域員工工作投入之線性發展成長模式，研究探究問題為：

1. 員工工作投入之成長變化的發展軌跡型態為何種模式？
2. 跨時間點員工工作投入態度之成長變化的變化率為何？
3. 員工工作投入態度在起始狀態時期是否有顯著的個別差異？
4. 跨時間點員工工作投入態度之成長變化的發展軌跡型態是否有顯著的個別差異？
5. 員工工作投入的起始感受與之後跨時間點的變化率是否有顯著相關？

（二）雙領域無條件的 LGM 共變模型

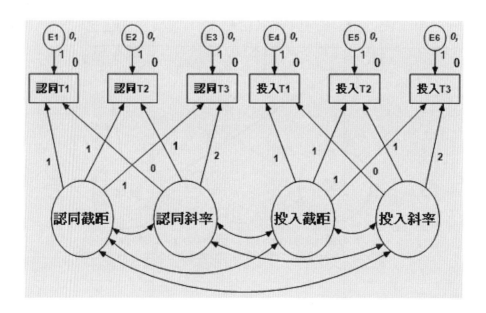

雙領域 LGM 共變模式，就是二個單領域 LGM 模式間的關係，此種關係的驗

證在於考驗四個潛在變項（認同截距、認同斜率、投入截距、投入斜率）間是否有顯著的關聯。進行雙領域潛在成長變化模式的檢定時，由於假定二個單領域的潛在成長變化模式的發展軌跡均為線性模式，如果單領域潛在成長變化線性模式（或自由形式模式）之模型無法得到支持，雙領域潛在成長變化線性模式（或自由形式模式）之模型也較難得到支持，因為雙領域潛在成長變化線性模式是假定二個單領域潛在特質的成長變化都是線性發展軌跡，如果其中某個潛在特質的成長變化模式不是線性模式或自由形式模式型態，則雙領域潛在特質成長變化的共變關係或因果關係模型適配度的檢定較難達到標準。

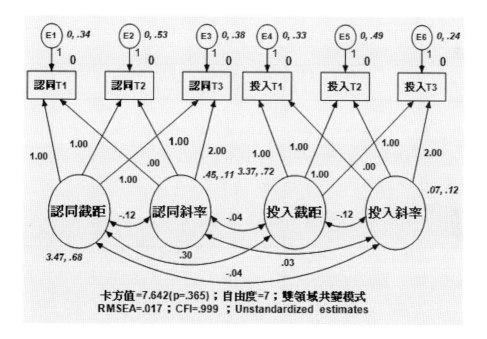

雙領域員工「組織認同」與「工作投入」態度之成長變化共變關係模式的適配度統計量 $\chi^2_{(df=7)} = 7.642$，顯著性機率值 $p = .365 > .05$，接受虛無假設，雙領域潛在特質成長變化線性模式共變關係的假設模型與樣本資料可以適配。RMSEA 值等於 .017、CFI 值等於 0.999，表示雙領域潛在特質成長變化線性模式共變關係的假設模型可以得到支持。組織認同「截距因子」的平均數與變異數估計值分別為3.47、0.68，組織認同「斜率因子」的平均數與變異數估計值分別為 0.45、0.11；工作投入態度「截距因子」的平均數與變異數估計值分別為 3.37、0.72，工作投入

結構方程模式

潛在成長曲線分析

態度「斜率因子」的平均數與變異數估計值分別為 0.07、0.12，所有變異數估計值均為正數，表示沒有不合理的參數解值。

將上述樣本組織認同、工作投入態度單領域潛在特質成長變化線性模式、雙領域潛在特質成長變化線性共變模式估計所得的平均數、變異數估計值及潛在變項間相關估計值整理如下表：

1. 平均數估計值

單領域 LGM 線性模型				雙領域 LGM 線性共變模型				
組織認同	估計值	標準誤	臨界比值	顯著性	組織認同	估計值	標準誤	臨界比值	顯著性
截距	3.470	.054	64.240	< .001	認同截距	3.469	.054	64.229	< .001
斜率	.451	.029	15.449	< .001	認同斜率	.451	.029	15.463	< .001
工作投入					工作投入				
截距	3.375	.055	61.542	< .001	投入截距	3.375	.055	61.512	< .001
斜率	.071	.028	2.535	.011	投入斜率	.071	.028	2.538	.011

單領域 LGM 線性模型與雙領域 LGM 線性共變模型估計所得的潛在變項之平均數估計值均相同，顯著性也一樣，二個截距因子（起始狀態行為的測量值）、二個斜率因子（跨時間點的變化率）的平均數估計值均達統計顯著水準。

2. 變異數估計值

單領域 LGM 線性模型				雙領域 LGM 線性共變模型				
組織認同	估計值	標準誤	臨界比值	顯著性	組織認同	估計值	標準誤	臨界比值	顯著性
截距	.668	.105	6.386	< .001	認同截距	.675	.103	6.583	< .001
斜率	.104	.046	2.267	.023	認同斜率	.105	.044	2.404	.016
工作投入					工作投入				
截距	.750	.105	7.158	< .001	投入截距	.721	.102	7.105	< .001
斜率	.134	.043	3.127	.002	投入斜率	.118	.041	2.872	.004

單領域 LGM 線性模型與雙領域 LGM 線性共變模型估計所得的潛在變項之變異數估計值有稍許差異，因為雙領域 LGM 線性共變模型中，潛在變項的變異程度受到其它潛在變項的影響。單領域 LGM 線性模型與雙領域 LGM 線性共變模型中二個截距因子、二個斜率因子的變異數估計值均達統計顯著水準。

3. 相關係數估計值

雙領域 LGM 線性共變模型					單領域 LGM 線性模型				
潛在變項一		潛在變項二	相關係數	顯著性	潛在變項一		潛在變項二	相關係數	顯著性
認同斜率	<-->	認同截距	−.464	.022	截距	<-->	斜率	−.454	.032
認同斜率	<-->	投入截距	−.146	.170					
投入截距	<-->	投入斜率	−.404	.019	截距	<-->	斜率	−.428	.009
認同斜率	<-->	投入斜率	.281	.036					
認同截距	<-->	投入斜率	−.142	.146					
認同截距	<-->	投入截距	.425	< .001					

單領域 LGM 線性模式，組織認同截距因子與斜率因子間的相關係數為 −.454（顯著性 $p < .05$），二個潛在因子間呈現顯著負相關，工作投入態度截距因子與斜率因子間的相關係數為 −.428（顯著性 $p < .01$），二個潛在因子間呈現顯著負相關，這二對潛在變項的共關情形，在雙領域 LGM 線性模式共變模型也達統計顯著水準，潛在變項間呈現顯著負相關，相關係數分別為 −.464、−.404。雙領域 LGM 線性模式共變模型中，組織認同「斜率因子」與工作投入「斜率因子」二個潛在變項達到顯著正相關（$r = .281$，$p < .05$），組織認同「截距因子」與工作投入「截距因子」二個潛在變項也達到顯著正相關（$r = .425$，$p < .001$），表示跨三個時間點員工的組織認同成長變化率愈多，其工作投入成長變化率也愈多，起始狀態的組織認同感受愈高，工作投入的程度也愈高。

（三）雙領域無條件的 LGM 因果模型

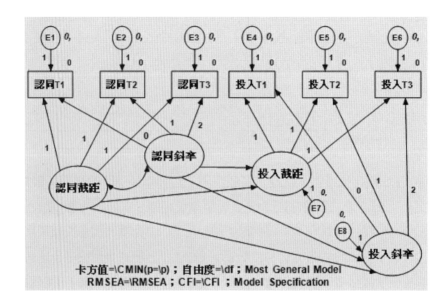

　　雙領域 LGM 線性模式間的因果模型中，研究者可以假定二個內因潛在變項的預測殘差項間是否有共變關係，若是假設模型中假定二個內因潛在變項的預測殘差項間沒有共變關係，殘差項變項「E7」、「E8」間不用繪製雙箭號的共變關係，如果殘差項變項「E7」、「E8」間繪製雙箭號的共變關係符號，共變數的參數估計可限定為 0。二個外因潛在變項「認同截距」與「認同斜率」間假定有共變關係（AMOS 圖示檢定程序，外因潛在變項間均要以雙箭號符號建立變項間的共變關係）。雙領域 LGM 因果模型探究分析的主要問題為：

1. 員工組織認同的起始狀態行為是否顯著影響員工起始的工作投入態度？
2. 員工組織認同的起始狀態行為是否顯著影響之後員工工作投入態度的成長變化情況？
3. 跨時間點之員工組織認同的變化程度是否顯著影響員工起始的工作投入態度？
4. 跨時間點之員工組織認同的變化程度是否顯著影響之後員工工作投入態度的成長變化情況？

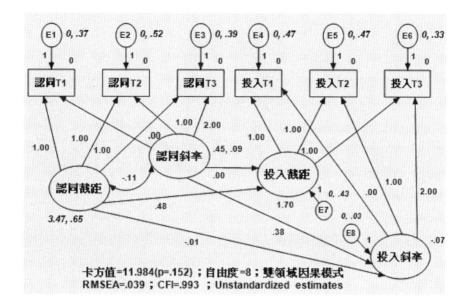

雙領域員工「組織認同」與「工作投入態度」的成長變化因果關係模式的適配度統計量 $\chi^2_{(df=8)} = 11.984$，顯著性機率值 $p = .152 > .05$，接受虛無假設，雙領域潛在特質成長變化線性模式因果關係的假設模型與樣本資料可以適配。RMSEA值等於 .039、CFI 值等於 0.993，表示「組織認同」、「工作投入態度」雙領域潛在特質成長變化線性模式間因果關係的假設模型可以得到支持。

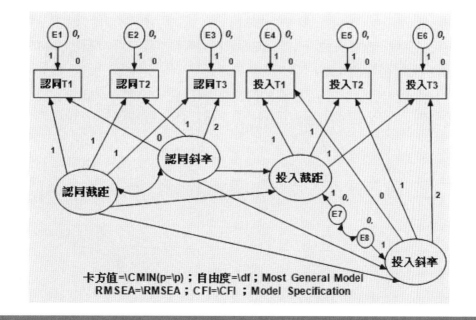

　　範例中假定二個內因潛在變項的預測殘差項間有共變關係，殘差項變項「E7」、「E8」間繪製雙箭號的共變關係，共變參數設定為待估計的自由參數，由於自由參數增加 1 個，模式的自由度會由 8 變為 7。

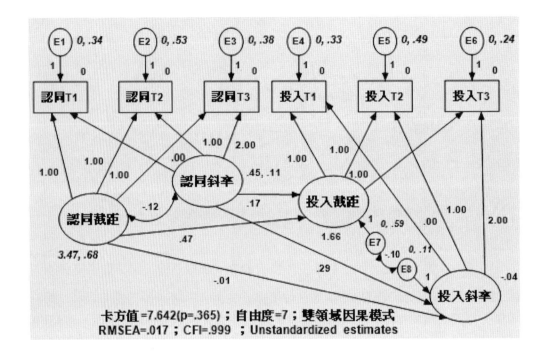

　　雙領域員工「組織認同」與「工作投入態度」的成長變化因果關係模式的適配度統計量 $\chi^2_{(df=7)} = 7.642$，顯著性機率值 $p = .365 > .05$，接受虛無假設，雙領域潛在特質成長變化線性模式因果關係的假設模型與樣本資料可以適配。RMSEA 值等於 .017、CFI 值等於 0.999，表示「組織認同」、「工作投入態度」雙領域潛在特質成長變化線性模式間因果關係的假設模型可以得到支持。內因潛在變項二個殘差項「E7」、「E8」間共變數估計值為 −.10。

（四）有條件的雙領域 LGM 模型

1. 單共變項（離職意向）之有條件雙領域 LGM 模型

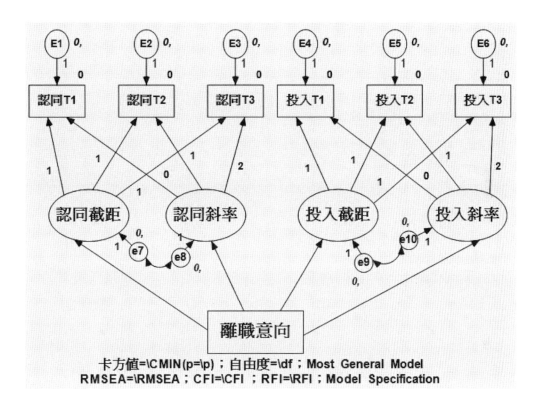

卡方值=\CMIN(p=\p)；自由度=\df；Most General Model
RMSEA=\RMSEA；CFI=\CFI；RFI=\RFI；Model Specification

　　有條件的雙領域 LGM 模式中，共變項為「離職意向」，二個單領域潛在特質成長變化發展均假定為線性軌跡，組織認同成長變化線性模式二個潛在因子（認同截距、認同斜率）的預測殘差項「e7」、「e8」間假定有共變關係，工作投入態度成長變化線性模式二個潛在因子（投入截距、投入斜率）的預測殘差項「e9」、「e10」間假定有共變關係。有條件的雙領域成長變化模式，關注的主要焦點為組織認同及工作投入態度的發展軌跡是否因員工「離職意向」感受的不同而有影響，研究者可以探討無條件雙領域成長變化模式及有條件雙領域成長變化模式之截距因子、斜率因子的平均數／變異數間的變動情形。

　　單共變項雙領域 LGM 模型探究分析的主要問題為：

1. 員工的離職意向是否顯著影響員工起始之組織認同行為？
2. 員工的離職意向是否顯著影響員工起始之工作投入態度？
3. 員工的離職意向是否顯著影響員工跨時間點之組織認同行為的成長變化情況？
4. 員工的離職意向是否顯著影響員工跨時間點之工作投入態度的成長變化情況？

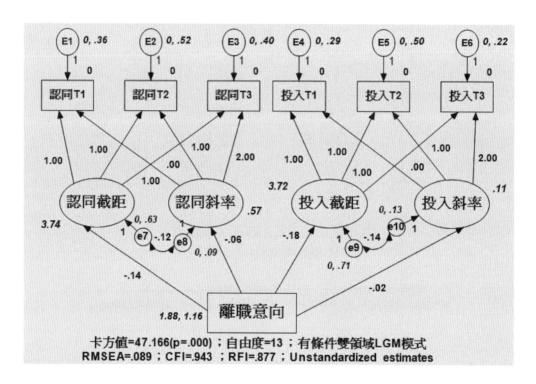

卡方值=47.166(p=.000)；自由度=13；有條件雙領域LGM模式
RMSEA=.089；CFI=.943；RFI=.877；Unstandardized estimates

　　有條件的雙領域 LGM 模式估計結果，假設模型可以收斂，所有隨機測量誤差項的變異數均大於 0，表示沒有不合理的解值。整體模式適配度統計量 $\chi^2_{(df=13)} =$ 47.166，顯著性機率值 $p < .001$，RMSEA 值等於 .089、CFI 值等於 0.943、SRMR 值等於 .1143、RFI 值等於 .877，從主要適配度統計量指標判別，以「離職意向」為共變項之有條件的雙領域 LGM 模式與樣本資料的契合度不佳，假設模型無法得到支持。

Covariances：（Group number 1 - 有條件雙領域 LGM 模式）

	M.I.	Par Change
e7<-->e10	7.644	.050
e7<-->e9	31.324	.196
e8<-->e10	6.732	.025
e8<-->e9	6.806	.049
E6<-->e8	5.281	.041
E5<-->e7	4.530	.071
E1<-->e9	7.492	.102
E1<-->E4	4.915	.083

　　根據模式提供的共變數修正指標值，增列預測殘差項「e7」與預測殘差項「e9」間有共變關係，可減少的卡方值統計量約為 31.324，二個預測殘差變項之殘差變異間的相關為正相關，期望改變值為 .196，當增列預測殘差項「e7」與預測殘差項「e9」殘差變異間有共變關係時，卡方值的變化量最大，而且增列的共變量有實質意義（統計值差異量之顯著性 $p < .05$），因而作為模型模式修正的主要考量。

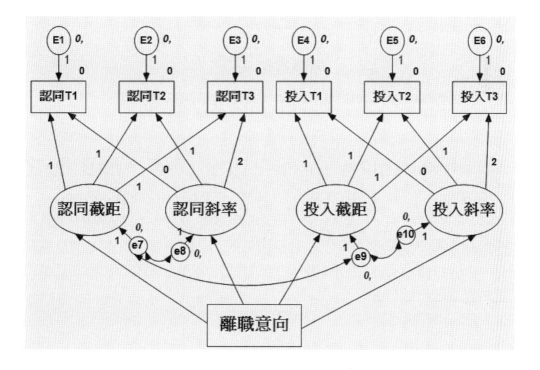

　　有條件的雙領域 LGM 模式中，共變項為「離職意向」，二個單領域潛在特質

成長變化發展均假定為線性軌跡，修正的假設模型增列「認同截距」與「投入截距」二個的預測殘差項「e7」、「e9」的殘差變異間有共變關係，修正後 LGM 模型與先前 LGM 模型相較之下，待估計的自由參數增加 1，整體模式的自由度會由 13 變為 12。

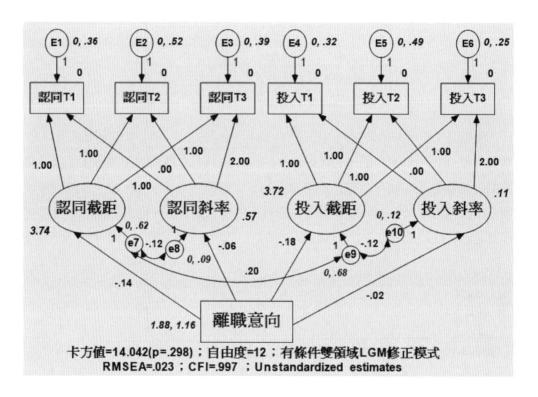

卡方值=14.042(p=.298)；自由度=12；有條件雙領域LGM修正模式
RMSEA=.023；CFI=.997；Unstandardized estimates

　　有條件的雙領域 LGM 模式估計結果，假設模型可以收斂，所有隨機測量誤差項的變異數均大於 0，表示沒有不合理的解值。整體模式適配度統計量 $\chi^2_{(df=12)}$ = 14.042，顯著性機率值 p = .298 > .05，接受虛無假設，有條件的雙領域潛在特質成長變化線性模式的假設模型與樣本資料可以適配。RMSEA 值等於 .023、CFI 值等於 0.997，以「離職意向」為預測變項之有條件雙領域潛在特質成長變化線性模式的假設模型可以得到支持。

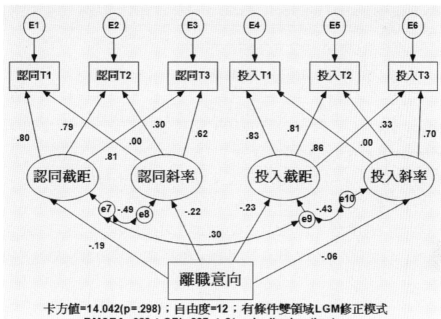

卡方值=14.042(p=.298)；自由度=12；有條件雙領域LGM修正模式
RMSEA=.023；CFI=.997；Standardized estimates

標準化估計值模式圖顯示，「離職意向」共變項對四個潛在變項：認同截距因子、認同斜率因子、投入截距因子、投入斜率因子的標準化路徑係數 β 值均為負值，其數值為 −.19、−.22、−.23、−.06，殘差項「e7」與殘差項「e9」間的共變關係為顯著正相關，相關係數 $r = .30$（$p < .001$）。

Regression Weights：（Group number 1 - 有條件雙領域 LGM 修正模式）

	Estimate	S.E.	C.R.	P	Label
認同斜率 <--- 離職意向	−.063	.027	−2.365	.018	
投入截距 <--- 離職意向	−.184	.050	−3.699	***	
認同截距 <--- 離職意向	−.142	.049	−2.895	.004	
投入斜率 <--- 離職意向	−.019	.026	−.724	.469	

共變項「離職意向」對認同截距因子、認同斜率因子、投入截距因子、投入斜率因子的路徑係數估計值分別為 −.142（$p < .01$）、−.063（$p < .05$）、−.184（$p < .001$）、−.019（$p > .05$），其中「離職意向」共變項對「投入斜率因子」的路徑係數估計值未達統計顯著水準（直接效果值為 0）。

Standardized Regression Weights：（Group number 1 - 有條件雙領域 LGM 修正模式）

	Estimate
認同斜率 <--- 離職意向	−.220
投入截距 <--- 離職意向	−.234
認同截距 <--- 離職意向	−.191
投入斜率 <--- 離職意向	−.059

　　共變項「離職意向」對認同截距因子、認同斜率因子、投入截距因子標準化路徑係數 β 值分別為 −.191、−.220、−.234，路徑係數估計值均為負值，表示員工離職意向愈低者，時間點 1 時對組織認同感受愈高、工作投入態度愈積極，之後跨三個時間點的組織認同正向變化率較多或較快速。預測變項「離職意向」對認同截距因子、認同斜率因子、投入截距因子的解釋量（R^2）分別為 3.6%、4.9%、5.5%。

Covariances：（Group number 1 - 有條件雙領域 LGM 修正模式）

	Estimate	S.E.	C.R.	P	Label
e8<-->e7	−.118	.053	−2.227	.026	
e9<-->e10	−.122	.049	−2.461	.014	
e9<-->e7	.197	.037	5.383	***	

Correlations：（Group number 1 - 有條件雙領域 LGM 修正模式）

	Estimate
e8<-->e7	−.495
e9<-->e10	−.429
e9<-->e7	.302

　　預測殘差項「e7」與「e8」間的共變關係為顯著負相關（$r = −.495$，$p < .05$），預測殘差項「e9」與「e10」間的共變關係為顯著負相關（$r = −.429$，$p < .05$），預測殘差項「e9」與「e7」間的共變關係為顯著正相關（$r = .302$，$p < .001$）。

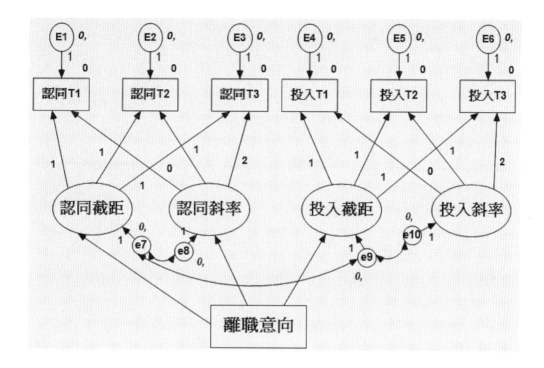

　　有條件的雙領域 LGM 模式中，如果預測變項對內因潛在變項（或內因觀察變項）的路徑係數未達統計顯著水準，表示此條路徑係數估計值顯著等於 0，LGM 簡化的模式可以將未達統計顯著水準的路徑刪除（沒有顯著的直接效果），刪除此種因抽樣誤差造成的效果（非共變項真正影響的效果），整體模式適配度的卡方值變化不大。範例假設模圖中，刪除「離職意向」對「投入斜率」內因潛在變項的路徑係數，由於待估計的自由參數減少 1，模式的自由度由 12 變為 13（自由度增加 1）。

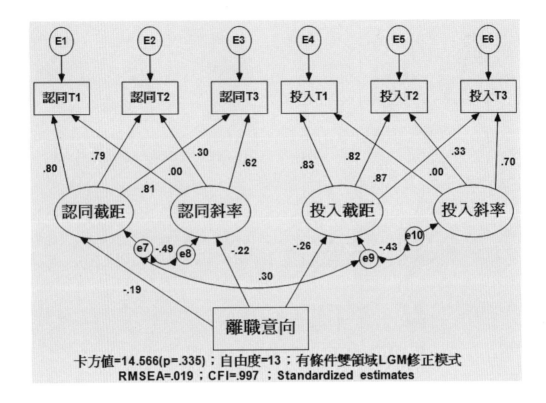

卡方值=14.566(p=.335)；自由度=13；有條件雙領域LGM修正模式
RMSEA=.019；CFI=.997；Standardized estimates

　　有條件的雙領域 LGM 模式估計結果，假設模型可以收斂，所有隨機測量誤差項的變異數均大於 0，表示沒有不合理的解值。整體模式適配度統計量 $\chi^2_{(df=13)}$ = 14.566，顯著性機率值 p = .335 > .05，接受虛無假設，有條件的雙領域潛在特質成長變化線性模式的假設模型與樣本資料可以適配。RMSEA 值等於 .019、CFI 值等於 0.997，以「離職意向」為預測變項之有條件雙領域潛在特質成長變化線性模式的假設模型可以得到支持。簡化的 LGM 模式與之前修正的 LGM 模式相較之下，卡方值由 $\chi^2_{(df=12)}$ = 14.042 變為 $\chi^2_{(df=13)}$ = 14.566，顯著性機率值由 .298 變為 .335，RMSEA 值等於 .023 變為 .019，CFI 值沒有改變，統計量數為 0.997，卡方值、主要適配度統計量差異不大，最後 LGM 模式的檢定結果則一致。

2. 單共變項（組織氣氛）之有條件雙領域 LGM 模型

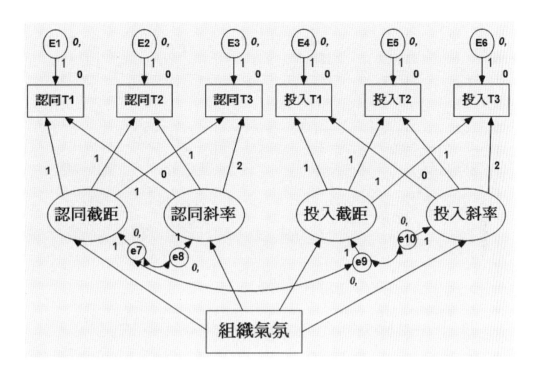

有條件的雙領域 LGM 模式，預測變項為「組織氣氛」，假定「組織氣氛」共變項對組織認同截距因子、斜率因子、工作投入態度截距因子、斜率因子均有顯著的直接影響作用。

單共變項（組織氣氛）雙領域 LGM 模型探究分析的主要問題為：

1. 員工感受的組織氣氛是否顯著影響員工起始之組織認同行為？
2. 員工感受的組織氣氛是否顯著影響員工起始之工作投入態度？
3. 員工感受的組織氣氛是否顯著影響員工跨時間點之組織認同行為的成長變化情況？
4. 員工感受的組織氣氛是否顯著影響員工跨時間點之工作投入態度的成長變化情況？

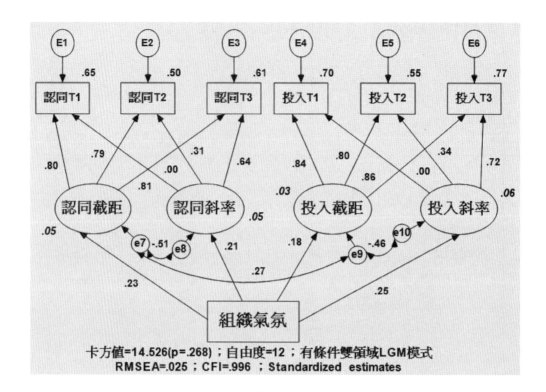

卡方值=14.526(p=.268)；自由度=12；有條件雙領域LGM模式
RMSEA=.025；CFI=.996；Standardized estimates

　　有條件的雙領域 LGM 模式估計結果，假設模型可以收斂，標準化估計值模式圖中沒有出現大於 1.00 的標準化路徑係數或大於 1.00 的 R^2 值，表示沒有不合理的解值。整體模式適配度統計量 $\chi^2_{(df=12)}$ = 14.526，顯著性機率值 p = .268 > .05，接受虛無假設，有條件的雙領域潛在特質成長變化線性模式的假設模型與樣本資料可以適配。RMSEA 值等於 .025、CFI 值等於 0.996，以「組織氣氛」為預測變項之有條件雙領域潛在特質成長變化線性模式的假設模型可以得到支持。

Regression Weights：（Group number 1 - 有條件雙領域 LGM 模式）

	Estimate	S.E.	C.R.	P	Label
認同斜率 <--- 組織氣氛	.067	.029	2.336	.020	
投入截距 <--- 組織氣氛	.154	.053	2.901	.004	
認同截距 <--- 組織氣氛	.185	.052	3.534	***	
投入斜率 <--- 組織氣氛	.090	.027	3.313	***	

　　「組織氣氛」共變項對組織認同截距因子、組織認同斜率因子、工作投入態度截距因子、工作投入態度斜率因子的路徑係數估計值分別為 .185、.067、.154、.090、

臨界比值分別為 3.534、2.336、2.901、3.313，四個路徑係數估計值均達 .05 統計顯著水準（$p < .05$），表示母群體四個路徑係數均顯著大於 0。

Standardized Regression Weights：（Group number 1 - 有條件雙領域 LGM 模式）

	Estimate
認同斜率 <--- 組織氣氛	.214
投入截距 <--- 組織氣氛	.184
認同截距 <--- 組織氣氛	.231
投入斜率 <--- 組織氣氛	.254

「組織氣氛」共變項對組織認同截距因子、組織認同斜率因子、工作投入態度截距因子、工作投入態度斜率因子的標準化路徑係數 β 值分別為 .231、.214、.184、.254，「組織氣氛」共變項對四個內因潛在變項的影響均為正向。員工感受單位組織的組織氣氛愈友善，開始時對組織的認同感愈高、工作投入程度也愈多，員工感受單位組織的組織氣氛愈好，之後跨時間點的組織認同正向變化率愈多，跨時間點的工作投入正向變化率也愈多。

3. 雙共變項之有條件雙領域 LGM 模型

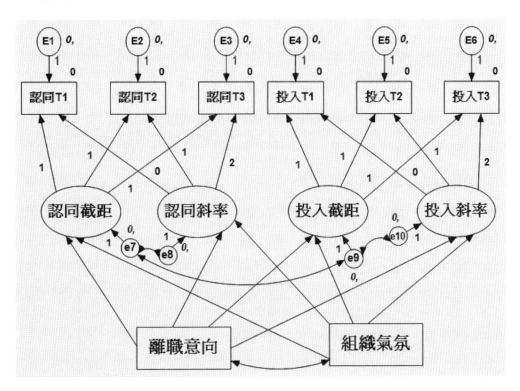

結構方程模式
潛在成長曲線分析

　　有條件的雙領域 LGM 模式中，共變項為「離職意向」與「組織氣氛」，二個
單領域潛在特質成長變化發展均假定為線性軌跡，LGM 模式假定「離職意向」共
變項對組織認同截距因子、斜率因子、工作投入態度截距因子、斜率因子有顯著
的直接影響作用；「組織氣氛」共變項對組織認同截距因子、斜率因子、工作投
入態度截距因子、斜率因子也有顯著的直接影響作用。

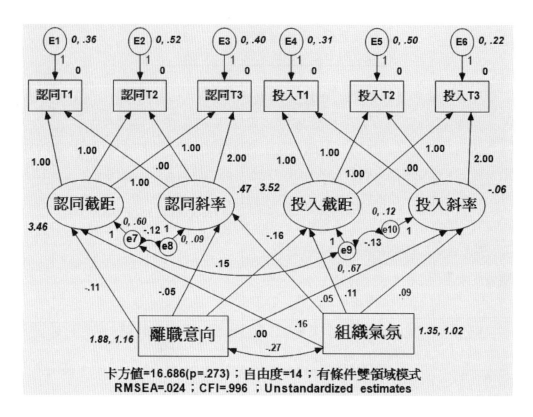

卡方值=16.686(p=.273)；自由度=14；有條件雙領域模式
RMSEA=.024；CFI=.996；Unstandardized estimates

　　非標準化估計值模型圖顯示：有條件的雙領域 LGM 模式估計結果，假設模型
可以收斂，所有隨機測量誤差項的變異數均大於 0，表示沒有不合理的解值。整體
模式適配度統計量 $\chi^2_{(df=14)} = 16.686$，顯著性機率值 $p = .273 > .05$，接受虛無假設，
以「離職意向」與「組織氣氛」作為 LGM 模型之共變項，有條件的雙領域潛在特
質成長變化線性模式的假設模型與樣本資料可以適配。RMSEA 值等於 .024、CFI
值等於 0.996，以「離職意向」與「組織氣氛」為預測變項之有條件雙領域潛在特
質成長變化線性模式的假設模型可以得到支持。

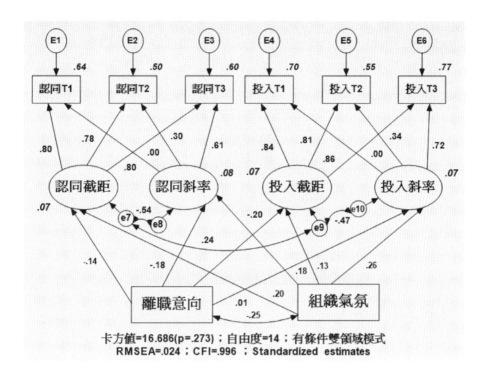

卡方值=16.686(p=.273)；自由度=14；有條件雙領域模式
RMSEA=.024；CFI=.996；Standardized estimates

標準化估計值模式圖中沒有出現大於 1.00 的標準化路徑係數或大於 1.00 的 R^2 值，表示沒有不合理的參數或不適當的解值出現。

Regression Weights：（Group number 1 - 有條件雙領域模式）

	Estimate	S.E.	C.R.	P	Label
投入截距 <--- 離職意向	−.157	.051	−3.104	.002	
認同截距 <--- 離職意向	−.106	.050	−2.114	.035	
投入斜率 <--- 離職意向	.003	.026	.100	.920	
投入截距 <--- 組織氣氛	.112	.054	2.067	.039	
投入斜率 <--- 組織氣氛	.091	.028	3.233	.001	
認同截距 <--- 組織氣氛	.156	.053	2.924	.003	
認同斜率 <--- 組織氣氛	.053	.029	1.813	.070	
認同斜率 <--- 離職意向	−.051	.028	−1.849	.065	

二個外因觀察變項對四個內因潛在變項影響的八條路徑係數中，有三條的路徑係數估計值未達統計顯著水準，表示母群體這三條路徑係數估計值均顯著等於 0，三條未達統計顯著的直接路徑為「離職意向→認同斜率」（估計值為 −.051，

$p = .065$）、「離職意向→投入斜率」（估計值為 .003，$p = .920$）、「組織氣氛→認同斜率」（估計值為 .053，$p = .070$）。

Standardized Regression Weights：（Group number 1 - 有條件雙領域模式）

	Estimate
投入截距 <--- 離職意向	−.201
認同截距 <--- 離職意向	−.142
投入斜率 <--- 離職意向	.008
投入截距 <--- 組織氣氛	.134
投入斜率 <--- 組織氣氛	.258
認同截距 <--- 組織氣氛	.197
認同斜率 <--- 組織氣氛	.175
認同斜率 <--- 離職意向	−.179

　　「離職意向」共變項對組織「認同截距」因子、工作投入態度截距因子的標準化迴歸係數 β 值均為負值，「組織氣氛」共變項對「投入截距」、「投入斜率」、「認同截距」的標準化迴歸係數 β 值均為正值，影響路徑的符號與有條件之單共變項 LGM 模型相同。在有條件單共變項 LGM 模型中，「離職意向」共變項對「認同截距」、「認同斜率」、「投入截距」三個內因潛在變項的影響達統計顯著水準，「組織氣氛」共變項對「認同截距」、「認同斜率」、「投入截距」、「投入斜率」四個內因潛在變項的影響達統計顯著水準。在有條件雙共變項 LGM 模型中，「離職意向」共變項僅對「認同截距」、「投入截距」二個內因潛在變項的影響達統計顯著水準，「組織氣氛」共變項僅對「認同截距」、「投入截距」、「投入斜率」三個內因潛在變項的影響達統計顯著水準，有條件雙共變項 LGM 模型中，第一個共變項對內因潛在變項的影響會排除或控制第二個共變項對內因潛在變項的影響，因而在有條件單共變項 LGM 模型中，共變項對內因潛在變項（截距因子、斜率因子）的影響作用如果達到統計顯著水準，有條件雙共變項（或多共變項）LGM 模型中，共變項對相同內因潛在變項（截距因子、斜率因子）的影響作用不一定也會達到統計顯著水準。

（五）共變項間有高度相關的成長模式

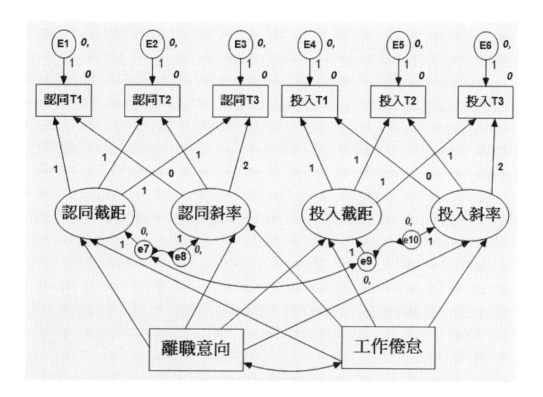

　　有條件的雙領域 LGM 模式中，共變項為「離職意向」與「工作倦怠」，二個單領域潛在特質成長變化發展均假定為線性軌跡，LGM 模式假定「離職意向」共變項對組織認同截距因子、斜率因子、工作投入態度截距因子、斜率因子有顯著的直接影響作用；「工作倦怠」共變項對組織認同截距因子、斜率因子、工作投入態度截距因子、斜率因子也有顯著的直接影響作用。

　　分析範例資料檔的相關矩陣、平均數與標準差如下表：

rowtype_	varname_	認同 T1	認同 T2	認同 T3	投入 T1	投入 T2	投入 T3	離職意向	工作倦怠
n		335	335	335	335	335	335	335	335
CORR	認同 T1	1.00							
CORR	認同 T2	0.53	1.00						
CORR	認同 T3	0.43	0.51	1.00					
CORR	投入 T1	0.28	0.21	0.22	1.00				
CORR	投入 T2	0.29	0.26	0.24	0.57	1.00			
CORR	投入 T3	0.20	0.25	0.26	0.48	0.59	1.00		
CORR	離職意向	−0.29	−0.25	−0.28	−0.19	−0.25	−0.40	1.00	
CORR	工作倦怠	−0.29	−0.26	−0.32	−0.16	−0.27	−0.41	0.79	1.00
Mean		3.45	3.98	4.35	3.38	3.43	3.52	1.88	1.35
Stddev		1.01	1.03	0.99	1.02	1.06	0.98	1.08	1.01

1. 雙共變項有條件的雙領域 LGM 模型

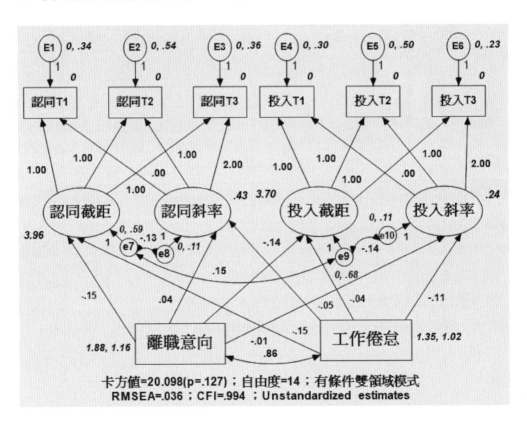

卡方值=20.098(p=.127)；自由度=14；有條件雙領域模式
RMSEA=.036；CFI=.994；Unstandardized estimates

　　非標準化估計值模型圖顯示：有條件的雙領域 LGM 模式估計結果，假設模型可以收斂，所有隨機測量誤差項的變異數均大於 0，表示沒有不合理的解值。整體

模式適配度統計量 $\chi^2_{(df=14)} = 20.098$，顯著性機率值 $p = .127 > .05$，接受虛無假設，以「離職意向」與「工作倦怠」作為 LGM 模型之共變項，有條件的雙領域潛在特質成長變化線性模式的假設模型與樣本資料可以適配。RMSEA 值等於 .036、CFI 值等於 0.994，以「離職意向」與「工作倦怠」為預測變項之有條件雙領域潛在特質成長變化線性模式的假設模型可以得到支持。

Regression Weights：（Group number 1 - 有條件雙領域模式）

	Estimate	S.E.	C.R.	P	Label
投入截距 <--- 離職意向	−.142	.080	−1.763	.078	
認同截距 <--- 離職意向	−.153	.078	−1.963	.050	
投入斜率 <--- 離職意向	−.014	.041	−.346	.730	
認同截距 <--- 工作倦怠	−.152	.083	−1.835	.067	
認同斜率 <--- 工作倦怠	−.048	.047	−1.009	.313	
認同斜率 <--- 離職意向	.043	.044	.966	.334	
投入斜率 <--- 工作倦怠	−.106	.044	−2.423	.015	
投入截距 <--- 工作倦怠	−.043	.086	−.497	.619	

　　八個路徑係數估計值中，只有一個路徑係數估計值達統計顯著水準，此路徑為「工作倦怠→投入斜率」，路徑係數估計值為 −.106，臨界比值為 −2.423，其餘七條的路徑係數均未達統計顯著水準，表示母群體此七個路徑係數估計值均顯著等於 0。範例中，有條件雙共變項的 LGM 假設模型之整體適配度雖然甚佳，但內在適配度並不是十分理想，二個外因觀察變項（共變項）對四個內因潛在變項的影響路徑，只有一條達到統計顯著水準，此種情形，可能是共變項間有高度相關（$r = .790$，$p < .001$），產生的多元共線性問題導致。

Covariances：（Group number 1 - 有條件雙領域模式）

	Estimate	S.E.	C.R.	P	Label
離職意向 <--> 工作倦怠	.859	.076	11.329	***	

　　「離職意向」與「工作倦怠」間的共變數估計值為 .859，相關係數為 .790，臨界比值為 11.329（$p < .001$），達到統計顯著水準，二個預測變項間有顯著的高度相關存在。

2. 單共變項（工作倦感）有條件的雙領域 LGM 模型

雙領域成長變化模式改以納入單一共變項作為外因潛在變項，主要結果如下（共變項為「工作倦怠」感，即以觀察變項工作倦怠為外因觀察變項）

CMIN

Model	NPAR	CMIN	DF	P	CMIN/DF
有條件雙領域模式	23	18.028	12	.115	1.502

整體模式的自由度為 12，卡方值為 18.028，顯著性機率值 p = .115 > .05，以「工作倦怠」為預測變項之雙領域的 LGM 模型與樣本資料的契合度良好，卡方自由度比值為 1.502。

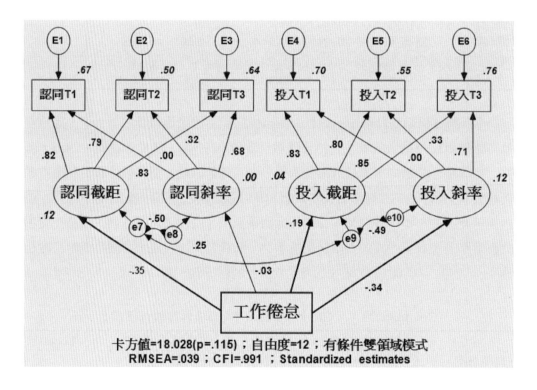

卡方值=18.028(p=.115)；自由度=12；有條件雙領域模式
RMSEA=.039；CFI=.991；Standardized estimates

標準化估計值模式圖如上，RMSEA 值等於 .039、CFI 值等於 .991，以工作倦怠為預測變項之有條件的雙領域成長變化模式圖可以得到支持。

Regression Weights：（Group number 1 - 有條件雙領域模式）

	Estimate	S.E.	C.R.	P	Label
認同截距 <--- 工作倦怠	−.281	.051	−5.496	***	
認同斜率 <--- 工作倦怠	−.012	.029	−.400	.689	
投入斜率 <--- 工作倦怠	−.118	.027	−4.396	***	
投入截距 <--- 工作倦怠	−.162	.053	−3.070	.002	

　　「工作倦怠」預測變項對認同截距、認同斜率、投入斜率、投入截距的路徑係數估計值分別為 −.281（$p < .001$）、−.012（$p > .05$）、−.118（$p < .001$）、−.162（$p < .01$），「工作倦怠」共變項除對內因潛在變項「認同斜率」的影響的路徑係數未達統計顯著外，餘三條影響路徑係數均達統計顯著水準。

Standardized Regression Weights：（Group number 1 - 有條件雙領域模式）

	Estimate
認同截距 <--- 工作倦怠	−.345
認同斜率 <--- 工作倦怠	−.035
投入斜率 <--- 工作倦怠	−.340
投入截距 <--- 工作倦怠	−.195

　　「工作倦怠」預測變項對認同截距、投入斜率、投入截距三個內因潛在變項影響的標準化迴歸係數 β 值分別為 −.345、−.340、−.195。表示「工作倦怠」共變項對樣本組織認同的起始狀態、受試者工作投入態度的起始行為均有顯著的影響作用，也對員工跨時間點工件投入態度的平均變化情形有顯著的影響作用。

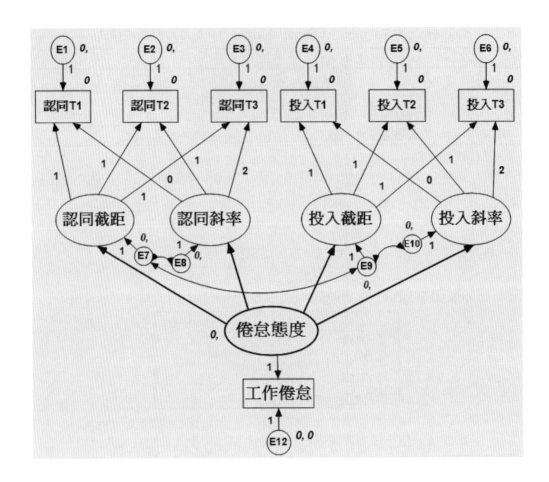

　　共變項為外因觀察變項重新設定為外因潛在變項，外因潛在變項的變數名稱
設為「倦怠態度」，「倦怠態度」潛在變項的指標變項為「工作倦怠」，由於潛
在變項只有一個指標變項，表示此一指標變項可以 100% 反映「倦怠態度」潛在
變項，因而「工作倦怠」指標變項之隨機測量誤差項「E12」的變異數要設定為 0（固
定參數），平均數估計值內定為固定參數，其數值也為 0，「工作倦怠」指標變項
的截距項參數設定為待估計值的自由參數。

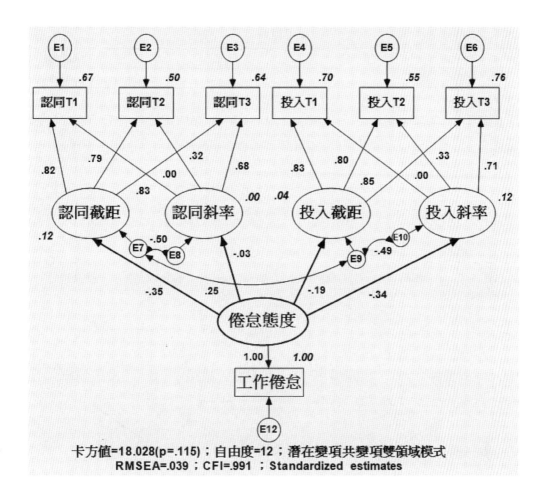

卡方值=18.028(p=.115)；自由度=12；潛在變項共變項雙領域模式
RMSEA=.039；CFI=.991；Standardized estimates

標準化估計值模式圖顯示，RMSEA 值等於 .039、CFI 值等於 .991，模式的自由度等於 12，整體適配度卡方值統計量為 18.028，顯著性機率值 $p = .115 > .05$，「倦怠態度」外因潛在變項對認同截距因子、認同斜率因子、投入截距因子、投入斜率因子的標準化迴歸係數分別為 $-.35$、$-.03$、$-.19$、$-.34$。以「工作倦怠」外因觀察變項為共變項的 LGM 模型，及以「倦怠態度」外因潛在變項（單指標觀察變項）為共變項的 LGM 模型，模式估計所得的參數估計值均相同。範例中，潛在變項「倦怠態度」對指標變項「工作倦怠」的解釋變異為 100%（$R^2 = 1.00$）。

3. 單共變項（離職意向）有條件的雙領域 LGM 模型

共變項改為「離職意向」，有條件雙領域 LGM 模型估計結果如下：

CMIN

Model	NPAR	CMIN	DF	P	CMIN/DF
有條件雙領域模式	23	17.688	12	.125	1.474

　　整體模式的自由度為 12，卡方值為 17.688，顯著性機率值 $p = .125 > .05$，以「離職意向」為預測變項之雙領域的 LGM 模型與樣本資料的契合度良好，卡方自由度比值為 1.474。

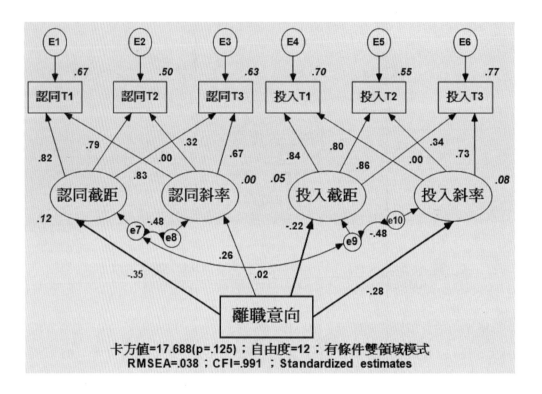

卡方值=17.688(p=.125)；自由度=12；有條件雙領域模式
RMSEA=.038 ；CFI=.991 ；Standardized estimates

　　標準化估計值模式圖顯示，RMSEA 值等於 .038、CFI 值等於 .991，以離職意向為預測變項之有條件的雙領域成長變化模式圖可以得到支持。

Regression Weights：（Group number 1 - 有條件雙領域模式）

	Estimate	S.E.	C.R.	P	Label
認同截距 <--- 離職意向	−.265	.048	−5.533	***	
認同斜率 <--- 離職意向	.007	.027	.277	.782	
投入斜率 <--- 離職意向	−.093	.025	−3.658	***	
投入截距 <--- 離職意向	−.173	.049	−3.507	***	

　　「離職意向」預測變項對認同截距、認同斜率、投入斜率、投入截距的路徑係數估計值分別為 −.265（$p < .001$）、.007（$p > .05$）、−.093（$p < .001$）、−.173（$p < .001$），「離職意向」共變項除對內因潛在變項「認同斜率」的影響的路徑係數未達統計顯著外，其餘三條影響路徑係數均達統計顯著水準，有顯著直接效果的三條路徑分別為「離職意向→認同截距」、「離職意向→投入斜率」、「離職意向→投入斜率」。

Standardized Regression Weights：（Group number 1 - 有條件雙領域模式）

	Estimate
認同截距 <--- 離職意向	−.348
認同斜率 <--- 離職意向	.024
投入斜率 <--- 離職意向	−.278
投入截距 <--- 離職意向	−.221

　　「離職意向」預測變項對認同截距、投入斜率、投入截距三個內因潛在變項影響的標準化迴歸係數 β 值分別為 −.348、−.278、−.221。表示「離職意向」共變項對樣本組織認同的起始狀態、受試者工作投入態度的起始行為均有顯著的影響作用，也對員工跨時間點工件投入態度的平均變化情形有顯著的影響作用。

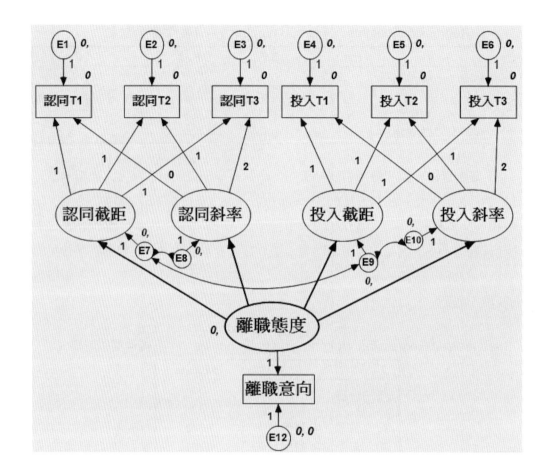

　　預測變項原為外因觀察變項型態，假設模型改設定為外因潛在變項型態，外因潛在變項的變數名稱設為「離職態度」，「離職態度」潛在變項的指標變項為「離職意向」，由於潛在變項只有一個指標變項，表示此一指標變項可以100%反映「離職態度」潛在變項，因而「離職意向」指標變項之隨機測量誤差項「E12」的變異量要設定為0（固定參數），「離職意向」指標變項的截距項參數設定為待估計值的自由參數。

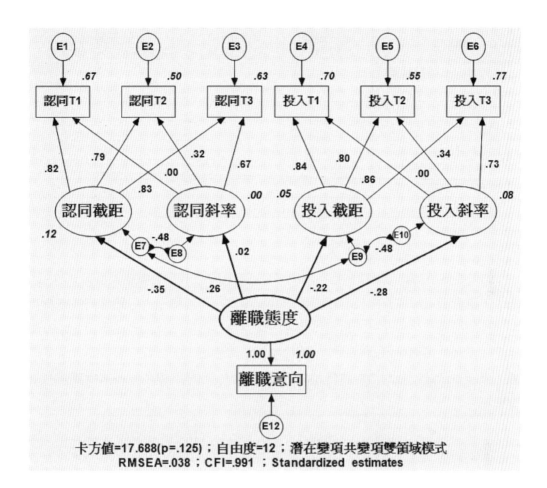

卡方值=17.688(p=.125)；自由度=12；潛在變項共變項雙領域模式
RMSEA=.038；CFI=.991；Standardized estimates

　　標準化估計值模式圖顯示，RMSEA 值等於 .038、CFI 值等於 .991，模式的自由度等於 12，整體適配度卡方值統計量為 17.688，顯著性機率值 p = .125 > .05，「離職態度」外因潛在變項對認同截距因子、認同斜率因子、投入截距因子、投入斜率因子的標準化迴歸係數分別為 −.35、.02、−.22、−.28。以「離職意向」外因觀察變項為共變項的 LGM 模型，及以「離職態度」外因潛在變項為共變項的 LGM 模型，模式估計所得的參數估計值均相同。

　　將上述雙共變項及單共變項之有條件雙領域 LGM 的直接影響路徑結果整理如下表：

路徑	單共變項 （離職意向）	單共變項 （工作倦怠）	雙共變項 （離職意向及工作倦怠）
離職意向→認同截距	*		*ns*
離職意向→認同斜率	*ns*		*ns*
離職意向→投入截距	*		*ns*
離職意向→認同斜率	*		*ns*
工作倦怠→認同截距		*	*ns*
工作倦怠→認同斜率		*ns*	*ns*
工作倦怠→投入截距		*	*ns*
工作倦怠→認同斜率		*	*

ns $p > .05$ * $p < .05$

　　如果共變項為計量變項，且共變項間有高度相關（相關係數絕對值大於 .75 以上），研究者可擇取其中最具代表性的共變項作為預測變項，可避免範例中多元共線性的問題產生，此外，也可以將外因觀察變項轉換為外因潛在變項型態，外因潛在變項的指標變項為有高度相關的外因觀察變項，因為觀察變項間有高度相關，可能表示其反映的潛在特質是接近或相同的，此種共變項為多指標型態的預測變項。

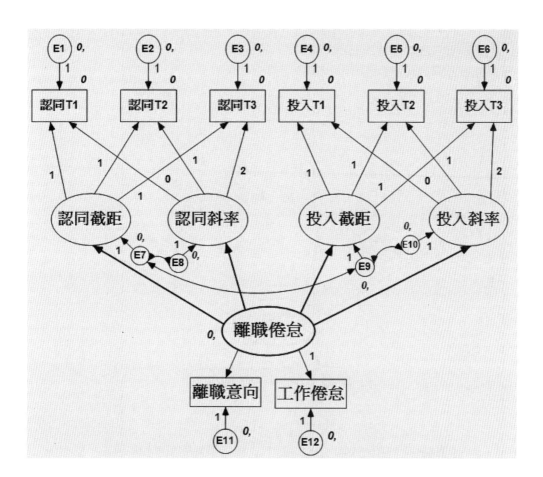

　　LGM 假設模型圖中，共變項為外因潛在變項「離職倦怠」，「離職倦怠」預測變項有二個指標變項：「離職意向」與「工作倦怠」，外因潛在變項「離職倦怠」二個觀察變項的截距項設定待估計的自由參數。

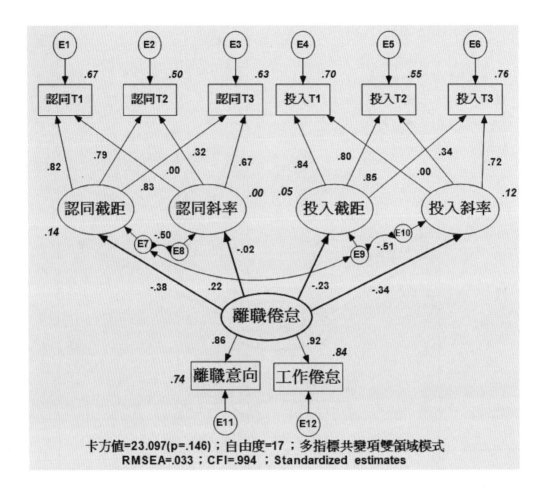

卡方值=23.097(p=.146)；自由度=17；多指標共變項雙領域模式
RMSEA=.033；CFI=.994；Standardized estimates

　　標準化估計值模型圖顯示，以外因潛在變項「離職倦怠」為共變項，有條件的雙領域 LGM 模式估計結果，假設模型可以收斂，標準化迴歸係數 β 值絕對值及 R^2 值沒有大於 1.00 的參數，表示沒有不合理的解值。整體模式適配度統計量 $\chi^2_{(df=17)}$ = 23.097，顯著性機率值 p = .146 > .05，接受虛無假設，以「離職倦怠」潛在變項作為 LGM 模型之共變項，有條件的雙領域潛在特質成長變化線性模式的假設模型與樣本資料可以適配。RMSEA 值等於 .033、CFI 值等於 0.994，以「離職倦怠」為外因潛在變項，而以「離職意向」、「工作倦怠」二個觀察變項為其指標變項，有條件雙領域潛在特質成長變化線性模式的假設模型可以得到支持。

Regression Weights：（Group number 1 - 多指標共變項雙領域模式）

	Estimate	S.E.	C.R.	P	Label
認同截距 <--- 離職倦怠	−.338	.061	−5.543	***	
認同斜率 <--- 離職倦怠	−.007	.033	−.207	.836	
投入截距 <--- 離職倦怠	−.211	.062	−3.418	***	
投入斜率 <--- **離職倦怠**	−.132	.032	−4.158	***	

　　外因潛在變項「離職倦怠」對「認同截距」、「投入截距」、「投入斜率」三個內因潛在變項的影響路徑係數估計值分別為 −.338、−.211、−.132，臨界比值分別為 −5.543（$p < .001$）、−3.418（$p < .001$）、−4.158（$p < .001$），均達統計顯著水準，表示三個路徑係數參數估計值均顯著小於 0。

Standardized Regression Weights：（Group number 1 - 多指標共變項雙領域模式）

	Estimate
認同截距 <--- 離職倦怠	−.381
認同斜率 <--- 離職倦怠	−.019
投入截距 <--- 離職倦怠	−.232
投入斜率 <--- 離職倦怠	−.343

　　外因潛在變項「離職倦怠」對「認同截距」、「投入截距」、「投入斜率」三個內因潛在變項影響路徑的 β 值分別為 −.381、−.232、−.343，由於 β 值均為負值，表示「離職倦怠」對三個內因潛在變項影響作用均為負向。受試者有較高的「離職倦怠」感受，一開始（起始狀態行為或起始點態度）對組織認同感較低，工作投入態度較不積極，之後跨時間點的工作投入態度變化率較少或較慢；相對的，受試者有較低的「離職倦怠」感受，一開始（起始狀態行為或起始點態度）對組織認同感較高，工作投入態度較積極，之後跨時間點的工作投入態度變化率較多或較大。

五 │ 虛擬變項為共變項的 LGM 模型

　　有條件的 LGM 模型，納入的共變項（時間不變性或變動甚少的預測變項）如果是間斷變項，由於此種共變項非屬計量變項，在納入潛在成長曲線分析模式作

為外因觀察變項時，要將共變項轉換為虛擬變項，否則無法對外因觀察變項對潛在成長截距因子與斜率因子的路徑係數作出合理的解釋，此種程序與複迴歸程序類似，投入複迴歸方程的自變項若是為間斷變項或人口變項，要將變項先轉換為虛擬變項後再投入迴歸方程式中。

範例中的共變項為三分類別變項，水準數值 1 為單親家庭群體、水準數值 2 為隔代教養家庭群體、水準數值 3 為完整家庭群體，增列的二個虛擬變項的變數名稱分別為「結構_虛1」、「結構_虛2」，「結構_虛1」的變數標記為「單親家庭群體與完整家庭群體」的對比，「結構_虛2」的變數標記為「隔代教養家庭群體與完整家庭群體」的對比，虛擬變項中的參照組設定為編碼水準數值 3 之完整家庭群體。

	家庭結構	結構_虛1	結構_虛2	Y1_五年	Y2_六年	Y3_七年	Y4_八年
89	3	0	0	2	9	10	21
90	3	0	0	2	9	13	21
91	3	0	0	2	9	13	21
92	1	1	0	2	8	15	21
93	2	0	1	2	10	17	21
94	2	0	1	2	9	10	21
95	2	0	1	2	9	14	21
96	2	0	1	2	9	15	21
97	2	0	1	2	8	15	21

根據家庭結構類別變數，增列的二個虛擬變項的變數名稱分別為「結構_虛1」、「結構_虛2」，原家庭結構水準數值 3 者，在二個虛擬變項的水準數值分別為 0、0，原家庭結構水準數值 1 者，在二個虛擬變項的水準數值分別為 1、0，原家庭結構水準數值 2 者，在二個虛擬變項的水準數值分別為 0、1。

四個時間點之觀察變項與虛擬變項之相關及描述性統計量如下（N = 170）：

	Y1_五年	Y2_六年	Y3_七年	Y4_八年	結構_虛1	結構_虛2
Y1_五年	1					
Y2_六年	.494	1				
Y3_七年	.513	.475	1			
Y4_八年	.469	.405	.648	1		
結構_虛1	.289	.196	.167	.256	1	
結構_虛2	.039	−.063	.144	.002	−.459	1
平均數	2.45	7.69	13.47	18.82	.32	.31
標準差	1.443	2.437	2.549	3.693	.469	.462

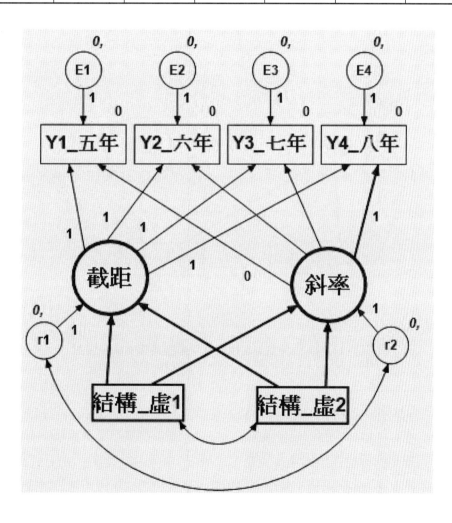

　　有條件的潛在成長曲線分析模型，學生跨四個年段不當行為的成長變化軌跡假定為線性，LGM 假設模型之設為自由形式模式，斜率因子對四個觀察變項的路

徑係數設定為 [（0, *, *, 1）]，納入的共變項為「結構_虛1」（單親家庭群體與
完整家庭群體的對比）、「結構_虛2」（隔代教養家庭群體與完整家庭群體的對
比）二個。

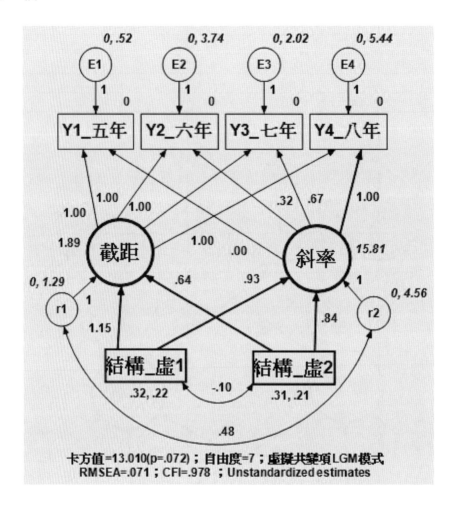

有條件單領域之線性發展成長模型的整體適配度統計量 $\chi^2_{(df=7)}$ = 13.010，顯
著性機率值 p = .072 > .05，接受虛無假設，以「家庭結構」為共變項，有條件的
潛在成長變化的假設模型與樣本資料可以適配，RMSEA 值等於 .071、CFI 值等
於 .978，表示以「家庭結構」為預測變項時，學生跨四個年段不當行為成長變化
之有條件的線性發展模式契合度良好，假設成長變化模式可以得到支持。「截距
因子」的截距項參數估計值為 1.89，「斜率因子」的截距項估計值為 15.81，所有
測量誤差項或預測殘差項的變異數估計值均大於 0，表示模式估計結果沒有不合理

的參數值。

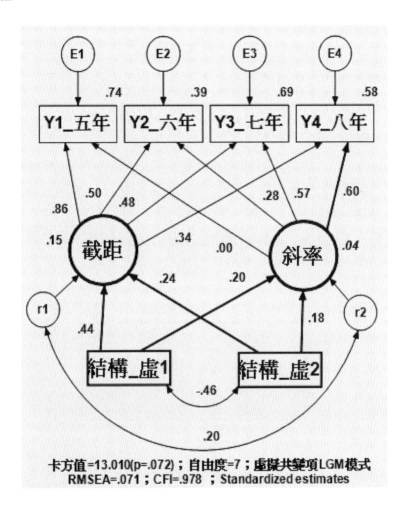

卡方值=13.010(p=.072) ; 自由度=7 ; 虛擬共變項LGM模式
RMSEA=.071 ; CFI=.978 ; Standardized estimates

　　標準化估計值模式圖顯示：外因觀察變項「結構＿虛 1」對不當行為成長變化
線性軌跡之「截距因子」與「斜率因子」二個內因潛在變項影響的標準化迴歸係
數 β 值分別為 .44、.20，外因觀察變項「結構＿虛 2」對「截距因子」與「斜率因子」
二個內因潛在變項影響的標準化迴歸係數 β 值分別為 .24、.18，「截距因子」、「斜
率因子」二個內因潛在變項預測殘差項「r1」與「r2」間的相關為 .20。外因觀察
變項「結構＿虛 1」、「結構＿虛 2」二個預測變項對「截距因子」的解釋變異量
R^2 為 15%，對「斜率因子」的解釋變異量 R^2 為 4%。

Regression Weights：（Group number 1 - 虛擬共變項 LGM 模式）

	Estimate	S.E.	C.R.	P	Label
截距 <--- 結構 _ 虛 1	1.149	.247	4.647	***	
截距 <--- 結構 _ 虛 2	.640	.251	2.550	.011	
斜率 <--- 結構 _ 虛 1	.934	.517	1.806	.071	
斜率 <--- 結構 _ 虛 2	.840	.525	1.600	.110	

　　外因觀察變項「結構 _ 虛 1」、「結構 _ 虛 2」對內因潛在變項「截距因子」影響的路徑係數估計值分別為 1.149、.640，臨界比值分別為 4.647（$p < .001$）、2.550（$p < .05$），均達統計顯著水準，表示二個路徑係數估計值均顯著不等於 0；外因觀察變項「結構 _ 虛 1」、「結構 _ 虛 2」對內因潛在變項「斜率因子」影響的路徑係數估計值分別為 0.934、0.840，臨界比值分別為 1.806（$p > .05$）、1.600（$p > .05$），未達 .05 統計顯著水準，二個路徑係數估計值均顯著為 0。

Standardized Regression Weights：（Group number 1 - 虛擬共變項 LGM 模式）

	Estimate
截距 <--- 結構 _ 虛 1	.436
截距 <--- 結構 _ 虛 2	.239
斜率 <--- 結構 _ 虛 1	.201
斜率 <--- 結構 _ 虛 2	.178

　　外因觀察變項「結構 _ 虛 1」對內因潛在變項「截距因子」影響路徑之標準化迴歸係數 β 值為 .436，數值為正，表示就五年級的不當行為而言（起始狀態的不當行為），單親家庭群組的次數顯著的多於完整家庭群組的次數；外因觀察變項「結構 _ 虛 2」對內因潛在變項「截距因子」影響路徑之標準化迴歸係數 β 值為 .239，數值為正，表示就五年級的不當行為而言（起始狀態的不當行為），隔代教養家庭群組的次數顯著的多於完整家庭群組的次數，至於二個家庭結構虛擬變項對不當行為跨四個年級的成長變化率的影響則均未達顯著，直接效果值均顯著等於 0，單親家庭群組與完整家庭群組跨四個年段不當行為的成長變化率沒有不同；而隔代教養家庭群組與完整家庭群組跨四個年段不當行為的成長變化率也沒有不同。

　　「家庭結構」為三分類別變項，作為潛在成長變化模式的共變項時，如果未

將共變項轉換為虛擬變項，此共變項對潛在成長曲線模式的「截距因子」與「斜率因子」的路徑係數估計值無法作出合理或有意義的解釋。

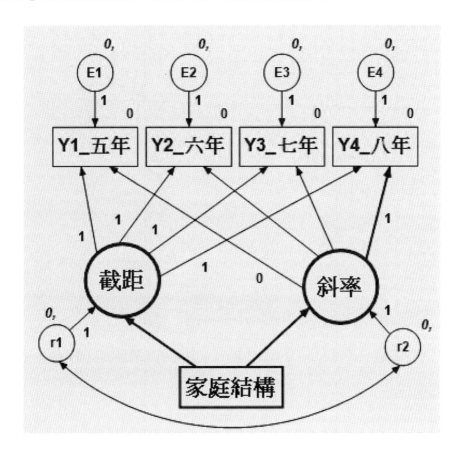

學生不當行為跨四個年段的成長變化模式設定為自由形式型態，單領域 LGM 模型的共變項為「家庭結構」類別變項。

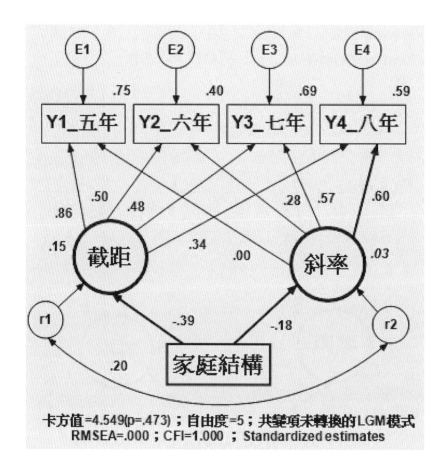

卡方值=4.549(p=.473)；自由度=5；共變項未轉換的LGM模式
RMSEA=.000；CFI=1.000；Standardized estimates

　　有條件單領域之線性發展成長模型的整體適配度統計量 $\chi^2_{(df=5)}$ = 4.549，顯著性機率值 p = .473 > .05，接受虛無假設，以「家庭結構」為共變項，有條件的潛在成長變化的假設模型與樣本資料可以適配，RMSEA 值等於 .000、CFI 值等於 1.000，表示以「家庭結構」為預測變項時，學生跨四個年段不當行為成長變化之有條件的線性發展模式契合度良好，假設成長變化模式可以得到支持。「家庭結構」外因觀察變項對「截距因子」、「斜率因子」內因潛在變項影響路徑的標準化迴歸係數 β 值分別為 −.39（p < .001）、−.18（p > .05），由於共變項「家庭結構」是三分類別變項，其對二個內因潛在變項影響作用的 β 值無法進行參數估計值「統計意涵」的解釋，即使共變項對內因潛在變項有顯著影響作用，也沒有實質的意義，因為無法對顯著路徑係數進行合理的詮釋與說明。

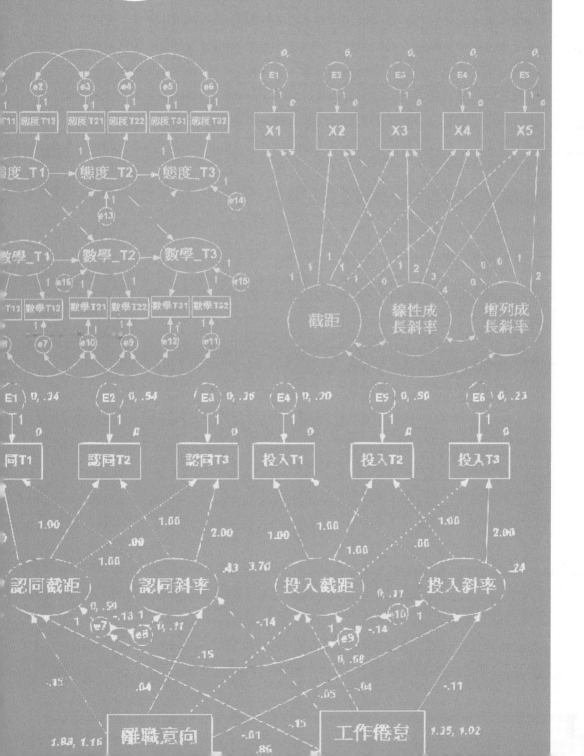

　　潛在變項成長變化模式的分析一般皆採用 SEM 或多層次線性模式法分析資料，完整的多層次模式（HLM）專書會根據內容安排，以不同版面介紹多層次縱貫性重複資料的分析（謝俊義，2010；Heck & Thomas, 2009, pp.163–200）。多層次分析的層次常見者為二層次模式，層次一（個體層次）巢套於層次二（總體層次）之內，如學生巢套於學校組織之內、員工巢套於部門之內；縱貫性資料屬於重複量測的資料檔，層次一模型為個體重複量測間的差異，層次二模型為個體間成長變化軌跡發展的差異，二個層次為個體內（within individuals）層次、個體間（between individuals）層次。多層次縱貫資料如果劃分為三個階層，階層一為個體內的成長變化發展（類似受試者學生個體的差異），階層二為個體間的成長變化差異（類似班級間的差異），階層三為群體間（between groups）的成長變化差異（類似學校間的差異）。

一 ┃ LGM 模型

　　以四個時間點的數據為例，LGM 成長模式方程表示如下：

$Y_{it}=\eta_{ik}\times\Lambda_y+\varepsilon_{it}$，指標 i 為個別受試者、N 為全部受試者（Shin, 2007）

$$N\text{受試者}\begin{Bmatrix} y_{11} & y_{12} & y_{13} & y_{14} \\ y_{21} & y_{22} & y_{23} & y_{24} \\ \vdots & \vdots & \vdots & \vdots \\ y_{n1} & y_{n2} & y_{n3} & y_{n4} \end{Bmatrix} = \begin{bmatrix} \eta_{11} & \eta_{12} \\ \eta_{21} & \eta_{22} \\ \vdots & \vdots \\ \eta_{n1} & \eta_{n2} \end{bmatrix}\begin{bmatrix} 1 & 1 & 1 & 1 \\ 0 & 1 & 2 & 3 \end{bmatrix} + \begin{Bmatrix} \varepsilon_{11} & \varepsilon_{12} & \varepsilon_{13} & \varepsilon_{14} \\ \varepsilon_{21} & \varepsilon_{22} & \varepsilon_{23} & \varepsilon_{24} \\ \vdots & \vdots & \vdots & \vdots \\ \varepsilon_{n1} & \varepsilon_{n2} & \varepsilon_{n3} & \varepsilon_{n4} \end{Bmatrix}$$

四個時間點　　個體成長因素　因素負荷量　　測量誤差

個體成長因素 = 平均成長因素 + 隨機誤差

$\eta_{ik}=\alpha_{0k}+\zeta_{ik}$

$$\begin{bmatrix} \eta_{11} & \eta_{12} \\ \eta_{21} & \eta_{22} \\ \vdots & \vdots \\ \eta_{n1} & \eta_{n2} \end{bmatrix} = \begin{bmatrix} \mu_{01} & \mu_{02} \\ \mu_{01} & \mu_{02} \\ \vdots & \vdots \\ \mu_{01} & \mu_{02} \end{bmatrix} + \begin{bmatrix} \zeta_{11} & \zeta_{12} \\ \zeta_{21} & \zeta_{22} \\ \vdots & \vdots \\ \zeta_{n1} & \zeta_{n2} \end{bmatrix}$$

　　成長變化模式納入外因變項 X（時間不變性的共變項），預測變項 X 對截距與線性成長因素的迴歸係數方程（有條件的成長曲線模式）為：

$$\begin{bmatrix} \eta_{11} & \eta_{12} \\ \eta_{21} & \eta_{22} \\ \vdots & \vdots \\ \eta_{n1} & \eta_{n2} \end{bmatrix} = \begin{bmatrix} \mu_{01} & \mu_{02} \\ \mu_{01} & \mu_{02} \\ \vdots & \vdots \\ \mu_{01} & \mu_{02} \end{bmatrix} = \begin{bmatrix} \gamma_{11} & \gamma_{12} \\ \gamma_{21} & \gamma_{22} \\ \vdots & \vdots \\ \gamma_{n1} & \gamma_{n2} \end{bmatrix} \begin{bmatrix} X & 0 \\ 0 & X \end{bmatrix} + \begin{bmatrix} \zeta_{11} & \zeta_{12} \\ \zeta_{21} & \zeta_{22} \\ \vdots & \vdots \\ \zeta_{n1} & \zeta_{n2} \end{bmatrix}$$

潛在預測變項

二 | 階層線性模式（HLM）

以階層線性模式（hierarchical linear modeling;[HLM]）的觀點而言，個體成長改變的情況可以藉由二個層次模式表示，層次 1 模式為每位個體的發展，模式建構在一組獨特的參數上面，此參數可以表示個體成長變化軌跡，層次 2 的模式中，個體的成長參數（截距因子與斜率因子）變成結果（效標）變項。

$Y_{it} = \pi_{i1} + \alpha_{(t-1)} \pi_{i2} + e_{it}$（層次 1 模型），$Y_{it}$ 指個體 i 在時間點 t 之觀察檢定分數或測量值，$\alpha_{(t-1)}$ 是時間變項的編碼，如 0（時間點 1 為起始點）、1、2、3 等（線性成長結構），π_{i1} 與 π_{i2} 分別表示成長的截距（截距因子）與迴歸係數（斜率因子），e_{it} 表示的是殘差誤差項，其變異數為 σ^2。

$\pi_{i1} = \beta_{01} + r_{i1}$ （層次 2 模型）

$\pi_{i2} = \beta_{02} + r_{i2}$ （層次 2 模型）

如果模式中增列預測變項 X，則層次 2 模型如下：

$\pi_{i1} = \beta_{01} + \lambda_{i1} X + r_{i1}$

$\pi_{i2} = \beta_{02} + \lambda_{i2} X + r_{i2}$

若是納入總體變項（k），可將層次 2 模型擴增為層次 3 模型：

$\beta_{01k} = \gamma_{011} + \mu_{01k}$

$\beta_{02k} = \gamma_{022} + \mu_{02k}$

HLM 模型計算與 LGM 程序類似，LGM 之個體成長因素（η_{i1} 與 η_{i2}）等同於 HLM 矩陣公式中的 π_{i1}、π_{i2}；HLM 中的 β_{01} 及 β_{02} 等同於 LGM 中的 μ_{01}、μ_{02}，表示的平均的截距與平均斜率成長因素。HLM、LGM 四個主要參數常用符號對照表如下（Shin, 2007, p.267）：

	LGM	HLM
平均截距	μ_{01}	β_{01}
平均斜率	μ_{02}	β_{02}
成長參數的截距	η_{i1}	π_{i1}
成長參數的斜率	η_{i2}	π_{i2}
因素負荷量	Λ_y 固定成長效果編碼 $\begin{bmatrix} 1 & 0 \\ 1 & 1 \\ 1 & 2 \\ \vdots & \vdots \\ 1 & t-1 \end{bmatrix}$	$\alpha_{(t-1)}$ 固定成長效果編碼 $\begin{bmatrix} 1 & 0 \\ 1 & 1 \\ 1 & 2 \\ \vdots & \vdots \\ 1 & t-1 \end{bmatrix}$

三 ┃ 資料檔的型態

　　LGM 程序之標的資料檔必須將各時間點測得的觀察數據單獨設為一個變數名稱，以學生跨四個時間點（五年級、六年級、七年級、八年級）不當行為的成長變化為例，搜集的觀察資料為相同學生於四個年段之不當行為的次數（重複量測的資料），成長變化軌跡中納入的共變項（預測變項）為學生性別（SEX）、學生五年級的學業成就（GPA）、學生家庭社經地位（SES），學生性別變數為二分類別變項，水準數值 0 為女生、水準數值 1 為男生；學業成就（GPA）變數為二分類別變項，水準數值 0 為低成就群組、水準數值 1 為高成就群組，家庭社經地位為計量變數，測量值愈大學生個體的家庭社經地位愈高。資料檔中前十二位學生的資料檔如下：

STID	SEX	GPA	SES	Y1_ 五年	Y2_ 六年	Y3_ 七年	Y4_ 八年
1	0	0	7	1	5	6	6
2	0	0	7	1	5	7	9
3	0	0	5	1	4	11	12
4	0	0	7	1	10	11	12
5	0	0	5	1	9	10	12
6	0	0	7	1	4	11	12
7	0	0	7	1	10	11	12
8	0	0	5	1	9	10	12
9	0	1	4	1	2	11	13
10	0	1	4	1	2	11	13
11	0	1	5	1	11	12	14
12	0	1	5	1	10	12	14

　　HLM 分析的資料檔中，層次 1 為檢驗無條件成長模式之隨機係數，假定學生不當行為跨四個年段的成長變化軌跡為線性模式，時間變數水準數值的設定為 0、1、2、3（若是時間點有六個，則時間變項的水準數值編碼為 0、1、2、3、4、5），前十二位樣本學生的資料檔如下（變數 BEHA 的標記為學生不當行為）：

STID	TIME	BEHA		STID	TIME	BEHA
1	0	1		7	0	1
1	1	5		7	1	10
1	2	6		7	2	11
1	3	6		7	3	12
2	0	1		8	0	1
2	1	5		8	1	9
2	2	7		8	2	10
2	3	9		8	3	12
3	0	1		9	0	1
3	1	4		9	1	2
3	2	11		9	2	11
3	3	12		9	3	13
4	0	1		10	0	1
4	1	10		10	1	2
4	2	11		10	2	11
4	3	12		10	3	13
5	0	1		11	0	1
5	1	9		11	1	11
5	2	10		11	2	12
5	3	12		11	3	14
6	0	1		12	0	1
6	1	4		12	1	10
6	2	11		12	2	12
6	3	12		12	3	14

　　層次 2 為影響受試者成長變化的預測變項，範例中的預測變項有三個變數：
SEX（學生性別）、GPA（學生學業成就表現分組）、SES（學生家庭社經地位）。

STID	SEX	GPA	SES
1	0	0	7
2	0	0	7
3	0	0	5
4	0	0	7
5	0	0	5
6	0	0	7
7	0	0	7
8	0	0	5
9	0	1	4
10	0	1	4
11	0	1	5
12	0	1	5

LGM 分析之標的資料檔四個年段不當行為的描述性統計量摘要表如下：

時間點	個數	最小值	最大值	總和	平均數	標準差	變異數
Y1_ 五年	170	1	9	417	2.45	1.443	2.084
Y2_ 六年	170	2	15	1308	7.69	2.437	5.939
Y3_ 七年	170	6	21	2289	13.47	2.549	6.496
Y4_ 八年	170	6	29	3199	18.82	3.693	13.637

170 位有效樣本於四個時間點（五年級、六年級、七年級、八年級）之不當行為的平均數分別為 2.45、7.69、13.47、18.82，標準差分別為 1.443、2.437、2.549、3.693。

HLM 分析之標的資料檔（層次 1）四個時間點不當行為的描述性統計量摘要表如下：

TIME		個數	最小值	最大值	總和	平均數	標準差	變異數
0	BEHA	170	1	9	417	2.45	1.443	2.084
1	BEHA	170	2	15	1308	7.69	2.437	5.939
2	BEHA	170	6	21	2289	13.47	2.549	6.496
3	BEHA	170	6	29	3199	18.82	3.693	13.637

170 位有效樣本於四個時間點（TIME 變項的水準數值 0、1、2、3）之不當行

為的平均數分別為 2.45、7.69、13.47、18.82，標準差分別為 1.443、2.437、2.549、3.693。

四 │ 非成長變化模式（隨機效果 ANOVA 模型）

非成長變化模型是單一因子型態模型，類似 HLM 中的零模型（隨機效果變異數分析模型），層次 1 只有結果變項（不當行為變數）沒有解釋變項（時間變數 TIME），層次 2 沒有納入任何共變項，如果層次 1 有納入解釋變項、層次 2 納入一個總體層次的共變項，二個層次的 HLM 通用方程式型態為：

$Y_{ij} = \beta_{0j} + \beta_{1j} X_{ij} + \varepsilon_{ij}$（層次 1 模式，$X$ 為解釋變項或自變項，Y 為結果變項或依變項，重複量測資料的解釋變項為「時間」變數，ε_{ij} 的變異數為 σ^2）。

$Y_{ij} = \beta_{0j} + \beta_{1j}$ 時間變數 $_{ij} + \varepsilon_{ij}$

$\beta_{0j} = \gamma_{00} + \gamma_{01}$* 共變項 $_j + \mu_{0j}$（μ_{0j} 的變異數為 τ_{00}）

$\beta_{1j} = \gamma_{10} + \gamma_{11}$* 共變項 $_j + \mu_{1j}$（μ_{1j} 的變異數為 τ_{11}）

HLM 視窗界面模型參數界定為：

結果變項為 BEHA（不當行為）

層次 1 模型（Level-1 Model）

BEHA $_{ij} = \beta_{0j} + r_{ij}$

層次 2 模型（Level-2 Model）

$\beta_{0j} = \gamma_{00} + \mu_{0j}$

混合模型（Mixed Model）

BEHA $_{ij} = \gamma_{00} + \mu_{0j} + r_{ij}$

HLM 軟體簡易操作程序：

1. 執行功能表「File」/「Make new MDM file」/「Stat package input」程序。

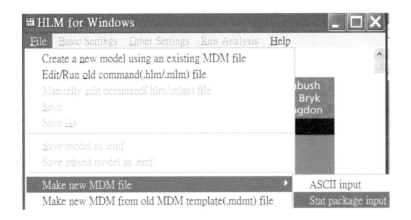

2. 開啟「Select MDM type」對話視窗，選取內定的「Nested Models」（巢套模式）
   方盒內的選項「⊙HLM2」，按『OK』鈕。

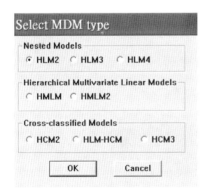

3. 開啟「Make MDM」對話視窗，於右邊「MDM File Name」下空格中輸入
   MDM 的檔案名稱，如「BEH」，於「Level-1 Specification」（階層 1 界定）
   方盒中按『Browse』（瀏覽）鈕選取層次 1 的資料檔「BEHA1.sav」，按『Choose
   Variables』（選取變數）鈕設定變項名稱；於「Leve2-1 Specification」（階
   層 2 界定）方盒中按『Browse』（瀏覽）鈕選取層次 2 的資料檔「BEHA2.
   sav」，按『Choose Variables』（選取變數）鈕設定變項名稱。

Make MDM - HLM2

MDM template file
File Name:

輸入 MDM 檔案名稱，副檔
名為「mdm」

MDM File Name (use .mdm suffix)

Open mdmt file　　Save mdmt file　　Edit mdmt file

Input File Type　SPSS/Windows　▼

Structure of Data - this affects the notation only!

⦿ cross sectional (persons within groups)　　○ measures within groups

○ longitudinal (occasions within persons)

Level-1 Specification

Browse　　Level-1 File Name:　　　　　　　　　　　　Choose Variables

Missing Data?　　Delete missing level-1 data when:

⦿ No　○ Yes　　○ making mdm　　○ running analyses

Level-2 Specification

Browse　　Level-2 File Name:　　　　　　　　　　　　Choose Variables

Spatial Dependence Specification

☐ Include spatial dependence matrix

Browse　　Spatial Dep. File Name:　　　　　　　　　　Choose Variables

Make MDM　　　　　　Check Stats　　　　　　Done

層次 1 的資料檔中，變數「STID」勾選為 ID 選項，「TIME」（解釋變項）、
「BEHA」（結果變項）勾選為「in MDM」選項。

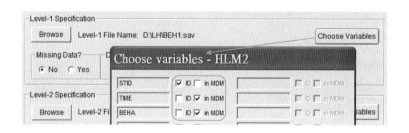

層次 2 的資料檔中，變數「STID」勾選為 ID 選項，「SEX」（學生性別共變
項）、「GPA」（學生學業成就共變項）、「SES」（學生家庭社經地位共變項）
勾選為「in MDM」選項。

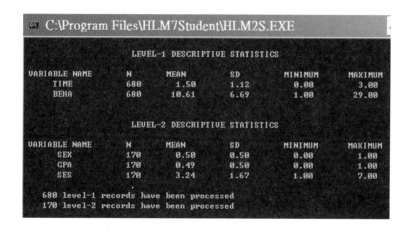

4. 按『Save mdmt file』鈕進行 HLM 檔案的存檔程序,按『Make MDM』鈕,進行 MDM 產製的程序,MDM 產製過程視窗界面如下:

```
C:\Program Files\HLM7Student\HLM2S.EXE

             LEVEL-1 DESCRIPTIUE STATISTICS

VARIABLE NAME      N      MEAN      SD      MINIMUM      MAXIMUM
     TIME         680     1.50     1.12      0.00         3.00
     BEHA         680    10.61     6.69      1.00        29.00


             LEVEL-2 DESCRIPTIUE STATISTICS

VARIABLE NAME      N      MEAN      SD      MINIMUM      MAXIMUM
     SEX          170     0.50     0.50      0.00         1.00
     GPA          170     0.49     0.50      0.00         1.00
     SES          170     3.24     1.67      1.00         7.00

   680 level-1 records have been processed
   170 level-2 records have been processed
```

層次 2 有效樣本有 170 位,觀察時間點有四次(跨四個年段),層次 1 的觀察值共有 170×4 = 680。

5.　按『Done』鈕，執行階層模式參數的設定。

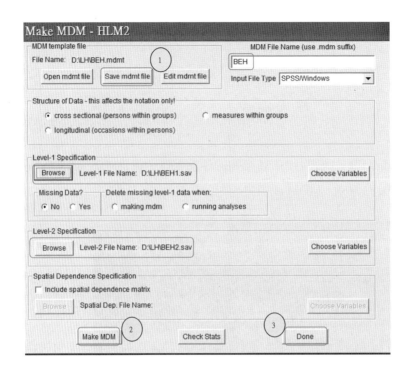

　　　上述 MDM 視窗界面旨在設定階層一的資料檔及選取變項名稱、設定階層二的資料檔及選取變項名稱，若是之前研究者已設定完成並存檔，可直接執行功能表「File」（檔案）/「Make new MDM from old MDM template（.mdmt）file」程序，可開啟舊的 MDM 暫存檔製作新的 MDM 檔案，如果二個階層的資料檔及變項設定都沒有改變，研究者可直接按『Done』鈕，開啟階層參數設定主視窗。

6.　設定不當行為作為結果變數，點選「BEHA」變數，點選方盒選單之「Outcome variable」（結果變項），模式設定為零模型或隨機效果變異數分析模型。

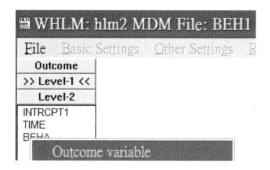

7. 點選「TIME」解釋變項（重複量測的時間變數）， 選取「add variable uncentered」（增列為未平減的解釋變項）選項，模式為無條件的成長變化模型。

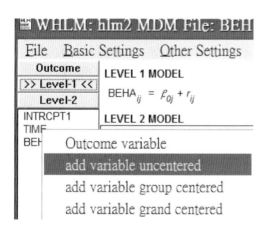

「add variable group centered」、「add variable group centered」選項分別為「增列為總平減變數」（測量值減掉總平均值）、「增列為組平減變數」（測量值減掉各組平均值）。

層次 2 成長斜率變異成份符號 μ_{1j} 為灰色字，表示模型不進行此參數估計，選取層次 2「$\beta_{1j} = \gamma_{10} + \mu_{1j}$」列，按右鍵，於「Toggle error term」提示字上按一下，μ_{1j} 會由灰色字變為黑體字。

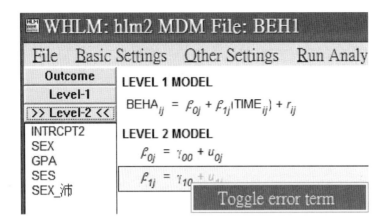

8.　選取「Level-2」選單，按共變項「SEX」，選取選取「add variable uncentered」（增列為未平減的解釋變項），表示將學生性別變項納入層次 2 模型中，作為預測變項（總體層次的解釋變數），此種設定為有條件的 LGM 單領域模式，預測變項為學生性別。

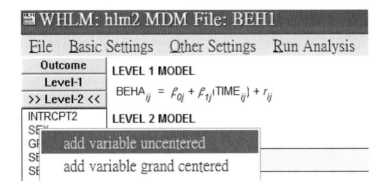

9.　按功能表列「Run Analysis」選單，選取「Save as and Run」鈕。HLM 階層模式設定與 AMOS 一樣，要先進行存檔程序，才能進行參數估計，HLM 階層模式命令存檔的副檔名為「.hlm」，執行功能表列「File」（檔案）/「Save as」（另存新檔）程序，已存檔的「.hlm」檔案，可直接點選功能表「Run Analysis」（執行分析）選單。

零模式（非成長變化模型）設定的 HLM 視窗界面及執行結果如下：

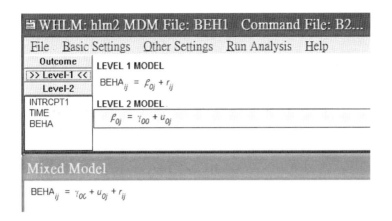

輸出結果的文件開啟,可設定採用內定電腦的瀏覽器或 WORD 應用軟體,設定 WORD 文書處理軟體開啟較為簡便。執行功能表列「File」/「Preferences」程序,開啟「Preferences」對話視窗,於「Type of output」(輸出結果型態)勾選「⊙HTML output」選項及「⊙view HTML in Word」(以 Word 檢視 HTML 文件)選項。

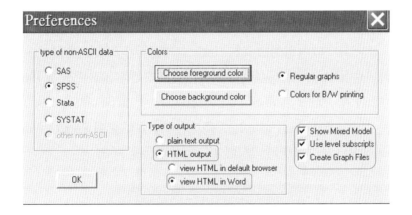

點選功能表「Basic Settings」(基本設定)選項,開啟「Basic Model Specifications」對話視窗,「Output file name」提示字的右邊空格內可更改輸出結果的檔名,範例「D:\LH\hlm5.html」,輸出結果的檔名為「hlm5.html」,位置為 D 槽資料夾「LH」下。

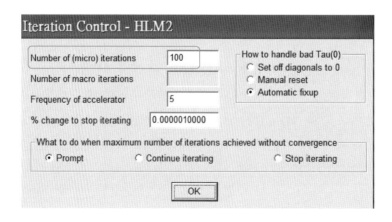

參數估計運算疊代的次數內定的數值為 100，有時運算疊代次數達到 100 時，
參數還無法順利估計出來，因而在執行參數估計前最好將此數值改為 1000 或
5000。執行功能表列「Other Settings」（其它設定）／「Iteration Settings」（疊
代設定）程序，開啟「Iteration Control」（疊代控制）對話視窗，更改「Number
of （micro） iterations」右邊空格的數值（內定的數值為 100）。

Final estimation of fixed effects：（最後固定效果估計值）

Fixed Effect （固定效果）	Coefficient （係數）	Standard error （標準誤）	t-ratio （t 值）	Approx.d.f. （自由度）	p-value （p 值）
For INTRCPT1, β_0 　INTRCPT2, γ_{00}	10.607684	0.256509	41.354	169	<0.001

Final estimation of fixed effects：（最後固定效果估計值）

（with robust standard errors）（有強韌性標準誤）

Fixed Effect （固定效果）	Coefficient （係數）	Standard error （標準誤）	t-ratio （t值）	Approx.d.f. （自由度）	p-value （p 值）
For INTRCPT1, β_0 　INTRCPT2, γ_{00}	10.607684	0.155066	68.408	169	<0.001

　　截距項 γ_{00} 的係數為 10.61，標準誤為 0.155，平均數 10.61 為 170 位受試者不當行為跨四個年段的總平均值，因為模型中沒有納入時間重複變數，10.61 次並不是學生起始狀態不當行為的平均次數，而是學生四個年段不當行為的總平均次數，t 值為 68.408（$p < .001$），表示學生跨四個年段不當行為總平均數顯著大於 0。

Final estimation of variance components：（最後變異成估計值）

Random Effect （隨機效果）	Standard Deviation （標準差）	Variance Component （變異數）	d.f.	χ^2 （卡方值）	p-value （p 值）
INTRCPT1, μ_0	0.09567	0.00915（τ_{00}）	169	62.17719	> 0.500
level−1, r	6.68619	44.70514（σ^2）			

Deviance = 4511.913735

　　學生之間跨四個年段不當行為的變異數為 0.009，四個年段之間的變異為 44.705，全部的變異為 0.009 + 44.705 = 44.714，學生之間的變異佔全部變異的 0.02%（0.009÷44.707，0.0002 為組內相關係數 ICC，ICC $= \dfrac{\tau_{00}}{\tau_{00} + \sigma^2} = \rho$，ICC 表示

是總體層次組間變異佔全部變異的百分比，就重複量數資料而言，組間變異為學生個體間的變異，總變異為學生之內的變異加學生間的變異），學生之內的變異佔全部變異的 99.98%（44.698÷44.714），可見就不當行為的變異而言，學生個

體間的變異差異較小，但學生個體之內的變異差異甚大，個體間差異較小表示學生不當行為的變化成長軌跡多數朝一定型態發展，不當行為跨四個年段的發展軌跡大致相同（線性模式可以適配），個體內差異較大表示學生重複量測觀察值間的平均值有較大的不同，正由於學生個體內的變異較大，表示個別學生不當行為（依變項）的成長變化發展軌跡可能是線性或某種非線性模式型態。

若以學生為階層一樣本、學校為階層二樣本，閱讀能力為結果變數，階層二學校間的平均閱讀能力差異較小，組內相關係數 ρ 為 0.02%，學校之間的差異性較小，但學校之內（學生個體間）的差異甚大。縱貫性資料旨在探討潛在特質跨時間點的成長變化情況，因而階層一（受試者內層級）的變異可以解釋全體變異的成份通常會較階層二（個體間層級）可以解釋的變異較大。

變項	個數	最小值	最大值	總和	平均數	標準差	變異數
BEHA	680	1	29	7213	10.61	6.686	44.703

上表為層次 1 的資料檔之不當行為變項的描述性統計量，平均數為 10.61、變異數為 44.703，平均數 10.61 為 γ_{00} 列的數據（整體平均數），變異數為 44.703 為層次 1 隨機效果的變異成份（e_{ti} = 44.705），也就是所有受試者四次時間點測量值的變異數（σ^2）。

五 ┃ 無條件的 LGM 模型（隨機迴歸係數模型）

無條件的 LGM 模型在成長變化軌跡中並未納入任何時間變動性或非時間變動性的共變項，就 HLM 模型而言為隨機迴歸係數模型。層次 1 的 HLM 模式為：

$Y_{ij} = \beta_{0j} + \beta_{1j}$ 時間變數 $_{ij} + \varepsilon_{ij}$

納入跨年段時間（TIME）變化變數，以「不當行為」變項（BEHA）為結果變數的模型如下：

The outcome variable is BEHA （BEHA 為結果變項）

層次 1 模型（Level-1 Model）

$$\text{BEHA}_{ij} = \beta_{0j} + \beta_{1j} * (\text{TIME}_{ij}) + r_{ij}$$

層次 2 模型（Level-2 Model）

$$\beta_{0j} = \gamma_{00} + \mu_{0j}$$

$$\beta_{1j} = \gamma_{10} + \mu_{1j}$$

混合模式（Mixed Model）

$$\text{BEHA}_{ij} = \gamma_{00} + \gamma_{10} * (\text{TIME}_{ij}) + \mu_{0j} + \mu_{1j} * \text{TIME}_{ij} + r_{ij}$$

模式設定的 HLM 視窗界面如下：

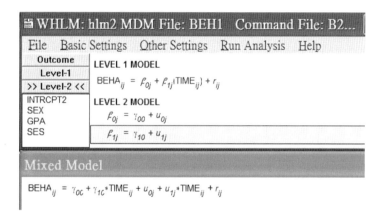

學生跨四個年段不當行為成長變化之參數估計結果如下：

	τ	
INTRCPT1, β_0	0.52496	0.50788
TIME, β_1	0.50788	0.59431

截距 β_0 與成長變化斜率 β_1 二個隨機效果間的共變數矩陣，以符號表示為：
$\begin{bmatrix} \tau_{00} & \tau_{01} \\ \tau_{01} & \tau_{11} \end{bmatrix}$，$\tau_{00}$ 是截距殘差項 μ_{0j} 的變異數（0.505），τ_{11} 是斜率殘差項 μ_{1j} 的變異數

（0.594），τ_{01} 是隨機效果項 μ_{0j} 與 μ_{1j} 間的共變數估計值 （$\tau_{11} = 0.508$）。

τ（as correlations）

INTRCPT1, β_0	1.000	0.909
TIME, β_1	0.909	1.000

截距 β_0 與成長變化斜率 β_1 二個隨機效果間的相關矩陣。

Random level-1 coefficient	Reliability estimate
INTRCPT1, β_0	0.205
TIME, β_1	0.505

　　截距項的信度估計值為 0.205（$\pi_{0i} = 0.205$）、成長變化率的估計值為 0.505（π_{0i} = 0.50），信度係數估計值指的是觀察變項真正參數變異的比率，或是樣本平均數的總變異量，一般而言，多數多層次縱貫性的資料，截距的信度係數會高於斜率的信度係數，因為截距信度主要受到樣本大小影響，而斜率信度除受到樣本大小影響外，也受到重複測量變異的影響（Heck & Thomas, 2009）。

Final estimation of fixed effects：（最後固定效果估計值）

Fixed Effect （固定效果）	Coefficient （係數）	Standard error （標準誤）	t-ratio （ t 值）	Approx.d.f. （自由度）	p-value （ p 值）
For INTRCPT1, β_0 　　INTRCPT2, γ_{00}	2.377912	0.122837	19.358	169	< 0.001
For TIME slope, β_1 　　INTRCPT2, γ_{10}	5.486515	0.083215	65.932	169	< 0.001

Final estimation of fixed effects：（最後固定效果估計值）

（with robust standard errors）（有強韌性標準誤）

Fixed Effect （固定效果）	Coefficient （係數）	Standard error （標準誤）	t-ratio （ t 值）	Approx.d.f. （自由度）	p-value （ p 值）
For INTRCPT1, β_0 　　INTRCPT2, γ_{00}	2.377912	0.121560	19.562	169	< 0.001
For TIME slope, β_1 　　INTRCPT2, γ_{10}	5.486515	0.082639	66.391	169	< 0.001

學生平均起始狀態不當行為的平均數（β_{00}）為 2.378，標準誤為 0.122，t 值等於 19.565（$p < .001$），自由度為 169，達統計顯著水準，表示五年級學生不當行為的平均值顯著大於 0，五年級所有學生不當行為的平均次數為 2.378 次。平均成長斜率（β_{10}）為 5.487，標準誤為 0.083，t 值等於 66.391（$p < .001$），達統計顯著水準，表示跨年段的成長變化率顯著不等於 0，由於平均成長斜率為正值，表示學生不當行為的平均次數是逐年遞增，每年平均增加的次數約為 5.487 次。

Final estimation of variance components：（最後變異成份估計值）

Random Effect （隨機效果）	Standard Deviation （標準差）	Variance Component （變異數）	$d.f.$	χ^2 （卡方值）	p-value （p 值）
INTRCPT1, μ_0	0.72454	0.52496	169	209.32634	0.019
TIME slope, μ_1	0.77091	0.59431	169	338.59662	< 0.001
level−1, r	1.70718	2.91447			

Deviance = 2986.330718

截距項的變異數（r_{0i}）等於 0.525（τ_{00}），自由度等於 169，χ^2 值等於 209.326（$p < .05$），達統計顯著水準，表示 170 位受試者在不當行為起點狀態上的個別差異達到顯著，受試者在五年級的不當行為平均次數有顯著的「個體間差異」存在（學生間的差異類似為總體層次之學校間的差異或班級間的差異）。斜率因子的變異數（r_{1i}）等於 0.594，自由度等於 169，χ^2 值等於 338.597（$p < .001$），達統計顯著水準，表示 170 位受試者跨四個年段之不當行為的成長變化率有顯著的個體間差異存在。

零模式之層次 1 變異成份（σ^2）為 44.705，無條件的線性成長變化模式之層次 1 變異成份為 2.914，層次 1 增列解釋變項 TIME（時間變數）後，變異數估計值從 44.705 降為 2.914，層次 1 不當行為結果變項可以被時間變數解釋的變異為 $(44.705-2.914) \div 44.705 = 93.5\%$，跨四個年段的不當行為成長變化而言，時間變項（TIME）是一個重要的解釋變項，學生從五年級至八年級不當行為的改變，平均逐年增加 5.487 次。零模式模型的離異係數為 4511.914，線性成長模式模型的離異係數為 2986.331，二者的差異極大，表示不當行為跨年段的成長變化較適用線性模式發展軌跡。

相同資料檔採用結構方程模式之 LGM 執行程序的結果如下：

Maximum Likelihood Estimates：（最大概似估計法）

Means：（Group number 1 - Default model）

	Estimate	S.E.	C.R.	P	Label
截距項	2.438	.109	22.343	***	
斜率	5.473	.073	75.311	***	

　　成長變化模式之截距因子與斜率因子的平均數各為 2.438（$p < .001$）、5.473（$p < .001$），均達統計顯著水準。

Variances：（Group number 1 - Default model）

	Estimate	S.E.	C.R.	P	Label
截距項	1.452	.343	4.239	***	
斜率	.513	.117	4.386	***	

　　成長變化模式之截距因子與斜率因子的變異數各為 1.452（$p < .001$）、0.513（$p < .001$），均達統計顯著水準，學生間在五年級不當行為（起始點）的平均值有顯著的個別差異（階層二總體變項在截距因子的差異），學生在跨四個年段不當行為成長變化率也有顯著的個體間差異存在（階層二總體變項在斜率因子的差異）。

Covariances：（Group number 1 - Default model）

	Estimate	S.E.	C.R.	P	Label
截距項 < -- > 斜率	.255	.161	1.585	.113	

　　截距因子與斜率因子間的共變數估計值為 0.255（$p > .05$），未達統計顯著水準，母群體參數估計值顯著等於 0。

　　不當行為成長變化截距因子、斜率因子之平均數、變異數參數估計值整理如下表：

效果參數	LGM	HLM
固定效果		
起始狀態（截距）的平均值（β_{00}）	2.438***	2.378***
成長變化的平均值（β_{10}）	5.473***	5.487***
隨機效果		
起始狀態（截距）的變異數（r_{0i}）	1.452***	0.525*
成長變化的變異數（r_{1i}）	0.513***	0.594***

*$p < .05$　　*** $p < .001$

六 ｜ 有條件的 LGM 模型

　　有條件的 LGM 模型指在層次 2 的模式中納入預測變項，此預測變項可能影響潛在特質成長變化的截距因子或斜率因子，範例中納入的共變項為學生性別（SEX），學生性別預測變項屬時間不變性的共變項，有條件的 LGM 模型類似 HLM 分析程序中以截距及斜率作為結果的模型。

　　$Y_{ij} = \beta_{0j} + \beta_{1j}$ 時間變數 $_{ij} + \varepsilon_{ij}$（階層一模式）

　　$\beta_{0j} = \gamma_{00} + \gamma_{01}$* 學生性別 $_j + \mu_{0j}$（階層二模式）

　　$\beta_{1j} = \gamma_{10} + \gamma_{11}$* 學生性別 $_j + \mu_{1j}$（階層二模式）

層次 1 模型（Level-1 Model）

BEHA $_{ij} = \beta_{0j} + \beta_{1j}$*（TIME $_{ij}$）+ r$_{ij}$

層次 2 模型（Level-2 Model）

$\beta_{0j} = \gamma_{00} + \gamma_{01}$*（SEX $_j$）+ μ_{0j}

$\beta_{1j} = \gamma_{10} + \gamma_{11}$*（SEX $_j$）+ μ_{1j}

混合模型（Model）

BEHA $_{ij} = \gamma_{00} + \gamma_{01}$* SEX $_j + \gamma_{10}$* TIME $_{ij} + \gamma_{11}$* SEX $_j$* TIME $_{ij} + \mu_{0j} + \mu_{1j}$* TIME $_{ij} +$ r$_{ij}$

　　HLM 視窗界面的設定如下：

WHLM: hlm2 MDM File: BEH1   Command File: B22.hlm

File   Basic Settings   Other Settings   Run Analysis   Help

| Outcome |
| Level-1 |
| >> Level-2 << |
| INTRCPT2 |
| SEX |
| GPA |
| SES |

LEVEL 1 MODEL

$$BEHA_{ij} = \beta_{0j} + \beta_{1j}(TIME_{ij}) + r_{ij}$$

LEVEL 2 MODEL

$$\beta_{0j} = \gamma_{00} + \gamma_{01}(SEX_j) + u_{0j}$$

$$\beta_{1j} = \gamma_{10} + \gamma_{11}(SEX_j) + u_{1j}$$

Mixed Model

$$BEHA_{ij} = \gamma_{0C} + \gamma_{01}*SEX_j + \gamma_{1C}*TIME_{ij} + \gamma_{11}*SEX_j*TIME_{ij} + u_{0j} + u_{1j}*TIME_{ij} + r_{ij}$$

（一）女生群體水準數值編碼為 0

Random level-1 coefficient	Reliability estimate
INTRCPT1, β_0	0.021
TIME, β_1	0.486

截距項的信度估計值為 0.021（$\pi_{0i} = 0.021$）、成長變化率的信度估計值為 0.486（$\pi_{0i} = 0.486$）

Final estimation of fixed effects：（最後固定效果估計值）

Fixed Effect （固定效果）	Coefficient （係數）	Standard error （標準誤）	t-ratio （t 值）	Approx.d.f. （自由度）	p-value （p 值）
For INTRCPT1, β_0 INTRCPT2, γ_{00}	1.543529	0.153967	10.025	168	< 0.001
SEX, γ_{01}	1.668765	0.217742	7.664	168	< 0.001
For TIME slope, β_1 INTRCPT2, γ_{10}	5.149412	0.113555	45.347	168	< 0.001
SEX, γ_{11}	0.674206	0.160591	4.198	168	< 0.001

Final estimation of fixed effects：（最後固定效果估計值）

（with robust standard errors）（有強韌性標準誤）

Fixed Effect （固定效果）	Coefficient （係數）	Standard error （標準誤）	t-ratio （t 值）	Approx.d.f. （自由度）	p-value （p 值）
For INTRCPT1, β_0 INTRCPT2, γ_{00}	1.543529	0.129245	11.943	168	< 0.001
SEX, γ_{01}	1.668765	0.206704	8.073	168	< 0.001
For TIME slope, β_1 INTRCPT2, γ_{10}	5.149412	0.119081	43.243	168	< 0.001
SEX, γ_{11}	0.674206	0.156982	4.295	168	< 0.001

性別水準編碼中，水準數值 0 為女生、水準數值 1 為男生，γ_{00} = 1.544，表示真實女生起始狀態（五年級）不當行為的平均次數為 1.544 次，標準誤值為 0.129、t 值等於 11.943（p < .001），母群體之女生群體不當行為起始狀態的平均數值顯著不等於 0。性別變項對成長變化「截距因子」影響的迴歸係數為 1.669（γ_{01} = 1.669）、標準誤為 0.207，t 值為 8.073（p < .001），達到統計顯著水準，表示不同性別的群體在不當行為的起始狀態（五年級起始點）有顯著差異，男生的不當行為平均次數顯著高於女生不當行為的平均次數，女生群體與男生群體不當行為起始值的單位比約為 1：1.669，就五年級年段（時間點 0）的不當行為平均值而言，如果女生群體平均值為 5.000，男生群體平均值為 8.345 次（＝5×1.669）。

就成長變化率模式而言，女生群體學生不當行為的年段平均變化值約為 5.149（γ_{10} = 5.149），標準誤為 0.119，t 值為 43.243（p < .001），自由度為 168，達到統計顯著水準，母群體 γ_{10} 參數估計值顯著不等於 0，性別變項對成長變化斜率因子影響的迴歸係數為 0.674（γ_{11} = 0.674）、標準誤為 0.157，t 值為 4.295（p < .001），達到統計顯著水準，男生群體比女生群體的不當行為成長變增加率比約為 1：0.674，每年男生群體不當行為如平均增加 10 次，女生群體不當行為變化平均增加值為 6.74 次。不同性別的群體在不當行為的變化率上有顯著差異，跨四個年段的成長變化而言，男生不當行為平均變化增加值顯著的高於女生群體，性別共變項對學生不當行為的起始狀態（截距因子）與成長變化率（斜率因子）均有顯著的影響作用。

Final estimation of variance components：（最後變異成份估計值）

Random Effect （隨機效果）	Standard Deviation （標準差）	Variance Component （變異數）	$d.f.$	χ^2 （卡方值）	p-value （p值）
INTRCPT1, μ_0	0.20803	0.04328	168	156.56448	> 0.500
TIME slope, μ_1	0.72987	0.53271	168	316.05356	< 0.001
level−1, r	1.67831	2.81673			

Deviance = 2886.430923（離異係數 −2LL）

　　截距項的變異成份 μ_0 = 0.043（p > .05），未達統計顯著水準，時間斜率項的變異成份 μ_1 = 0.533（p < .001），達統計顯著水準。與無條件線性成長模式比較之下，成長變化率變異成份從 0.594 降至 0.533，減少的百分比值為 [（0.594−0.533）÷0.594] = 10.3%，層次 2 的變項（性別）可以解釋學生每年不當行為成長變化率約 10.3% 的變異。控制性別變項後，學生在不當行為之起始狀態平均表現次數間的個體差異不顯著，但是學生在不當行為平均成長變化率間的差異達到顯著（排除性別共變項的影響後，學生不當行為的成長變化發展軌跡間有顯著的個體差異存在）。

（二）男生群體水準數值編碼為 0

　　男生群體水準數值編碼改為 0、女生群體水準數值編碼改為 1，HLM 執行結果如下：

Random level-1 coefficient	Reliability estimate
INTRCPT1, β_0	0.021
TIME, β_1	0.486

　　截距項的信度估計值為 0.021（π_{0i} = 0.021）、成長變化率的估計值為 0.486（π_{0i} = 0.486）

Final estimation of fixed effects：（最後固定效果估計值）

（with robust standard errors）（有強韌性標準誤）

Fixed Effect （固定效果）	Coefficient （係數）	Standard error （標準誤）	t-ratio （t 值）	Approx.d.f. （自由度）	p-value （p 值）
For INTRCPT1, β_0 　　INTRCPT2, γ_{00}	3.212294	0.161314	19.913	168	< 0.001
SEX_ 男 , γ_{01}	−1.668765	0.206704	−8.073	168	< 0.001
For TIME slope, β_1 　　INTRCPT2, γ_{10}	5.823618	0.102289	56.933	168	< 0.001
SEX_ 男 , γ_{11}	−0.674206	0.156982	−4.295	168	< 0.001

　　男生群體（水準數值編碼為 0）不當行為起始狀態截距平均數為 3.212（γ_{00} = 3.212）、標準誤為 0.161，t 值等於 19.913（$p < .001$），母群體男生群體不當行為起始點的平均值顯著不等於 0。性別共變項對起始狀態（截距因子）變項影響的路徑係數為 −1.669（γ_{01} = −1.669），女生群體（水準數值編碼為 1）與男生群體在不當行為平均起始狀態而言，平均值顯著較小，男生群體起始點不當行為約為女生群體不當行為的 1.669 倍，女生群體於五年級時間點的不當行為如果平均值為 5，則男生群體於五年級時間點（起始狀態）不當行為的平均值約為 8.345。

　　就不當行為跨四個年段的成長變化率而言，男生群體跨四個年段的成長變化率為 5.824（γ_{10} = 5.824），標準誤為 0.102，t 值等於 56.933（$p < .001$），成長變化率顯著不等於 0，由於係數值為正，顯示男生群體每年不當行為的成長變化增加值平均約為 5.824 次，性別共變項對成長變化「斜率因子」變項影響的路徑係數為 −0.674（γ_{01} = −0.674），標準誤為 0.157，t 值等於 −4.295（$p < .001$），迴歸係數估計值顯著不為 0，與男生群體的成長變化率相較之下，如果男生群體每年增加率為 1 單位，女生群體不當行為的變化增加率只有 0.674 單位。

Final estimation of variance components

Random Effect （隨機效果）	Standard Deviation （標準差）	Variance Component （變異成份）	$d.f.$	χ^2	p-value
INTRCPT1, μ_0	0.20803	0.04328	168	156.56448	> 0.500
TIME slope, μ_1	0.72987	0.53271	168	316.05356	< 0.001
level−1, r	1.67831	2.81673			

Statistics for current covariance components model
Deviance = 2886.430923

截距因子與斜率因子隨機效果的變異成份分別為 0.043、0.533，只有斜率因子的變異數達到統計顯著水準，階層分析模式的離異係數為 2886.431，無條件的成長變化模式之離異係數為 2986.331，納入性別共變項之有條件的成長變化模式之離異係數為 2886.431，二者差異不大，表示無條件的成長變化線性模式若是適配，則有條件的成長變化線性模式也可以得到支持。

（三）LGM 模型

LGM 執行結果如下（模式估計採用內定之最大概似估計法）：

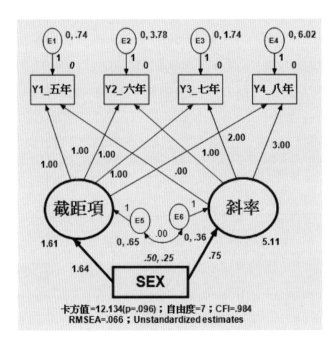

整體模式適配度的卡方值為 12.134（$p = .096 > .05$），CFI 值等於 .984、RMSEA 值等於 .066，有條件的成長變化線性模式之適配度佳。

Regression Weights：（Group number 1 - Default model）

	Estimate 估計值	S.E. 標準誤	C.R. 臨界比值	P 顯著性	Label
截距項 <--- SEX	1.643	.178	9.242	***	
斜率 <--- SEX	.748	.134	5.568	***	

性別共變項對成長變化模式之截距因子、斜率因子的路徑係數估計值分別為 1.643、0.748（$p < .001$），均達統計顯著水準。

Standardized Regression Weights

	Estimate
截距項 <--- SEX	.713
斜率 <--- SEX	.527

性別共變項對截距因子及斜率因子影響標準化迴歸係數 β 值分別為 0.713、0.527。性別變項對截距因子的影響達到顯著，且迴歸係數值為正，表示男生群體在五年級起始點的不當行為平均值顯著高於女生群體（女生群體水準數值編碼為 0，性別虛擬變項為男生群體與女生群體的對比）；性別變項對斜率因子的影響達到顯著，且迴歸係數值為正，表示男生群體在跨年段的不當行為增加率顯著的大於女生群體。

Intercepts：（Group number 1 - Default model）

	Estimate	S.E.	C.R.	P	Label
截距項	1.613	.126	12.837	***	
斜率	5.105	.095	53.755	***	

截距因子潛在變項中的「截距參數」1.613 為女生群體（性別共變項水準數值編碼為 0）的起始狀態平均值，女生群體五年級不當行為的平均值（起始點）為 1.613，跨四個年段的成長變化率為 5.105（斜率因子的截距參數），平均每年不當行為增加值為 5.105 次。

共變項「性別」（SEX）的水準編碼中，將女生群體的水準數值改為 1、男生群體的水準數值改為 0，外因觀察變項對潛在因子影響的路徑係數如下：

結構方程模式
潜在成長曲線分析

Regression Weights：（男生編碼 0 - Default model）

	Estimate	S.E.	C.R.	P	Label
截距項 <--- SEX_M	−1.643	.178	−9.242	***	
斜率 <--- SEX_M	−.748	.134	−5.568	***	

性別共變項對成長變化模式之截距因子、斜率因子的路徑係數估計值分別為 −1.643、−0.748（$p < .001$），均達統計顯著水準。

Standardized Regression Weights：（男生編碼 0 - Default model）

	Estimate
截距項 <--- SEX_M	−.713
斜率 <--- SEX_M	−.527

性別共變項對截距因子及斜率因子影響標準化迴歸係數 β 值分別為 −0.713、−0.527。

Intercepts：（男生編碼 0 - Default model）

	Estimate	S.E.	C.R.	P	Label
截距項	3.256	.126	25.907	***	
斜率	5.853	.095	61.629	***	

截距因子潛在變項中的「截距參數」3.256 為男生群體（預測變項性別水準數值編碼為 0）的起始狀態平均值，男生群體五年級不當行為的平均值（起始點）為 3.256（女生群體起始點的平均值為 1.613），跨四個年段的成長變化率為 5.853（斜率因子的截距參數）（女生群體斜率平均值為 5.105），平均每年不當行為增加值為 5.853 次，截距因子與斜率因子二個內因潛在變項的截距參數均達統計顯著水準（$p < .001$）。

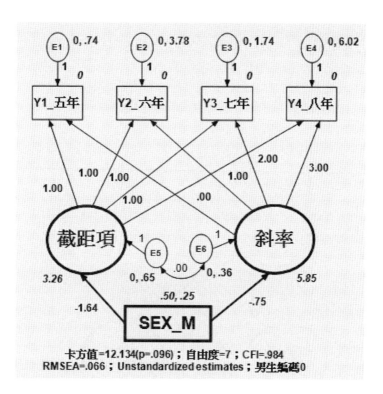

卡方值=12.134(p=.096)；自由度=7；CFI=.984
RMSEA=.066；Unstandardized estimates；男生編碼0

　　整體模式適配度的卡方值為 12.134（p = .096 > .05），自由度等於 7，CFI 值等於 .984、RMSEA 值等於 .066，有條件的成長變化線性模式之適配度佳。

（四）以女生群體為標的樣本

LGM 分析程序之群體樣本為「女生群體」（只選取性別變項中水準數值編碼為 0 的群體），模式估計結果的非標準化估計值模型圖如下：

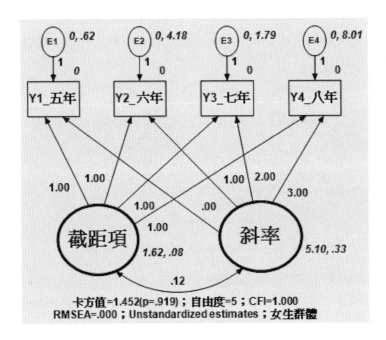

整體模式適配度的卡方值為 1.425（$p = .919 > .05$），CFI 值等於 1.000、RMSEA 值等於 .000，無條件的線性成長變化模式之適配度佳。

女生群體（$N = 85$）不當行為成長變化線性模式執行結果之截距因子與斜率因子的平均數與變異數估計值如下表：

Means：（Group number 1 - Default model）

	Estimate	S.E.	C.R.	P	Label
截距項	1.619	.089	18.184	***	
斜率	5.099	.094	54.076	***	

女生群體起始狀態平均數為 1.619、成長變化率的平均值為 5.099，二個潛在因子的平均數估計值均達統計顯著水準（$p < .001$）。

Variances：（Group number 1 - Default model）

	Estimate	S.E.	C.R.	P	Label
截距項	.080	.299	.267	.790	
斜率	.333	.141	2.353	.019	

女生群體起始狀態行為與成長變化率的變異數估計值分別為 0.080、0.333，其中斜率因子的變異數值估計值達到統計顯著水準（臨界比值為 2.353，$p < .05$），就女生群體而言，不當行為起始狀態沒有顯著的個體間差異存在，不當行為跨四個年段的成長變化率間有顯著的個體間差異存在。

（五）以男生群體為標的樣本

LGM 分析程序子樣本為男生群體（只選取性別變項中水準數值編碼為 1 的群體），模式估計結果的非標準化估計值模型圖如下：

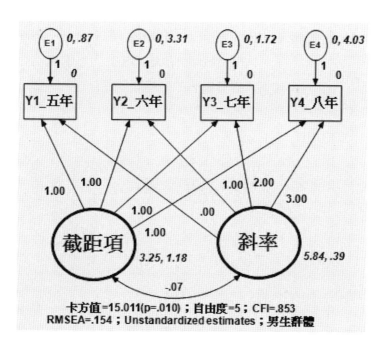

整體模式適配度的卡方值為 15.011（$p = .010 < .05$），CFI 值等於 .853、RMSEA 值等於 .154。

　　男生群體（$N = 85$）不當行為成長變化線性模式執行結果之截距因子與斜率因子的平均數與變異數估計值如下表：

Means：（Group number 1 - Default model）

	Estimate	S.E.	C.R.	P	Label
截距項	3.255	.153	21.277	***	
斜率	5.839	.095	61.652	***	

　　男生群體起始狀態（截距因子）平均數為 3.255、成長變化率（斜率因子）的平均值為 5.839，二個因子的平均數估計值均達統計顯著水準（$p < .001$）。

Variances：（Group number 1 - Default model）

	Estimate	S.E.	C.R.	P	Label
截距項	1.181	.471	2.507	.012	
斜率	.386	.144	2.680	.007	

　　男生群體起始狀態行為與成長變化率的變異數分別為 1.181、0.386，二個潛在因子（截距因子與斜率因子）的變異數估計值均達統計顯著水準（$p < .05$），就男生群體而言，不當行為起始狀態有顯著的個體間差異存在，不當行為跨四個年段的成長變化率間也有顯著的個體間差異存在。

　　以性別為共變項的有條件成長變化模式參數估計結果整理如下表：

效果值	HLM（女生編碼為 0）		GLM（女生編碼為 0）	
固定效果	係數	標準誤	係數	標準誤
模式起始狀態 π_{0i}				
截距 β_{00}	1.544***	0.129	1.613***	0.126
性別 β_{01}	1.669***	0.207	1.643***	0.178
模式成長變化率 π_{1i}				
截距 β_{10}	5.149***	0.119	5.105***	0.095
性別 β_{11}	0.674***	0.157	0.748***	0.134
隨機效果				
起始狀態 r_{0i}	0.043ns			
成長變化率 r_{1i}	0.533***			
層次 1 e_{ti}	2.817			
模式適配度	離異係數 = 2886.431		χ^2 = 12.134（$p > .05$）	

ns p > .05　　*** *p* < .001

效果值	HLM（男生編碼為 0）		GLM（男生編碼為 0）	
固定效果	係數	標準誤	係數	標準誤
模式起始狀態 π_{0i}				
截距 β_{00}	3.212***	0.161	3.256***	.126
性別 β_{01}	−1.669***	0.207	−1.643***	.178
模式成長變化率 π_{1i}				
截距 β_{10}	5.824***	0.102	5.853***	.095
性別 β_{11}	−0.674***	0.157	−.748***	.134
隨機效果				
起始狀態 r_{0i}	0.043ns			
成長變化率 r_{1i}	0.533***			
層次 1 e_{ti}	2.817			
模式適配度	離異係數 = 2886.431		χ^2 = 12.134（$p > .05$）	

ns p > .05　　*** *p* < .001

七 ｜ 共變項為計量變項

　　納入成長變化模式的共變項為學生家庭社經地位，測量值愈大表示學生家庭社經地位愈高，相對的測量值愈小表示學生家庭社經地位愈低。

　　階層線性模式界定如下：

層次 1 模型（Level-1 Model）

$BEHA_{ij} = \beta_{0j} + \beta_{1j}*（TIME_{ij}）+ r_{ij}$

層次 2 模型（Level-2 Model）

$\beta_{0j} = \gamma_{00} + \gamma_{01}*（SES_j）+ \mu_{0j}$

$\beta_{1j} = \gamma_{10} + \gamma_{11}*（SES_j）+ \mu_{1j}$

混合模型（Model）

$BEHA_{ij} = \gamma_{00} + \gamma_{01}* SES_j + \gamma_{10}* TIME_{ij} + \gamma_{11}*SES_j*TIME_{ij} + \mu_{0j} + \mu_{1j}* TIME_{ij} + r_{ij}$

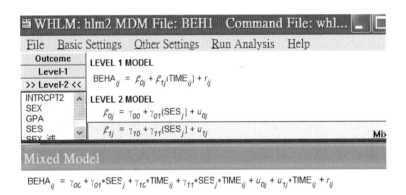

參數估計結果如下：

Random level-1 coefficient	Reliability estimate
INTRCPT1, β_0	0.171
TIME, β_1	0.394

截距項的信度估計值為 0.171（$\pi_{0i} = 0.171$）、成長變化率的信度估計值為 0.394（$\pi_{0i} = 0.394$）

Final estimation of fixed effects：（最後固定效果估計值）

（with robust standard errors）（有強韌性標準誤）

Fixed Effect （固定效果）	Coefficient （係數）	Standard error （標準誤）	t-ratio （t 值）	Approx.d.f. （自由度）	p-value （p 值）
For INTRCPT1, β_0					
INTRCPT2, γ_{00}	3.035558	0.249181	12.182	168	< 0.001
SES, γ_{01}	−0.202903	0.075822	−2.676	168	0.008
For TIME slope, β_1					
INTRCPT2, γ_{10}	6.398955	0.177507	36.049	168	< 0.001
SES, γ_{11}	−0.281515	0.061944	−4.545	168	< 0.001

　　學生不當行為起始狀態的平均數為 3.036（$p < .001$），「社經地位」共變項對成長變化截距因子影響的迴歸係數為 −0.203（$\gamma_{01} = -0.203$）、標準誤為 0.076，t 值為 −2.676（$p < .01$），達到統計顯著水準，表示不同社經地位的學生在不當行為的起始狀態平均值（五年級起始點）有顯著差異，社經地位增加 1 個單位，學生不當行為平均次數就減少 0.203 次。

　　就不當行為跨年段成長變化率模式而言，學生不當行為的年段平均變化值約為 6.399（$\gamma_{10} = 6.399$），標準誤為 0.178，t 值為 36.049（$p < .001$），達到統計顯著水準，母群體 γ_{10} 參數估計值顯著不等於 0，「社經地位」共變項對成長變化斜率因子影響的迴歸係數為 −0.282（$\gamma_{11} = -0.282$）、標準誤為 0.062，t 值為 −4.545（$p < .001$），達到統計顯著水準，學生的社經地位愈高，不當行為成長變化增加率愈慢或愈少，學生家庭社經地位每增加一個單位，學生不當行為年段成長變化率平均約減少 0.282 次。

Final estimation of variance components：（最後變異成份估計值）

Random Effect （隨機效果）	Standard Deviation （標準差）	Variance Component （變異數）	$d.f.$	χ^2 （卡方值）	p-value （p值）
INTRCPT1, μ_0	0.64912	0.42135	168	199.73774	0.047
TIME slope, μ_1	0.61579	0.37920	168	274.64806	< 0.001
level−1, r	1.70770	2.91625			

Deviance ＝ 2938.130433（離異係數）

　　截距項的變異成份 $\mu_0 = 0.422$（$p < .05$），達統計顯著水準，時間斜率項的變

異成份 $\mu_1 = 0.379$（$p < .001$），也達統計顯著水準，表示將共變項社經地位納入總體層次變項分析，學生個體不當行為的起始狀態間還有顯著的個體間差異存在（類似總體層次各學校平均閱讀能力間的差異），不當行為跨年段的成長變化率間也有顯著的個體間差異存在。與無條件線性成長模式（總體層次沒有納入任何共變項，階層二模式中沒有任何預測變項）比較之下，起始狀態變異成份從 0.525 降至 0.421，減少的百分比值為 [(0.525−0.421)÷0.525] = 19.8%，層次 2 的共變項（社經地位）可以解釋學生不當行為起始狀態約 19.8% 的變異。成長變化率變異成份從 0.594 降至 0.379，減少的百分比值為 [（0.594−0.379）÷0.594] = 36.2%，層次 2 的共變項（社經地位）可以解釋學生每年不當行為成長變化率約 36.2% 的變異。

　　排除共變項 SES 的影響後，學生不當行為起始狀態間有顯著的個體間差異，學生跨年段不當行為平均變化率間也有顯著的個體間差異。

　　AMOS 執行結果如下：

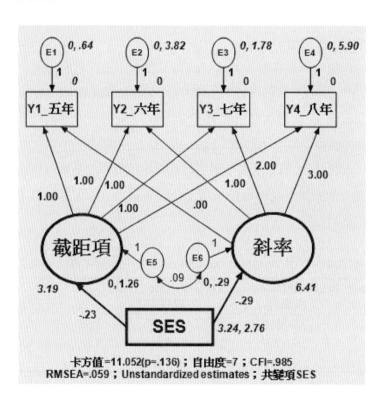

　　整體模式適配度的卡方值為 11.052（$p = .136 > .05$），自由度等於 7、CFI 值

等於 .985、RMSEA 值等於 .059，有條件的 LGM 模型與樣本資料的契合度甚佳。

Regression Weights：（Group number 1 - Default model）

	Estimate	S.E.	C.R.	P	Label
截距項 <--- SES	−.232	.063	−3.674	***	
斜率 <--- SES	−.288	.038	−7.607	***	

共變項 SES（社經地位）對截距因子、斜率因子的路徑係數估計值分別為 −0.232（$p < .001$）、−0.288（$p < .001$），均達統計顯著水準，由於路徑係數均為負值，表示「社經地位」共變項對學生五年級不當行為起始狀態平均值、跨年段的不當行為成長變化率均為負向，學生的社經地位愈高，不當行為起始狀態平均值愈小，跨年段不當行為成長變化增加率也愈小。

Means：（Group number 1 - Default model）

	Estimate	S.E.	C.R.	P	Label
SES	3.241	.128	25.365	***	

共變項 SES（社經地位）的平均數為 3.241（$p < .001$）。

Intercepts：（Group number 1 - Default model）

	Estimate	S.E.	C.R.	P	Label
截距項	3.190	.230	13.859	***	
斜率	6.412	.138	46.455	***	

截距因子的平均數為 3.190（$p < .001$）、斜率因子的截距參數為 6.412（$p < .001$），二個截距參數估計值均達統計顯著水準。

以 SES 為共變項的有條件成長變化模式參數估計結果整理如下表：

效果值	HLM		GLM	
固定效果	係數	標準誤	係數	標準誤
模式起始狀態 π_{0i}				
截距 β_{00}	3.036***	0.249	3.190***	.230
性別 β_{01}	−0.203***	0.076	−.232***	.063
模式成長變化率 π_{1i}				
截距 β_{10}	6.399***	0.178	6.412***	.138
性別 β_{11}	−0.282***	0.062	−.288***	.038
隨機效果				
起始狀態 r_{0i}	0.421*			
成長變化率 r_{1i}	0.379***			
層次 1 e_{ti}	2.916			
模式適配度	離異係數 = 2938.130		χ^2 = 12.134（p > .05）	

* p < .05　　*** p < .001

八 ｜ 二個共變項的有條件成長模式

　　不當行為成長變化模式中，納入二個時間不變性的變數：樣本性別（SEX）與家庭社經地位（SES），二個變項屬階層二總體變項。

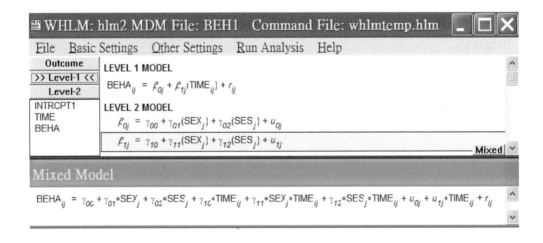

　　二個階層模式界定如下：

層次 1 模型（Level-1 Model）

$BEHA_{ij} = \beta_{0j} + \beta_{1j} * （TIME_{ij}） + r_{ij}$

層次 2 模型（Level-2 Model）

$\beta_{0j} = \gamma_{00} + \gamma_{01} *（SEX_j） + \gamma_{02} *（SES_j） + \mu_{0j}$

$\beta_{1j} = \gamma_{10} + \gamma_{11} *（SEX_j） + \gamma_{12} *（SES_j） + \mu_{1j}$

混合模型（Mixed Model）

$BEHA_{ij} = \gamma_{00} + \gamma_{01} * SEX_j + \gamma_{02} * SES_j + \gamma_{10} * TIME_{ij} + \gamma_{11} * SEX_j * TIME_{ij} + \gamma_{12} * SES_j * TIME_{ij} + \mu_{0j} + \mu_{1j} * TIME_{ij} + r_{ij}$

Final estimation of fixed effects：（最後固定效果估計值）

（with robust standard errors）（有強韌性標準誤）

Fixed Effect（固定效果）	Coefficient（係數）	Standard error（標準誤）	t-ratio（t值）	Approx.d.f.（自由度）	p-value（p 值）
For INTRCPT1, β_0					
INTRCPT2, γ_{00}	0.964329	0.404505	2.384	167	0.018
SEX, γ_{01}	1.935715	0.287463	6.734	167	< 0.001
SES, γ_{02}	0.137520	0.092508	1.487	167	0.139
For TIME slope, β_1					
INTRCPT2, γ_{10}	6.191433	0.328757	18.833	167	< 0.001
SEX, γ_{11}	0.193945	0.221630	0.875	167	0.383
SES, $\gamma_1 2$	−0.247407	0.084231	−2.937	167	0.004

　　學生（女生群體且社經地位測量值等於樣本社經地位平均數的受試者）不當行為真實起始狀態平均值約為 0.964（$\gamma_{00} = 0.964$），性別變項對起始狀態行為影響的迴歸係數估計值為 1.936（$\gamma_{01} = 1.936$），標準誤為 0.287，t 值等於 6.734（$p < .001$），達統計顯著水準，表示男生群體在五年級不當行為的平均值約為女生群體平均值的 1.936 倍，如果女生群體在五年級不當行為的平均次數為 5，則男生群體在五年級不當行為的平均次數為 5*1.936 = 9.680 次，至於不同社經地位變數對學生不當行為起始狀態沒有顯著影響作用（$\gamma_{02} = 0.138, p > .05$）。

　　學生不當行為跨四個年段的平均成長變化率為 6.191（$\gamma_{10} = 6.191$），標準誤為 0.329，t 值等於 18.833（$p < .001$），達統計顯著水準，性別變項對斜率因子影

響的迴歸係數未達統計顯著水準（$\gamma_{11} = 0.194, p > .05$），預測變項家庭社經地位對不當行為斜率因子的影響達到統計顯著水準（$\gamma_{12} = -0.247, p < .01$），由於迴歸係數估計值為負值，表示社經地位愈高的學生其不當行為的變化率愈少或愈慢，學生個體社經地位提高 1 個單位，不當行為的變化率就減少 0.247 次。

Final estimation of variance components

Random Effect（隨機效果）	Standard Deviation（標準差）	Variance Component（變異成份）	d.f.	χ^2	p-value
INTRCPT1, μ_0	0.26763	0.07163	167	154.96404	> 0.500
TIME slope, μ_j	0.66321	0.43985	167	284.98960	< 0.001
level-1, r	1.67091	2.79195			

Deviance = 2875.503352

　　截距因子的變異成份為 0.072（$p > .05$），斜率因子的變異成份為 0.440（$p < .001$）。

　　與無條件線性成長模式（總體層次沒有納入任何共變項，階層二模式中沒有任何預測變項）比較之下，起始狀態變異成份從 0.525 降至 0.072，減少的百分比值為 [(0.525−0.072)÷0.525] = 86.3%，階層二 2 個共變項（性別、社經地位）可以解釋學生不當行為起始狀態約 86.3% 的變異，可見學生五年級（起始狀態）不當行為平均表現受到學生性別與家庭社經地位的影響很大，當把學生性別與家庭社經地位二個變項排除，學生五年級（起始狀態）不當行為之個體間的差異則未達顯著。

　　與無條件線性成長模式（總體層次沒有納入任何共變項，階層二模式中沒有任何預測變項）比較之下，成長變化率變異成份從 0.594 降至 0.440，減少的百分比值為 [(0.594−0.440)÷0.594] = 25.9%，階次二 2 個共變項（性別、社經地位）可以解釋學生每年不當行為平均成長變化率約 25.9% 的變異，當控制學生性別與家庭社經地位二個共變項後，學生跨四個年段不當行為的平均成長變化率之個體間的差異達顯著（$\chi^2 = 284.990$，$p < .001$），表示影響個體間不當行為平均成長變化率變異的變因還有其它變數。

　　以學生性別、家庭背景變項為共變項，有條件的 LGM 線性模式假設模型執行結果如下：

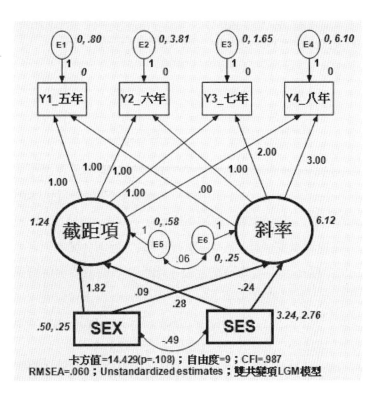

整體模式適配度的卡方值為 14.429（p = .108 > .05），自由度等於 9、CFI 值等於 .987、RMSEA 值等於 .060，有條件的 LGM 模型與樣本資料的契合度甚佳。

Maximum Likelihood Estimates：（最大概似估計法）

Regression Weights：（Group number 1 - 雙共變項 LGM 模型）

	Estimate	S.E.	C.R.	P	Label
截距項 <--- SEX	1.816	.218	8.342	***	
斜率 <--- SEX	.283	.154	1.836	.066	
截距項 <--- SES	.089	.066	1.359	.174	
斜率 <--- SES	−.241	.046	−5.211	***	

學生性別（SEX）共變項對截距因子、斜率因子的迴歸係數估計值分別為 1.816（p < .001）、0.283（p > .05），學生家庭社經地位（SES）共變項對截距因子、斜率因子的迴歸係數估計值分別為 0.089（p > .05）、−0.241（p < .001）。

Standardized Regression Weights：（Group number 1 - 雙共變項 LGM 模型）

	Estimate
截距項 <--- SEX	.806
斜率 <--- SEX	.200
截距項 <--- SES	.131
斜率 <--- SES	−.566

　　學生性別（SEX）共變項對截距因子、斜率因子影響的標準化迴歸係數 β 值分別為 0.806（$p < .001$）、0.200（$p > .05$），學生家庭社經地位（SES）共變項對截距因子、斜率因子影響的標準化迴歸係數 β 值分別為 0.131（$p > .05$）、−0.566（$p < .001$）。在控制學生家庭社經影響的變因後，性別共變項對截距因子的影響達到顯著，女生群體在五年級的不當行為平均值顯著的低於男生群體，控制學生性別影響的變因後，社經地位共變項對斜率因子的影響達到顯著，由於標準化迴歸係數值為負值，表示學生家庭社經地位愈高，不當行為成長變化率愈慢或愈小，學生家庭社經地位愈低，不當行為成長變化率愈快或愈多。

Intercepts：（Group number 1 - 雙共變項 LGM 模型）

	Estimate	S.E.	C.R.	P	Label
截距項	1.237	.303	4.082	***	
斜率	6.122	.214	28.584	***	

　　內因潛在變項「截距因子」、「斜率因子」的截距參數估計值分別為 1.237（$p < .001$）、6.122（$p < .001$），均達統計顯著水準。

　　以性別、社經地位為共變項的有條件成長變化模式參數估計結果整理如下表：

效果值	HLM		GLM	
固定效果	係數	標準誤	係數	標準誤
模式起始狀態 π_{0i}				
截距 β_{00}	0.964*	0.405	1.237***	0.303
性別 β_{01}	1.936***	0.287	1.816***	0.218
社經地位 β_{02}	0.138ns	0.093	0.089ns	0.066
模式成長變化率 π_{1i}				
截距 β_{10}	6.191***	0.329	6.122***	0.214
性別 β_{11}	0.194ns	0.222	0.283ns	0.154
社經地位 β_{12}	−0.247**	0.084	−0.241***	0.046
隨機效果				
起始狀態 r_{0i}	0.072ns			
成長變化率 r_{1i}	0.440***			
層次 $1e_{ti}$	2.792			
模式適配度	離異係數 = 2875.503		χ^2 = 14.429（p > .05）	

ns p > .05　 * *p* < .05　 ** *p* < .01　 *** *p* < .001

　　縱貫性資料如果樣本數愈大，時間點之觀察變項愈多，單領域的成長變化模式檢定，採用 HLM 分析程序與 LGM 分析程序的結果差異不大，但如果研究者想進行雙領域的成長變化間的因果關係或共變關係的探討，或是納入的變項為時間變動性或非時間固定性的外因觀察變項，則採用結構方程模式之潛在成長變化模型較為適宜，此外進行有條件的雙領域成長模式的檢定，或是共變項為多指標的外因變項，或是時間點測量值為多指標變項等，使用 LGM 程序會更為簡便，LGM 分析程序除可估計相關參數外，更可進行假設模型適配度的檢定，以驗證 LGM 假設模型與樣本資料的契合度，也可簡易的更改成長變化的模型型態（如線性模式、片段線性模式或曲線模式等）。搜集資料的整理上，所有時間點之觀察變項與共變項均可置放於同一檔案中，不像 HLM 分析程序要將不同層次的資料檔分開存檔，因而如果是縱貫性的重複量數，探討的是標的變數的成長變化軌跡，採用潛在成長曲線分析較為簡便、輸出的報表結果研究者也較易解讀。

主要參考文獻

李茂能（2009）。圖解 AMOS 在學術研究之應用。台北：五南。

謝俊義 (2010)。多層次線性分析——理論、方法與實務。台北：鼎茂。

豐田秀樹編著（2011）。結構方程模式分析 AMOS：製作結構方程模組。台北：鼎茂。

Byrne, B. M. （2010）. *Structural equation modeling with AMOS: Basic concept, applications , and programming*（second ed.）. London: Routledge.

Byrne, B M., Lam, W. W., & Fielding, R. （2008）. Measuring patterns of change in personality assessments: An annotated application of latent growth curve modeling. *Journal of Personality Assessment, 90*（6）, 536-546.

Bub, K. L.（2009）. Testing the effects of classroom supports on children＇s social and behavior skills at key transition points using latent growth modeling. *Applied Development Science, 13*（3）, 130-148.

Hancock, G. R., & Lawrence, F. R. （2006）. Using latent growth models to evaluate longitudinal change. In G. R Hancock & R. O. Mueller （Eds）, *Structural equation modeling*（pp.171-196）. Chicago: Information Age Publishing, Inc.

Hoyle, R. H. （2011）. *Structural equation modeling for social and personality psychology.* Thousand Oaks, CA: Sage.

Makikangas, A., Bakker, A. B., Aunola, K., & Demerouti, E. （2010）. Job resources and flow at work: Modeling the relationship via latent growth curve and mixture model methodology. *Journal of Occupational and Organizational Psychology, 83*, 795-814.

Peterson, S. J., Luthans, F., Avolio, B., Walumbwa, F., & Zhang, Z.（2011）. Psychological capital and employee performance: A latent growth modeling approach. *Personnel Psychology, 64*, 427-450.

Raykov, T., & Marcoulides, G. A. （2006）. *A first course in structural equation modeling.* Mahwah, New Jersey: Lawrence Eribaum Associates.

Teo, T., & Khine, M. S. （2009）. *Structural equation modeling in educational research: Concepts and applications.* Rotterdam, Netherlands：Sense Publishers.

Serva, M. A., Kher, H., & Laurenceau, Jean-Philippe（2011）. Using latent growth modeling to understand longitudinal effects in MIS theory: A primer. *Communications of the Association for Information System, 28*（14）, 213-232.

Stevens, J. P.（2009）. *Applied multivariate statistics for the social sciences.* NY: Routledge.

Stull, D. E.（2008）. Analyzing growth and change: Latent variable growth curve modeling with an application to clinical trials. *Qual Life Res, 17*, 47-59.

Willett, J. B., & Keiley, M. K.（2000）. Using covariance structure analysis to model change over Time. In Howard E. A. Tinsley & Steven D. Brown （Eds.）, *Handbook of Applied Multivariate Statistics and Mathematical Modeling*（pp.665-694）. San Diego, CA: Academic Press.

Willett, J. B., & Bus, K. L.（2005）. *Structural equation modeling: Latent growth curve analysis*. Retrieved October 1, 2012, from http://www.wiley.com/legacy/wileychi/risk/docs/sample_article$_1$.pdf.

五南文化廣場

橫跨各領域的專業性、學術性書籍
在這裡必能滿足您的絕佳選擇！

五南全國展售門市

【逢甲店】　【台大店】　【海洋書坊】

【嶺東書坊】　【環球書坊】　【台中總店】

【高雄店】　【屏東店】

海洋書坊：202 基 隆 市 北 寧 路 2號 TEL：02-24636590　FAX：02-24636591
台 大 店：100 台北市羅斯福路四段160號 TEL：02-23683380　FAX：02-23683381
逢 甲 店：407 台中市河南路二段240號 TEL：04-27055800　FAX：04-27055801
台中總店：400 台 中 市 中 山 路 6號 TEL：04-22260330　FAX：04-22258234
嶺東書坊：408 台中市南屯區嶺東路1號 TEL：04-23853672　FAX：04-23853719
環球書坊：640 雲林縣斗六市嘉東里鎮南路1221號 TEL：05-5348939　FAX：05-5348940
高 雄 店：800 高 雄 市 中 山 一 路 290號 TEL：07-2351960　FAX：07-2351963
屏 東 店：900 屏 東 市 中 山 路 46-2號 TEL：08-7324020　FAX：08-7327357
中信圖書團購部：400 台 中 市 中 山 路 6號 TEL：04-22260339　FAX：04-22258234
政府出版品總經銷：400 台中市軍福七路600號 TEL：04-24378010　FAX：04-24377010
網 路 書 店　http://www.wunanbooks.com.tw

專業法商理工圖書・各類圖書・考試用書・雜誌・文具・禮品・大陸簡體書
政府出版品總經銷・中信圖書館採購編目・教科書代辦業務

五南圖解財經商管系列

※ 最有系統的圖解財經工具書。

※ 一單元一概念，精簡扼要傳授財經必備知識。

※ 超越傳統書藉，結合實務精華理論，提升就業競爭力，與時俱進。

※ 內容完整，架構清晰，圖文並茂．容易理解．快速吸收。

圖解行銷學
／戴國良

圖解管理學
／戴國良

圖解作業研究
／趙元和、趙英宏、
趙敏希

圖解國貿實務
／李淑茹

圖解策略管理
／戴國良

圖解人力資源管理
／戴國良

圖解財務管理
／戴國良

圖解領導學
／戴國良

圖解會計學
／趙敏希
馬嘉應教授審定

圖解經濟學
／伍忠賢

圖解企業管理(MBA學)
／戴國良

圖解企業危機管理
／朱延智

國家圖書館出版品預行編目資料

結構方程模式：潛在成長曲線分析 / 吳明
隆著. -- 初版. -- 臺北市：五南, 2013.05
面；　公分
ISBN 978-957-11-7044-2(平裝)

1.社會科學 2.統計方法 3.電腦程式

501.28　　　　　　　　102004100

1H80

結構方程模式：潛在成長曲線分析

作　　　者－吳明隆（60.2）

發 行 人－楊榮川

總 編 輯－王翠華

主　　　編－張毓芬

責任編輯－侯家嵐

文字校對－陳欣欣

封面設計－陳卿瑋

排版設計－上驊實業有限公司

出 版 者－五南圖書出版股份有限公司

地　　　址：106 台北市大安區和平東路二段 339 號 4 樓

電　　　話：(02)2705-5066

傳　　　真：(02)2706-6100

網　　　址：http://www.wunan.com.tw

電子郵件：wunan@wunan.com.tw

劃撥帳號：01068953

戶　　　名：五南圖書出版股份有限公司

台中市駐區辦公室／台中市中區中山路 6 號

電　　　話：(04)2223-0891

傳　　　真：(04)2223-3549

高雄市駐區辦公室／高雄市新興區中山一路 290 號

電　　　話：(07)2358-702

傳　　　真：(07)2350-236

法律顧問　林勝安律師事務所　林勝安律師

出版日期：2013 年 5 月初版一刷

定　　　價　新臺幣 680 元